グローバリゼーションと貿易構造

石田 修 著

文眞堂

はしがき

　本書は5部構成をとっている．第Ⅰ部は，本書の問題意識，第Ⅱ部は，国民経済単位からみた貿易構造の分析，第Ⅲ部は，企業組織単位からみた生産システムと貿易構造の考察，第Ⅳ部は，貿易のグローバリゼーションを促進する制度的要因と技術的要因の確認，さらに，第Ⅴ部の現代古典派の視点による貿易の理論的考察である．本書の全体には，「生産プロセス」・「生産経済」に焦点を当てるという，共通の問題意識がある．これは Pasinetti (1981) の「純粋交換モデル」と「純粋生産モデル」の対比に由来する．しかし，本書は，2つのモデルの優越を判断する大胆な試みを目指したものではない．むしろ控えめである．それは，「純粋交換モデル」の視点の分析では見逃されている側面に光をあてることである．

　まず，第Ⅰ部（第1章）では，グローバリゼーションの構造を分析する際の本書の問題意識，分析視点，分析対象を明確にする．そして，第Ⅱ部（第2章から第6章まで）では，国民経済を分析単位として貿易分析をおこなう．そこで，第2章では，第Ⅱ部で用いる分析指標を整理する．そして，以下のような構造を明らかにする．

　第1に，生産過程の分散と統合のなかで形成されている貿易構造を分析対象とする（第3章）．とりわけ，中間財貿易の拡大に注目する．この中間需要段階の貿易は，最終財の貿易とは異なり，生産の連続性と計画性を確保するための活動である．さらに，資本財にも注目する．資本財貿易は，生産工程の国際的分散を促進するものである．その中でも機械貿易は，生産工程の国際的分散を形成する1つの要因である．そして，生産工程の国際的分散の結果として形成される貿易構造を「貿易の垂直構造」と呼ぶ．また，生産工程の国際的分散の証左である中間財貿易が拡大していることを「貿易構造の

垂直化」と定義する。

　第2に，Fontagné et al.（1997）が用いた「輸出・輸入の重複度」と「輸出入単価比率」に従って，日本，およびアジア諸国を対象として貿易構造を分析する。結果として，以下の2つの側面が明らかとなる。1つは（第4章），「輸出・輸入の重複度」と「輸出入単価比率」に基づいて，垂直的に差別化された財の双方向貿易が拡大していること。そして，もう1つは（第5章と第6章），単価比率の相違に対応した「市場の階層」の視点に基づき，日本は単価の高い財の輸出を拡大し，「高度化」していることである。

　つづいて，第Ⅲ部（第7章から第10章）は，グローバル生産システムと貿易構造を考察する。ここでは，企業単位からみた貿易分析を通じて，国民経済を分析単位とした貿易分析では明らかにできない側面を取り上げる。つまり，バリューチェーンのグローバリゼーションによる貿易構造の変化，その背後にある企業組織間の情報フローの形成，そして，組織内部における学習と知識獲得に注目する。そこで，以下の点を考察する。

　第1に（第7章），グローバル生産システムの概念を提示する。ここでは，企業組織・市場・関係的交換という3つの調整様式，バリューチェーン，ネットワーク，生産システムというリンケージ連鎖の多次元の構造を明示する。そして，投入産出活動と物的資産の蓄積・所有という物質的生産関係の側面，情報・知識の流れ（あるいはオープン化）と非物的資産の蓄積・所有（あるいはブラックボックス化）という非物質的生産関係の側面，という2つの視点から生産システムのグローバリゼーションを考察する。さらに，グローバル生産システムの特徴の1つとして補完関係について考察する。

　第2に（第8章），具体的事例や先行研究の検討を通して生産システムのグローバリゼーションによる構造変化，そして，変化に対応した生産システムの階層構造を検討する。生産システムの変化として，製品アーキテクチャの変化，技術革新としての情報・ネットワーク化，バリューチェーンの国際的分散，価値創造と価値獲得関係の乖離に注目する。また，企業活動に焦点を当て，垂直的統合を解体しているブランド企業，バリューチェーンの製造過程を中核に水平的・垂直的統合を進めているEMS（製造請負）企業，さ

らに，個々の企業のケイパビリティを補完してバリューチェーンの一角を担うセラー型企業という3つの立場から，80年代後半から形成されたグローバル生産システムの構造を明らかにする。その上で，生産システムの特徴のもう1つの側面であるガバナンスを考察する。

第3に（第9章），グローバル生産システムの変化が貿易構造に影響することを考察する。中間財の生産は国際的に分散されるとともに，ネットワーク関係（信頼関係の中での知識・情報フロー）の中でバリューチェーンが形成・再編・消滅し，そのために貿易構造が変化していることを明らかにする。そして，構造変化を3つの次元から確認する。つまり，「貿易の垂直構造」・「貿易の垂直化」，「垂直的双方向貿易」・「垂直的産業内貿易」，そして「垂直的統合」・「脱垂直化」である。

第4に（第10章），これまで対象としなかった最終需要の構造が生産システム・貿易構造に与える影響を考察する。2008年の金融・経済危機は，これまでの世界経済における最終需要を牽引するアメリカ市場の役割を後退させた。そして，中国やインドなどの新興国市場の役割を浮上させている。このような最終需要の構造変化は，世界経済におけるパワーバランスの変化を内包し，国民経済関係や企業関係の変化を引き起こし，生産システムを変容させる可能性をもたらしている。

第Ⅳ部（第11章）では，1980年代後半から2000年代初頭までの，グローバリゼーションを促進した技術革新や制度改革を確認する。特に，技術・組織的要因としては，①情報通信技術と情報ネットワーク，②輸送技術と輸送ネットワーク，③モジュール化，④国際VMI，⑤3PL，そしてこれらを統合した⑥グローバルSCMがある。また，制度的要因として，①貿易障壁の緩和，②通貨の交換，③各国の規制緩和，④投資インセンティブ，⑤貿易誘因的関税政策，そして⑥知的所有権の確立などが考えられる。このような技術革新や制度的要因の全体を見渡すと，変化は80年代後半から見られることから，グローバリゼーションの時代的画期が確認される。

第Ⅴ部では，現代古典派理論に依拠して貿易を考える。「貿易の垂直構造」

の理論的基礎として Pasinetti (1973) の垂直的統合概念を取り上げる。ここでは，主流経済学のように資本を物理的賦存量と考えるのではなく，資本財は生産された商品財であると考えている。本書では，グローバリゼーションにおける貿易の理論的考察として，国民経済内部の資源配分や代表的個人の厚生の側面からではなく，国際経済間の資本財貿易の効果や国民経済の成長・発展の側面を考察する。

まず（第 12 章），現代古典派を基礎とした国際貿易論の国民経済体系と世界市場の構造を確認する。現代古典派の視点では，可変的技術を持った国民経済間ではなく，特定の技術体系が存在する国民経済間の貿易を対象とする。また，「自由度 1」のモデルであることから，制度に規定された賃金率や利子率を与件としている。このことは，世界市場は，制度の異なる国民経済により構成されるという含意を持つ。

次に（第 13 章），資本財の貿易を考える。そこでは，資本財部門と消費財部門から成立している経済を仮定する。この経済は，置塩 (1977) や Morishima and Seaton (1961) の方法のもっとも単純なモデルを想定する。これは，一要素モデルと定義されるリカード・モデルに，労働投入量で計測した資本財（あるいは中間投入財）要素を組み入れたものである。

最後に（第 14 章），純粋労働経済モデルで構造変化を考察している。このモデルは，一般的な一要素の労働経済とは異質なモデルである。つまり，利用可能な労働総量から独立して相対価格と相対数量の解が与えられる体系である。純粋労働経済の特徴は，唯一の生産要素が労働であり，資本財は存在しない。そのため，賃金率が 1 人当たり国民所得になるという経済システムである。また，投下労働と支配労働の不一致の問題を回避し，古典派経済学のいう「自然価格」を表すことができる。さらに，生産特化・分業の効果を労働要素の要因として見ることができる。このモデルから導き出されることは，比較生産費により貿易特化した途上国では，学習効果が働き生産性が上昇し，1 人あたり所得が増加する可能性を示している。

ところで，本書をこのような形で上梓することができたのは，学部生・大学院生時代から今日に至るまでご指導頂いている木下悦二先生の学恩の賜で

ある。ここであらためて先生にお礼を申し上げるとともに，先生のご指導に対し本書がわずかでも応えることができればと願う次第である。また，木下門下の故徳永正二郎，田中素香，皆村武一，西田勝喜，菰田文男，川本忠雄，鳴瀬成洋という諸先輩方には，本書を完成するにあたり，折に触れさまざまなご教示と励ましを頂いたことに感謝申し上げる。さらには，吾郷健二，大矢野栄次，小川雄平，尾上修悟，佐々木隆雄，佐藤秀夫，関下稔，故本多健吉，松村文武，前田芳人，本山美彦の各先生からは，私が研究者として歩み始めたころから，学会や研究会で学問的な刺激を受けてきたことも大きな糧となった。記して感謝申し上げる。

　本書の研究成果は，石田 (2001) の中間財・資本財貿易を分析した研究成果を出発点とし，その後の2つの科学研究費補助金研究（課題番号14530057［平成14年〜平成16年］，課題番号17530145［平成17年〜平成19年］，いずれも研究代表者は石田修）に負うところが大きい。また，本書の入稿は5年前であるにもかかわらず，健康上の理由などの諸事情から完成に至るまで長い時間を要した。このような不手際を辛抱強く我慢して下さった文眞堂の前野隆氏には，心から感謝申し上げる。さらに，本書の校正に協力してくれた中原裕美子（九州産業大学），日野道啓（鹿児島大学），計算をチェックしてれた加河茂美（九州大学）の各氏にも礼を申し上げたい。

　最後に私事になるが，健康上の理由で，思うように研究に集中できないもどかしさを抱えながら毎日を過ごしている。このような中で，私の体を気遣い支えてくれている妻理枝に感謝の気持ちを伝えておきたい。そして，私を育んでくれた亡き父と一人暮らしをしている母に本書を捧げたい。

著　　者

目　　次

はしがき…………………………………………………………………… i

第Ⅰ部　フレームワーク …………………………………………… 1

第1章　問題の所在 ………………………………………………… 3

1．グローバリゼーション ………………………………………… 3
　⑴　視点の確認 ………………………………………………… 3
　⑵　経済のグローバリゼーション …………………………… 4
　⑶　経済単位の多元性 ………………………………………… 5
　⑷　経済単位の関係の多次元性 ……………………………… 7
　⑸　歴史的画期 ………………………………………………… 8
　⑹　貿易のグローバリゼーション ……………………………10
　⑺　金融のグローバリゼーション ……………………………12
　⑻　グローバリゼーションを支えた構造 ……………………15
　⑼　2つの市場の相違 …………………………………………18
　⑽　生産要素の特性と貿易構造の2つの視点 ………………19
2．国民経済単位からみた貿易構造の分析 ………………………21
　⑴　貿易の分析視点：産業単位と工程単位 …………………21
　⑵　貿易の2つの側面 …………………………………………22
　⑶　分析対象としての貿易構造 ………………………………25
　⑷　貿易の垂直構造 ……………………………………………29
3．グローバル生産システムと貿易構造 …………………………30
　⑴　企業行動の分析視点：施設単位と企業単位 ……………30
　⑵　多次元の経済連鎖 …………………………………………32

(3)　分析対象としての組織構造と貿易 …………………………………34
　(4)　垂直構造の類型化 ………………………………………………………38

第Ⅱ部　国民経済単位からみた貿易構造 …………………………41

第2章　分類と分析指標 …………………………………………………43

1．財分類と貿易 …………………………………………………………43
　(1)　3つの分類基準 …………………………………………………………43
　(2)　用途別財分析の含意 …………………………………………………48
　(3)　ハイテク製品分類の留意点 …………………………………………49
　(4)　貿易の垂直構造とハイテク製品貿易 ………………………………51
2．貿易構造の分析方法 ………………………………………………52
　(1)　貿易分析の基本指標 …………………………………………………52
　(2)　産業内貿易と双方向貿易 ……………………………………………55
　(3)　2つの貿易構造分析の視点：集計指標の相違に留意して ……58

第3章　貿易の垂直構造 ………………………………………………61

1．貿易の垂直化 …………………………………………………………61
　(1)　部品貿易の拡大 ………………………………………………………61
　(2)　貿易と生産構造 ………………………………………………………66
2．貿易の垂直化とアジア地域 ………………………………………69
　(1)　90年代の地域構造変化 ………………………………………………69
　(2)　最近の貿易構造 ………………………………………………………73
3．アジアの貿易構造の特徴 …………………………………………77
　(1)　アジア地域の垂直構造と最終財貿易 ………………………………77
　(2)　アジア域内の貿易構造 ………………………………………………80

第4章　双方向貿易の構造 ……………………………………………90

1．分析枠組みの確認 ……………………………………………………90

(1) HSデータ ……………………………………………………90
　　(2) 貿易数量 ……………………………………………………92
　　(3) 単価 …………………………………………………………93
　　(4) 2つの財分類 ………………………………………………94
　2．垂直差別化貿易の動向 …………………………………………95
　　(1) 概観 …………………………………………………………95
　　(2) 垂直差別化の拡大傾向 ……………………………………96
　　(3) 産業内貿易における用途別財構成 ………………………99
　　(4) 用途別分類からみた貿易構造……………………………101
　3．アジア諸国との貿易構造………………………………………104
　　(1) 貿易拡大による構造変化…………………………………104
　　(2) 垂直差別化の拡大…………………………………………106
　4．ハイテク財貿易の構造…………………………………………108
　　(1) 14カ国との貿易構造 ……………………………………108
　　(2) アジアとのハイテク貿易構造……………………………110
　5．貿易構造の変化と双方向貿易の拡大…………………………111

第5章　市場の階層と貿易構造………………………………119

　1．分析視点…………………………………………………………119
　　(1) 財単価の比較………………………………………………119
　　(2) 双方向貿易の構造変化……………………………………122
　2．日本の貿易構造の高度化………………………………………127
　　(1) 階層化と高度化……………………………………………127
　　(2) 日本の輸出構造……………………………………………128
　　(3) 市場の階層化………………………………………………130
　　(4) 貿易の高度化………………………………………………134

第6章　アジア諸国の貿易構造………………………………140

　1．垂直差別化貿易の動向…………………………………………140

2．4カ国の競争力と比較優位……………………………………143
　　(1) 国際間の競争力構造……………………………………143
　　(2) 比較優位構造……………………………………………146
　3．比較優位構造変化の類型化……………………………………147
　4．貿易規模の変化……………………………………………………150

第Ⅲ部　企業単位からみた生産システムと貿易構造……157

第7章　バリューチェーン・ネットワーク・グローバル生産システム……159

　1．リンケージ…………………………………………………………160
　　(1) 施設単位とリンケージ…………………………………160
　　(2) リンケージ連鎖の多次元性……………………………161
　2．バリューチェーン…………………………………………………164
　　(1) リンケージ連鎖の最小単位……………………………164
　　(2) バリューチェーンとサプライチェーン………………165
　　(3) バリューチェーン分析…………………………………166
　3．企業組織とバリューチェーン……………………………………168
　　(1) バリューチェーンの形態………………………………168
　　(2) 企業組織の境界…………………………………………169
　　(3) 境界の「曖昧さ」と「ゆらぎ」………………………170
　4．ネットワークとグローバリゼーション…………………………172
　　(1) 企業組織とネットワーク………………………………172
　　(2) ネットワークの形態……………………………………174
　　(3) ネットワークと取引……………………………………177
　5．グローバル生産システム…………………………………………180
　　(1) 生産システム……………………………………………180
　　(2) 企業組織における有形資産と無形資産………………182
　　(3) グローバリゼーションの2面性………………………183

(4) 補完関係………………………………………………………184
　　(5) 柔軟性…………………………………………………………187

第8章　生産システムの構造変化……………………………………191

1．バリューチェーンの変貌……………………………………………191
　　(1) 財の階層とバリューチェーン………………………………191
　　(2) 製品アーキテクチャとバリューチェーン…………………192
　　(3) 技術革新と制度改革を基盤とした情報ネットワーク化……195
　　(4) バリューチェーンの階層構造………………………………196
　　(5) 価値獲得と価値創造の分離…………………………………198
　　(6) 無形資産とマークアップ……………………………………201
　　(7) 価値獲得能力と企業の金融化（financialization）………202
2．企業行動とグローバル生産システム………………………………204
　　(1) 国際生産とグローバル生産…………………………………204
　　(2) ブランド企業の行動…………………………………………205
　　(3) オープン化とネットワーク…………………………………206
　　(4) バリューチェーンのグローバリゼーション………………208
　　(5) 製造受託企業の行動：水平的統合と垂直的統合…………212
　　(6) グローバル生産システムの再編：セルラー組織…………214
3．グローバリゼーションとガバナンス………………………………216
　　(1) バリューチェーンの視点……………………………………216
　　(2) ネットワークの視点…………………………………………218

第9章　生産システムと貿易構造……………………………………221

1．バリューチェーンと貿易構造………………………………………221
　　(1) リンケージ連鎖と貿易構造…………………………………221
　　(2) 国内バリューチェーンの解体と貿易構造…………………222
　　(3) 国際化とグローバリゼーション……………………………224
2．貿易構造の履歴………………………………………………………226

(1) 生産工程の分散················226
　(2) 国際投資の新形態··············228
　(3) 脱垂直化とオープン化··········230
3．貿易の垂直構造と企業活動··········233
　(1) 貿易の垂直構造················233
　(2) 所有関係からみた貿易構造······234
　(3) ガバナンスからみた貿易構造····237
　(4) 情報の共有からみた貿易········238
4．グローバル生産システムと貿易構造··240
　(1) 付加価値生産と貿易構造········240
　(2) 貿易の垂直化と双方向貿易······242
　(3) 「垂直」の3つの側面とグローバリゼーション··244
　(4) 貿易の垂直構造とサービス貿易··246

第10章　生産システムの変化と変容······249

1．視点の整理：最終需要とパワーバランス··249
　(1) 生産システムと需要構造········249
　(2) パワーバランスの変化··········251
2．アメリカ市場指向生産システムの変化··252
3．グローバル生産システムにおける貿易構造··254
4．グローバル生産システムの調整······259
　(1) 金融・経済危機の特徴··········259
　(2) 金融・経済危機と生産システム··260
5．グローバル生産システムの変容······264
　(1) パワーバランスの視点··········264
　(2) パワーバランスの背後にある構造··267
　(3) 地域生産システムの相違········269
6．展望······························271

第Ⅳ部　技術・組織要因と制度的要因 ……………………………275

第11章　グローバリゼーションの促進要因 ……………………277

1．技術・組織的要因………………………………………………………278
　(1) 情報通信技術の発展と情報ネットワーク………………………278
　(2) eコマースの出現…………………………………………………282
　(3) 輸送技術と輸送ネットワーク……………………………………283
　(4) モジュール化と貿易の垂直化……………………………………287
　(5) 国際SMI・VMIによるネットワーク形成………………………290
　(6) サード・パーティ・ロジスティクス……………………………292
　(7) グローバル・サプライチェーン・マネージメント……………294
　(8) 企業の社会的責任…………………………………………………296
2．制度的要因………………………………………………………………298
　(1) 規制緩和……………………………………………………………298
　(2) 貿易障壁……………………………………………………………299
　(3) 通貨の交換性………………………………………………………301
　(4) 直接投資の促進要因………………………………………………303
　(5) 関税政策……………………………………………………………306
　(6) 知的所有権の確立…………………………………………………309
3．時期と特性………………………………………………………………311

第Ⅴ部　貿易の理論的考察 ……………………………………………315

第12章　現代古典派と新古典派 ………………………………………317

1．ベンチマーク理論………………………………………………………317
　(1) 現代古典派…………………………………………………………317
　(2) リカード・モデル…………………………………………………318
2．国民経済…………………………………………………………………320

(1) 生産された生産要素としての資本……………………………………320
　　　(2) 技術体系……………………………………………………………………321
　　　(3) 多部門モデルの価格体系と物量体系……………………………………322
　　　(4) モデルの構造………………………………………………………………324
　　　(5) 2部門モデル………………………………………………………………325
　　　(6) 価値と価格…………………………………………………………………327
　　3．外生変数の意味………………………………………………………………329
　　　(1) 自由度1の体系……………………………………………………………329
　　　(2) 外生的賃金率………………………………………………………………330

第13章　世界市場……………………………………………………………333

　　1．「資本」の比較…………………………………………………………………333
　　　(1) 資本の測定…………………………………………………………………333
　　　(2) レオンチェフ・パラドックスと資本……………………………………335
　　　(3) 利潤率の決定と技術選択…………………………………………………339
　　2．交易条件の決定………………………………………………………………344
　　　(1) 交易条件と需要……………………………………………………………344
　　　(2) グレアムの交易条件決定…………………………………………………345
　　　(3) 根岸理論……………………………………………………………………346
　　　(4) 要素交易条件としての賃金平価…………………………………………348
　　3．資本財貿易……………………………………………………………………350
　　　(1) 貿易前の2国（自国と外国）……………………………………………350
　　　(2) 貿易後の自国………………………………………………………………352
　　　(3) 貿易後の外国の投入労働…………………………………………………353

第14章　純粋労働経済における貿易と成長……………………………357

　　1．均斉成長と貿易利益の可能性………………………………………………358
　　　(1) 閉鎖経済……………………………………………………………………358
　　　(2) 開放経済における物量体系と価格体系…………………………………362

(3) 完全特化……………………………………………………………366
　2．準均斉成長と貿易の利益の可能性……………………………………368
　　(1) 閉鎖経済……………………………………………………………368
　　(2) 開放経済……………………………………………………………370
　　(3) 完全特化の場合……………………………………………………370
　3．雇用と需要………………………………………………………………372
　　(1) 貿易と雇用調整……………………………………………………372
　　(2) 輸出需要の制約と国内消費の変化………………………………374

むすび………………………………………………………………………377

　1．メゾの視点としての生産システムと貿易……………………………377
　2．生産システムと金融システム：残された課題………………………382

参考文献…………………………………………………………………………386
事項索引…………………………………………………………………………403
人名索引…………………………………………………………………………407

図表目次

図 1 - 1　産業の大分類基準による貿易形態分類……………………23
図 1 - 2　産業の細分類による貿易形態分類……………………23
図 1 - 3　グローバリゼーションの指標……………………25
図 1 - 4　分析対象となる領域……………………28
図 2 - 1　3つの財分類……………………47
図 2 - 2　産業内貿易における一方向貿易と双方向貿易……………………56
図 3 - 1　東アジアへの直接投資の固定資本形成に占める割合と
　　　　　製品輸出……………………73
図 4 - 1　垂直差別化貿易の産業別推移……………………97
図 4 - 2　用途別分類による垂直差別化貿易の推移……………………103
図 4 - 3　アジア貿易における垂直差別化の産業別推移……………………107
図 4 - 4　アジア貿易における垂直差別化の用途別推移……………………107
図 5 - 1　1人当たり所得水準（ドル）と輸出の単価の関係……………………120
図 5 - 2　貿易構造……………………123
図 5 - 3　貿易の構造変化……………………123
図 5 - 4　貿易規模の割合からみた構造変化（輸出単価が高い場合）……124
図 5 - 5　重複度からみた貿易構造……………………125
図 5 - 6　重複度からみた双方向貿易の構造……………………125
図 5 - 7　単価比率からみた貿易構造……………………126
図 5 - 8　単価比率からみた比較優位……………………128
図 5 - 9　単価比率からみた輸出額……………………128
図 5 - 10　製品全体の比較優位の分布……………………130
図 5 - 11　比較優位構造の変化のポジション……………………132
図 5 - 12　比較優位構造の変化……………………133

図5-13	貿易の高度化 ……………………………………………137
図5-14	日本とアジア諸国との資本財貿易 ………………138
図6-1	日本と中国の部品貿易における重複度の分布 ……142
図6-2	4カ国の比較優位構造の変化（1994〜2000年）……148
図6-3	同一部門における4カ国の相対輸出入構造変化（アジア貿易）…151
図7-1	経済単位とリンケージ連鎖の階層構造 ……………163
図7-2	ネットワークの形態 …………………………………175
図7-3	グローバル生産システムにおける取引の多様性 …180
図8-1	コンピュータ産業における組織変化 ………………194
図8-2	バリューチェーンのグローバリゼーション ………209
図9-1	バリューチェーンのグローバリゼーションと貿易構造 ……223
図9-2	貿易の垂直化の構造変化 ……………………………225
図9-3	バリューチェーンの国際的分散による貿易の垂直構造 ……236
図9-4	3つの垂直概念とグローバリゼーション …………245
図10-1	資産価格崩壊が起こった国数 ………………………259
図10-2	各国の固定資本形成 …………………………………266
図11-1	情報通信技術と生産の国際的分散 …………………280
図11-2	インターネットへの接続ホスト数 …………………281
図11-3	取引の多様性 …………………………………………283
図11-4	統合型とモジュール化のグローバル生産システム …………290
図11-5	ブルウィップ効果 ……………………………………295
図11-6	地域貿易協定の発効件数（累積） …………………301
図11-7	IMF協定8条国への移行国数（累積） ……………302
図11-8	特別直接投資政策を行った国および地域（累積）……303
図11-9	2国間投資協定の推移（累積） ……………………304

表1-1	経済のグローバリゼーション ………………………17
表2-1	BECによる用途別分類 ………………………………45
表2-2	生産過程と対応させたBEC分類の再整理 …………46

表2-3	先進国と途上国のハイテク製品輸出額の変化	50
表2-4	アメリカでの各国の特許認可件数	51
表2-5	部品貿易の長期動向	54
表2-6	産業内貿易の分類	57
表2-7	双方向貿易の区分	60
表2-8	貿易財市場の階層	60
表3-1	世界の製品輸出に占める用途別財構成	62
表3-2	用途別貿易構成と年平均成長率	63
表3-3	部品貿易の国別状況	65
表3-4	付加価値額に対する製品貿易の比率	67
表3-5	生産と貿易の関係	68
表3-6	1981年から2000年にかけての世界市場シェアの増減	69
表3-7	直接投資の地域構造	72
表3-8	直接投資に対するM&Aの割合	72
表3-9	部品貿易と機械貿易の地域比較（2001〜2005年累積額）	75
表3-10	アジア9とEU22の貿易シェア	76
表3-11	世界貿易に占めるアジアの輸出額の割合とアジア域内貿易の割合	78
表3-12	アジア諸国の世界輸出シェア	78
表3-13	アジア諸国の輸出総額に占めるアメリカ輸出の割合	80
表3-14	アジア域内貿易の国（地域）別・用途別貿易構成と変化	82
表3-15	ASEAN域内輸入率と変化	82
表3-16	日本，NIES 3，ASEAN 4，中国の競争力（2005年）	83
表3-17	NIESのアジア域内競争力（2005年）	83
表3-18	日本，NIES 3，ASEAN 4，中国のハイテク財の競争力	85
表3-19	NIESのハイテク財におけるアジア域内競争力	85
表4-1	日本の総貿易における14カ国の貿易の割合	91
表4-2	47カ国と14カ国，CIF/FOB非調整値とCIF/FOB調整値の比較	92

表 4-3	日本と 14 カ国との貿易構造	96
表 4-4	日本と 14 カ国との産業別貿易構造	98
表 4-5	各部門の用途別財貿易構成	100
表 4-6	垂直的産業内貿易への寄与度	101
表 4-7	日本と 14 カ国全体の用途別分類の貿易	102
表 4-8	アジアとの垂直差別化貿易への用途別財の寄与度	105
表 4-9	日本とアジアの用途別分類の貿易	105
表 4-10	日本と先進国の用途別分類の貿易	106
表 4-11	ハイテク貿易の構成の変化	109
表 4-12	ハイテク貿易の構造	109
表 4-13	アジアとのハイテク貿易の構成の変化	111
表 4-14	アジアとのハイテク貿易構造	111
表 4-15	BEC 分類による日本の 2 つの指標	112
表 4-16	アジア 9 カ国と先進国 5 カ国の貿易指標	113
表 4-17	ハイテク貿易の動向	114
表 4-18	重複度の累積	115
表 5-1	14 カ国の總体としての輸出構造（2000 年，非調整値と CIF/FOB＝1.11 調整値）	121
表 5-2	日本の輸出構造	129
表 5-3	日本の用途別輸出構造	131
表 5-4	相対輸出割合（差異化財／標準化財）	134
表 6-1	4 カ国の垂直差別化貿易の動向	141
表 6-2	4 カ国の競争力指数（2000年）	144
表 6-3	4 カ国の比較優位指数（2000年）	145
表 6-4	2 つの市場領域の相対輸出割合・相対輸入割合	150
表 7-1	施設単位間のリンケージの特性	160
表 7-2	リンケージ連鎖の特徴	163
表 8-1	第 3 世代 IPod（30G）の投入要素と価値獲得の地域分布	200
表 10-1	財別貿易額の変化と財別・地域別貿易の割合	255

表10-2	アジア10と中東欧10の比較	256
表10-3	アメリカの財別・地域別の輸入構成変化	257
表10-4	EU15の財別・地域別の輸入構成変化	258
表10-5	各国・各地域の輸出・輸入の寄与度（前年同月比）	261
表10-6	OECD諸国の雇用の減少（四半期は季節調整済み）	263
表10-7	EMSの解雇の動き	264
表11-1	平均関税率の推移	299
表11-2	部品における関税の推移	300
表11-3	二重課税貿易協定の推移	305
表11-4	中国の外資政策と加工貿易政策	308
表13-1	輸出財と輸入財との資本・労働比率	335
表13-2	投入構造	350
表13-3	貿易の効果	356

付図10-1	製造業における対前年比の雇用減少	273

付表3-1	機械・金型のHS（88）分類	87
付表3-2	中国の部品輸入国の上位20カ国	87
付表3-3	部品貿易と機械貿易の地域比較（2001～2005年）	88
付表4-1	ハイテク財の分類：HS（88）	118
付表6-1	日本の貿易	153
付表6-2	韓国の貿易	154
付表6-3	台湾の貿易	155
付表6-4	中国の貿易	156
付表10-1	アジアと中東欧の部品貿易比率と純輸出比率	273
付表10-2	2009年のPDFテレビの市場予測	273

第Ⅰ部
フレームワーク

第1章
問題の所在

　まず，本書におけるグローバリゼーションの分析視角とグローバリゼーションの歴史的画期を説明する。次に，80年代後半以降のグローバリゼーションを支えた構造を確認した上で，物的要素と非物的要素の移動に着目してグローバリゼーションを考察することを主張したい。つづいて，本書第Ⅱ部の「国民経済を単位とした貿易構造」，そして，第Ⅲ部での「企業単位を視点としたグローバル生産システムと貿易構造」，における分析視点と分析対象を明確にし，同時に，第Ⅱ部と第Ⅲ部の問題の所在を提示したい。

1．グローバリゼーション

(1) 視点の確認

　グローバリゼーションの論点は多種多様である。たとえば，グローバリゼーションに対して肯定的である「グローバル派」と否定的である「反グローバル派」という対立視点がある。また，分析対象も，経済・政治・文化という領域や，国家・不平等・環境という多様な社会テーマがある。さらに，時間的には歴史的・長期的な分析と現局面に限定する分析，空間的にはローカルに対するナショナルやリージョナルに対するグローバルという対比，あるいは領域間関係・インターナショナリゼーション（国際化）と超領域的関係・グローバリゼーションという対比を問うものがある。

　グローバリゼーションの概念整理をあげてみよう。たとえば，Reich (1998) は，①歴史的画期として捉える視点，②経済的現象に限った問題と

して捉える視点，③アメリカ的価値観の覇権として捉える視点，そして④技術的・社会的変革として捉える視点という4つに分類する。Held et al. (1999) は，グローバリゼーションの「懐疑派」と「グローバル派」という対立的視点を整理した上で，第3の視点として「変容論」を提示する。さらに，Held and McGrew (2002) では，グローバリゼーションに関して「懐疑派」と「グローバル派」という対立的解釈を提示し，それぞれのグループをさらに3つに分け，計6つのグローバリゼーションに関する見解を整理する[1]。また，Scholte (2005) は，①国際化，②自由化，③普遍化，④西洋化または近代化という整理を行った上で，⑤再空間化 (respatialization) という視点を示している。

　本書は，グローバル派のように国民国家の存在を否定したり，懐疑派のようにグローバリゼーションは「神話」であると断定したりしない。その意味で，変容論者の見解に近い。それは，現局面を長期の変化過程の新たな局面と捉え，多様な領域の相互作用を踏まえた包括的かつ多次元的視点である。しかし，ここでは，多様な領域を包括することはせず，実物経済の側面に限定してグローバリゼーションを多次元的に考察する。

(2) 経済のグローバリゼーション

　Scholte (2005) によれば，1959年にはじめてグローバリゼーションという単語が用いられ，その2年後にウエブスター英語辞典に掲載せられ，さらに，1980年代初頭から学術的に用いられ始めたという。経済学では1980年代後半から現れ，1990年代に本格的に普及したといわれている。ここで，経済のグローバリゼーションの2つの定義を考察の叩き台として確認したい。

　European Commission (1997) によれば，グローバリゼーションは，「財やサービスの貿易，そして資本や技術の移動により，異なった諸国の市場や生産がますます相互依存を深化させる過程として定義できる。これは，新しい現象ではなく，長い期間の中で整えられた発展の継続である」とされ

---

[1] Held and McGrew (2002) に従えば，グローバル派には新自由主義派・リベラル国際主義派・制度改革派，反グローバル派にはグローバル変容主義派・保護主義派・ラディカル派がある。

る。また，IMF（2000）は，「経済のグローバリゼーションとは歴史的過程である。それは，人類の技術革新と技術進歩の結果であり，とりわけ貿易と資金移動を通じた世界経済の統合の進展を意味する」と定義されている。これら2つの定義から，経済のグローバリゼーションは，貿易や資本取引の拡大を通じた国境を挟んだ経済単位間の相互依存関係が強くなること，そして，一定期間の継続的過程ないしは歴史的過程，という2点が確認できる。

　本書では，経済単位間の関係とともに，経済単位そのものがグローバリゼーションのなかで影響を受けることも注目したい。そのため，グローバリゼーションにおける経済単位間の関係の特性と経済単位そのものの特性は，便宜的に別の側面として分けて考える。経済関係の多様な特性に焦点を当てることを多次元性（multidimensionality）と定義し，経済単位の多様な特性に焦点をあてることを多元性（pluralism）と呼ぶことにする。そこで，グローバリゼーションにおける経済単位の特性，グローバリゼーションにおける経済単位間の関係の特性，そして歴史的過程という3つの側面から考察してみたい。

(3) 経済単位の多元性

　経済のグローバリゼーションには経済単位の同質化・収斂化とともに，異質化という作用がある。さらに，異質化という傾向を2つの側面に分けたい。1つは，歴史・制度に規定される異質性を多様性と定義し，もう1つは，グローバリゼーションを原因とした異質性を変容と呼ぶ。同質化に対する異質化，そして異質化のなかの多様性と変容という特性を，経済単位が「多元性」を持つという。

　まず，市場メカニズムを浸透させている経済のグローバリゼーションの諸力は，企業組織・産業構成・制度様式などを同質化・収斂化させていく作用を持つ。たとえば，直接投資を受け入れ，バリューチェーンに組み込まれた途上国は電機・機械・自動車などの産業を形成し，定着させている。そのため，途上国の国民経済は先進国と同様な産業構成を持つようになる。さらに，企業単位の組織変化（コーポレートガバナンスの強化）として，各国で

企業の意思決定プロセスの透明性の向上，ディスクロージャー（情報開示），アカウンタビリティー（説明責任），コンプライアンス（遵法）の強化が見られる。そして，途上国は，経済自由化のなかで生産サイドでは，先進国の資本財や生産技術の移転や経営ノウハウの普及で生産性が向上し，所得水準は上昇する。需要サイドでは，デモンストレーション効果が働き先進国と途上国の消費構成が類似してくる。

次に，多様性をみてみよう。企業単位をみると，それぞれの産業や企業の国籍により，組織形態が相違している。なぜなら，歴史的・制度的に規定された国民経済が各国の企業に多様性を与えているからである[2]。たとえば，日本の企業とアメリカの企業を比べると，前者は垂直的統合の組織形態がみられるが，後者は外注化という組織形態が支配的である。さらに，自動車産業とコンピュータ産業では「アーキテクチャ」が異なる。また，金融自由化が進んでも日本・ドイツとアメリカ・イギリスでは金融システムは異なる。地域構造をみると，アジア，アメリカ，ヨーロッパというそれぞれの地域ごとの独自の経済特性がある。制度が収斂化する中にも，Amable（2004）が類型化するように，社会経済システムとして「アジア型」・「アングロ・サクソン（市場ベース）型」・「北欧諸国（社会民主主義）型」という多様性がみられる。

さらに，変容の側面として，以下のような事例をあげることができる。まず，国民経済間の産業構成は同質化しているが，しかし，産業内部の構造を見ると，途上国では大量生産かつ利潤マージンが低いとされる労働集約的な加工・組立工程へと産業内特化し，先進国は，研究開発やマーケティングなどの利潤マージンの高い工程へと産業内特化している。しかし，他方で，途上国の企業・産業がより付加価値生産の高い過程へシフトする可能性をもたらす。したがって，バリューチェーンにおけるガバナンス変化が，途上国の産業のアップグレーディングをもたらしているという指摘は，一面では正し

---

[2] グローバリゼーションのなかで多国籍企業の内的構造が各国民経済の歴史的内的構造に依存していることを研究したものとしてOTA（1993）やDoremus et al.（1998）がある。同様に，Kogut（1991）も，直接投資と貿易構造の国別相違が，国の技術能力や組織化能力に関係していると指摘している。

い[3]。

くわえて，排除による変容がみられる。先進国の内部をみると，労働市場から排除されたり，社会的関係から排除されたりする人々が存在する。たとえば，企業内部での雇用をみると，正規雇用に比べて非正規雇用が拡大している。これは，グローバリゼーションによる競争のなかで，多数の国民経済に同時進行しているコスト削減の手段だといわれる。そして，一部の富める階層とワーキングプアといわれる階層との格差拡大が問題となっている[4]。発展途上国のなかでは，ダイナミックに発展する諸国と発展から取り残されている国々が存在する[5]。生産ネットワークに組み込まれる国民経済は収斂化傾向にあるが，組み込まれていない国民経済は成長の可能性が低い。したがって，グローバリゼーションは，統合過程であるとともに，統合過程から排除される経済グループを作り出す過程でもある。

(4) 経済単位の関係の多次元性

本書で注目する経済単位は，施設・企業・産業・国民経済である[6]。また，経済単位間を媒介するものには，国際収支表の経常収支と資本収支に対応して区分される。さらに，国際収支表では把握できない，技術・情報・労働などが考えられる。以下では，経済単位の違いに応じた経済関係を「次元」と定義する。経済単位間の関係は次の4つの視点から分析される。

第1に，関係の程度が問題となる。たとえば，「連携」は「協力」より強い経済関係である。企業単位では，所有により「統合」する場合もあるし，外注化による「協調」関係の場合もある。国民経済単位間では，政策に誘導

---

[3] Ernst (2001, 2002), Ernst and Kim (2002) を参照。
[4] EUの「社会的排除 (social exclusion)」に対する政策は，所得の低下による貧困という一次元的視点ではなく，人間としての雇用への参加や資源，権利，財・サービスへのアクセスなど多次元的視点からのアプローチである。
[5] グローバル格差として，国民経済間の格差とそれぞれの国民経済内部の格差を複合的にみる分析がある。Dikhanov (2005) では，グローバル格差のうち，国内格差の要因が25.8%，国際間格差が74.2%であったのが，2000年には国内格差の要因が30.2%，国際間格差が69.8%であるという。
[6] 最近は国民経済の集合体（あるいは統合体）である地域，そして，NGOという集団が注目されている。また，企業や施設の中には事業単位がある。

された経済統合や協定による協調がみられる。また，貿易の側面と金融の側面では経済単位間の関係は異なるであろう。先進国と途上国の間でも経常収支レベルの自由化の進展と資本収支レベルでの自由化の進展に相違がある。第2に，経済関係の階層性・重層性が問題となる。たとえば，パソコン産業における企業組織単位では，マイクロソフトとインテルはフラットな相互補完関係である。しかし，デルと部品サプライヤーは，ブランド力を持ったデルに主導権があり階層的関係である。国民経済単位の経済関係をみれば，先進国間ばかりではなく，先進国と途上国，そして途上国間というように経済関係の領域が広がっている。そして，多数の経済関係は重層的関係を形成する。第3に，関係は連鎖的であり，多次元のレベルがある。たとえば，財の生産工程を担う施設単位であるか，それとも企業単位であるのかによって経済関係連鎖は異なる。財の生産工程の付加価値連鎖からみれば「バリューチェーン」と呼ばれ，企業の信頼関係からみれば「ネットワーク」と呼ばれる。第4に，異なる関係連鎖には相互関連がある。財の生産工程のバリューチェーンは，企業間ネットワークの基盤の上で形成・再編される。また，実物と金融の2つの経済連鎖は，経常収支不均衡をファイナンスする資本移動のように相互依存関係がある。

　以上のように，経済関係は，関係の程度が異なり，階層的・重層的であり，連鎖的であり，多次元の連鎖があり，それぞれの連鎖には相互関係がある。したがって，本書では，経済のグローバリゼーションを，経済関係が拡大・深化する中で形成された多次元の関係連鎖とそれらの相互作用と定義したい。

(5) 歴史的画期

　グローバリゼーションとは継続的過程である。しかし，現局面を歴史的過程の単なる延長と把握するか，それとも新しい局面と捉えるかで見解が異なる。1つの視点として，第一次世界大戦以前の過去のグローバリゼーションと現代のグローバリゼーションとの対比の視点がある。たとえば，Bairo and Kozul-Wroght (1996), Baldwin and Martin (1999), Jones (2005)

にみられるように，貿易や金融の拡大や，そしてヒトの移動や企業の活動などから類似点や相違を議論する。本書の問題意識は，長期的な視点を配慮しつつも，経済のグローバリゼーションを現局面の新たな変化として理解することにある。

ところで，現局面のグローバリゼーションの理解に対して，Rugman (2005) は，戦後の世界経済を企業の活動の歴史に関係させて観察すると，本当はグローバリゼーションではなく，北米，ヨーロッパ，そして東アジアでのリージョナル経済活動でしかないと主張し，過度のグローバリゼーションの見方に警鐘を鳴らしている。さらに，グローバリゼーションに懐疑的である Gordon (1998) は，国民経済間の相互依存性の高まりは認めつつも，超長期の過程の中で世界経済に占める途上国の地位に変化がみられないと主張する。また，Hirst and Thompson (1999) では，現代のグローバリゼーションにおける東アジアの経済発展の過度な一般化を戒めている。

本書では，現局面のグローバリゼーションの傾向を否定するような事例を挙げることではなく，むしろその傾向を促進している歴史的画期を取り上げる。また，アジア経済の発展はグローバリゼーションの変動を体現したものと考える。なぜなら，過去の歴史的過程と比較して，貿易と金融の両側面から，先進国ばかりではなく発展途上国（とりわけアジア）をも包摂した経済関係連鎖の中での財・サービスや資本，そして情報の流れが拡大しているからである。

大きな変化の背景には，情報通信技術の革新があることは間違いないであろう。歴史をみると，1980 年代には経済活動の中にコンピュータの普及が始まり，1990 年代にはインターネットが急速に利用される中で，経済単位間の情報共有が促進され，貿易と資本移動が以前よりも格段に容易かつ迅速にできるようになった。

グローバル生産システムを支える技術である情報通信技術は，これまでの技術革新と異なる傾向を持つ。それは，先進国と途上国間の生産的関係と情報共有関係において，今までにない統合関係をもたらした。グローバル生産システムにおける情報通信技術は，19 世紀の産業革命における繊維産業や

蒸気機関，そして鉄道などの技術革新との比較でみると，財の各国への普及と技術の移転の速度は遙かに速い（IMF：2001）。それは，一方で，情報通信関連の財の価格低下が急速であり，かつ，財の物理的特性から輸送が非常に容易であることから一気に世界へと普及したこと，他方で，www（World Wide Web）という世界規模のネット・ワーク・インフラを低コストで誰でも利用できるようになったことに要因がある。グローバル生産システムに包摂される国民経済は，情報通信関連財の急激な価格低下による資本深化（Capital Deepening）と情報通信技術の急速な普及とデジタル化により情報の共有を促進している[7]。

　以下では，グローバリゼーションの歴史的画期を1980年代とし，貿易のグローバリゼーション，そして，金融のグローバリゼーションに分けて概観しておきたい。

(6)　貿易のグローバリゼーション

　財市場を考察しよう。ここでは，これまでにない規模で先進国から途上国へと生産工程が分散し，同時に分散した経済機能が緊密に関連しているという意味で1980年代後半が歴史的画期であることを確認したい。

　第1に，発展途上国側の要因として，輸入代替工業化から輸出指向型工業化への政策転換があげられる。この輸出指向的工業化による外資導入策と輸出加工区など輸出振興策は生産システムの大きな転換を促した。輸入代替型工業化政策のもとでは，先進国の多国籍企業は資源や現地市場の獲得を目指した直接投資が目的であり，生産の国際的分散を目的としたものではなかった。しかし，1960年代に始まる政策転換と呼応する形で繊維や靴などの軽工業の労働集約的組立工程の国際的分散が始まる。そして，1980年代後半から直接投資の受け入れと輸出振興が経済発展を加速した。結果として，東アジアは，電機・電子産業や自動車産業の直接投資を受け入れ，経済関係連

---

[7] ただ，先進国と途上国では情報通信技術関連財の投資による資本深化の効果は異なると言われている。とりわけ，資本深化がマクロレベルでの生産に与える効果は異なる。OECD（2004）を参照のこと。

鎖に組み込まれていく。さらに,「東アジアの奇跡」を受けて,インドや南米諸国,東欧諸国も政策を踏襲した[8]。その結果,生産過程は国際的に分散し,直接投資や貿易を通じた工程間の統合が高まっていった。

第2に,80年代後半は,途上国間の競争を招いたという意味での歴史的転換でもある。たとえば,途上国の政府が,輸出加工区を設けたり,減税を行ったり,環境基準を緩和するなどして,海外からの直接投資を呼び込もうとした。グローバリゼーションとは,一方で,投資を呼び込むための政策競争を促進し,労働条件切り下げ競争,法人税引き下げといった各国間の「底辺への競争」(Race to the bottom) を促しながら,生産工程の国際的分散をもたらしているという傾向がある。他方では,「上への競争」(Race to the top) として,多国籍企業が対外投資・調達において,法令遵守・環境保護・人権尊重・地域貢献といった「企業の社会的責任」(CSR) を配慮する傾向がみられるようになった。これは,企業が成長への持続可能性を配慮せざるをえない状況を作り出したグローバリゼーションの反動ともとれる。

第3に,中国とソ連,そして他の社会主義国が市場経済を導入し,世界市場の構造が大きく変化するという歴史的画期がある。1979年に中国は改革開放政策へと転換した。1980年に深圳,珠海,汕頭,厦門の経済特別区の設置に始まり,1984年に上海,大連など14都市を沿海開放都市に指定,1985年に長江デルタ,珠江デルタ,福建省南部デルタを沿海開放地区に指定し,88年に遼東半島,山東半島にまで指定が拡大された。そして,1989年のマルタ会談での冷戦終焉宣言,さらには1991年末のソ連国家解体という一連の変化がある。その時期から,中国,ソ連そして他の社会主義国が市場経済を導入し,世界市場の構造が大きく変化する。具体的には,ロシア・中国のIMF加盟,中国のWTO加盟に見られるように,国際市場への統合化過程による制度改革が進行した。特に,中国の市場経済化は,貿易構造からみた経済のグローバリゼーションを考える上で重要である。中国は世界経

---

[8] 南米諸国は,輸出指向的貿易政策の導入は1990年代に入ってからであるが,比較的早い時期から金融資本自由化を実施し,国内の貯蓄・投資ギャップを海外からの資金調達によって補填してきた。また,直接投資の水準が東アジア諸国に比べ低く,さらに新規投資のグリーンフィールドよりもM&Aが多い。

済に組み込まれる中で,経常収支の黒字を拡大させ,同時に大量の直接投資を受け入れ,結果として外貨準備を拡大させていった。つまり,「世界の工場」と「世界の債権国」の出現である。

　第4に,先進国の対外直接投資に変化を与えた契機がある。これは,上記した途上国の政策転換と呼応する。直接投資の変化の背景には,第2次石油ショックによる世界経済の不況後の経済成長というマクロ経済環境の好転,サービスや金融での自由化や規制緩和といった要因がある。しかし,ここでは1985年のプラザ合意を歴史的画期と考えたい。この時期の直接投資の動向をみると,大半が先進国内部で行われたが,例外的に東アジア地域へ急激に拡大している。それは,プラザ合意以降の急激な為替レートの切り上げが大きな要因となる。日本が投資国として台頭してくるとともに[9],アジアNIESも対外直接投資を始める。東アジアへの直接投資の形態は,当初は第3国市場を最終市場とした輸出指向型製造業の投資であり,大半がグリーンフィールド投資(greenfield investment)であった。このような東アジア地域への直接投資によりもたらされた生産工程の国際的分散こそが貿易構造変化の契機である。その後,先進国企業の子会社は現地企業との相互依存関係を強め,外注化による委託加工貿易を拡大させた。

(7)　金融のグローバリゼーション

　金融市場に目を向けてみよう。先進国と途上国の双方が国境を越えて資産を保有し,経済関係を深めている。たとえば,Lane and Milesi-Ferretti (2006)は1980年代後半の変化を指摘する。彼らの分析によれば,世界全体の対内直接投資・対外直接投資そして世界全体の対外証券投資・対内証券投資の合計と世界全体のGDPとの割合を見ると,1985年までは安定していたが,1985年から1995年まではしだいに増加し,さらに1996年以降は急激に増加している。さらに,Obstfeld (2004)は,産業内貿易のGL指数(Grubel-Lloyd Index)を応用した金融資産の双方向貿易指数が拡大していることを指摘している。そこで,以下で,1980年代後半の歴史的画期を

---

[9]　日本にとっては,貿易摩擦の回避という要因も大きい。

確認しよう。

　第1に，途上国を巻き込んだ金融のグローバリゼーションの要因を考えよう。これは，実物の経済との相互関係による金融のグローバリゼーションといえる。初めての途上国への民間成長資金の流れは，70年代後半のユーロ・シンジケートローンによる開発資金の貸し付けである。しかし，これは伝統的なODAに民間長期資金の貸し付が加わったにすぎず，経済単位間の関係が大きく変化するものではなかった[10]。それが大きく変化するのは，レーガノミクスによるドル高・金利高の影響を受けた途上国の累積債務問題の発生以後である。80年代初頭の累積債務問題以降の途上国は2つに分類できる。1つは「奇跡」と形容される成長を果たした東アジア，もう1つは「失われた10年」を経験したラテンアメリカである。

　東アジア（特にASEAN諸国）は，累積債務に直面して政策転換に迫られた。それが輸出指向型工業化戦略に対応した成長資金の導入のための金融自由化（金利や業務の規制緩和）と資本勘定の自由化（海外資本取引の規制緩和）である。日本・韓国・台湾のようなコンテストベースの政府系資金供給とは異なり，直接投資を受け入れ外資企業が活動しやすい金融環境を整備するというものであった。さらに，1990年代中期には，設備投資以外に不動産や株式市場に大量の短期資金の流入と急激な流出がみられた[11]。

　ラテンアメリカでは，債務危機に直面したメキシコに始まり，いくつかの国は債務不履行に至った。同時に巨額の不良債権を抱えたアメリカの銀行も倒産の危機に直面した。この局面を打開したのが，IMFの緊急融資と，1989年のブレイディ・プランによる対外債務を処理するためのブレイディ債であった。IMFはコンディショナリティとしてラテンアメリカにワシントンコンセンサスに基づいた構造調整を課し，また，証券化による対外債務処理は

---

[10] シンジケート・ローンは産油国の短期預金を長期資金として貸し出すものであるが，半年ごとにロール・オーバーする度に金利を変動させることで先進国側は短長の期間ミスマッチによるインフレリスクを回避した。しかし，途上国は金利変動リスクを負うことになる。1980年初頭の累積債務問題は，まさに金利変動リスクが現れた局面であった。

[11] これがアジアの通貨危機を引き起こすのだが，その後，FDIに比べてポートフォリオ・フローが途上国経済に不安定要因を与えることが明確になった。

ラテンアメリカの金融の自由化を促進させた。ここに，途上国を巻き込んだ国際資金移動が始まった。そして，金融部門への外資参入規制の緩和，株式市場の自由化，国有企業の民営化，資本勘定の自由化により90年代後半からは海外からM&Aにより金融機関の参入が拡大した[12]。

このように，途上国諸国は80年代に金融市場の自由化と資本勘定の自由化を進め，証券化による国際資金移動，直接投資，証券投資，そして短期資金の流入と市場メカニズムを通した先進国との経済連鎖を強めたことが分かる。そして，ここにシンジケート・ローンによる途上国融資とは異なる歴史的局面をみる。アジアでは，資本の流入による対外負債（直接投資とともに90年代以降は証券投資も）が増加するとともに，輸出主導型経済成長により対外資産（外貨準備）が拡大し，双方向での資本取引が拡大する。資本勘定の自由化は，経常勘定の自由化ほどに進展しているとはいえないが，先進国と途上国の信用連鎖という意味で金融市場の関係連鎖を強めている[13]。

第2に，先進国の要因として，金融自由化の中で世界的規模の資金を原資産としてオフバランス取引のデリバティブによる国際金融取引が拡大し，さらに，証券化がグローバルレベルの資本投資を引き起こしていることを確認したい[14]。

1980年代のアメリカは，商業銀行の破綻数が89年にピークに達するように，累積債務問題，S&Lの破綻などの問題に直面した。この中で，伝統的な直接金融・間接金融のシステムが解体し，金融自由化の中で市場型間接金

---

[12] 途上国の金融システムが外国資本により効率化されるという側面をもつ。
[13] Kose et al.(2005)によれば，途上国の中でも，41カ国の低度金融統合化経済（Less Financially Integrated economies）と23カ国の「高度金融統合化経済（More Financially Integrated economies）という区別がある。後者には，韓国，シンガポール，香港，タイ，マレーシア，インドネシア，フィリピンやブラジル，インドも含まれている。
[14] アメリカの不動産関連の証券化がグローバル規模の投資を招いた。機関投資家のSIVは短期のCP（ABCP）で資金を調達し，サブプライムローンを含んだ長期の証券化商品（MBS, COD）に投資し，それを担保にまたABPCを発行するというロール・オーバーを行い，さらにMBSやCODに投資するというレバレッジを行っていた。サブプライムローンの問題が表面化すると，ABCP市場の機能が損なわれ，それが他市場に伝播することになる。証券の評価損が信用収縮を引き起こし，他市場（たとえばM&A市場）にも影響し金融市場を混乱させた。この不安が，実物市場の消費を低下させ，グローバル規模の生産システムに影響を及ぼしている。

融システムへと転換した。これは，膨れあがる過剰資金を前にして，資金供給から資産運用を重視したシステム転換といえる。この中で，ユーロ市場における負債の証券化，アメリカの住宅貸し付けを始めとする債権の証券化が起こった[15]。また，同時に，変動為替による為替リスク，インフレによる金利リスク，株式の変動リスク，短期借り・長期貸しによる利鞘リスクなどに対応する技術革新も必要となる。これがデリバティブである。

アメリカ型金融アーキテクチャが先進国を巻き込んで確立・普及するプロセスが1980年代後半から始まる。金融自由化がもたらしたアメリカの金融アーキテクチャに対応するため，各国は規制緩和競争を行った。たとえば，1986年のイギリスでの証券市場改革（ビッグバン）に続きドイツ，フランスなど欧州各国でも証券市場改革が行われた。日本も各国に合わせて徐々に金融市場を自由化していった。このように金融制度の調整のプロセスがグローバリゼーションの局面といえる。すなわち，デリバティブは，一方で，リスク・ヘッジという側面が国境を越えた資金移動を容易にしたが，他面では，レバレッジによる投機的な運用が資本移動を膨張させた。また，金融自由化と資本勘定の自由化により各国の債券市場への投資が可能となり，さらに，ストラクチャードファイナンスにより資金調達を拡大させ，同時に，資産運用のための資本市場が拡大した[16]。そして，世界的規模で資産を集め，リスク分散行動をとる中で，投資先として途上国が取り込まれていった。ここに金融のグローバリゼーションの歴史的局面がみられる。

(8) グローバリゼーションを支えた構造

OECD (1977) のマクラッケンレポートが指摘するように，1970年代に入って各国の景気循環の同時性が強まった。同時性とは，経済単位間の関係が強くなったことの現れである。これは，自由貿易，関税引き下げ，長期資本移動の自由化，短期資本移動の拡大などが要因であろう。しかし，すでに

---

[15] 組成・保有モデル (originate and hold) から組成・転売モデル (originate and distribute) への転換といえる。

[16] 金融イノベーションは，リスク分散を促進したが，結局のところ膨れあがるリスクを評価できずにサブプライム問題に端を発した金融危機を引起した。

確認したように，途上国を巻き込んで大きく変化するのは 80 年代からである。ここで，現局面のグローバリゼーションを支えたマクロ経済構造を確認したい。

マクロ経済構造変化が 1980 年代後半からみられる。国際不均衡をみると，アメリカの経常収支赤字は一時的（1999 年）に是正されたものの，1983 年から一貫して世界的不均衡は拡大している。とりわけ，貿易収支からみれば，アメリカは 80 年代に消費財や自動車の輸入を拡大させ，90 年代には資本財や中間財の輸入を拡大させている。したがって，アメリカは世界の需要を牽引する「機関車」の役割を担っていた[17]。そして，この構造を支えているのが，アメリカへの資本の流入である。なかでも，日本，韓国，台湾，中国，シンガポールなどのアジア諸国の短・長期国債の形での外貨準備の積み上げが注目される[18]。この経常収支赤字のファイナンスは，アジア地域における工程間国際分業から供給された最終財を，消費市場としてのアメリカへ輸出することを可能としていた。したがって，1980 年代後半からの工程間分業の拡大・深化により産出されたアジアの最終財の輸出拡大は世界的な経常収支不均衡のファイナンス構造と表裏一体であった。

さらに留意すべきは，諸国の外貨準備の増加がアメリカの経常収支ファイナンスを上回ることであった。つまり，アメリカは単に経常収支の赤字のファイナンスを行うために海外からの借り入れを行っているのではなく，借り入れた資産を海外へ投資している。海外（特にアジア諸国）からアメリカへ流動性が高く，リスクの少ない資産へ投資され，アメリカは海外の流動性が低くリスクの伴う資産投資を行った。このことは，双方向の国際的取引による相互依存関係を形成し，金融市場での信用連鎖と考えることができる。

本書では，グローバリゼーションの一側面である財市場の構造変化を分析対象とし，金融市場の側面は分析対象としない。しかし，経済のグローバリゼーションを分析する際には，表 1-1 で示すように，2 つの市場で対照す

---

[17] サブプライムローン問題に端を発してアメリカの需要が縮小しても，新興国は自立的に成長するというデカップリング論がある。短期的にはアメリカの需要の落ち込みが，新興国に影響した。しかし，その後，新興国の需要が確かに世界を牽引している。

[18] さらに，原油高のなかの中東やロシアなどの産油国の外貨準備も近年注目される。

べき構造がみられるとともに，2つの市場の分析に相互関連があることに留意する必要がある。財市場の構造と対比して金融市場をみるならば，表が示すとおり，付加価値連鎖に対応して信用連鎖がみられる。また，財取引においてはEMSやODMのように製造受託という工程特化が見られるのに対して，資金取引においてもSPEの設立やヘッジファンドのように投資運用機能への特化という傾向が見られる。さらに，取引形態も2国間の双方向貿易

表1-1　経済のグローバリゼーション

	財市場	金融市場
連鎖の形成としての経済のグローバリゼーション	付加価値生産の重層的連鎖：ネットワークを通じた生産過程の国際的分散と調整	債権債務（信用）の複雑な連鎖：金融資産市場における国際相互取引の拡大
受託の中心国	中国による受託加工貿易：組立加工による消費財輸出	アメリカによる金融仲介機能：流動性とリスク変換
受託の中心組織	EMSやODM：受託加工に特化，3PL：物流の受託に特化（設備投資リスクを引き受ける）	SPEやヘッジファンド：投資運用機能への特化（投資リスクを引き受ける）
取引形態	・垂直的双方向貿易 ・委託加工貿易	・双方向取引（two-way trade in financial assets） ・デリバティブや債権の証券化
指標	・Fontagne et al. (1997) の産業内貿易指標 ・産業の付加価値生産額に対する輸出額の割合 ・製品貿易に占める部品貿易の割合	・Obstfeld (2004) によるGL指標の応用（金融資産の双方向貿易指標） ・Lane and Milesi-Ferretti (2006) によるGDPに対する資産と負債の合計 ・吉国委統計 (Regular Derivatives Market Statistics)
経常収支不均衡とファイナンス	貿易収支の不均衡の拡大：アメリカによる最終財消費の持続と工程間分業の深化	経常収支のファイナンス：アメリカへの資本流入（とりわけアジア諸国からの流入）

注）EMSとはElectronics Manufacturing Service, ODMとはOriginal Equipment Manufacturer, 3PLとはThird Party Logisticsである。類型化すれば，製品ライフサイクルに関わる製品設計を自らのリスクで担当するのがODMであり，EMSはライフサイクルの立ち上げのリスクはとらず製造受託に特化する。そして，3PLは，物流最適化を受託する。しかし，近年では，ODMやEMSが3PLを行い，EMSが設計部門を強化しEDMS (Electronics Design and Manufacturing Service) もある。また，SPE (Special Purpose Entity) とは，不動産をはじめとした資産を流動化（証券化）するために設立された特別目的事業体。具体的には，SPEの形態としてSPC方式，組合（任意組合・匿名組合）方式，信託方式の3つがある。

および双方向取引 (two-way trade in financial assets) が拡大している。そして，極めて重要なことだが，貿易収支の国際不均衡を支えるファイナンスのメカニズムという相互依存性である[19]。このように，グローバリゼーションによる統合の進展を確認できる。

(9) 2つの市場の相違

2つの市場でのグローバリゼーションの範囲と拡大のスピードが異なることを付け加えておきたい。金融市場では，先進国市場での市場のグローバリゼーションが急速に進展した。しかし，途上国では，中国にみられるように資本取引は制限されており，統合度は低い。それに対して，財市場では，途上国も含めて統合が進んでいる。そして，公的部門を除いて民間レベルに限れば，双方向取引が異なる。資本市場では，途上国と先進国の民間レベルでの双方向の資本取引は制約されているのに対して，財市場では双方向取引が拡大している。

また，取引拡大のペースが異なる。今回のサブプライム問題に端を発する金融危機が起こるまでの証券化商品やCDSなどの金融派生商品の取引拡大は，過剰なリスクを増幅させた。たとえば国際スワップデリバティブ協会（ISDA）のデータによれば，CDSの残高の推移をみると，2001年の前期では6315億ドルであったのが，2007年後期には62兆1732億ドルと実に98.5倍に拡大している。このような急激な取引は，財市場の比ではない。ここには，一部の先進国の極端な金融取引による資産効果とそれに牽引された需要の拡大という，グローバリゼーションのスピードと規模の拡大の相違から来るバブルの危うさが垣間みられる。特に，投資銀行やSPC（SPEの一形態）が，住宅ローン担保証券をベースとして消費者ローン債権・自動車ローン債

---

[19] 経常収支ファイナンスのメカニズムは，グローバリゼーションの歴史的画期を示すものとして書きとめておきたい。もちろん，ファイナンス構造が今後安定的に推移するとは限らないが，1980年代後半以降は不均衡を拡大させながらも貿易構造は維持されている。この事実をどのように捉えるかは研究者により異なる。世界経済の構造問題として分析した代表的理論として松村 (1985, 2002) がある。また，近年のファイナンスメカニズムの肯定論は，Dooley et.al (2003, 2005) が主張する「ブレトンウッズ体制の復活」であろう。しかし，この構造は，2008年の後半に起きた金融危機・経済危機で不安定化した。

権・社債や企業向け貸付金などを合成した新たな証券化商品をつくり，リスクの所在を不明瞭にした上で，それを世界中の機関投資家やヘッジファンドなどに販売したことが拍車をかけた。このような金融取引が過剰な消費を引き出し，そして，信用収縮により逆に消費を萎縮させた。

　ただし，信用が収縮して実需が縮小するとしても，財市場の経済関係連鎖が止まるわけではない。むしろ，市場の収縮の中で各国が保護主義に傾斜する傾向の中でも，今回の金融危機・経済危機に対応した形での経済関係連鎖の再編の過程が進行していると考えられる。そのなかで構造再編が進み，グローバリゼーションの過程が進む可能性がある。そして，2008年秋以来の金融・経済危機後の構造との対比のためにも，これまでのグローバリゼーションの構造認識は必要である。

⑽　生産要素の特性と貿易構造の2つの視点

　2つの市場の相互関係からグローバリゼーションを支える構造を確認したので，次に，グローバリゼーションの特徴を考えるために生産要素に焦点を当ててみたい。たとえば，グローバリゼーションを肯定的に理解する論者は理念型として完全に統合された世界経済を描く。そこでは，要素移動の制限はなく，企業は国内と同じ条件で活動できることになる。グローバリゼーションとは，本当に要素移動の制限がなくなることなのだろうか。それは，否である。現実には，要素移動にまだ制限があるし，それぞれの経済単位の収斂化・統合化のプロセスは不完全である。

　そこで，グローバリゼーションにおける生産要素間の特性の相違を考えてみよう。統計で把握できる移民，貿易，海外投資，金融取引のなかで，ヒトは非常に国民経済に粘着的な要素であり，一部の途上国からの労働移動を除き移動は制限されている。それに対して，貿易取引のなかで，中間投入財の貿易とサービス貿易は拡大している。さらに，資本移動は加速している。

　また，統計的には把握できないが，知識・情報という要素は，以前よりも拡大している傾向にある。グローバリゼーションを加速したデジタル化やアーキテクチャの変化が，一方で，知識の形式知化を進め，企業間・国境間

の情報移転（オープン化）を進めた。しかし，知識は労働者個人に，そして，企業組織や国民経済という経済単位に蓄積され，容易に移転することが困難な要素でもある。国境を越えた情報移転と国内での情報移転，そして企業間と企業内部での情報移転にはいまだ断絶がある。つまり，グローバリゼーションの過程の中で，財や資本の移動の急激な変化の背後に，国際間・企業内部・企業間で情報の移動を拡大させるとともに，移転・共有出来ない知識の棲み分け（あるいはブラックボックス化）が促進していることがみて取れる。

　一方で，情報通信関連財の急激な価格低下による資本深化，情報通信技術の急速な普及，デジタル化による情報の共有促進が進行している。しかし，他方で，知識の移転において国境や企業の境界内部と外部では大きな差がある。したがって，資本深化がマクロレベルの生産性の向上あるいは成長をもたらすかどうかは，知識の偏在が大きな影響を与える可能性がある[20]。あるいは，グローバリゼーションを支えた消費構造がサブプライム問題を発端として崩壊し，これまでとは異なる消費回復の模索の中で知識そのもののあり方が問われる可能性がある。

　本書では，物的要素（たとえば中間財や固定資本）と非物的要素（情報や知識）の特性に注目して，生産要素の移動や情報の共有に注目してみたい。物的要素に関しては「国民経済単位からみた貿易構造」で注目している。そこでは，中間財貿易のなかでも部品貿易の拡大，そして，資本財貿易についても分析が行われている。また，非物的要素に関しては，「企業単位からみたグローバル生産システムと貿易構造」のなかで，定量的には定かではないため，多少冗長に思われるかもしれないが，企業関係の変化から機能的分析を試みている。そこで，この2つの視点の問題意識を明確にしたい。

---

[20] たとえば，国際協力銀行開発金融研究所（2002）を参照のこと。

2. 国民経済単位からみた貿易構造の分析

(1) 貿易の分析視点：産業単位と工程単位

　経済のグローバリゼーションは，経済関係が拡大・深化する中で形成された多次元の関係連鎖とそれらの相互作用と定義した。したがって，グローバリゼーションの構造を分析するということは，経済単位間の関係変化や階層性，関係連鎖の構造とその相互関係を分析することになる。その場合，貿易構造の側面から経済のグローバリゼーションを分析する視点として，産業単位ではなく工程単位の分析を必要とする。

　たとえば，産業単位に注目した分析視点として雁行形態論がある[21]。これは，先導国の直接投資を通じて後続国の雁行形態が促進されると考える。つまり，先導国の産業構造の重心がX産業（労働集約産業），Y産業（資本集約産業），Z産業（知識集約産業）へと雁行的にシフトする中で，後続国の産業構造が一段階遅れてX産業，Y産業，Z産業へと雁行的にシフトするというものである。これは，各国のキャッチングアップのプロセスの中で国際分業構造の変化を俯瞰した分析として評価される。しかし，産業という視点からアジア諸国を見ると，近年では，日本と同じ産業を抱える諸国は多い。たとえば，中国には自動車をはじめあらゆる産業が存在する。したがって，グローバリゼーションは産業構成を同質化する傾向にある。

　しかし，同じ産業内部の工程レベルを国際比較するならば事情が異なる。グローバリゼーションは，同一産業内部の国際構造に差異をもたらしている。アジア諸国は，同一産業内部の異なる工程に特化し，産業内分業を進展させている。したがって，経済のグローバリゼーションの分析視点は，産業単位から工程単位へと移す必要がある。実際に経済のグローバリゼーションの特徴として，部品貿易が拡大していることから生産工程の国際的分散が進んでいると判断できる。さらに，産業内貿易の拡大の中で，国民経済ごとの工程特化の相違により生産構造が差異化している。これらの分析は，産業単

---
[21] 赤松理論を精緻化した小島（2003）を参照。

位ではなく，用途別財単位の分類から可能である。

　ところで，生産工程の差異化のなかで，途上国は産業内での特定の工程に特化し，工程分業の一角を担うとともに，生産基盤を形成する。これは，生産工程の一部での競争力の強化をもたらすばかりではなく，さらに産業基盤の向上の足がかりとなる可能性もある。実際に，中国では，輸出を目的とした委託加工型の構造から，国内の所得の拡大による国内販売を目的とした産業基盤の拡大が見られる。この傾向が続けば，将来には中間財の国内調達比率が上昇し，中間財の貿易が減少する可能性もある。つまり，従来型の産業分類とともに，用途別財単位から分析することで，産業内部での生産構造の変化が検証できる。

(2) 貿易の2つの側面

　貿易構造の形態分類を整理すると，図1-1のように，第1次産業と第2次産業という産業分類を基準とした伝統的貿易形態の分類と，図1-2のように産業の細分類を基準にした貿易形態分類がある。

　図1-1は，産業間貿易を対象とした「水平」と「垂直」という貿易の形態分類である。つまり，原材料になる1次産品の鉱工業や農業とそれを投入して生産を行う製造業との産業間貿易を垂直貿易，そして，製造業における産業間の貿易が水平貿易である。このような分析視点は『通商白書』で確認できる。たとえば，昭和55年度の『通商白書』では，「先進工業国，あるいは先進工業国と中進工業国との間における工業製品の水平分業」と「先進工業国や中進工業国と1次産品輸出国との垂直分業」と呼んでいる。ここでみられる貿易形態は，加工段階の相違として貿易形態を分類する視点である[22]。これは，途上国へ製造工程の分散が本格化していない当時の状況を反映している分類といえる。本書は多くの製造工程を途上国が担っている貿易構造を対象とする。そのため，1次産品を含めた加工段階を基準とした分

---

[22] 加工段階の相違により貿易形態を分類する視点として，昭和57年度『通商白書』では以下のように述べている。「垂直分業とは，発展途上国と先進国の間における一次産品と工業品の輸出入関係にみられるように，加工段階に応じて，国際分業関係を形成することである。一方，水平分業とは，同一の加工段階の産品について分業関係を形成することである。」

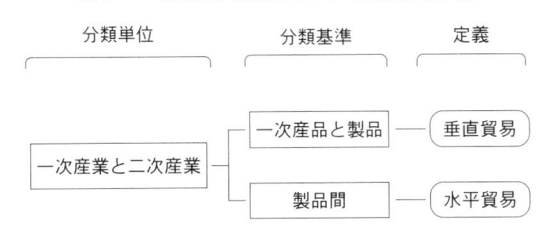

図1-1　産業の大分類基準による貿易形態分類

```
分類単位            分類基準              定義

                  ┌─ 一次産品と製品 ──── 垂直貿易
一次産業と二次産業 ─┤
                  └─ 製品間 ─────────── 水平貿易
```

図1-2　産業の細分類による貿易形態分類

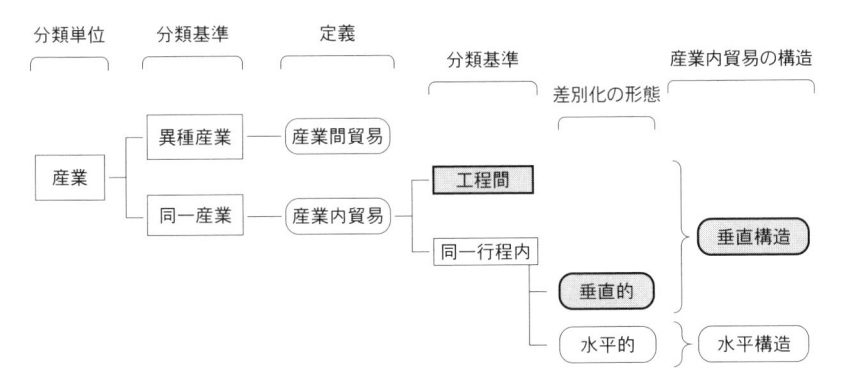

```
分類単位  分類基準   定義         分類基準    産業内貿易の構造
                                 差別化の形態
         ┌ 異種産業 ─ 産業間貿易
産業 ────┤                     ┌ 工程間 ┐
         └ 同一産業 ─ 産業内貿易┤         ├ 垂直構造
                                 └ 同一行程内 ┬ 垂直的 ┘
                                             └ 水平的 ── 水平構造
```

析視点を採用しない。

　本書では，図1-2にみられる産業内部の貿易構造を対象とし，2つの側面に注目する[23]。2つの側面とは，最終財に至る生産工程段階から整理できる。第1に，産業内部の異なる工程段階の財が貿易されることを「生産工程の国際的分散」あるいは「工程間特化」による貿易と定義する。これは，最終財が完成するまでの工程で投入される財が国際的に取引される連鎖を対象としたものであり，素材そして部品の投入から最終財としての製品の産出という垂直的工程の貿易に焦点を当てている。それに対して，第2の定義は，同一の生産工程レベルで投入される使用目的が類似した財を対象としたものである。そして，差別化された同じ使用目的の財が2国間で相互に貿易され

---

[23] 企業の視点から見れば，工程間とはバリューチェーン内部であるが，同一工程全体は捉えることができない。それは，多数のバリューチェーンの断面を，国民経済単位で集計したものである。

ている状況を双方向貿易と呼ぶ。さらに，双方向貿易は2つの形態分類がある。単価（価格/量）の異なる財の双方向貿易である場合を「垂直差別化貿易」と定義し，同一の単価の財が双方向に取引されるものを「水平差別化貿易」と定義する。前者は，双方向貿易される財の質が異なり，財の質を規定する技術水準が異なる国民経済間の双方向貿易である。それに対して，後者は，双方向貿易される財の質はほぼ同一で，技術水準が同じ国民経済間の貿易とみなすことができる。このなかで，中間投入財の垂直的差別化に注目したい。

以下で述べるように，垂直的差別化された中間投入財貿易は工程間貿易の拡大と関係しているため，「工程間貿易」と「垂直差別化貿易」の拡大はグローバリゼーションにおける貿易の2つの側面と呼ぶことができる。図1-3で示されているように，工程間貿易を示す「製品貿易に対する部品貿易比率」と双方向貿易における「垂直差別化貿易の割合」は，グローバリゼーションを示す2つの指標である[24]。たとえば，生産の国際的分散による工程間貿易の拡大は，部品貿易比率を上昇させ（第3章），その部品貿易の断面図としての双方向貿易を観察すると，垂直的双方向貿易の比率を拡大させている（第4～6章）。この2つの現象は構造変化の中で関連している。

次のような貿易構造の変化を考えてみよう。一方で，先進国の部品輸出とその部品が組み込まれた最終財（とりわけ消費財）の輸入が拡大し，他方で，直接投資と資本財貿易を通じた途上国での部品生産の現地化や部品輸出の拡大がみられる場合である。まず，部品貿易の拡大は，個々の企業の部品調達活動の現れであり，最終財に至る生産工程の国際的分散化を反映している。そして，多くの企業が形成する垂直的生産過程の部品貿易を集計して2国間の部品貿易全体を分析すると，垂直的に差別化された双方向の貿易が観察される。したがって，垂直差別化による双方向貿易とは，工程間分業が拡

---

[24] Hummels et al.(2001)は，産業連関表を用いて，輸出財に用いられている輸入財の割合で示した垂直的特化という指標を提示している。

[25] もちろん，垂直的双方向貿易は，従来型産業分類に従って集計できる。ただ，従来型産業分類は，さらに用途別に再分類され，そこから貿易の垂直構造が把握される。したがって，本書の分析の基本視点は，従来型産業分類ではなく，用途別財分類の視点からみた貿易構造である。

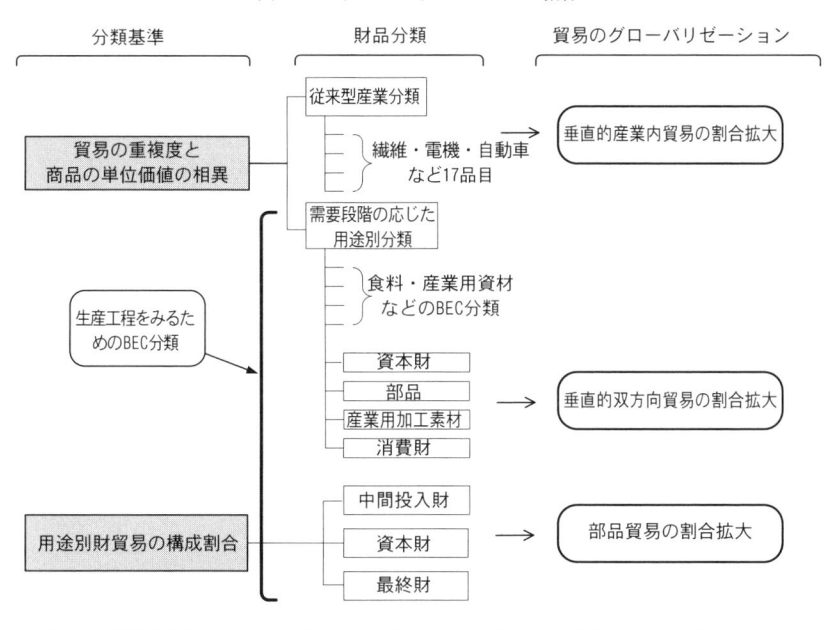

図1-3 グローバリゼーションの指標

```
分類基準              財品分類              貿易のグローバリゼーション

                    ┌─従来型産業分類
貿易の重複度と        │    ┌繊維・電機・自動車   → 垂直的産業内貿易の割合拡大
商品の単位価値の相違  │    └など17品目
                    │
                    ├─需要段階の応じた
                    │    用途別分類
                    │    ┌食料・産業用資材
生産工程をみるた      │    └などのBEC分類
めのBEC分類         │
                    │  ┌資本財
                    │  ├部品                → 垂直的双方向貿易の割合拡大
                    │  ├産業用加工素材
                    │  └消費財

                       ┌中間投入財
用途別財貿易の構成割合 ─├資本財              → 部品貿易の割合拡大
                       └最終財
```

注) HS貿易統計をもとにしたグローバリゼーションの指標の認識方法を図示したものである。また，BECとはBroad Economic Categoriesのこと。

大する中で表れた現象である[25]。

(3) 分析対象としての貿易構造

ⅰ. 60年代の貿易構造の変化

分析対象である1980年代半ば以降の貿易構造の端緒が1960年代にみられる。以下では，端緒と見られる貿易構造を概観し，その上で，近年の貿易構造と比較することでグローバリゼーションの局面を確認したい。

20世紀前半までの典型的貿易構造は産業間貿易であった。たとえば，Nurkse (1959) が途上国の貿易構造問題を明らかにしたように，19世紀から20世紀初頭までの貿易形態は，先進国は主として工業製品を輸出し，途上国は一次産品を輸出するという貿易であった。さらに，工業製品でも，発展段階に応じて異なる産業に特化した貿易であった。そのため，貿易分析は

国民経済間の産業構成の相違の視点から行われた。また，貿易理論では技術格差や要素賦存比率の相違に基づいた産業間貿易が考察された。

　1960年代に新たな貿易構造が浮上する。欧州経済共同体（EEC）の経済統合の効果を分析する中から，産業内貿易の重要性が明らかとなった[26]。Grubel and Lloyd（1975）による1959年から1967年の産業内貿易指数の変化をみると，アメリカは40から49，日本は17から21，ドイツは39から46，フランスは45から65，イギリスは32から69となっている。このような同一産業内の生産物の相互貿易は，供給サイドの要因（技術や要素賦存）ではなく，Linder（1961）の貿易理論で述べられているように需要サイド要因から考察されるようになった。

　また，同じ60年代に多国籍企業の活動と貿易構造の関係が問われた。Vernon（1966）は，製品が初期段階の「新製品」から「成熟製品」となり，最終的に「標準化製品」となる3つの製品サイクルの中で，生産拠点の変化と貿易構造を関連させるモデルを提示した。まず，新製品はアメリカで生産され消費されるが，成熟製品になるとアメリカから他国へ輸出される。しかし，しだいに生産拠点が直接投資により海外に移転されるようになると，今度はアメリカが当該製品を輸入する。そして，標準化段階になると，生産は途上国へと移転され，途上国が当該製品の輸出国となる。このような認識の根底にあるものは，投資国企業の技術革新能力を重視する視点である。国民経済ごとの技術革新能力の格差が存在し，製品のライフサイクルが長いという条件のもとで，直接投資と貿易構造変化の関係が類型化された。

　さらに，1960年代に，繊維産業に典型的にみられる「持ち帰り貿易」といわれる生産工程間分業が現れた[27]。この貿易は，日本・アメリカ・ヨーロッパの先進国企業が，アジア・カリブ諸国・メキシコ・東ヨーロッパなど

---

[26] Bairo and Kozul-Wroght（1996）では，産業内貿易や企業内貿易は，19世紀における経済のグローバリゼーションのなかでも見られる現象であり，決して近年のグローバリゼーションの特徴ではないと指摘している。また，Bordo et al.（1990）も，20世紀初期からすでに一部の地域でも観察されているという。したがって，産業内貿易が注目されるようになったのは1960年代であるが，貿易構造としてはそれ以前に顕在化していることになる。

[27] 例えばHelleiner（1973）を参照のこと。

へ原材料を輸出し，現地で委託加工されたものを再輸入する際に，関税のうち原材料価格相当分の関税を軽減あるいは免除する制度により促されたものである[28]。しかし，この時期の委託加工貿易は，2国間で完結する貿易構造であり，貿易の中で支配的活動を占めるに至らなかった。

ⅱ．80年代後半からの貿易構造

　80年代後半以降のグローバリゼーションの局面では，60年代の構造認識とは異なる側面が現れる。まず，産業内貿易は，先進国間ではなく，途上国まで含めて広がっている。また，製品のライフサイクルに応じた製造拠点の移転が起こるのではなく，新製品の段階から中国やインドなどの巨大な途上国で製造され貿易されている。そして，関税政策や直接投資，オフショア・アウトソーシングなどの要因から，川下工程と川上工程というバリューチェーンを形成する国際分業関係が，多数の途上国や地域で重層的に形成される。つまり，分析対象となる貿易構造とは，製造拠点が途上国に大きくシフトして形成されたものである。

　途上国にとっては，ひとたび先進国から直接投資や企業間ネットワークに包摂され，製品生産の特定の工程に特化（産業内特化）するならば，外需に依存した成長の好循環（virtuous circle）が開ける可能性がある。このプロセスは，繊維，電機，電子そして自動車など多様な産業でみられる。さらに，製品生産のバリューチェーンの中で，低付加価値生産の工程からより付加価値の高い生産工程へと産業内特化をシフトさせることで，成長の速度を加速できる可能性も生まれる。しかし，同時に，多数の国の多様な企業の競争圧力を高めていることを意味する。

　1980年代後半の構造変化とは，図1-4に示されている。それは，① 中間投入財（とりわけ部品）貿易の拡大により示されるように，部品製造部門と製品組立部門などのような生産工程間特化（垂直的特化），② 部品などの中間投入財の双方向貿易の拡大のように，最終財ではなく中間需要段階の双方向貿易をもたらす工程内特化（垂直差別化）である。図の点線で囲まれた部

---

[28] 本章3(3)や第11章で確認するが，アメリカのoffshore assembly provisionや日本の関税暫定措置法第8条による加工再輸入減税制度などである。

分が，グローバリゼーションの特徴を示す構造変化の領域である。このような領域を分析対象とすることは，次のような意味がある。

まず，分析対象とする中間投入財貿易は，産業内貿易特化が見られる。なかでも，所得水準格差のある先進国と途上国の貿易でも垂直差別化による双方向貿易が拡大していることが注目される。これは，産業内貿易の理論が想定している同一の発展水準の国民経済間の消費者の需要性向の多様性に導かれた水平差別化による双方向貿易（同質財の貿易）という側面とは異なる。

次に，中間需要段階の貿易は，最終財の生産に至る過程での連続性と計画性を持ったもので，最終財（なかでも消費財）という顧客に対して1回限りの販売を目的とした貿易と区別される。つまり，中間需要の貿易は，国際的に分散した生産工程を統合し，かつ，財生産の連続性を保証するための経済活動である。さらに，そのために，情報の共有や物流などの支援サービスを必要とする。したがって，このような貿易活動は生産現場を国際的に分散させることによる「貿易の利益」をもたらす活動であるとともに，個々の生産現場の「ルーティーン」の集合体を支える活動である。以下では，最終財（消費財）を対象とした貿易活動と中間投入財を対象とした貿易活動を明確に区分して分析する。

図1-4　分析対象となる領域

工程間特化による中間投入財貿易の拡大
工程内特化による双方向貿易（垂直差別化）の拡大

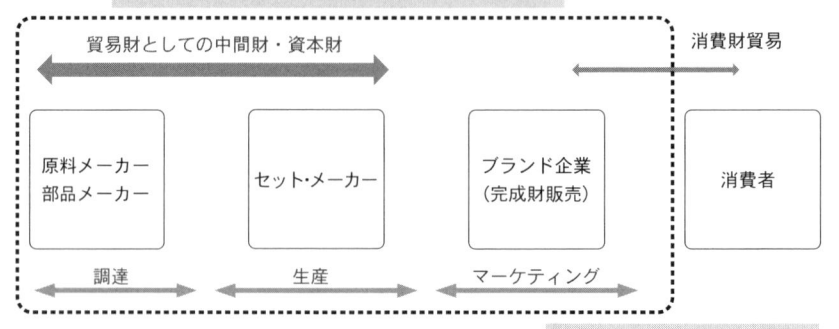

貿易財としての中間財・資本財　　　　　消費財貿易

| 原料メーカー
部品メーカー | セット・メーカー | ブランド企業
（完成財販売） | 消費者 |

調達　　　　　生産　　　　　マーケティング

アメリカ市場指向生産システム
新興国市場指向生産システム

くわえて，2008年のアメリカのサブプライム問題に端を発する金融・経済危機を境として，最終需要の構造変化が生産システム・貿易構造に与える影響を考察したい。2008年の金融・経済危機は，これまでの世界経済における最終需要を牽引するアメリカ市場の役割を後退させた。そして，中国やインドなどの新興国市場の役割を浮上させている。このような最終需要の構造変化は，国民経済関係や企業関係の変化，貿易構造の変化を引き起こす可能性をもたらしている（第10章）。

(4) 貿易の垂直構造

本書では，1980年代後半以降の工程間分業が重層化した貿易構造を「貿易の垂直構造」と呼ぶ。また，生産工程の国際的分散化を示す概念として「貿易構造の垂直化」という用語を用いる。さらに，垂直的特化とは，最終財を生産・輸出するために中間投入財を輸入する国民経済の経済活動を示すものであり，特に東アジア諸国，メキシコ，およびCEC諸国の生産活動がこれに該当する。

ところで，フラグメンテーションというように分散化した貿易構造を表現する概念があるが，ここでは，分散化の結果成立した貿易構造を示す概念として「貿易の垂直構造」という定義を用いている。フラグメンテーションはサービス・リンク・コストの低下によって促進されるという因果関係で説明される。それに対し，貿易の垂直構造は，Hicks（1965）やMorishima（1992）が強調したように固定価格が形成されるように，投入産出の継続的な取引で，最終財取引や一次産品取引とは異なる特性を持つと考える。このような貿易構造の背後には，バリューチェーンにおける情報の共有や信頼関係の形成，そして組織間のコア・コンピタンスを形成する知識の蓄積がある。それゆえに効率の視点からでは把握できない側面を含む概念を提示するという問題意識を込めて「貿易の垂直構造」と呼んでいる。

さらに，ここでいう「垂直」という概念の背景には，ケンブリッジ資本論争がある。そして，直接にはPasinetti（1981）のモデルの影響がある。それは，資本財の理解に関するものである。つまり，物理的資本を賦存量とし

て把握し生産工程の国際的分散を考えるか，あるいは，物理的資本は貿易される商品財であり，資本財貿易が生産工程の国際的分散を促進する重要な役割を担っていると考えるか，というものである。貿易の垂直構造とは，後者の考え方に基づいている。垂直構造という定義には，資本財や生産要素としての部品が商品として貿易され，そのことが生産工程の国際的分散を促進しているという含意がある。たとえば，ある国は資本財や高機能な部品を輸入し，それを用いて最終財を製造・輸出する。ある国は，資本財を海外に輸出し，海外でその資本財を用いて生産された部品を輸入する。つまり，資本財の貿易自体が，部品貿易の輸出入，あるいは消費財の輸出入を拡大させているということを示す。この資本財が商品財として取引されるプロセスを対象としたのが貿易の理論的考察である（第11章と第12章）。

3．グローバル生産システムと貿易構造

(1) 企業行動の分析視点：施設単位と企業単位

経済のグローバリゼーションを推進する主体は企業である。企業が，どの工程段階の施設単位を内部で所有し，どこに立地させるか，あるいは外部の企業に外注するかという一連の編成・配置により，施設単位間の所有関係は変化する。したがって，所有関係の変化に対応して情報や知識の共有関係も同時に変化する。ここでいう施設単位とは，工場施設，研究開発施設，物流やマーケティング施設などである。本書では，施設単位の経済関係を「リンケージ」と呼ぶ。リンケージは，中間財の投入産出に対応した付加価値の流れ，情報の共有関係に対応した統合度の程度，所有関係の有無，ガバナンスの形態や階層性などを分析する基本関係である（第7章，第8章）。ここで，国境を超えた施設単位間のリンケージの形成の2つの側面に注目してみたい。

1つは，直接投資（所有）によるリンケージ形成である。その中でも途上国へのリンケージ形成に注目したい。途上国への直接投資の形態は，伝統的な天然資源開発型ではなく，輸出指向型の製造業の直接投資である。これ

は，製造業の生産過程の国際的分散を推し進める。そして，国際的に分散した施設単位の生産工程を経て最終財が生産される。一般に，途上国の現地企業に比べて，多国籍企業の子会社は貿易性向が高い。これは，中間財や資本財を輸入し，完成財などを輸出する行動をとるためである。中間財や資本財の輸入は，調達する財の数量と品質や信頼性を確保する行為であり，また，投入の安定性や連続性を確保するためでもある。したがって，途上国には，これまでにない製造工程が導入され，新たな産業構造が定着する。また，所有によるリンケージ形成は途上国の輸出拡大に貢献する。なぜなら，途上国企業が海外の消費性向を把握し，流通チャンネルを整え，アフターサービスを行う一連のマーケティング活動を確立することは困難である。それに対して，多国籍企業の子会社は，このような制約はない[29]。

　もう1つは，途上国の現地企業の成長を促す外注化によるリンケージ形成である。輸出指向型直接投資は，多国籍企業の子会社が途上国内部の現地企業とのリンケージをもたらす。現地のリンケージ形成は，途上国の資本形成に貢献し，同時に現地での技術移転，人材育成，コーポレートガバナンスの改善，競争促進などをもたらす。このなかで，現地に企業家精神を埋め込み，企業集団を形成させ，学習と知識の蓄積を行い，生産能力を向上させる。そして，しだいに現地企業からの調達を拡大させる。また，多国籍企業は，加工貿易制度が，先進国企業から製造を受託することのできる現地企業の産業集積を形成させ，同時に技術力等を改善させる可能性がある。現地企業は，しだいに，大手ブランド企業から独立して特定の生産工程を担った施設を所有し，受託生産を行うようになる。そして，現地企業の施設単位は，国際的な生産システムに包摂され，貿易の一端を担うようになる。

　上記した2つの側面を対比する理由は，生産システムを形成するリンケージの変化に注目したいからである（第8章）。これまで典型的な施設単位の国際関係は，所有によるリンケージの構築（垂直的統合）であった。たとえ

---

[29] 韓国や台湾にみられるように，多国籍企業の規制が強かった国は，海外技術の導入に関する効果的な政策がみられたが，輸出に関しては，マーケティングを担当する日本の総合商社の役割は大きかったといわれている。

ば，70年代のIBMにみられるように，全ての施設単位が多国籍企業の内部に配置され組織化されていた。当時は，内部化が施設単位のリンケージを維持するための最適行動と考えられていた。しかし，特に欧米の多国籍企業では，多角化と規模の拡大による組織の非効率性がしだいに問題となってきた。80年代の後半以降，先進国企業は，生産工程の中で研究開発やマーケティングなどの得意分野に資源を集中し，他の生産施設は売却し，その機能を外部委託するようになった。このような傾向は，パソコンや携帯電話の生産にみられるように，特定の生産工程に特化・専業化した大規模受託企業であるEMS（Electronics Manufacturing Service）やODM（Original Design Manufacture）を出現させる。さらに，生産工程だけに専業化・企業化したファンドリー（foundry）の出現は，同時に，ファブレス（fables）企業という自社で生産施設をまったく持たず100%外部委託しているメーカーも出現させている[30]。

このような，途上国内取引および貿易関係により結ばれた企業関係の変化は，複数の国民経済に居住する多様な企業が製品生産の投入産出関係を形成する過程である。換言すれば，投入産出活動に関わる企業関係の形成は，多国籍企業内部の「組織内交換」という調整様式が支配的であった世界市場のなかに，協力・協調・連携を深めるなかで，「関係的交換」による継続的取引という調整様式を拡大させる過程である。もちろん，Richardson（1960）が「市場の中の計画的調整の島」と指摘したように，早くから国民経済内部での固定的で非市場的な企業関係（関係的交換）は存在していた。しかし，ここで主張したいのは，世界市場のなかで「計画的調整の島」が形成されていることである。この過程がグローバリゼーションである。

(2) 多次元の経済連鎖

世界市場のなかで「計画的調整の島」を分析する視点として，多次元の経済連鎖の構造を提示したい。グローバル生産システムは施設単位間リンケー

---

[30] ファブレス企業の典型的な商品例は，任天堂の据置型ゲーム機「wii」やアップル社の携帯プレーヤー「iPod」である。

ジの連鎖の集合体である（第 7 章）。第 1 に，バリューチェーンがリンケージ連鎖の最小単位である。バリューチェーンとは，既存の資本設備やサポート・サービス，そして労働要素を前提として，完成財を生産するまでの投入産出過程に注目し，投入産出過程にともなう付加価値連鎖の束を対象とした概念である。第 2 に，ネットワークは，バリューチェーンの集合体であり，かつ投入産出関係を支える資本財を提供し，バリューチェーンをサポートするサービス提供を包摂する企業単位間リンケージの集合体である。ここでは，投入産出関係というバリューチェーン内部ではなく，バリューチェーン間の関連やバリューチェーン間の競争を対象とする。また，ネットワークの構造は「ネットワークのネットワーク」といわれるように階層的である。そして，第 3 に，生産システムとは，企業組織，市場，ネットワークというすべての調整様式を含んだシステムである。そこには，生産要素の柔軟で短期的な市場取引を含んでいる。

国民経済単位と産業単位の関係をみると，リンケージ連鎖は，1980 年代前半までは国民経済内部あるいは産業内部に包摂されていた。たとえば，日本が貿易摩擦問題を抱えていた頃は，国民経済内部に全ての生産工程が備わったフルセット型であった。また，企業は流通施設などあらゆる施設を所有しサービス機能を内部化していた。しかし，グローバリゼーションの中でフルセット型国民経済は解体し，また，サービス機能は独立化・産業化していった。そして，国民経済の枠を超えて，グローバル・バリューチェーンやグローバル生産ネットワークが形成・展開していった。

本書では，多次元の関係連鎖の相互作用としてグローバリゼーションを把握し，関係連鎖の中心としてバリューチェーンを位置づける。これは，バリューチェーン内部のガバナンス類型化に焦点をおいた Gereffi et al. (2005) の概念とは異なる。バリューチェーンは，ガバナンスの類型化という経営的視点にとどまるのではなく，ネットワークや生産システムという広義のリンケージ連鎖との相互関係を明確にし，次のような論点を分析する経済学視点である。つまり，バリューチェーンにおける補完優位性，バリューチェーン間の競争関係，バリューチェーンのライフサイクル，バリュー

チェーンの貿易構造，バリューチェーン・ネットワークに包摂された国民経済の成長可能性など，グローバリゼーションの構造変化を分析するための視点である。

(3) 分析対象としての組織構造と貿易
ⅰ．2国間工程分業

リンケージの国際化による工程間分業は，1960年代から注目された。この時代では，海外組立（offshore assembly），国際下請生産（international subcontracting）[31]などの定義がある。これらは，先進国からみて，財の川下工程を途上国で行い完成財を再輸入するという，2国間完結型工程間分業を対象としている。さらに，これらは，政策に誘導された2国間完結型委託貿易と呼ぶこともできる。ここでいう政策誘導による貿易活動とは，「川上の生産工程」をもつ先進国側から，そして「川下の生産工程」を受け持つ途上国側の関税政策という2つの側面から観察される[32]。

まず，「川上の生産工程」をもつ先進国側の関税政策により形成された貿易構造がある[33]。つまり，先進国企業が途上国へ原材料を輸出し，現地で委託加工されたものを再輸入する際に関税のうち原材料価格相当分を軽減あるいは免除する制度である。アメリカでは1930年の関税法（Tariff Act of 1930）の関税条項と関連した貿易取引で，海外組立のための関税条項（OAP: offshore assembly provision）による貿易と呼ばれる[34]。また，日本でも，アメリカと同様な関税政策が1969年に創設されている。これは，関税暫定措置法第8条による「加工再輸入減税制度」と呼ばれ，革，繊維，

---

[31] Watanabe（1972），Sharpston（1975），Michalet（1980）を参照のこと。
[32] 生地の生産までを行っている繊維業までが川上工程とし，それ以降の生産工程を川下工程とする2つの工程を考えてみたい。
[33] 先進国の生産工程が海外に移転することは，産業構造の転換が一挙に行われ国内の産業基盤や雇用基盤の確保が困難となり，「産業の空洞化」という事態に見舞われる可能性がある。そこで，国産原材料の利用促進等を通じて，国内産業の活性化を図り，さらには，海外での委託加工という経営戦略の多様化により，国内メーカーの国際競争力の維持につながる効果などを目的とした関税政策がみられる。
[34] Finger（1975）を参照のこと。

履物に適用されている。

次に,「川下の生産工程」を受け持つ途上国側から生産工程の国際的分散を促進する政策も見られる。たとえば,メキシコでは輸出品製造のための部品,原材料,機械設備を免税で輸入できるマキラドーラ（保税輸出加工区）がある。マキラドーラはアメリカへの輸出により発展するが,その背後にはアメリカ関税政策であるOAPとの補完関係がある。また,関税政策とあいまって先進国から途上国へ加工工程部門を設立・誘導する目的の直接投資政策もみられた（第11章2(5)）。

ii. グローバリゼーションと生産の国際的分散

経済のグローバリゼーションのなかで形成される貿易構造とは,1960年代の2国間完結型貿易構造とは異なる。たとえば,60年代頃からの企業戦略の主たるものは販売目的のための市場参入,あるいは寡占企業の市場確保であり,工程間分業を形成する直接投資は副次的なものである。特に1970年代からの寡占企業間の「国際相互浸透」の行動を考えると,この時期は,最終製品の市場を獲得するために輸出かあるいは水平的直接投資かという選択を行う国際化の時代といえる。本書が対象とする貿易構造は,どのようなチャンネル（直接投資や外注化）にせよ,企業にとって川下工程と川上工程の国際分業を形成することが目的となった1980年代後半からの構造である。したがって,工程間分業が2国間完結型を超えて,多数の企業と多数の国民経済間で形成される時代である。このことから,企業活動は「国際化（インターナショナリゼーション）の時代」から「グローバリゼーションの時代」に転換したと考えられる。

まず,「国際化の時代」における企業組織構造の変化と「グローバリゼーションの時代」の組織構造の変化は大きく異なる。特徴として企業単位と施設単位の関係に大きな変化がみられる。企業活動の「国際化の時代」には,企業の規模拡大と多角化が進んだ。企業の巨大化は,規模の経済性と寡占競争力が向上し,企業内施設単位間の取引費用が削減された。しかし,企業内部の施設単位間の調整コスト（輸送コストや情報コスト,貿易障壁,知的所有権の維持コスト）が技術的・制度的経済環境の変化の中で低下すれ

ば[35]，企業の求める行動が内部化より外部委託によるフレキシビリティへと変わっていく。

さらに，規模の経済性を求める経済単位が変化する。企業単位レベルの規模ではなく，生産に特化した EMS のように，工程に関わる施設単位レベルでの規模が求められるようになる。また，企業内部に多様な事業部門を抱えることは，限りある資源の効率的投資が問題となる。なかには，効率が悪く収益の上がらないものもみられるであろう。さらに，研究開発費用が巨額となり，投資を回収できるかどうかという不確実性も高くなっている。このような状況の中で，リストラクチャリングによる中核部門への選択・集中という変化が起こった。

くわえて，生産工程の変化がある。バリューチェーンが国民経済内部に留まっている状況から国民経済の領域を超えて再編成される状況へと変化している。これはフルセット型の国民経済の解体によるものであり，国民経済内部のリンケージ連鎖の束の消滅である。このような変化は，1970 年代から80 年代にかけて，企業の多角化と規模の拡大から発生した非効率な組織形態の解体と呼応するものである。先進国の企業はコア・コンピタンスやコア・ケイパビリティといわれる中核となる経営資源に集中し，それ以外の工程段階に関わる財やサービスの生産は他企業に外注化する[36]。同時に，それぞれの工程に特化した企業の施設単位は異なる国民経済に立地し，国際分業による利益を追求する。したがって，グローバリゼーションとは，異なる国の多くの企業がリンケージ連鎖を再編・深化させている過程である。

iii．所有関係を伴わないリンケージ連鎖

所有関係を伴わないリンケージ連鎖のガバナンスは，すでに 1970 年代から注目されていた。たとえば，Oman (1984) は「国際投資の新形態」として，株式 (equity) の取得形態を取らずに発言力を行使するものとして，ジョイント・ベンチャー，フランチャイジング，経営契約 (management

---

[35] 本書の第 9 章参照のこと。
[36] コア・コンピタンスとは Prahalad and Hamel (1990)，コア・ケイパビリティは Leonard-Barton (1992) の概念である。

contract），ターンキー契約（turnkey contract：一括請負契約），さらに試運転までのターンキー契約を発展させてその後も契約するプロダクト・イン・ハンド契約（product-in-hand contract），生産分担契約（product-sharing contract），国際下請け（international subcontracting）を指摘している。彼の目的は，グローバル・バリューチェーンにおけるガバナンスの新しい動向を指摘することが目的であったため，多様な産業，そして，多様な形態を包括的に指摘している。しかし，当時は，所有関係をともなわない施設単位間のリンケージが十分に形成されていなかった。

1990年代になり所有関係にとらわれない生産の国際的分散を示す概念とそれに関連した貿易構造の定義が散見できる。たとえば，生産の国際的分散を示す概念として，生産フラグメンテーション（Production Fragmentation）[37]，グローバル商品連鎖（Global Commodity Chains）[38]，グローバル生産ネットワーク（Global Production Networks）[39]，クロスナショナル生産ネットワーク（Cross National Production Networks）[40]，国際的生産ネットワーク（International Production Network）[41]，などの定義が用いられている[42]。

フラグメンテーションという定義は，生産の国際的分散に焦点をあてている。Jones and Kierzkowski（1990），Arndt and Kierzkowski（2001）では，国際的に分散した工程間の調整コストをサービス・リンク・コストと定義し，そのコストの構成要素が規模の経済性に規定されることをフラグメンテーション（Fragmentation）として理論化した。それに対して，企業間の補完関係に注目しているのが，グローバル生産ネットワークやクロスナショナル生産ネットワークの概念がある。グローバル生産ネットワークでは，ブランド企業とサプライヤーにおけるヒエラルキー構造を対象とし，そ

---

[37] Jones and Kierzkowski (1990), Arndt and Kierzkowski (2001).
[38] Gereffi (1994).
[39] Ernst and Kim (2002).
[40] Borrus amd Zysman (1997).
[41] UNCTAD (2001a).
[42] 生産ネットワークの示唆に富む系統的なサーベイは木下（2006）を参照のこと。

の関係から，途上国のサプライヤー企業（あるいは企業が存在する途上国自体）の技術力の向上というアップグレーディングの可能性を検討している。さらに，クロスナショナル生産ネットワークの視点では，日本的企業システムの垂直的企業形態に対して，アメリカ的企業システムの競争力の源泉がネットワークの経済効果にあることに注目している。最後に，商品連鎖（Commodity Chain）や価値連鎖（Value Chain）という概念で生産の国際的分散を定義するグループは，形態類型化を行う。たとえば，Gereffi (2001) は，生産者が主導する価値連鎖，バイヤーが主導する価値連鎖，そして，ネットワーク指向の価値連鎖という3つの形態を提示する。また，Sturgeon (2000a) は価値連鎖における企業形態の相違を分類している。たとえば，きわめて垂直的統合が強い統合企業（integrated firm），先導的企業（lead firm），ターンキー・サプライヤー（turn key supplier），小売業（retailer），部品供給企業（component supplier）という5つの活動主体である。

　貿易構造を考察する場合，企業内取引であるか企業間取引であるかという形態区分が行われる。しかし，貿易構造をバリューチェーンから分析する場合，市場とヒエラルキーという二者択一的な分析視点では不十分である。経済のグローバリゼーションとは，多様な国際的な施設単位のリンケージ連鎖の産物である。そして，リンケージには，所有権の有無の他に，情報の共有の程度，施設単位間の統合の程度，施設単位間の付加価値生産の相違などの特性がみられる。貿易の構造変化を誘因するのは，このようなリンケージの複雑な特性の絡み合いである。本書では，貿易構造をリンケージの多面的特性，バリューチェーンやネットワークの多次元的な視点から分析することで，グローバリゼーションの特徴を検討する。

(4) 垂直構造の類型化

　所有関係の有無から貿易の垂直構造は2つに類型化できる。1つは，単一の企業が各生産工程に関わる施設単位全てを所有し，国際的な配置を決定する場合。これは各施設単位が企業内貿易によって統合される「内部化によ

る貿易構造」と定義できる。もう1つは，企業の特定の施設単位の売却や生産工程の外注化による脱垂直化（deverticalization）あるいは垂直分解（verical disintegration）の動向である。この場合，国際的に分散した生産工程はネットワークにより調整され各施設単位が企業間貿易によって統合されている「外部化による貿易構造」と定義できる。

　また，リンケージの特性から貿易の垂直構造を類型化してみると，前者の場合の企業と施設の関係は，技術・知識を中核とした非物資的ストック（無形資産）の優位性を維持するため「ヒエラルキー型貿易構造」と言い換えることができる。後者の場合は，中核企業がアーキテクチャ（たとえばモジュール）を提唱する中で，企業間の情報の共有が行われる「ネットワーク型貿易構造」である[43]。とりわけ，後者の構造では，グローバリゼーションの中で，最終商品に至る中間段階の商品財を生産する企業数は（たとえば海外の1次・2次下請のように）階層的に拡大する一方で，それらの財を購入する中核企業の数は相対的に減少する傾向がみられる。

　さらに，ネットワーク型貿易は，生産システムにおける情報の共有の程度によりその構造が異なる。たとえば，製品アーキテクチャが生産システム全体でオープンな場合のネットワーク型貿易構造がある。ここでは，プラットフォーム・リーダーのもとで定められたデザインルール（情報のオープン化）に従えば，一定の技術水準と学習能力のある企業に市場が開かれている。したがって，ネットワークに包摂されている企業は，一定の範囲で成長の自由度が与えられる。それゆえに，競争力のある企業が集積している国民経済は貿易構造を変化させる可能性が大きい。このようにオープン化というリンケージ変化は，途上国の企業の学習と成長の機会を提供し，結果としてその国の経済成長と貿易構造の変化をもたらす分析視点を提示する。ここに経済のグローバリゼーションの1つの特徴を見いだすことができる[44]。

---

[43] 詳しくは，本書の第7章を参考のこと。ここでは，グローバル生産システムにおける有形資産と無形資産の関係を提示している。

[44] 逆に言えば，グローバリゼーションのなかでネットワークに入れない国は，生産システムを統合する貿易に参加出来ないことを意味する。

第Ⅱ部
国民経済単位からみた貿易構造

第 2 章
分類と分析指標

　貿易分析の財分類と分析指標を明確にしたい。まず，財の分類として，従来型の産業分類と需要段階に対応した用途別分類，そして財への研究開発費の投入割合を基準としたハイテク財分類の3つに注目する。次に，以下の章（第3章から第5章）で用いられる，貿易分析の指標について整理したい。分析指標としては，部品製品比率，競争力指数，比較優位指数，輸出入重複度，輸出入単価比率を取り上げる。そして，最後に，輸出入重複度を視点とした産業内貿易構造分析と輸出入単価比率の視点からみた貿易財市場の階層構造分析という2つの分析視点を提起する。

1. 財分類と貿易

(1) 3つの分類基準
　我々は，産業分析の必要に応じて，自動車産業，部品産業，ハイテク産業などと表現する。そして，産業とは，例えば，価格理論の応用として，共通の買手に対して代替関係のある商品を供給する企業の集まりと定義される。貿易分析においても産業の定義は重要であり，商品間の代替性の基準を用いて，①需要の側面から，消費の代替性という基準で，たとえ異なる産業用加工品からできていようとも同一の使用目的で使われ容易に代替される生産物の集合体として，②供給の側面から，生産の代替性という基準で，たとえ最終使用目的が異なっていても同様の投入要素を使用して生産される商品の集合体として，産業を定義することが可能である[1]。さらに，供給の側面か

ら，③技術水準から分類することが可能である。つまり，特定の生産技術を用いて生産される商品の集団を産業と定義する方法である。そして，実際の計測問題の視点からすれば，製造技術が類似しているものを産業と定義するアプローチが，貿易統計の品目分類と適合していると考えられる[2]。本書ではこのような3つの分類基準を用いて，貿易分析を行っている。

第1は，従来型の産業分類による商品財の分類である。産業分類による貿易商品財の分類は，国際的に統一されたものとして2つの分類が利用できる。その1つが国連の「標準国際貿易商品分類」(Standard International Trade Classification : SITC 分類）である。SITC 分類は3回の改訂が行われているが，1960年に改訂第1版（SITC Rev.1）では1960年代からの長期のデータが利用可能である。ただし，分類の元になる基本項目の数が少なく，SITCの1985年に改訂第3版（SITC Rev.3）でも3121項目にすぎない。もう1つが，関税協力理事会が貿易の関税業務の手続きの簡素化と国際的標準化のために作成したものである。これは，「商品の名称及び分類についての統一システムに関する国際条約（International Convention on the Harmonized Commodity Description and Coding System）: HS 条約」の付属書である「国際統一商品分類（HS）」に基づいて行われる「国際統一商品分類」(Harmonized Commodity Description and Coding System : HS 分類）と呼ばれる。この分類は，1988年以降のデータしか利用できないが，1996年版の分類では5114項目あり，SITC よりも詳細な項目が利用できる。主に，本書では，産業分類の元になる品目をHS分類に依拠している。

第2の貿易財商品の分類は，用途別財分類として産業用加工品・部品・資本財・消費財という経済活動の需要段階に応じた区別に依拠したものである。これは，表2-1のような国連の貿易統計の分類基準である BEC 分類 (Broad Economic Categories）が用いられる。表2-2は，それを用途別

---

[1] 特に，Helpman and Krugman (1985) の定義は，消費の代替基準として，分離型の効用関数を用いて，代替可能な商品のグループ分けをしている。また，供給サイドのモデルとして，Falvey (1981) は，生産要素のうち資本が産業に特定のものであることから定義している。
[2] この点は本章の後半で再度取り上げる。

に再整理したものである。この用途別財分類と従来型の産業分類の相違点は，次のような例示がある。たとえば，産業分類にある自動車は，用途別財分類にある輸送機器とは，同一の財を含むけれども，異なる財分類であることに留意したい。前者の分類は，乗用車，産業用車両，そして，一部の部品を含むものである。さらに，自動車に組み込まれる部品としてのタイヤなどは，化学に分類される。それに対して，後者では，完成車と部品は明確に区別され，また，前者で化学に分類されたタイヤは後者では輸送機器部品に分類される[3]。

表2-1 BECによる用途別分類

1．食料・飲料	11．原料	111．産業用
		112．家庭用
	12．加工品	121．産業用
		122．家庭用
2．産業用原材料	21．原料	
	22．加工品	
3．燃料および潤滑財	31．原料	
	32．加工品	321．内燃機関用燃料
		322．その他
4．資本財	41．資本財	
	42．部品	
5．輸送機器	51．乗用車	
	52．その他	521．産業用
		522．その他
	53．部品	
6．消費財	61．耐久消費財	
	62．半耐久消費財	
	63．非耐久消費財	
7．その他		

[3] BEC分類はSITCコードをもとにHS96コードによる再分類が行われている。本書では，1988年からのデータを分析するために，HS96をHS88に調整した。詳細な分類表はUnited Nations (2003) Classification by Broad Economic Categories: Defined in Terms of the Standard International Trade Classification, Revision 3 and the Harmonized Commodity (Statistical Papers) で示されている。

表 2-2 生産過程と対応させた BEC 分類の再整理

産業連関		BEC 分類	
素原材料		111.	産業用食料・飲料原料
		21.	産業用素原材料
		31.	燃料・潤滑財原料
中間財	加工品	121.	産業用燃料・潤滑剤加工品
		22.	産業用加工品
		321.	内燃機関用燃料
		322.	その他燃料潤滑油
	部品	42.	資本財部品
		53.	輸送機器部品
最終財	資本財	41.	資本財
		521.	産業用輸送機器
	消費財	51.	乗用車
		522.	その他非産業用輸送機器
		112.	家庭用食料・飲料
		122.	家庭用燃料・潤滑剤加工品
		61.	耐久消費財
		62.	半耐久消費財
		63.	非耐久消費財

　第3に，製品コストに占めるに投入されたR&D費用の割合の相違に応じた製品分類がある。とりわけR&D費用の投入の割合が高いハイテク製品，低いローテク，そして中間の位置するミドル・テク製品というように3つに分類される。産業部門ごとの製品別分類によるハイテク製品貿易は，これまで多くの分析結果が出されている。たとえば，先進国のハイテク製品貿易の動向にばかりではなく，途上国のハイテク製品貿易も，集計されたレベルでSITC Rev.1 に依拠した World Bank（1999）のデータ，そして，World Bank（2000）（および2000年以降のデータ）では SITC Rev.3 に依拠した途上国のハイテク製品貿易の動向が利用できる。また，アメリカを中心とした先進国のハイテク製品貿易のデータ分析が National Science Board（2004）で行われている。くわえて，さらに，HSによる分類で，ハイテク貿易を分析したものとして Eurostat（1996）がある。これは，SITC 分類

よりも細分化された HS 6 桁分類に従ったものである。ただし，HS データは 1988 年以降でしか利用できないため，SITCRev.2 のような長期データは観察できない。

以下の図 2-1 は，HS 分類に基づいた 3 つの財区分の方法による貿易分析を図示したものである。各国の 6 桁目までの品目は，輸出入とも共通の番号であり，かつ，国際的に統一されている。しかし，7 桁目以降の細分番号は，各国が決定し，さらに，輸出と輸入の番号も必ずしも同じではない[4]。我が国では，日本関税協会『輸出統計品目表』では 9 桁による品目分類がある。これが，日本の貿易データでもっとも細分化されたデータである。本書では，アジア諸国の貿易構造とも比較することから，国際的に統一されたHS の 6 桁分類を用いている。

図 2-1　3 つの財分類

①用途別財分類（BEC 分類）

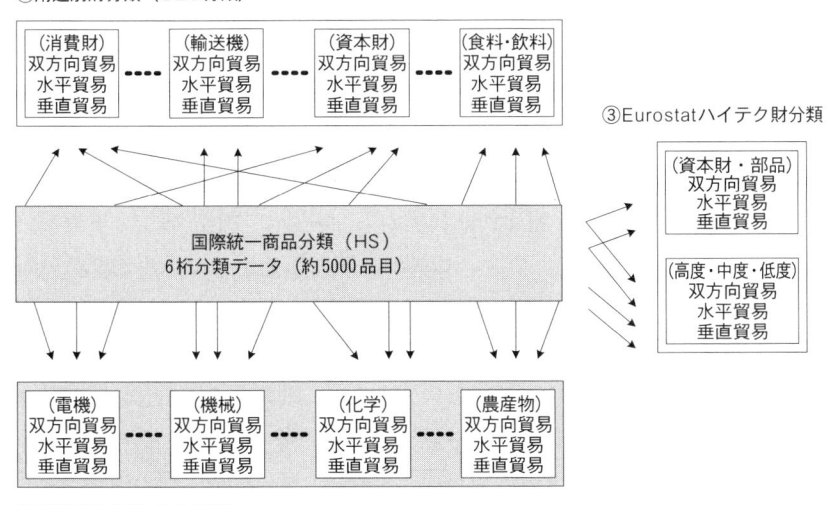

| （消費財）双方向貿易 水平貿易 垂直貿易 | （輸送機）双方向貿易 水平貿易 垂直貿易 | （資本財）双方向貿易 水平貿易 垂直貿易 | （食料・飲料）双方向貿易 水平貿易 垂直貿易 |

国際統一商品分類（HS）
6 桁分類データ（約 5000 品目）

③Eurostat ハイテク財分類

| （資本財・部品）双方向貿易 水平貿易 垂直貿易 |
| （高度・中度・低度）双方向貿易 水平貿易 垂直貿易 |

| （電機）双方向貿易 水平貿易 垂直貿易 | （機械）双方向貿易 水平貿易 垂直貿易 | （化学）双方向貿易 水平貿易 垂直貿易 | （農産物）双方向貿易 水平貿易 垂直貿易 |

②産業別財分類（HS 基準）

---

[4] 統計品目表は，まず 2 桁で 21 部 97 類に分類される。それを細分化した 4 桁を「項」番号，さらに細分化した 6 桁を「号」番号と呼ぶ。そして，日本の統計ではその上に 9 桁でより細分化している。

(2) 用途別財分析の含意

従来型産業分類ではなく BEC (Broad Economic Categories) による用途別財分類に注目する意義について4つの点を確認したい。

第1に，資本財，中間投入財（部品や産業用加工品），消費財という3つの財カテゴリーそれぞれの貿易には経済的含意がある。まず，資本財の貿易は，財に体化された技術の移転経路であり，資本財の中でも機械貿易は技術の国際的配分を示す指標と考えられる。特に，高機能な機械の輸出は，貿易相手国の生産技術の水準や生産性の向上に寄与する。次に，中間財の貿易は，技術の移転経路ではなく，むしろ，それぞれの国民経済での技術の定着度合いを示す指標である。たとえば，日本は部品や産業用加工品の輸入が拡大しているが，このことは貿易相手国に中間財の生産技術が定着し，中間財生産の比較優位が作用している証左と考えられる。しかも，同時に日本は部品や産業用加工品を輸出しているが，それらはより高度な技術を投入したものである。そして，消費財貿易は，製品の付加価値生産を最終的に実現するものである。そのため，最終消費需要が持続的でないならば資本財や中間財の貿易が滞る可能性がある。さらに，中間財貿易を拡大させるには，外需としての消費財貿易・資本財貿易（もちろん内需も）が堅実である必要がある。

第2に，BECに基づく用途別財分類から，貿易の「垂直構造」と貿易の「垂直化」が検証できる[5]。まず，貿易の「垂直構造」とは，用途別財分類から特徴付けされる。資本財の貿易は，財に体化された技術の国際的配分を行う。なかでも，機械貿易は，生産技術の国際的分散を体現し，生産工程の国際的分散を形成する1つの要因といえよう。中間需要段階の貿易（部品や産業用加工品貿易）は，国際的に分散した生産活動の連続性と計画性を保障する経済活動である。つまり，貿易の「垂直化」は，生産工程の国際的分散を促進する資本財貿易と国際的に分散した生産工程を統合する，産業用加工品や部品貿易の拡大を意味する。

第3に，用途別財分類に基づく分析視点に依拠することは，貿易構造を変

---

[5] 「垂直構造」と「垂直化」は，第3章で分析する。

化させる要因である直接投資やオフショア・アウトソーシング（offshore outsourcing：海外企業への外注化）との関連を連想させる。たとえば，日本企業の直接投資は，資本財，産業用加工品・部品貿易を拡大させ（補完関係），同時に，消費財の国際分業を変化させている（代替関係）と考えられる。また，オフショア・アウトソーシングの進展は，国際的生産システムのなかで[6]，最終財と中間財の分業構造を形成する。たとえば，資本財，中間財の特化した国が消費財輸入を拡大し，同時に，組立加工に特化した国は資本財（機械）・中間財の輸入を拡大させることになる。

　第4に，用途別財分類による貿易の分析では最終需要と中間需要の段階の相違に注目できることから，改めて貿易活動とは何かを問い直す視点を提示する。そもそも，中間需要は生産プロセスを滞りなくさせるために必要な財の流れであり，最終需要とは異なる。ところが，従来の貿易理論では，自然資源あるいは賦存要素の国内配分と生産された最終財との関係は問題とするが，生産過程は分析から排除されていた。つまり，国際的に分散した「商品による商品の生産」に関わる財貿易を分析対象とすることに注意を払わなかった。しかし，実際の最終財商品の生産そして貿易は，資本財や中間投入財が商品として貿易されることにより可能となる。さらには，世界規模や地域規模での中間財の調達の効率化の動きが生産の国際的分散を後押しする。このような用途別財分析から提起される様式化した事実は，中間需要の段階に関わる貿易の理論的認識の必要性を喚起する。

(3) ハイテク製品分類の留意点

　ハイテク製品分類の問題点として，2つの点に留意したい。第1に，ハイテク製品貿易を分析する際に国際比較可能ないずれの貿易統計を利用するかによりハイテク製品貿易の総貿易における割合が異なる。たとえば，1962年からデータが入手できる SITC Rev.1 に依拠する場合は，1988年からのデータが利用可能な SITC Rev.3 に基づくハイテク製品貿易よりも結果が過大になる。第2に，このような過大評価が起こるのは，①SITC が改定され

---

[6] 生産システムに関する考察は第7章で行う。

るにしたがって，より細分化された製品別統計に基づきハイテク製品を分類できるようになったこと，②分類時点ではハイテク製品と考えられていたものも，時間の経過とともに技術が普及し，現時点ではもはやハイテク製品には分類されなくなったものを含む可能性があること，という2つの理由が考えられる。

　しかし，過大評価の傾向のある分類を採用する理由もある。まず，SITC Rev.2 に依拠した分類では，80年代からの長期のハイテク貿易のデータが入手可能であり，貿易の構造変化が分析できるデータである。それに対して，SITC Rev.3 は 1988 年以降のデータしか利用できず，80年代の構造変化を見ることはできない。また，現時点ではハイテク製品と考えられない製品が含まれているとしても，一定の分類に従うことで，ハイテク製品の貿易構造の変化を観察できる。そのため，ハイテク製品の国際間の生産構造のシフトを貿易構造から類推できる。

　表 2-3 は先進国と途上国のハイテク製品輸出額の割合を示している。ここから分かるように，途上国のハイテク製品輸出の割合が高くなっていることが確認できる。したがって，ハイテク製品貿易を見る限り，貿易構造が大きく変化していることが類推できる。しかし，途上国のハイテク製品貿易の拡大は，注意して分析しなければならないことがある。つまり，ハイテク製品の生産・輸出を拡大したとは，途上国がその生産能力を自ら確立したということではないということである。これは，用途別財分類による貿易構造から説明できる。

表 2-3　先進国と途上国のハイテク製品輸出額の変化（%）

	1988	1990	1995	2000
先進国	92.5	89.2	76.3	69.2
途上国	7.5	10.8	23.7	30.8

注）　先進国とは，UNCTAD の定義に従い，OECD 諸国からチェコ，ハンガリー，メキシコ，韓国，トルコを除いた国々である。
出所）　World Bank（2003）より作成。

(4) 貿易の垂直構造とハイテク製品貿易

　貿易構造の実態を分析する1つの指標として，技術の体化の程度に対応した製品分類によるハイテク製品貿易が注目された。これが注目された理由は，国際競争力の実態を分析する1つの指標として有効であると考えられたからである[7]。しかし，現局面ではこの指標の意味が異なる。途上国のハイテク製品輸出の比率の拡大傾向は，ハイテク部門の輸出競争力の高さを示すが，直接にその国の技術優位性を示すとはいえない。技術優位を示す一般的な指標として，表2-4で示したアメリカでの各国の特許認可件数がある。そして，ハイテク部門の輸出競争力とハイテク部門の技術優位とは直接関係ないことは，次のような貿易構造から説明できる。まず，先進国から途上国へ直接投資が行われ，最新鋭の製造装置と製品生産ノウハウが移転されることから，途上国のハイテク製品（とりわけ最終財）の輸出が可能となる。また，途上国のハイテク製品の輸出のためには，その製品を組立する前に，資本財を輸入し，そして，ハイテク中間財の輸入が必要となる場合がある。さらに，途上国で，ハイテク中間財，それを組み込んだハイテク最終財の生産が可能であるとしても，その製品の設計（アーキテクチャーやインターフェース）は先進国から導入されている場合もある。つまり，途上国のハイ

表2-4 アメリカでの各国の特許認可件数

	1990	1995	2000	2005	累計
アメリカ	52,977	64,510	97,011	82,586	1,808,122
日本	20,743	22,871	32,922	31,834	606,695
ドイツ	7,862	6,874	10,824	9,575	230,695
フランス	3,093	3,010	4,173	3,106	88,008
イギリス	3,017	2,681	4,092	3,560	87,552
台湾	861	2,087	5,806	5,993	63,599
韓国	290	1,240	3,472	4,591	40,264
香港	151	248	548	596	7,045
シンガポール	16	61	162	565	3,157
中国	48	63	242	377	3,096

注）累計は1977年から2005年までの特許認可件数累計。
出所）USPTO（2007）より作成。

---

[7] 1985年のヤング・レポート（Global Competition, The New Reality）はその一例。

テク製品貿易と先進国のハイテク製品貿易の相違は，自国にR&D体制，あるいは「国民的イノベーションシステム」が構築されているかどうかという技術生産の構造的相違であり，そして，途上国のハイテク輸出の拡大は，貿易の垂直構造が背景にある。つまり，途上国のハイテク製品輸出比率の上昇は，貿易の垂直構造の拡大・深化を示す指標である（第3章，第4章）。

2．貿易構造の分析方法

(1) 貿易分析の基本指標

本書では，4つの指標として，競争力指標，相対貿易規模，比較優位指標，部品貿易比率を用いる。

ⅰ．競争力

国際競争力の指標は産業部門 i の純輸出比率と定義され，

$$NXR_i = \frac{X_i - M_i}{X_i + M_i} \times 100$$

とおく。そして，この指標を利用して

$$GL_i = 1 - \left|\frac{NXR_i}{100}\right|$$

とおくならば，これは一般的に産業内貿易の指標として用いられるグルーベル・ロイド指標である。純輸出比率がゼロであるならば i 部門は貿易収支が均衡し，プラスであれば国際競争力があり，マイナスであれば国際競争力がないことを示すものと考える。この指標は，同一産業（部門）の国際間の比較に用いることが可能である[8]。

ⅱ．相対貿易規模

世界の平均的な輸出（輸入）比率と比較した時の各地域の輸出（輸入）比

---

[8] しかし，この指標は，為替レートの変動といったマクロ経済の要因に左右される。くわえて，純輸出比率の絶対値の大きさは，産業間貿易の大きさの近似を示す。ここで，近似というのは，2国間貿易では一方向貿易であるものが，自国からみれば異なる2つの国との輸出と輸入が，集計されると双方向貿易として計算されるからである。

率を比較し，各地域の相対的輸出（輸入）の大きさを示すものとして，相対貿易規模（RTS）を

$$RTS = (X_{ci}/X_{wi})(X_{cT}/X_{wT})-1$$

と定義する。ここで，X_{ci} は c 地域の財 i，X_{wi} は世界全体の財 i，X_{cT} は c 地域総輸出額，X_{wT} は世界全体の輸出額である。また，輸入の場合も同様である。平均であればゼロであり，相対的に大きい場合はプラス，小さい場合はマイナス（ここでは Δ）となる。この式は，Balassa（1965）の指標の顕示比較優位指数であるが，本書では，この指標を相対貿易規模と定義し，比較優位は別の指標を用いる[9]。

特に，本書では，輸入の側面を重視してこの指数を確認する[10]。たとえば，部品の輸入が世界貿易よりも相対的に大きければ，その国は，組み立て工程の割合が高い可能性がある。また，資本財のなかでも機械の輸入が世界貿易より相対的に大きければ，生産工程の定着が進んでいることを意味する。

iii. 貿易収支への貢献度と比較優位

本書では，Lafay（1992）により提示された，貿易収支への貢献度を示す顕示比較優位指数を応用したものを用いる。比較優位指数（CA）とは，

$$CA_i = \left(\frac{X_i - M_i}{X_i + M_i} - \frac{X_T - M_T}{X_T + M_T}\right) \cdot \frac{X_i + M_i}{X_T + M_T} \cdot 1000$$

である。右辺のカッコ内部は，第1項が i 部門の競争力指数であり，第2項がその国全体の競争力指数であることから，一国の競争力水準からの i 部門の競争力の偏差を示す。そして，カッコの後は，総貿易に対する i 部門の貿易規模のウエイトである。したがって，この指標では，右辺の括弧の中が i 部門の相対的競争力を表し，そして，総貿易でウエイト付けされた相対的競争力指数は，一国内部での多部門間の相対生産規模の相違を示しており，それを「比較優位による生産特化」を表した比較優位指数と考えている。

---

[9] なぜならば，以下の分析で確認するように，アジアの諸国の部品輸出と部品輸入をみると，両者ともに相対的規模が大きいことが分かる。このため，輸出と輸入の両者を加味した指標を比較優位指数として用いる。

[10] この点は，Ng and Yeats（1999）で取り上げられている。

これは，一般的に用いられている Balassa（1965）の指標とは次の2点で異なる。第1に，比較優位を算出するにあたって，世界全体の貿易規模を特定することなく，一国内の部門ごとの貿易特化規模を算出することができるという特徴を持つ[11]。さらに，第2に，産業内貿易（双方向貿易）の拡大のなかで，比較生産費の指標がネットの貿易概念であるべきという認識のなかで，輸出と輸入の相互関係を配慮した指標となっている。

iv. 部品貿易比率

生産工程の国際的分散の動向の指標として，中間投入財（部品を含む）貿易の拡大に注目する[12]。たとえば，日本で製造された資本財・中間投入財が特定の国に輸入され，それを用いて最終消費財がその国で生産され，そして日本や第3国へ輸出（あるいは現地で消費）されることが考えられる。とりわけ生産工程の国際的分散の構造の特徴である部品貿易に注目した研究として，Ng and Yeats（1999）の分析がある。彼らは，東アジアにおける製品輸入における部品輸入の割合が 1985 年 19.5％であったのが 1996 年 25.1％に上昇していることを指摘した[13]。World Bank（2003）では，表2-5のような部品貿易の長期データを提示している。この表から分るように，部品貿易比率すなわち製品輸出貿易に占める部品貿易は，1981 年から 1990 年の平均では 13.2％であったが，1991 年から 2000 年の 10 年間では 18.5％に上昇している。製品貿易に占める部品貿易の割合を部品貿易比率とすると，部品貿易の成長率が相対的に大きく，部品貿易比率が高くなっていることは，生産過程の国際的分散の構造を示す指標と考える。

表2-5 部品貿易の長期動向

	1981-1990	1990-2000
製品輸出に占める部品輸出の割合	13.2	18.5
部品輸出（年平均成長率）	12.1	9.6
製品輸出（年平均成長率）	10.6	7.2

出所　World Bank（2003）

---

[11] この点は，5章の比較優位指数の分布を計算する際に役に立つ。
[12] 生産の国際的分散化の指標は，Feenstra（1998）でまとめられている。
[13] 彼らの論文は，製品貿易の中で部品貿易の重要性に注目したものである。

(2) 産業内貿易と双方向貿易

Grubel and Lloyd (1975) では，産業内貿易が EEC の諸国ばかりではなく，すべての工業国にも存在することが確認され，産業内貿易の指標の開発と理論モデルの構築が進められることとなった。彼等の産業内貿易の測定手法は，次のようなものである。X を輸出，M を輸入として k 国との産業 i について産業内貿易をみると，

$$GL_{ki} = \frac{(X_{ki}+M_{ki})-|X_{ki}-M_{ki}|}{(X_{ki}+M_{ki})} = 1-\frac{|X_{ki}-M_{ki}|}{(X_{ki}+M_{ki})}$$

そして，k 国のそれぞれの産業を集計すると

$$GL_k = 1-\frac{\sum|X_{ki}-M_{ki}|}{\sum(X_{ki}+M_{ki})}$$

という計算で，一国の産業内貿易指数が求められる。

このような当初の産業内貿易の測定に対して，1つは，貿易収支不均衡の要因を考慮する手法，そして，もう1つは，産業内貿易を2つの形態に分ける手法が提起された。

第1の貿易収支の不均衡を修正して産業内貿易指数を求める方法が，Aquino (1978)，Bergstrand (1983) によって開発された。けれども，この修正をめぐって Vona (1991)，Ballance, Forstner and Sawyer (1992)，Lundberg (1992)，Clark (1993) は，修正のバイアスをデータに付加した調整済みデータよりも，修正を施されていないそのままのデータを利用するほうがよいという見解を示している。

第2は，貿易を水平差別化貿易と垂直差別化貿易に分類する手法である。これは，Abd-El-Rahman (1991) により提起され，1つに Greenaway, Hine and Milner (1994, 1995) が，そして，もう1つが Fontagné and Freudenberg (1997)，Fontagné, Freudenberg and Péridy (1997) が産業内貿易分析をより精緻化した（図2-2）。ここには，2つの基準がある。1つは，輸出入双方向の重複する割合を基準とした区別であり，もう1つが単価を基準とした貿易の区分である。この手法の根底にある考え方は，単価は商品の質の指標であるというものである[14]。本書では，Fontagné 等によ

る方法 (Grubel-Lloyd の GL 指標に対比して CEPII 指標と言われる) を用いる。以下で，その測定方法を概観しておこう。

図 2-2 産業内貿易における一方向貿易と双方向貿易

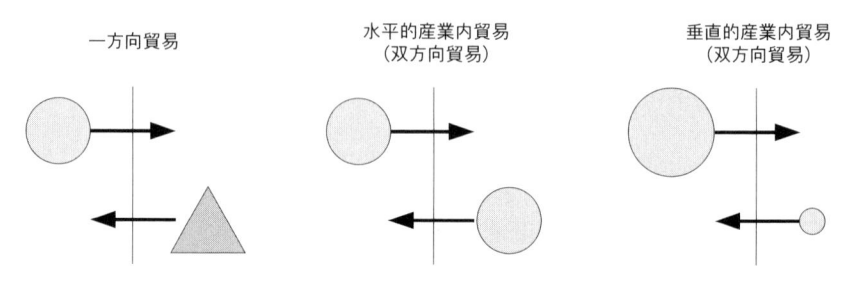

一方向貿易　　　水平的産業内貿易　　　垂直的産業内貿易
　　　　　　　　（双方向貿易）　　　　（双方向貿易）

注） 図形の形〇△はそれぞれの産業内部の商品品目を表している。また，図形の大きさは，単価の大きさを表している。したがって，すべての商品品目は，貿易重複度と単価を基準に 3 つの形態のいずれかに分類される。また，詳細に関しては Fontagné, Freudenberg and Péridy (1997) と石田 (2003) を参照のこと。

まず，輸出入の重複度を測定する手段を，日本と k 国の i 品目の貿易を t 期で見ると（ここでの i は産業ではなく，貿易統計上の貿易品目であり，この品目を特定の集団として集計すると産業になる），

$$TOL = \frac{Min(X_{kit}, M_{kit})}{Max(X_{kit}, M_{kit})}$$

とおく。そして，

　　　$TOL > 0.1$

の場合に，相手国と輸出入が同時に発生し，「双方向貿易」と定義する。また，

　　　$TOL \leq 0.1$

の場合は，輸出あるいは輸入どちらか一方の貿易が支配的であると考え「一方向貿易」と呼ぶ。

次に，品目ごとの輸出（輸入）金額を輸出数量（輸入数量）で割った単価 UVX (UVM) を用いて，

---

[14] Stiglitz (1987) は，価格と質の関係は情報が不完全な市場においても妥当すると主張する。

$$\frac{1}{1+\alpha} \leq \frac{UVX_{kit}}{UVM_{kit}} \leq 1+\alpha$$

という輸出入単価比を基準に用いる。この場合，輸出入単価比が

$$0 \leq \alpha \leq 0.15$$

である場合には，同質の品目の貿易であるとして，「水平差別化貿易」と呼ぶ。これに対して，輸出入単価比が

$$0.15 < \alpha$$

の場合は，異なる質の品目の貿易であると考え「垂直差別化貿易」と定義する。

ここで，輸出入単価比をどのようにとるかにより，水平差別化貿易と垂直差別化貿易の割合が異なる。たとえば，Greenaway and Milner (1995) では，0.15 と 0.25 の 2 つの基準を用いている。本分析の基準である 0.15 から見れば，0.25 では垂直差別化貿易の割合は過小評価され，逆に水平差別化貿易が過大評価されることになる。逆に 0.25 の値からみれば，0.15 は垂直差別化貿易が過大評価される。一般に，一次産品が主要な輸出財である国から工業製品が主要な輸出財である多数の途上国のデータセットを扱う場合，輸出入単価比の相違が多様であるため，その幅を広く取る方が良いであろう。しかし，長期のデータを見る場合は，0.15 であろうと 0.25 であろうと，その傾向は変わらない。さらに，本書の分析は，14 カ国の限られた国の間のデータであり，一次産品が主要な輸出国は含まれていないため 0.15 を採用している。

以上の 2 つの基準を組み合わせると，貿易の形態は表 2 - 6 のようにまとめられる。

表 2 - 6 産業内貿易の分類

	$0 \leq \alpha \leq 0.15$	$0.15 < \alpha$
$TOL > 0.1$	双方向貿易・水平差別化貿易	双方向貿易・垂直差別化貿易
$TOL \leq 0.1$	一方向貿易	

そして，品目ごとに計算されたデータを，一方向貿易，水平差別化貿易，垂直差別化貿易のいずれかである部門に集計する方法が以下の式である。

$$Tz = \frac{\sum_k \sum_i (X_{kt}^z + M_{kt}^z)}{\sum_k \sum_i (X_{kt} + M_{kt})}$$

ただし，zとは一方向貿易，水平差別化貿易，垂直差別化貿易のいずれかである。

このような，2つの基準により分類された貿易形態の特徴は以下のように要約される。第1に，Grubel and Lloyd (1975) でも指摘されているように，集計レベルにより指数の値が変わるため，入手しうるもっとも詳細な品目分類からデータを計算し，集計バイアスを最小にしている。第2に，地域間のバイアスを最小限にするために，データは2国間貿易の計算結果を集計している。たとえば，A国は，B国にp商品を一方的に輸出し，C国からp商品を一方的に輸入する場合，2国間の貿易でみればどちらも一方向貿易であるが，A国とBC両国との関係からみれば双方向貿易となる。このようなバイアスを取り除くために2国間のデータを集計しているのである。第3に，すべての貿易を3つの貿易形態のいずれかに分類している。GL指標では，貿易のうち産業内貿易の割合に注目するのに対して，CEPII指標では全体の貿易を形態区分している。

本書では，従来型の産業別財分類における双方向貿易を慣行に従い「産業内貿易」と定義し，需要段階の用途別財分類に応じた双方向の貿易に対して「双方向貿易」と定義する。そのため，産業別分類と用途別分類の両方に適応できる一般的用法として双方向貿易を用いていないことを確認しておきたい。

(3) 2つの貿易構造分析の視点：集計指標の相違に留意して

産業内貿易や双方向貿易の分析をする場合，第1の基準は輸出入の「重複度」（TOL）である。そして，第2の基準である「輸出入単価比率」（UVR）に応じて垂直的差別化と水平的差別化に分類する。また，貿易構造を示す具体的指標は，すでに上記で確認したように，輸出金額と輸入金額の合計である「総貿易」である。表2-7では，重複度を基準とし，輸出入単価比率と

貿易の重複度により産業内貿易・双方向貿易の領域を示している。そして，貿易構造とは，各グループの総貿易（輸出額と輸入額の合計）に占める割合をみたものである。たとえば，垂直差別化貿易全体の計算では，単価比率が UVR＜1/1.15 と 1.15＜UVR にあるデータを合計したものとして計上されている。つまり，あくまでも単価比率の相違が問題であり，輸出単価と輸入単価の大小関係を考慮する必要はない。したがって，3つの貿易形態の割合を見るために，それぞれの領域の総貿易額を集計することが目的となる。

それに対して，もう1つの分析視点がある。つまり，第1の基準として，「輸出入単価比率」（UVR）を考える。そのなかで，輸出入単価比率に応じて，日本（先進国）から見て3つの区分を表2-8のように行う。重複度（TOL）がゼロ以上のものを全て対象とし，UVR が 1.15 より大きな場合は輸出財が差異化されている「差異化財市場」と定義し，UVR が 1/1.15 と 1.15 の間にある場合を「中間市場」と呼ぶ。そして，UVR が 1/1.15 より小さい場合は，輸出財が標準品化あるいはコモディティ化した「標準化財市場」と呼ぶ[15]。この分類の中で，特に差異化財市場と標準化財市場に注目し，輸出財の差異化が進展している状況や，あるいは，差異化財であったものが普及品化（標準品化）し低価格化する「コモディティ化」の動向を分析する。この輸出入単価比率を基準とした視点からみた貿易構造分析の指標は，産業内貿易・双方向貿易の指標とは異なる。ここでは，主要な指標として比較優位指数を用いる[16]。

このような，2つの側面はそれぞれ別の視点であり，貿易構造を示す指標

---

[15] 差異化市場財と標準化市場財とは重複度が 10%以上の垂直差別化財と一方向貿易に分類される重複度が 10%以下の財の両方を含む。そのため，差別化財を包摂するより広範な財市場の定義として差異化市場と標準化市場という用語を用いている。Fontagné, Freudenberg and Péridy (1997) では，各国の市場を比較するために，輸出入単価比率の EU 平均をもとめ，それを基準にプラス 15%以上のものを上級市場財（up-market products），マイナス 15%以下を下級市場財（down-market products），その間を中間市場財（middle-market products）と定義している。ここでは，日本の輸出財の市場構造を分析することが目的であるため，日本の輸出財と輸入財の単価比率を基準としている。

[16] 第5章や第6章では，比較優位指数のほかに，競争力指数や貿易規模も用いる。

も異なる。それゆえに，それぞれ独立した分析を以下の章で行う。第4章では，主に産業内貿易と双方向貿易の構造を分析し，第5章では，日本からみた貿易財の2つの階層の市場を，6章では，アジア諸国からみた2つの階層の市場構造を対比して貿易構造を分析する。

表2-7　双方向貿易の区分

	$UVR<1/1.15$	$1/1.15 \leq UVR \leq 1.15$	$1.15<UVR$	na
$10<TOL$	垂直差別化貿易	水平差別化貿易	垂直差別化貿易	
$0 \leq TOL \leq 10$	一方向貿易			

表2-8　貿易財市場の階層

	$10<TOL$	$0<TOL \leq 10$	$TOL=0$
$1.15<UVR$	差異化財市場		
$1/1.15 \leq UVR \leq 1.15$	中間市場		
$UVR<1/1.15$	標準化財市場		

第3章

貿易の垂直構造

本章では，実物経済レベルからみた経済のグローバリゼーションの特徴である貿易の「垂直構造」と，その拡大と深化を意味する「垂直化」を，明らかにしたい。とりわけ，世界経済におけるアジア地域の貿易構造の特徴を確認し，アジア域内の貿易の垂直化の傾向に注目する。

貿易の「垂直構造」とは，用途別財分類の視点から分析される。なかでも，資本財（とりわけ機械）の貿易は生産工程の国際的分散を形成・促進する。また，産業用加工品，部品の貿易は，国際的に分散した生産工程を連結・統合する。そして，貿易の「垂直化」は，生産工程の国際的分散を促進させる資本財貿易の持続的取引と生産工程を支える産業用加工品や部品貿易の拡大を意味する。

以下では，まず，世界全体の中間投入財や資本財の貿易に注目する。次に，世界経済におけるアジア地域の貿易の特徴を検討する。そして，最後に，アジア域内貿易の貿易構造の特徴を明らかにする。

1．貿易の垂直化

(1) 部品貿易の拡大

表 3-1 は，UNCTAD と WTO の協力機関である ITC (International Trade Centre) が公開している PC-TAS (Trade Analysis System for Personal Computers) から，世界全体の用途別財の輸出割合を，2001 年から 2005 年の期間の累積額でみたものである。データに関しては表の注に

あるように留意点があるけれども，この表から用途別財貿易の構成を概観できる[1]。まず，貿易全体の中で最終消費に向けられる自動車や一般の消費財は意外と割合が小さいことが分かる。我々が日常生活で目にする消費財は，全体の13.9%である。また，産業用輸送機も含めた資本財も16.8%である。それに対して，加工された中間投入財は40.5%とかなり大きな割合を示している。以下では中間投入財，そのなかでも部品貿易の動向に焦点を当てて貿

表3-1 世界の製品輸出に占める用途別財構成（01～05年，%）

中間財	40.5
産業用加工品	24.6
（産業用加工品）	(15.4)
部品（輸送機器部品は除く）	9.8
輸送機器部品	6.1
資本財	16.8
資本財（輸送機器は除く）	13.9
産業用輸送機器	3.0
消費財	18.8
乗用車	5.2
消費財	13.6

注）HS6桁分類から世界各国の用途別貿易品目をすべて集計した。データの作成に関しては以下のような留意点がある。第1に，この表では，食料・飲料，燃料，原料等の素原材料は掲載していない。第2に，（産業用加工品）はHS分類で28, 29, 39, 50-63, 72-のなかからBEC分類を取り出し，HS11-27, 30-35, 40-49, 55-71（肥料，製油，木材，石）などは除外したもの。したがって，本来のBEC分類とは異なる。第3に，シンガポールのインドネシア貿易は計上されていない年のデータは，インドネシアのシンガポールからの輸入額をシンガポールのインドネシアへの輸出額として計算した。その際，CIF/FOB比率を1.1として計算し，調整している。第4に，台湾のデータも同様に，各国に台湾からの輸入額を台湾の輸出額として計算している。第5に，ITCはPC-TASのデータ編集にあたり，ある国の貿易取引が5万ドル未満の場合には，その貿易を掲載しないというルールを採用している。以下，PC-TASのデータに関して，上記の注意事項が当てはまる。
出所）International Trade Centre PC-TASより作成。

---

[1] United Nations (1989)の分類に基づいている。日本の分類基準として，「商品特殊分類基準」（日本関税協会（1996）『貿易概況1号 付録 品目分類基準表』）がある。SITCでは1桁分類で概略的な構造を分析し，桁数を多くすることで次第に詳細な分析へと進むことができる。しかし，用途別分類が細かい分類に集中的に現れることを考慮すれば，項目総数が豊富なHS（88年版5,019, 96年版で5,114）の方がSITC（第3版で3,121）よりも適しているであろう。

易の垂直構造を確認しよう[2]。

表3-2はOECDのITCS (International Trade by Commodity Statistics) データにより1992年から1999年まで用途別財貿易の成長率を計算したものである。データは27カ国のHS6桁分類の財を用途別に集計している[3]。ここから確認できることは，一般部品の成長率が際だっていることである。さらに，製品貿易における部品（輸送機器部品は除く）貿易の割合が大きい。くわえて，資本財も成長率，構成割合とも高いことが特徴である。ここから，貿易の垂直化の指標としての部品貿易と資本財貿易の拡大

表3-2 用途別貿易構成と年平均成長率 (%)

	構成	成長率
製品	100	5.7
中間投入財	38.9	6.1
産業用加工品	18.2	4.1
部品	20.7	8.2
部品（輸送機器部品は除く）	17.1	9.3
輸送機器部品	3.6	3.9
資本財	24.0	5.9
資本財（輸送機器は除く）	20.0	6.5
産業用輸送機器	4.0	3.2
消費財	25.1	5.5
乗用車	7.6	6.1
耐久消費財	3.6	3.2
準耐久消費財	8.0	5.5
非耐久消費財	5.8	3.9

注) 2000年の台湾のデータが利用できないため，構成は1999年時点である。成長率は1992年から1999年の7年間のデータで年平均貿易成長率を計算した。27カ国のデータで，部品貿易の割合が高い韓国は1992年からデータがとれないので除外している。また，産業用加工品は表3-1と同じ定義により求めた。さらに，表3-1は総貿易額に対する構成であり，ここでは製品貿易に対する構成である。

出所) OECD International Trade by Commodity Statistics (ITCS) より作成。

---

[2] 以下の表で示す産業用加工品はHS分類で28，29，39，50-63，72-のなかからBEC分類を取り出し，HS分類の11-27，30-35，40-49，50-71（肥料，製油，木材，石）などは除外している。したがって，本来のBEC分類とは異なるが，より，製造工程に関わる中間投入財に注目できる。

[3] このデータは，PC-TASに比べると国の数の制約はあるが，データ自体の信頼性は高い。

を確認できるであろう[4]。

　また，国別の部品貿易の状況を確認したのが表 3-3 である。これは，表 3-2 の 27 カ国に韓国とチェコを加えた 29 カ国の一般部品と輸送機器部品の合計を示している。この表の中の部品比率とは，製品貿易額に占める部品貿易額の割合である。そして，競争力とは，同一部門の国際比較の指標として，すでに上記（第 2 章）で確認したものである。ここから，以下の点が確認できる。第 1 に，部品比率が高い国が存在している。特に，輸出よりも輸入の部品比率が高い国がみられ，27 カ国中 12 カ国が 20％を超えている。第 2 に，部品貿易の成長率は，製品貿易全体の成長率より高い（ただしデンマークは逆である）。第 3 に，部品の国際競争力があるのはわずかで，27 カ国のうち 8 カ国にすぎない。そのなかで，とりわけ日本とスイスの競争力が高い。第 4 に，27 カ国のデータのなかに地域構造が読み取れる。つまり，アジアでは台湾・韓国・香港・中国，アメリカではメキシコ，ヨーロッパではアイルランド・ハンガリー・チェコにおいて部品輸出入の成長率と割合が高い。ここから貿易の垂直化の地域構造が理解できる。

---

[4]　資本財貿易による体化された技術の移転，企業特殊の無形の生産ノウハウの海外移転，現地多国籍企業子会社による技術・ノウハウのスピルオーバー効果により，垂直化は促進されると考える。さらに，多国籍企業の部品調達コスト，最終財製造コストという原価企画にそった国際分業の形成が産業内貿易の垂直化を促進しているといえる。

表 3-3　部品貿易の国別状況（％，年平均％，1990〜2000）

	輸出			輸入			競争力
	部品比率	成長率	製品成長率	部品比率	成長率	製品成長率	
日本	26.2	7.7	4.5	15.0	13.7	6.5	34
中国	16.0	22.2	15.6	25.4	21.7	12.6	−15
台湾	35.8	13.3	5.7	26.6	13.3	9.2	16
香港	26.6	12.2	6.7	25.3	16.0	6.8	3
韓国	29.8	16.1	9.5	25.2	12.8	5.9	11
アイスランド	2.3	24.1	7.2	10.2	4.9	4.4	−80
アイルランド	31.0	16.1	13.9	29.5	12.4	9.4	20
アメリカ	25.8	11.5	8.5	19.7	9.9	9.2	−12
イギリス	17.7	5.9	4.1	22.1	6.3	4.3	−25
イタリア	18.2	4.0	3.3	13.5	4.2	3.1	16
オーストラリア	5.3	8.1	5.3	17.6	5.8	5.3	−61
オランダ	18.2	7.2	3.8	18.9	6.1	2.7	−6
カナダ	9.6	10.7	8.4	30.2	8.3	7.5	−51
ギリシャ	8.2	16.3	3.0	10.6	4.7	3.8	−61
スイス	22.1	2.6	2.5	12.9	2.8	1.8	30
スウェーデン	18.4	6.1	4.3	24.5	5.8	2.1	−8
スペイン	10.1	8.4	7.6	17.9	7.9	5.8	−47
チェコ	16.3	20.5	12.7	20.7	23.0	14.4	−21
デンマーク	15.9	2.9	3.2	15.4	4.6	2.9	3
ドイツ	16.3	3.0	2.3	19.7	6.9	2.8	−5
トルコ	9.6	17.0	9.6	12.9	10.1	10.2	−44
ニュージーランド	5.9	7.1	4.9	12.1	4.3	3.2	−50
ノルウェー	3.4	6.1	1.1	14.5	3.3	2.1	−45
ハンガリー	22.6	23.2	15.3	34.4	32.5	16.0	−33
フィンランド	13.0	8.7	4.6	21.8	6.0	1.6	−13
フランス	15.1	4.9	3.6	19.3	6.0	2.7	−20
ポーランド	13.2	19.6	13.8	14.9	22.7	17.3	−29
ポルトガル	8.0	5.9	3.9	14.6	6.0	4.8	−53
メキシコ	18.7	41.3	28.1	31.4	30.9	22.4	−29

注）　HS（88）6桁分類の部品品目を集計したものである。部品とはBEC分類の一般部品と輸送機器部品の合計である。割合とは，製品貿易額に占める部品貿易額の割合である。また，成長率は，1990年から2000年の間で計算した。しかし，データの問題から，中国，香港，ハンガリー，ポーランドは1992年から2000年，チェコと韓国は1994年から2000年，そして台湾は1990年から1999年の間で計算している。

出所）　表3-2に同じ。

(2) 貿易と生産構造

　用途別財の視点に立った貿易構造から，産業別の視点に立った貿易構造とは異なる特徴を確認することができる。つまり，産業構成と生産構造の違いである。たとえば，産業構成を確認すると，途上国の中には，電機・機械，自動車などの産業を定着させ，それらの産業ごとに輸出が拡大している。したがって，産業別の輸出から類推すると途上国の産業構成は先進国のそれに類似化しているようにみえる。特に，急速な経済発展を遂げている中国では，パソコンや携帯電話などの輸出が拡大している。また，中国の生産をみると，2003 年には自動車生産台数は米国，日本，ドイツにつづいて 4 位となり，2004 年 における携帯電話の生産台数は 2.26 億台で，全世界の 3 分の 1 を占めるまでになっている[5]。しかし，他方で，用途別財貿易をみると，途上国は完成財を輸出し，中間財を輸入しているように，途上国の産業構造はこれまでの先進国のようなフルセットの構造ではない。同一産業内の生産工程が国境を越えて配置されており，生産工程の段階に対応して国民経済の役割は異なる生産構造をもつことになる。貿易構造に焦点をあててみると，部分的に相互補完関係にある異なる生産工程に特化した国民経済である。そして，それぞれの国民経済を結びつける経済活動が貿易である。つまり，用途別財貿易の構造から国ごとの「生産構造の差異化」をみることができる。特に，途上国の貿易構造の特徴は，大量生産かつ利潤マージンが低いとされる加工・組立過程への産業内特化があると考えられる[6]。

　貿易の垂直化による国民経済ごとの生産構造の差異化を示す指標がある。その 1 つとして，生産工程に応じた付加価値生産額の相違に注目した，「貿易額を付加価値生産額で割った指標」がある。これは，Feenstra（1998）が注目したものであるが，分母が付加価値であるのに対して，分子は輸出と輸入の合計額で付加価値ではない。そのため，分子では部品と最終財の取引

---

[5] 2009 年には，中国の自動車生産台数は世界一となった。
[6] このような状況をイメージ化したのが，スマイルカーブ（Smiling Curve）である。これは，台湾のエイサー（Acer／宏碁）社のスタン・シー（Stan Shih／施振栄）が提起したといわれるもので，パソコン業界のバリューチェーンの各段階における付加価値曲線で示したものである。これについては，第 7 章で，あらためて取り上げる。

が二重計算されるという欠点がある。しかし，国際的に比較する直接的有効な方法がないなかで，付加価値生産の国際比較の間接的比較の指標として意義がある。特に，特定の途上国では中間財や産業用加工品を輸入に依存し，それを製品に組み込んで最終財として輸出を拡大している。その際，付加価値生産に比べて相対的に貿易額が大きくなる傾向をもつと考えられる。

表3-4は，Feenstra (1998) の長期分析のデータに2000年のデータとアジアやメキシコなどの途上国を加えたIMF (2002a) のデータである。この表から確認できるように，貿易額に対する付加価値生産額が1980年から2000年にかけて増加している。特に，1990年から2000年にかけてその増加は著しい。そのなかでも，アジアNIESとメキシコは大きい。ここから，アジア地域の貿易構造の垂直化の傾向を確認できる。

続いて，表3-5は，世界銀行のデータに基づいて生産と貿易の関係をみたものである。この表では，産業ごとの付加価値生産額に対する貿易額がアジア諸国とメキシコ，チリで非常に高く，日本やアメリカは低いことを示している。ここから，アジア諸国とメキシコ，チリが付加価値生産の少ない加工・組み立てに特化していることが類推でき，したがって貿易の垂直構造が確認できる。このような貿易額に対する付加価値生産の大きさに対応するように，アジア諸国とメキシコ，チリで産業ごとの中間財輸入の比率が高く

表3-4 付加価値額に対する製品貿易の比率（%）

	1980	1990	2000
先進国	46.2	51.6	76.3
日本	28.7	20.6	24.2
アメリカ	30.9	35.1	54.6
アジア	93.8	115.6	168.5
中国	12.1	23.7	32.9
NIES4	216.5	259.3	365.5
西半球	37.2	42.6	58.6
ブラジル	19.4	14.6	34.1
メキシコ	22.8	48.3	102.6

注) NIESとは香港，韓国，シンガポール，台湾である。
出所) IMF (2002a)。

表 3-5　生産と貿易の関係 (%)

	付加価値額に対する貿易額の割合						中間投入財に占める輸入の割合			
	機械		電機		輸送機器		輸送機器	機械	電機・科学機器	全産業
	80	95	80	95	80	95				
日本	50	72	62	84	119	91	5.2	5.4	5.4	6.4
韓国	332	182	230	141	222	106	27.4	33.3	23.4	20.3
台湾	646	1,100	309	352	178	221	28.5	36.4	34.3	26
香港	1,469	4,223	592	7,631	964	3,111	67.8	75.6	71.5	34.8
シンガポール	1,033	850	649	1,298	555	579	77.1	85.7	80.7	64.3
タイ	3,343	227	2,678	855	371	347	71.9	77.7	58.4	31.9
マレーシア	1,157	1,858	628	804	830	740	55.9	72.2	61.7	43.3
インドネシア	2,793	2,090	467	345	522	142	61.3	76.9	44.3	19.3
フィリピン	922	1,140	175	407	300	429	61.8	88.7	84.5	41.8
中国	11	251	40	257	40	102	16.8	15.3	30.7	13.0
アメリカ	51	118	43	124	82	119	14.0	14.1	16.5	8.8
カナダ	347	391	128	419	416	462	53.6	51.4	47.3	22.2
メキシコ	2,775	2,012	533	3,265	141	527	48.1	47.5	42.3	23.2
チリ	536	733	291	718	669	848	63.8	30.9	29.3	22.1
フランス	146	271	96	170	150	271	34.2	43.3	33.9	15.8
ドイツ	129	132	85	95	149	190	30.1	21.6	18.3	15.3
イタリア	214	248	107	247	160	338	35.2	34.7	27.3	16.6
イギリス	126	352	84	401	170	328	55.3	41.9	42.8	17.4
スペイン	121	271	66	321	96	434	52.2	36.5	37.6	16.9
ポルトガル	731	577	235	580	220	767	80.3	54.4	66.2	22.7
ハンガリー	172	228	77	271	148	196	92.2	74.7	79.7	35.5
トルコ	248	333	134	173	128	192	40.7	31.6	34.0	17.0

注）　貿易額とは輸出と輸入の合計である。タイのデータは 79 年, 94 年である。また, 中国は 80 年ではなく 84 年のデータを用いている。さらに, メキシコ, チリ, トルコは 80 年ではなく 81 年のデータを用いている。さらに, ドイツのデータは 95 年ではなく 93 年, イタリアは 95 年ではなく 94 年である。各国の中間財の輸入比率は, GTAP4 (Global Trade Analysis Project) の地域投入産出表から計算したもので, 80 年代後半から 90 年代前半のデータに基づいている。ただし, 中間輸入財の割合のヨーロッパのデータには, 明らかに誤りがあると認められたため, OECD の 90 年代半ばのデータベースを利用した。

出所）　http://www.worldbank.org/research/trade および http://stats.oecd.org/ のデータベースより作成。

なっている。さらに, 表 3-4 では確認できなかったが, 表 3-5 の産業別データでは中国の指標が拡大し, 垂直化の動向が確認できる。また, ヨーロッパは域内貿易の割合が高いために全般的に比率が高く, アメリカやアジア地域のような明確な傾向はみられない。

2. 貿易の垂直化とアジア地域

(1) 90年代の地域構造変化

これまで，貿易の垂直化という構造変化を確認した。そこで，今度は地域構造の比較を試みよう。以下では，世界経済の中で貿易構造の垂直化が顕著な地域がアジアであることを確認したい。

アジアの途上国と他の地域の途上国を比較してみよう。表3-6は，UNIDO (2004) のデータから途上国のなかの貿易シェアを比較したものである。この表には，途上国の中でも，世界貿易に占める割合が低下している地域がある。特に，6億強の人口を抱える南アフリカを除くサハラ以南のアフリカは貿易シェアを減少させ，2000年には世界貿易の0.2%でしかない。さらに，一般的に付加価値生産の高い工業製品を輸出している途上国はごく一部である。そのなかでも，特に東アジアに集中していることが分かる[7]。

表3-6 1981年から2000年にかけての世界市場シェアの増減 （%）

	合計	RB	LT	MT	HT
東アジア	11.6	3.1	8.9	7.1	20.7
中国を除く	6.2	0.5	△4.8	3.6	15.4
中国	5.5	2.6	13.7	3.4	5.4
南アジア	0.5	0.9	1.9	0.1	0.1
ラテンアメリカ・カリブ諸国	1.9	△0.3	2.7	3.5	2.1
メキシコを除く	△0.5	△0.8	0.1	0.3	△0.1
メキシコ	2.4	0.6	2.6	3.2	2.2
中東・北アフリカ	△0.2	△0.7	1.2	0.4	0.2
サハラ以南アフリカ	△0.1	0	0.1	0.1	0
南アフリカを除く	△0.1	0.1	0	0	0
南アフリカ	0	0	△0.1	0.2	0
途上国合計	13.7	3.1	14.6	11.3	23.1

注）　RB：資源輸出，LT：低技術輸出，MT：中技術輸出，HT：高度技術輸出。△はマイナスを示す。
出所）　UNIDO (2004)。

---

[7] 南アジアは，インドの輸出の増加により，わずかではあるが上昇している。

東アジア諸国とメキシコを含めてわずか7カ国が，途上国全体のハイテク貿易の80％以上を占めている。ここから，東アジア地域の生産の集積と貿易の拡大は，世界全体からみれば，アジアへの生産活動の偏在と貿易の集中であると言い換えることができる。

したがって，貿易構造は重層的である。つまり，貿易が拡大している途上国は，先進国との対比から，生産構造と貿易構造は差異化している。同時に，途上国のなかでは，東アジア地域へのハイテク財生産の偏在と貿易の集中が働いている。このような構造が現状の地域構造の概観である。そして，近年では，インドやブラジルの生産構造と貿易構造の変化の兆しがみえている。

そこで，構造変化の大きなアジア地域に注目してみたい。以下では，垂直構造の空間構造の特徴として，アジア地域と他の地域の相違を確認し，世界市場におけるアジア地域の位置づけを確認しておこう。

表3-7は，直接投資の世界構造を示している。1985年には，アジア9カ国の途上国に占める割合は29.5％であったが，1990年代には50％を超えている。ここから，90年代の途上国向けの直接投資の大半がアジア9カ国へ集中していたことが分る。また，製造業の直接投資に限ってその動向をUNCTADのデータから計算すると，製造業の1988年から1999年の11年間の直接投資の受入額の伸び率（ストックベース，年率）は，世界全体では12.2％，そのうち先進国では9.1％，途上国19.6％であり，なかでもアジアは24.0％を示している。同じデータで1999年時点での産業全体の中で製造業の受入額の割合をみると，先進国が36.4％であるのに対して，途上国では54.5％，そのうちアジア地域に限れば受入額の60.2％が製造業である。さらに，図3-1より東アジア・太平洋地域における固定資本形成に占める直接投資の割合と輸出に占める製品輸出の割合を確認すると，直接投資の拡大による固定資本形成への寄与が大きくなるとともに，同時に，製品輸出が拡大している。このように，アジア地域は製造業の直接投資の受入額の比率と伸び率が高く，また，それに対応して固定資本形成と製品貿易が拡大していることが確認できる。

さらに，アジアの貿易と直接投資の関連は，直接投資の形態にも関連している。直接投資は，大きく区分して「グリーンフィールド投資」と「クロスボーダー M&A 投資」の2つに分類される。1990年代の途上国の直接投資では，ラテンアメリカや東欧諸国では民営化政策にともなったクロスボーダー M&A が直接投資の主要なものであったのに対し，アジアの直接投資の大半が新しい工場や法人の設立を目的としたグリーンフィールド投資であった[8]。

　M&A とグリーンフィールドという直接投資の形態の相違は経済的な効果としてどのように違いがあるのであろうか。たとえば，投資相手国にすでに競争力のある企業が存在すれば，M&A は投資企業にメリットがある。しかし，有力な企業やイノベーション能力がある企業が存在しない場合には，グリーンフィールド投資が効果的である。また，投資企業の優位性を保持するという意味でもグリーンフィールド投資は有効である。したがって，新規の産業を興すために，親会社はグリーンフィールドによる投資を選択する。また，受け入れ国には，工場・設備などの有形固定資産の純増をもたらす。それゆえに，多様な新規企業の進出により産業構造の急激な変化が起こるとともに，進出企業によるスピルオーバー効果による産業の裾野の拡大が促進されるという効果もある。したがって，アジアへのグリーンフィールド投資は，新規産業の定着と産業の高度化という側面があると考えられる。それに対して，ラテンアメリカや東欧諸国の民営化にともなう既存企業（たとえば金融機関）の M&A は組織の改善や経営スキルの向上，そしてガバナンス構造の変化などの効果はあるものの，産業構造を急激に変化させ高度化させる効果は相対的に乏しかったと考えられる。

　表3-3で確認したように，アジアでは台湾・韓国・香港・中国，アメリ

---

[8]　M&A 投資とは，既存の企業を買収・合弁するもので，グリーンフィールド投資とは新たに企業を設立する投資である。UNCTAD の報告によると，クロスボーダー（国境を越えた）M&A が最近急増しており，世界全体の対外直接投資の多くを占めている。これは，先進国やラテンアメリカ諸国で見られる現象であり，アジアではグリーンフィールド投資が主なものであった。インドネシアや韓国で，民営化に伴う直接投資がみられるが，UNCTAD（2004）によればアジアでは当面この形態の投資が主流を占めるとされている。

カではメキシコ，ヨーロッパではアイルランド・ハンガリー・チェコにおいて部品輸出入の成長率と割合が高く，貿易の垂直化の地域構造がある。そのなかでも，多くのグリーンフィールド投資を引きつけていることは，貿易の垂直構造が形成される基盤を整えていると考えることができる。表3-8からも確認できるように，アジア9カ国のFDIに占めるクロスボーダーM&Aの割合が途上国のなかでも相対的に低い。さらに，表3-7と比較すると，途上国に占めるアジア9カ国のFDIの割合に比べて途上国に占めるアジア9カ国のクロスボーダーM&Aの割合が小さいことが確認される。このような事実から，アジア地域は多くのグリーンフィールド投資を引きつけているという特徴をもつといえる。ここから，世界の中でも貿易の垂直化

表3-7 直接投資の地域構造（世界は百万ドル，地域は%）

	1985	1990	1995	2000
世界	57,644.9	207,878.4	341,085.9	1,396,538.6
先進国	73.7	82.8	64.1	81.2
途上国	26.3	17.2	34.5	18.1
（アジア9カ国）	7.8	10.2	21.1	9.8
アジア9カ国の割合	29.5	59.5	61.1	53.9

注） ① 世界の項目は対内直接投資額（単位百万ドル）である。② 先進国，途上国，（アジア9カ国）の項目は世界全体の直接投資額に対する各地域の割合である。③ UNCTADの統計では，世界は先進国，途上国，東ヨーロッパ諸国の3つの地域に大別される。ここでは東ヨーロッパを除いているため，先進国と途上国の合計が100%にはならない。④ アジア9カ国の割合とは，韓国，台湾，香港，シンガポール，タイ，マレーシア，インドネシア，フィリピン，中国の9カ国が途上国の直接投資額全体に占める割合である。
出所）UNCTAD, FDI/TNC database より作成。

表3-8 直接投資に対するM&Aの割合（百万ドル，%）

	1990	1995	2000
世界	72.4	54.7	81.9
先進国	78.1	77.5	94.4
途上国	44.9	13.6	27.8
（アジア9カ国）	18.6	8.1	14.5
アジア9カ国の割合	(24.6)	(36.5)	(28.2)

注） アジア9カ国の割合とは，途上国の直接投資額全体に占めるアジア9カ国の割合である。
出所）UNCTAD, FDI/TNC database and crossborder M&A database より作成。

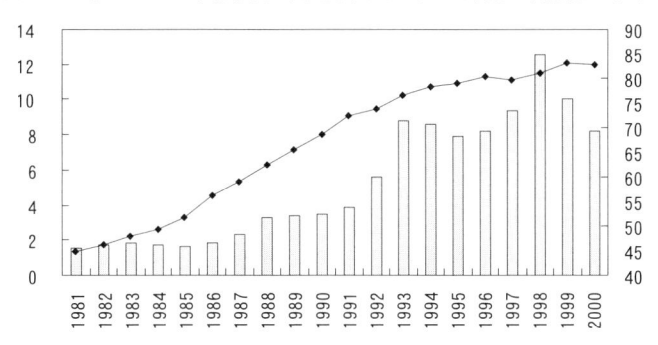

図 3-1　東アジアへの直接投資の固定資本形成に占める割合と製品輸出（%）

注）① 東アジアとは世界銀行の東アジア太平洋地域グループという分類である。② 棒グラフは固定資本形成に占める直接投資受け入れ額の割合で左側の目盛で表す。③ 折れ線グラフは貿易に占める製品貿易の割合を表し右側の目盛りで表す。
出所）World Bank（2002）より作成。

の際だった地域という特徴を持つ可能性がある。

(2)　最近の貿易構造

90年代の構造変化を遂げた後の2000年代前半の貿易構造の地域間相対貿易規模（RTS）の比較を行ってみたい。表3-9は，59カ国をアジア，アメリカ，EU，その他に分けて構造を比較したものの一部である。特に貿易の垂直構造と関連の深い産業用加工品，部品，そして資本財の中の機械・金型（以下機械という）という3つの財分類からみた貿易を輸出と輸入に分けて2001年から2005年の5年間の累積額で計算している[9]。相対貿易規模（RTS）は以下のように定義される。たとえば，輸出に関しては，

$$RTS = (X_{ci}/X_{wi})(X_{cT}/X_{wT})-1$$

となる[10]。ここで，X_{ci} は c 地域の財 i，X_{wi} は世界全体の財 i，X_{cT} は c 地域総輸出額，X_{wT} は世界全体の輸出額である。また，輸入の場合も同様である。つまり，世界の輸出（輸入）比率と比較した時の各地域の部品と機械類の輸出（輸入）比率を比較し，各地域の相対的輸出（輸入）の大きさを示し

---
[9]　機械・金型のHS分類については，付表3-1を参照のこと。
[10]　すでに第2章で確認している。

ている。平均であればゼロであり，相対的に大きい場合はプラスで小さい場合はマイナス（ここでは△）となる。

また，この表では，アジア地域の貿易を考える上で，中国の貿易に留意している。中国の貿易統計には輸入相手国として「中国」がある。たとえば，1994年には中国の「中国」からの輸入は全輸入額のうち0.2%であったものが，2000年には3.2%，2005年には8.4%と大きくなっている。これは中国国内で生産されたものの迂回輸入であり，増値税対策の貿易と思われる。したがって，実質的な輸入ではないと判断して，中国の「中国」からの輸入をアジア地域のデータから排除した。さらに，中国と香港間の貿易も国内貿易と見なし，アジア域内の貿易から除いた上で，中国・香港の貿易を合計して中国の貿易と捉えた[11]。それゆえ，中国と香港の輸入を合計した通常の輸入データよりも低くなっている。くわえて，世界貿易全体も中国・香港の貿易データを除いた額として計上している。

以上のような考察の下に行った計算結果をみると，アジア地域は他の地域よりも部品・機械ともに輸出と輸入の両方で相対的に大きな貿易であることが分かる。むろん，産業用加工品，部品，機械貿易の絶対規模としては，ヨーロッパ地域が大きな割合を占めている。しかし，最近の5年間の部品と機械の54カ国に占めるアジア9カ国（中国の中国による輸入と中国・香港間貿易を除く）とEU27のシェアをみると，表3-10のようにアジアのシェアが拡大していることが分かる。なかでも，部品と機械のシェアは高い。そのため，90年代の垂直構造を経て，近年では相対的にも絶対的にも，すでに述べたように部品貿易と機械貿易の経済的含意から，アジア地域は，貿易が垂直化している地域であるといえる。ただし，輸送機部品の貿易はEU27の相対規模が圧倒的に大きい。つまり，EUでは輸送機器の生産の国際的分散が非常に進展している地域である[12]。

---

[11] 中国の中国からの輸入に関しては，第8章で関税政策に関するところで指摘している。さらに，香港と中国の取引も中国国内取引と見なし，貿易の垂直構造を確認している。中国と香港を別々に扱い，さらに，中国の中国からの輸入を取り上げた場合の中国の輸入構造と，中国の中国からの輸入を除外し，かつ，中国と香港間の貿易を除き，中国と香港の貿易を中国一国と見なした場合の輸入構造を付表3-2に示している。

この表でとりわけ注目したいのが輸入貿易である。アジア地域は，日本を除き，世界の中でも部品と機械の輸入が相対的に大きい。とりわけ ASEAN（タイ，マレーシア）と中国が顕著である[13]。同様に，アメリカではメキシコとブラジル，EU ではアイルランド，ハンガリー，チェコで部品と機械（アイルランドは除く）の相対的に輸入が大きい。このことは，各地域で部品と機械の輸入を拡大し，貿易の垂直構造が進んでいることを示す。した

表 3-9　部品貿易と機械貿易の地域比較（2001 年～2005 年累積額）

	産業用加工品 輸出	産業用加工品 輸入	部品 輸出	部品 輸入	機械 輸出	機械 輸入	産業用加工品 競争力	部品 競争力	機械 競争力
アジア9	△ 0.01	△ 0.06	0.52	0.41	0.49	0.54	2	12	6
中国	△ 0.11	0.36	0.19	0.68	△ 0.70	1.28	−22	−14	−75
マレーシア	△ 0.42	△ 0.27	0.93	1.19	△ 0.61	0.69	−13	7	−54
タイ	△ 0.13	0.33	0.38	0.44	0.60	2.02	−22	2	−75
アメリカ10	△ 0.12	0.09	△ 0.03	△ 0.05	△ 0.27	△ 0.04	−12	−11	−26
ブラジル	0.02	△ 0.13	△ 0.71	0.35	0.58	0.68	7	−52	−48
メキシコ	△ 0.26	0.39	0.10	0.80	△ 0.82	0.98	−32	−23	−83
EU27	0.08	0.00	△ 0.08	△ 0.11	△ 0.02	△ 0.24	3	5	15
チェコ	0.37	0.44	0.31	0.37	1.07	1.58	−4	−1	−10
アイルランド	0.62	△ 0.53	0.15	0.77	0.88	△ 0.56	54	7	−36
ハンガリー	△ 0.11	0.10	0.34	0.87	0.57	0.37	−12	−17	−53
その他	0.01	△ 0.15	△ 0.64	△ 0.24	△ 0.33	0.04	8	−24	−10
インド	0.38	0.09	△ 0.65	△ 0.29	△ 0.79	0.03	11	−43	−72
ロシア	0.03	△ 0.63	△ 0.88	△ 0.44	△ 0.83	0.18	46	−30	−48

注）　△はマイナスを示す。詳しくは，章末の付表 3-3 を参照のこと。産業用加工品は HS 分類で 28, 29, 39, 50-63, 72- のなかから BEC 分類を取り出し，HS11-27, 30-35, 40-49, 55-71（肥料，製油，木材，石）などは除外している。したがって，本来の BEC 分類とは異なる。
出所）　表 3-1 に同じ。

---

[12] この点は，アジアと異なる。チェコ，ハンガリー，ポーランド，ポルトガル，スロバキア，スロベニア，スペイン，スウェーデン，イギリス，オーストリア，ベルギー，フランス，ドイツという多数の国で輸送機器部品の相対貿易規模が高い。これは，自動車に代表される輸送機器産業の成熟度，そして，電気・電子機器と異なり嵩張る部品を鉄道などの輸送体系による物流システムが支えていることなどが，アジア諸国と比べて部品貿易の相対規模を大きくしていると思われる。詳しくは，付表 3-3 のデータに示している。
[13] より詳しい内容は，章末の付表 3-3 を参照のこと。

表 3-10 アジア 9 と EU27 の貿易シェア

		輸出			輸入		
		2001	2005	増減	2001	2005	増減
産業用加工品	アジア 9	23.4	26.5	3.1	22.2	25.0	2.8
	EU27	45.5	43.6	△1.9	42.2	40.7	△1.5
部品	アジア 9	34.8	40.9	6.1	28.2	32.6	4.5
	EU27	38.0	37.8	△0.2	37.0	34.4	△2.5
機械	アジア 9	34.7	40.4	5.7	28.0	37.4	9.4
	EU27	41.5	37.9	△3.7	34.2	26.9	△7.3

注) 世界全体にしめる輸出入の割合。
出所) 表 3-1 に同じ。

がって，これは表 3-3 で確認した 90 年代の垂直構造を補完するデータである。

　さらに，地域間の国際競争力を比較してみたい。競争力指数は，百分率で示しているので，一桁の数字は競争力指数を判断するものとして絶対的な基準にはなり得ないかもしれないが，二桁の数字であれば，その有無を明確に判断できるであろう。したがって，この点から考えると，表 3-9 に掲載された国をみると，機械の競争力がなく，輸入の相対割合が大きい国であることから，生産に関わる技術が体化された機械を輸入して，生産技術を受け入れている国であると理解できる。それに対して，機械の相対輸出割合が高く，相対輸入割合が低い国で，しかも，競争力のある日本，ドイツ，スイスは，生産過程の国際的分散を支える機械輸出を行っている[14]。さらに，部品貿易をみると，タイ，マレーシア，アイルランド，チェコは，輸出と輸入ともに，部品の相対的貿易割合が大きい。競争力指数から判断できるように，輸入するとともに輸出もしていることが分かる。このことから，部品生産の技術がそれらの国に定着し，部品を輸出するとともに，同時に，国内では生産できない部品を輸入していると考えられる。

---

[14] 章末，付表 3-3 を参照のこと。

3．アジアの貿易構造の特徴

(1) アジア地域の垂直構造と最終財貿易

　貿易の垂直構造とは，とりわけ中間財に注目した貿易構造である。中間財貿易は，最終財貿易とは異なる性格を持つ。つまり，中間需要段階の貿易は，消費財や乗用車のように消費者に対して一回限りでの販売を目的とした最終段階の貿易とは異なり，連続性と計画性を必要とする経済活動である。したがって，貿易の垂直構造は，効率性が重要となり，物理的距離の長さと輸送インフラなどの整備などを含めた「時間的」距離が短いほど形成が容易となる。また，資本財貿易と産業用輸送機器は，貿易の垂直構造を形成する投資需要と関連する。資本財のなかでも機械貿易は，生産の国際的分散を促進する１つの手段である。また，消費財と乗用車は貿易の垂直構造を最終的に支える消費需要を形成する貿易である。したがって，消費財貿易は，販路を求めて域内市場にとどまらず，世界市場のシェアの獲得が重要となる。性格の相違する財の視点からアジアの貿易構造に焦点を当ててみよう。

　まず，産業別および用途別財分類からのアジアの貿易の特徴を検討したい。表３-11は日本を含むアジア諸国の産業別の輸出額が世界全体の輸出額に占める割合，および，世界輸出額に占めるアジア域内貿易の割合を示している。産業別でみると，農産物を除いて，世界にしめるアジア諸国の輸出額の割合は増加し，それとともに，アジア域内貿易の世界に占める割合も大きくなっていることが分かる。また，アジア諸国の特徴として，世界市場では機械のなかでも事務・通信機器，繊維，衣類，その他消費財の輸出シェアが高い。さらに，域内貿易の割合としては，鉄鋼，事務・通信機器，繊維の割合が高い。そのなかで，事務・通信機器と繊維の輸出が注目される。事務機・通信機器のなかには多くの部品が含まれていることと，繊維は衣類生産の中間投入財であることから，生産の国際的分散によりアジア域内の工程間分業が進んでいることを類推することができる。

　表３-12では日本を含むアジア諸国の用途別財分類に基づいた貿易構造の

表 3-11　世界貿易に占めるアジアの輸出額の割合とアジア域内貿易の割合

産業別	世界シェア 2005	世界シェア 増減	アジア域内 2005	アジア域内 増減
総計	27.4	5.6	14.0	4.8
製品	31.6	7.1	14.9	6.1
鋼鉄	26.5	7	18.6	6.1
化学	18.5	7.1	12.1	5
その他産業用加工品	22.8	5.4	9.9	2.1
機械	35.1	8.8	16.4	8
（自動車）	21.3	△1.1	5.2	1.2
（事務・通信機器）	54.9	9	28.0	14.3
繊維	46.7	11.4	22.5	2.1
衣類	47.7	4.1	11.8	3.7
他の消費財	33.0	5.9	13.9	5.9

注）　増減とは1990年のデータに対する増減。
出所）　WTO http://www.wto.org/ の統計データより作成。

表 3-12　アジア諸国の世界輸出シェア

産業別	世界輸出シェア 2005	世界輸出シェア 増減	域内輸出シェア 2005	域内輸出シェア 増減
総貿易	26.3	3.0	14.4	3.4
産業用加工品	26.5	3.5	14.7	0.9
部品（輸送機器は除く）	40.9	4.2	22.7	3.3
輸送機器部品	20.9	2.2	6.9	1.3
資本財（輸送機器は除く）	37.4	4.4	14.2	0.6
資本財の中の機械・金型	40.4	5.6	22.5	△0.3
産業用輸送機器	20.5	△1.0	3.6	△1.0
乗用車	23.5	3.9	1.5	△0.2
消費財	32.2	6.7	7.1	△0.9

注）　アジア 9 とは日本，韓国，台湾，シンガポール，タイ，マレーシア，インドネシア，フィリピン，中国（中国と香港の貿易を除いた香港の貿易を含む）である。また，分類は BEC の HS 6 桁分類に基づいて集計した。世界貿易シェアとは，全世界輸出に占めるアジア 9 の輸出割合である。また，そのうち全世界輸出に占めるアジア域内貿易の割合を域内貿易シェアと呼ぶ。さらに増減とは，アジア通貨危機直前の 1996 年との比較である。
出所）　表 3-1 に同じ。

特徴を提示している。この表は，中国と香港の貿易を国内取引とみなして，世界貿易から除外しているので，表3-11と貿易全体でみた割合が若干異なる。しかし，世界市場におけるアジア貿易のシェアとアジア域内貿易のシェアの両者とも，アジア通貨危機前年の1996年に比べて2005年では増加している。そして，それぞれの財別でみた世界市場におけるシェアに特徴が現れている。際だったものとして，第1に，部品貿易の世界市場における輸出割合および域内貿易の割合が大きいことが指摘される。世界の40.9%の部品輸出のシェアがあり，また域内貿易も世界全体の部品貿易の22.7%を占めている。つまり，アジア全体の輸出のうち55.6%がアジア域内貿易である。そして，1996年から世界市場シェアで4.2ポイント，世界市場におけるアジア域内市場シェアで3.3ポイントと割合を上げている。また，表には示していないが，ハイテク財部品の世界シェアが大きいことも特筆に値する。世界市場におけるハイテク部品のシェアは1996年の53.2%から2005年には60.2%へと拡大している。同時に世界全体のハイテク部品輸出に占めるアジア域内への輸出の割合は27.7%から34.1%になり，アジア地域のハイテク部品輸出の大きさが際だっている。第2に，資本財のなかの機械・金型の輸出も高い割合である。世界市場での輸出シェアは40.4%であり，世界市場に占めるアジア域内市場のシェアも22.5%と高い。さらに，第3に，消費財も特徴がある。世界輸出シェアが32.3%で，1996年からも6.7ポイントと大幅に増加しているが，その反面，世界市場に占めるアジア域内の消費財貿易のシェアは7.1%と小さく，域内市場の世界市場に占める割合も減少している。これは，消費財がいかに域外市場へ依存しているかの証左である。

　まとめると，次のような構造を描くことができる。世界市場におけるアジア域内市場の拡大は，部品を含む中間投入財の拡大と資本財の拡大によってもたらされている。とりわけ，部品貿易と産業用加工品の域内貿易の割合から考えて[15]，アジア域内では生産工程の分散に基づいた貿易の垂直化が進んでいるといえる。したがって，表3-11の産業別の貿易構造の変化の内訳

---

[15] 産業用加工品産業では，現地生産のため大型プラント建設を目的とした直接投資が拡大している。そのため，現地生産が域内貿易の減少に影響している。

は，産業内の中間投入財の拡大が大きく貢献していると思われる。さらに，アジア地域は，部品と産業用加工品という中間投入財と比較して，資本財，自動車，消費財という最終財の域外市場への依存度が高い地域という特徴をもあわせてもっている。なかでも，消費財貿易は，域外市場へ依存度を高めている。

そこで，域外市場の代表としてアメリカ市場への依存の度合いを確かめてみたい。表3-13は，それぞれの財ごとにアジア地域からの輸出額にしめるアメリカ市場の割合をみたものである。また増減とは1996年の割合との変化をみている。この表から，アジア地域は，消費財，乗用車，それに輸送機部品のアメリカへの輸出額が大きいことが分かる。ただ，アジア諸国全体の輸出額と言っても，乗用車と輸送機部品のほとんどが日本の輸出（乗用車は80％，輸送機部品は約60％）であり，消費財のほとんどが中国（約70％）である。

表3-13 アジア諸国の輸出総額に占めるアメリカ輸出の割合

総貿易	2005	増減
	20.3	△2.7
産業用加工品	11.4	0.2
部品（輸送機器は除く）	17.0	△8.4
輸送機器部品	29.5	△5.5
資本財（輸送機器は除く）	25.6	△1.3
産業用輸送機器	5.9	△0.7
乗用車	40.3	△5.8
消費財	33.3	0.7

出所）表3-1に同じ。

(2) アジア域内の貿易構造

世界経済におけるアジア（日本を含む）の貿易構造の特徴は，すでに確認したように，① 世界の中でも部品と機械の貿易の割合が高く，② 域内貿易が拡大し，③ それは生産工程の分散化による貿易の拡大であり，さらに，④ 最終財の域外市場への依存度が高い，というものである。以下では，さらに進めて，アジア地域内の貿易を検討したい。

表3-14は，アジア地域全体の各国・各地域の用途別の輸出入シェアを計算したものである。アジア貿易のなかでシンガポールと香港は再輸出が多く，貿易構造を分析する場合に注意が必要である[16]。ここでも，中国と香港間の貿易取引を国内取引とみなし，貿易総額より差し引くことで中国の貿易の実態をみることにする。さらに，中国の「中国」からの輸入も差し引いている。したがって，アジアとはNIES3（韓国，台湾，シンガポール），ASEAN4（タイ，マレーシア，インドネシア，フィリピン），そして中国である。産業用加工品[17]，部品（輸送機器部品は除く），輸送機器部品，資本財，産業用輸送機器，自動車，消費財（耐久消費財，準耐久消費財，非耐久消費財）という用途別分類のアジア域内の貿易構造を確認すると，次のような特徴がある。すなわち，域内輸出では，日本は乗用車・輸送機器・輸送機器部品，資本財の割合が高く，産業用加工品，部品も高い。また，アジアNIESは産業用加工品，部品，つづいて資本財の割合が高い。それに対して，中国は消費財の割合が高い。域内輸入では，中国の中間財の輸入，そして，日本の消費財輸入が顕著である。

　さらに，ASEAN域内の貿易構造をみよう。ASEANの用途別財の輸入における域内からの輸入比率をみたのが表3-15である。顕著な変化として，乗用車と自動車部品の輸入の増加と輸入比率の大きさが特徴的である。これは，ASEAN地域のアジア地域内部からの輸入の相対規模が小さくなっているものの，ASEAN内部の域内貿易が着実に拡大していることを示している。

　つづいて，輸出データと輸入データを考慮した競争力指数により財別の国際比較をみてみたい。表3-16，表3-17は，国および地域の用途別の競争

---

[16] 再輸出があるため，世界市場のなかでアジア地域の貿易額が過大評価されることに留意しなければならない。しかし，過大評価だとしても，世界市場に占めるアジアの部品貿易の割合の高さは大きい。
　香港の中国への返還は1997年7月であるから，1996年と1997年のデータを中国と香港に分けることが形式的に必要であろうが，ここでは，返還前でも中国貿易の実態を把握するために，香港と中国の貿易を国内と見なしている。
[17] 一次産品産業用加工品ではなく，HS分類で28 29 39 50-63 72- の項目に分類される産業用加工品である。

表3-14 アジア域内貿易の国（地域）別・用途別貿易構成（％）と変化

中間財		域内輸出				域内輸入			
		日本	NIES	ASEAN	中国	日本	NIES	ASEAN	中国
産業用加工品	2005	31.5	38.8	11.9	17.8	12.2	25.8	18.3	43.8
	増減	△3.6	△6.7	1.9	8.5	1.1	0.8	△4.3	2.4
部品	2005	26.3	36.5	17.1	20.1	13.1	28.3	17.9	40.6
	増減	△14.3	△2.5	1.4	15.3	0.2	△13.4	△4.5	17.7
輸送機器部品	2005	40.5	24.4	19.4	15.7	17.0	23.4	29.0	30.6
	増減	△26.8	5.4	9.7	11.8	8.2	△4.1	△17.2	13.1

最終財		域内輸出				域内輸入			
		日本	NIES	ASEAN	中国	日本	NIES	ASEAN	中国
資本財	2005	30.1	32.9	13.7	23.3	16.8	29.5	13.9	39.7
	増減	△16.2	△2.6	0.7	18.0	0.7	△7.2	△6.5	13.0
産業用輸送機	2005	54.0	21.1	6.2	18.8	3.1	44.1	43.1	9.6
	増減	△7.8	△5.4	0.8	12.5	1.3	△3.8	5.1	△2.5
乗用車	2005	56.6	23.9	18.9	0.5	1.7	29.9	32.9	35.5
	増減	△25.0	7.1	17.6	0.3	1.4	21.0	△25.0	2.6
消費財	2005	10.5	17.8	14.0	57.7	52.2	25.2	10.1	12.5
	増減	△1.3	△12.6	△4.3	18.2	△5.3	2.2	2.6	0.5

注）　日本，NIES，ASEAN，中国のアジア域内輸出・輸入金額を合計し，域内シェアを求めている。したがって，合計すれば100％となる。また，増減とはアジア通貨危機前の1996年に対する変化である。
出所）　表3-1に同じ。

表3-15　ASEAN域内輸入率と変化（年平均，％）

	2005	増減
産業用加工品	10.4	5.6
部品	13.2	5.2
輸送機器部品	18.0	15.2
資本財（輸送機器は除く）	8.5	5.5
産業用輸送機器	5.7	4.9
乗用車	34.6	33.8
消費財	17.4	9.4

注）　2005年の輸入に占める域内輸入の割合と1996年と比較した場合の増減。
出所）　表3-1に同じ。

表3-16 日本, NIES 3, ASEAN 4, 中国の競争力 (2005年)

		対アジア	対アメリカ	対世界			対アジア	対アメリカ	対世界
産業用加工品	日本	49	20	27	輸送機器部品	日本	57	56	64
	NIES3	24	12	19		NIES3	−27	6	3
	ASEAN	−29	−10	−21		ASEAN	−31	20	−6
	中国	−65	9	−43		中国	−43	28	−21
資本財(輸送機器は除く)	日本	28	47	43	産業用輸送機器	日本	92	−43	77
	NIES3	−12	30	15		NIES3	−26	−42	42
	ASEAN	−2	47	20		ASEAN	−78	−98	−13
	中国	−52	8	−24		中国	35	−43	15
資本財の中の工作機械金型	日本	83	70	78	乗用車	日本	99	95	78
	NIES3	7	−32	6		NIES3	−21	93	69
	ASEAN	−73	−46	−69		ASEAN	−91	−98	−69
	中国	−88	−35	−77		中国	−100	−100	−98
部品(輸送機器は除く)	日本	34	34	40	消費財	日本	−76	−9	−56
	NIES3	4	11	12		NIES3	−4	66	32
	ASEAN	2	39	15		ASEAN	28	88	66
	中国	−65	−33	−55		中国	62	91	75

出所) 表3-1に同じ。

表3-17 NIESのアジア域内競争力 (2005年)

	日本	ASEAN	中国		日本	ASEAN	中国
産業用加工品	−50	43	68	輸送機器部品	−65	6	34
資本財	−44	−6	41	産業用輸送機器	−66	60	−13
工作機械・金型	−73	81	90	乗用車	−97	83	93
部品	−31	7	49	消費財	28	−18	−26

出所) 表3-1に同じ。

力を示している[18]。ここから, 用途別財のアジア域内の貿易構造が明確になる。日本は, アジア域内市場, アメリカ市場, 世界市場すべてで産業用加工品, 資本財, 部品, 乗用車の競争力がある。そのなかでも, 工作機械・金型の競争力は圧倒的に強い。それに対して, NIESは資本財, 部品の輸出シェアの割には競争力がない。つまり, NIESは資本財・部品を輸出するととも

---
[18] 第2章で述べたように, 競争力指標と比較優位指標は異なることに注意。

に，同時に，多くの資本財・部品を輸入していることを意味する。このような競争力指標から垂直的に差別化された貿易構造が浮かび上がる。とりわけ，表3-17からは，NIESの日本に対する競争力指数とNIESのASEANと中国に対する競争力指数がほとんどの財で逆であることが分かる。NIESは日本に対しては，競争力がなく，ASEANと中国に対して競争力があるということから，NIESのアジアにおける貿易構造が伺える。そして，ASEANと中国は消費財に競争力があり，産業用加工品や資本財のアジア域内での競争力が低い。特に中国はアジア域内での消費財の競争力指数が非常に高いことと，部品の競争力がないという特徴をもち，加工組立型の貿易構造を如実に示している。

　また，表3-18からハイテク財に注目してみよう[19]。まず，ハイテク財全体では，中国を除いて，日本，NIES，ASEANは競争力がある。しかし，用途別に分けて競争力をみると域内の地域構造が分かる。まず，最終財であるハイテク資本財では，アジア域内市場では日本の競争力が高く，また，中国がアメリカに対して競争力を僅かながら持っている。しかし，ハイテク資本財のなかでも，ハイテク機械は，唯一日本だけが競争力をもっている。ここから，加工組立によって輸入される資本財と，日本の技術優位にある資本財の中の機械は分けて考える必要がある。次に，中間財の競争力指数を確認すると，ハイテク部品はハイテク財全体の傾向と同じであるが，ハイテク産業用加工品に関してはアジア諸国の競争力がなくアメリカの競争優位があることに気づく。さらに，アジアNIESの3カ国のハイテク財の地域別競争力をみたのが，表3-19であるが，ハイテク財においてもすでに確認した表3-18と同じ傾向として，日本に対しては競争力がなく，ASEANと中国に対しては競争力がある。

　以上のように，アジア諸国の用途別財の競争力を観察することから，産業用加工品，部品，資本財という中間財と投資財の生産・貿易と消費財という

---

[19] これまでの競争力指数は，2005年の数字を示しているが，他の4年と比較しても傾向に変化はない。しかし，ハイテク財に関しては財のサンプル数が少ないため，年ごとに指数が変化する部分があった。そのため，5年間の平均をとることで構造をみている。

表3-18 日本, NIES 3, ASEAN 4, 中国のハイテク財の競争力 (2001～2005：年平均)

		対アジア	対アメリカ	対世界			対アジア	対アメリカ	対世界
全体	日本	25	14	27	産業用加工品	日本	8	−50	−33
	NIES3	0	28	20		NIES3	8	−64	−13
	ASEAN	8	11	14		ASEAN	−41	−39	−18
	中国	−65	−26	−45		中国	−4	−12	4
資本財(輸送機器は除く)	日本	−6	43	32	部品	日本	40	16	36
	NIES3	0	61	42		NIES3	0	22	13
	ASEAN	35	68	55		ASEAN	5	6	10
	中国	−52	6	−14		中国	−72	−36	−59
資本財のなかの機械	日本	89	57	74					
	NIES3	−50	−67	−44					
	ASEAN	−48	−32	−46					
	中国	−74	−89	−81					

注) ハイテク財は，財の数が少ないため，年ごとに指数が変化する部分がある。そのため，5年間の平均をとることで構造をみている。
出所) 表3-1に同じ。

表3-19 NIESのハイテク財におけるアジア域内競争力 (2001～2005：年平均)

	日本	ASEAN	中国		日本	ASEAN	中国
資本財	−1	−32	46	産業用加工品	−38	69	29
機械	−93	68	78	部品	−24	−9	46

注) ハイテク財は，財の数が少ないため，年ごとに指数が変化する部分がある。そのため，5年間の平均をとることで構造をみている。
出所) 表3-1に同じ。

最終財の生産・貿易の棲み分け構造がアジア地域にみられる。つまり，日本は資本財，中間財の競争力があり，ASEAN，中国は消費財の競争力を持つ。また，NIESは，ASEAN，中国に対しては資本財・中間財の競争力をもち，日本に対しては競争力をもっていないという構造である。

本章では世界市場でのアジア地域の特徴とアジア域内の貿易構造を概観した。つまり，アジア地域は世界市場でもきわめて貿易の垂直化が進展した地域である。そのため，貿易構造からみてアジア諸国は途上国のなかでも注目

すべき諸国であるといえる。また，日本を含めたアジア地域の貿易構造をみると，用途別財の視点から，特徴がみられた。日本は，資本財と中間財に競争力をもち，中国・ASEAN 4 カ国は消費財に競争力を有し，アジア NIES はその中間に位置する。

　このような特徴をもった日本を含めたアジア地域の貿易構造をより詳細にみるため，つづく第 4 章では，日本の長期の貿易構造の変化を，そして，第 5 章では日本，韓国，台湾，中国の 4 カ国の中期の構造比較分析を行いたい。

付表 3-1　機械・金型の HS（88）分類

820720	820730	845610	845620	845630	845691	845699	845710
845720	845730	845811	845819	845891	845899	845910	845921
845929	845931	845939	845940	845951	845959	845961	845969
845970	846011	846019	846021	846029	846031	846039	846040
846090	846110	846120	846130	846140	846150	846190	846210
846221	846229	846231	846239	846241	846249	846291	846299
846310	846320	846330	846390	848010	848020	848030	848041
848049	848050	848060	848071	848079			

付表 3-2　中国の部品輸入国の上位 20 カ国（2001～2005 年，年平均，%）

中国の部品輸入 中国と香港の貿易を含む場合		中国・香港の部品輸入 中国と香港の貿易を除く場合	
日本	23.1	日本	30.1
中国	17.5	台湾	14.2
台湾	11.3	韓国	11.5
韓国	11.0	アメリカ	8.5
アメリカ	6.4	ドイツ	6.5
ドイツ	6.2	マレーシア	5.3
香港	3.4	シンガポール	4.6
マレーシア	3.1	タイ	3.1
タイ	2.5	フィリピン	2.6
シンガポール	2.1	フランス	1.8
フランス	1.7	イギリス	1.5
イタリア	1.3	イタリア	1.3
フィリピン	1.2	スウェーデン	1.1
スウェーデン	1.1	フィンランド	0.9
イギリス	1.1	メキシコ	0.7
フィンランド	1.0	スイス	0.7
メキシコ	0.8	インドネシア	0.6
インドネシア	0.6	カナダ	0.6
スイス	0.6	オランダ	0.5
カナダ	0.5	ベルギー	0.4
アジア 10 カ国合計	74.7	アジア 8 カ国合計	72.2

注）　BEC の分類による部品の国別輸入を計算している。左の列は，中国と香港の貿易を計算した通常のデータであり，右の列は，中国と香港間の貿易および中国の中国による輸入を除外した上で中国と香港の輸入を合計して計算した。

出所）　表 3-1 に同じ。

付表 3-3 部品貿易と機械貿易の地域比較 (2001～2005年)

	産業用加工品 輸出	産業用加工品 輸入	部品 輸出	部品 輸入	輸送機器部品 輸出	輸送機器部品 輸入	機械 輸出	機械 輸入	競争力 産業用加工品	競争力 部品	競争力 輸送機器部品	競争力 機械
アジア	△0.01	△0.06	0.52	0.41	△0.26	△0.49	0.49	0.54	2	12	26	6
中国	△0.11	0.36	0.19	0.68	△0.60	△0.55	△0.70	1.28	－22	－14	－3	－75
インドネシア	△0.08	△0.11	0.42	△0.24	0.52	0.06	△0.93	0.72	1	15	－12	－87
日本	0.01	△0.43	0.65	△0.17	0.46	△0.50	2.42	△0.43	27	44	58	77
韓国	0.38	0.00	0.42	0.06	△0.34	△0.57	0.34	0.45	15	22	27	3
マレーシア	△0.42	△0.27	0.93	1.19	△0.74	△0.55	△0.61	0.69	－13	7	－16	－54
フィリピン	△0.77	△0.06	1.11	1.05	△0.15	△0.65	△0.88	△0.40	－61	1	41	－68
シンガポール	△0.25	△0.48	1.06	1.27	△0.66	△0.38	△0.46	△0.28	17	4	－22	－6
台湾	0.58	0.05	0.89	0.12	△0.47	△0.63	1.92	0.83	19	33	24	30
タイ	△0.13	0.33	0.38	0.44	△0.19	△0.11	△0.60	2.02	－22	2	－1	－75
アメリカ 10	△0.12	0.09	△0.03	△0.05	0.51	0.32	△0.27	0.04	－12	－11	－6	－26
アルゼンチン	△0.27	△0.11	△0.88	△0.09	0.50	0.44	△0.81	0.21	－10	－63	－25	－56
ブラジル	0.02	△0.13	△0.71	0.35	0.04	0.47	△0.58	0.68	7	－52	0	－48
カナダ	△0.21	△0.23	△0.51	△0.03	0.27	1.46	△0.24	0.02	1	－23	－23	－5
チリ	1.29	△0.28	△0.96	△0.24	△0.88	△0.45	△0.98	△0.61	52	－87	－54	－89
コロンビア	△0.23	0.65	△0.93	△0.30	△0.80	△0.08	△0.84	△0.47	－37	－82	－64	－52
コスタリカ	△0.17	0.40	1.25	△0.03	△0.76	△0.69	△0.81	△0.20	－26	30	－23	－68
メキシコ	△0.26	0.39	0.10	0.80	0.85	0.68	△0.82	0.98	－32	－23	5	－83
ペルー	0.25	△0.04	△0.97	△0.28	△0.95	△0.47	△0.98	△0.62	12	－89	－79	－88
アメリカ	△0.10	0.25	△0.32	△0.18	0.78	△0.03	△0.03	△0.20	－17	－2	－2	－16
ベネズエラ	△0.36	△0.57	△0.98	△0.09	△0.88	△0.19	△0.96	△0.28	18	－88	－48	－74
EU27	0.08	0.00	△0.08	△0.11	0.15	0.15	△0.02	△0.24	3	5	3	15
オーストリア	0.12	0.05	△0.03	△0.02	0.41	0.42	0.41	0.10	2	2	2	14
ベルギー	0.46	0.13	△0.53	△0.46	0.42	0.12	△0.47	△0.43	12	－1	－26	3
ブルガリア	0.69	0.95	△0.51	△0.37	△0.76	△0.69	0.03	△0.40	－8	－28	－29	11
キプロス	△0.66	2.14	△0.75	△0.56	△0.72	△0.63	△0.75	△0.67	－81	－76	－70	－70
チェコ	0.37	0.44	0.31	0.37	1.11	0.28	1.07	1.58	－4	－1	25	－10
デンマーク	△0.33	△0.15	△0.06	0.05	△0.65	△0.40	△0.62	△0.41	－13	4	－18	－14
エストニア	0.06	0.58	0.38	0.27	△0.51	△0.59	△0.65	△0.30	－26	－8	－4	－44
フィンランド	0.02	△0.22	0.04	0.16	△0.66	△0.29	△0.46	△0.25	13	4	－22	－3
フランス	△0.05	△0.11	△0.16	△0.16	0.48	0.39	△0.52	△0.26	－9	1	4	－21
ドイツ	0.04	△0.25	0.07	△0.04	0.30	0.36	0.58	△0.10	15	19	11	40
ギリシャ	0.40	1.66	△0.68	△0.49	△0.69	△0.42	△0.79	△0.57	－32	－65	－69	－72
ハンガリー	△0.11	0.10	0.34	0.87	1.62	0.62	△0.57	△0.37	－12	－17	23	－53
アイルランド	0.62	△0.53	0.15	0.77	△0.88	△0.58	△0.88	△0.56	54	7	－33	－36
イタリア	0.22	0.13	△0.01	△0.29	0.02	△0.30	1.04	△0.03	3	20	21	38
ラトビア	0.23	0.87	△0.73	△0.41	△0.84	△0.52	△0.53	△0.36	－22	－56	－62	－37
リトアニア	0.37	0.50	△0.49	△0.40	△0.52	△0.60	△0.81	△0.44	－41	－9	－4	－57
ルクセンブルグ	1.53	0.61	△0.02	△0.15	△0.27	△0.58	0.93	△0.45	21	－3	15	46

第3章　貿易の垂直構造　89

マルタ	△	0.63	△	0.08		3.36	△	0.01	△	0.71	△	0.39	△	0.74		0.35	−44	53	−48	−54
オランダ		0.13	△	0.16		0.00		0.08	△	0.56	△	0.33	△	0.75		0.72	14	4	−14	1
ポーランド		0.18		0.74	△	0.27	△	0.10		0.91		0.04	△	0.46		0.42	−20	−18	22	−51
ポルトガル	△	0.05		0.69	△	0.53	△	0.34		0.67		0.15		1.32	△	0.31	−29	−34	0	39
ルーマニア		0.27		1.26	△	0.35	△	0.15	△	0.25	△	0.48	△	0.47		0.13	−29	−26	29	−47
スロバキア		0.40		0.38	△	0.17		0.11		0.93		0.95	△	0.16		0.53	0	−15	−2	−30
スロベニア		0.57		0.69	△	0.08	△	0.22		0.17		0.20		0.23		0.84	−5	8	−2	−21
スペイン		0.00		0.34	△	0.49	△	0.33		0.61		0.66		0.06	△	0.34	−15	−26	−15	10
スウェーデン	△	0.10	△	0.17		0.15		0.11		0.28		0.50	△	0.61	△	0.23	3	14	4	−21
イギリス	△	0.24	△	0.03	△	0.05	△	0.14		0.38		0.18	△	0.48	△	0.54	−13	−4	−2	−3
その他		0.01	△	0.15	△	0.64	△	0.24	△	0.69	△	0.26	△	0.33		0.04	8	−24	−30	−10
オーストラリア	△	0.16	△	0.22	△	0.71	△	0.16	△	0.71	△	0.07	△	0.80	△	0.32	2	−50	−53	−56
ベラルーシ		0.03		0.46	△	0.80	△	0.50	△	0.41	△	0.43	△	0.49	△	0.16	−18	−45	−1	−27
クロアチア	△	0.08		1.38	△	0.39	△	0.41	△	0.63	△	0.62	△	0.10	△	0.25	−45	−32	−34	−25
インド		0.38		0.09	△	0.65	△	0.29	△	0.60	△	0.70		0.79		0.03	11	−43	3	−72
イラン	△	0.74	△	0.05	△	0.99	△	0.07	△	0.98	△	0.96	△	0.98		1.29	−61	−96	−97	−98
イスラエル	△	0.29	△	0.10		0.24	△	0.26	△	0.40	△	0.53	△	0.89	△	0.22	−13	25	10	−75
ニュージーランド	△	0.49	△	0.10	△	0.66	△	0.27	△	0.77	△	0.46	△	0.69	△	0.48	−29	−38	−41	−27
ノルウェー	△	0.33	△	0.33		0.70		0.04	△	0.76	△	0.30	△	0.92	△	0.52	−1	−30	−22	−51
ロシア		0.03		0.63	△	0.88	△	0.44	△	0.83	△	0.51		0.83		0.18	46	−30	−7	−48
サウジアラビア	△	0.54	△	0.62	△	0.98	△	0.13	△	0.93	△	0.63	△	0.99	△	0.46	8	−90	−80	−90
南アフリカ		0.63	△	0.14	△	0.72	△	0.08	△	0.42	△	0.23		0.87		0.11	30	−54	−16	−79
スイス		0.32		0.14		0.14	△	0.19	△	0.59	△	0.57		2.81		0.20	6	22	2	56
トルコ		0.48		1.16	△	0.77	△	0.31	△	0.20	△	0.04	△	0.38		0.72	−20	−62	−29	−60
ウクライナ		1.82	△	0.14	△	0.58	△	0.53	△	0.43	△	0.37		0.15	△	0.37	53	−1	−1	33

注) △はマイナスを示す。また，表の各地域の国の名称は下表にまとめている。指標は，輸出に関しては，$(X_{ij}/X_{wj})/(X_{iT}/X_{wT})-1$ となる。ここで，X_{ij} は i 地域の財 j，X_{wj} 世界全体の財 j，X_{iT} は i 地域総輸出額，X_{wT} は世界全体の輸出額である。輸入の場合も同じである。また，中国の中国からの輸入と中国と香港間の貿易を国内取引と見立てて計算した。それゆえ，通常の輸入データよりも低くなっている。

出所) 表3-1に同じ。

第4章
双方向貿易の構造

　前章では，工程間の貿易に焦点を当てて，貿易の垂直化を示した。それに対して本章では，同一工程内部で必要とされる財の双方向貿易を対象とする。そして，産業別分類にもとづく貿易と用途別分類にもとづく貿易という2つの分類基準から双方向貿易を分析したい。

　複数の企業の同一工程に関わる財の貿易を鳥瞰的にみると，同一財として分類される商品が双方向に取引されている。すでに，第2章で確認したように，貿易形態は2つに分類される。第1の形態は，その品目が輸出金額と輸入金額を比べてどちらか一方が支配的である「一方向貿易」である。第2の形態は，同じ品目が輸出されるとともに輸入もされる双方向貿易である。そして，産業分類で集計されたものを産業内貿易，そして用途別財分類で集計されたものを双方向貿易と定義する。このうち，同じ品目に分類されている財の輸出数量および輸入数量でそれぞれ輸出金額と輸入金額を割った単価を求め，輸出単価と輸入単価がほぼ等しいものを「水平差別化貿易」，輸出入の単価が異なるものを「垂直差別化貿易」と定義する。この単価比率の相違は，財の「質」の差異を示す指標として用いている。

1．分析枠組みの確認

(1) HSデータ

　以下の分析では，HS分類6桁レベルの品目ごとの輸出入金額と輸出入数量を用いて，日本と主要14カ国との集計レベルで貿易構造を検討する。時

系列データとして，1988 年から 2000 年までの 13 年間が利用できる OECD の HS（88）のデータを使用している[1]。また，それ以降の傾向は HS（96）のデータを補足利用する。対象国は，韓国，台湾，シンガポール，香港，タイ，マレーシア，インドネシア，フィリピン，中国，アメリカ，ドイツ，フランス，イギリス，イタリアの 14 カ国である。表 4-1 から分かるように，日本と 14 カ国の貿易は，日本全体の貿易額の支配的部分を占めているため，わずか 14 カ国であるが，日本の貿易構造の変化をみる第一次近似とみなすことは妥当であると考える。

表 4-2 は，14 カ国のサンプルによる集計結果と日本の貿易総額の 95% 以上を占める 47 カ国のサンプルによる集計結果とを比べたものである。水平差別化貿易 4.7% と 5.9%，垂直差別化貿易 26.9% と 32.8%，一方向貿易 68.0% と 60.8% となっていることから，14 カ国を集計した貿易構造は，42 カ国

表 4-1　日本の総貿易における 14 カ国の貿易の割合

	1988	2000
総貿易	68.8	69.3
機械	79.2	83.3
電機	80.6	88.9
精密機器	78.6	84.6
資本財	77.7	84.3
部品	85.1	89.5
耐久消費財	73.7	80.7
準耐久消費財	89.2	91.3
ハイテク	85.8	88.8
ハイテク資本財	80.8	83.0
ハイテク部品	92.3	92.7

注）輸出と輸入の合計を貿易額として，日本の総貿易額に占める 14 カ国の貿易額の割合を計算した。以下でも，貿易の割合とは輸出と輸入を合計した貿易額を使用することにする。
出所）OECD International Trade by Commodity Statistics（ITCS）より作成。

---

[1] HS（88）とは，HS 分類の 1988 年版であり，1988 年から 2000 年までのデータが利用できる。また，HS（96）とは 1996 年版である。HS（96）では，財分類が多少変更されている。本章では，80 年代後半の貿易構造の変化を分析する目的から，HS（88）の分類を基準にしている。また，データを補足するために HS（96）データを利用した。なお，データは OECD の International Trade by Commodity Statistics を用いている。

表4-2 47カ国と14カ国，CIF/FOB非調整値とCIF/FOB調整値の比較（%）

	1990（非調整値） 47カ国	1990（非調整値） 14カ国	1990（調整値） 47カ国	1990（調整値） 47カ国	2000（非調整値） 14カ国	2000（非調整値） 47カ国	2000（調整値） 47カ国	2000（調整値） 14カ国
サンプル数								
一方向貿易	77.5	71.2	77.7	71.6	68.0	60.8	67.9	60.8
水平差別化貿易	2.9	3.7	2.1	2.6	4.7	5.9	4.9	6.0
垂直差別化貿易	18.8	24.0	19.4	24.6	26.9	32.8	26.8	32.6

注）計測不能なデータがあるため，必ずしも100%にならない。計測不能とは，品目の数量単位のメタデータが0および1の場合だけを計算しているためである。それ以外は数量単位の不備により，単価の輸出入の比較ができないものである。
出所）表4-1に同じ。

の貿易構造に比べて双方向貿易の割合が高くなる傾向にある。これは，14カ国の集計では製品比率が高く，一次産品貿易の比例が少ないためである。本分析では，製品貿易における貿易構造の変化に焦点をあてるという意味から，この14カ国で貿易構造の変化を見ることが可能であると考える。

さらに，貿易統計に関して，注意すべき点がある。HS分類による貿易統計の価格は，国際比較をするために，ドル為替レート表示で与えられている。輸入はCIF価格，輸出はFOB価格であるため，輸入価格は運賃・保険料価格分だけ上振れして計上されている[2]。表4-2のように，非調整のデータと，IMFのマニュアルに示されているようにCIFをFOBに換算する比率0.9（CIF/FOB比率は1.11）として，CIF輸入価格をFOB価格に換算したものと比較すると，微妙な相違が現れている。しかし，同一国の時系列での変化の傾向を観察する場合には問題が生じないであろう。

(2) 貿易数量

数量単位は，価格表示であるドルのような単一の基準は存在しない。単位の標準化は，国ごと，そして年ごとに定義されている。たとえば，貿易品目

---

[2] 貿易統計では，輸入はCIF価格（運賃・保険料込み価格），輸出はFOB価格（本船甲板渡し価格）で計上されているため，「相手国から日本への輸入額」と「日本から相手国への輸出額」では，運賃・保険料の部分だけ異なり，金額は一致しない。そこで，運賃・保険料分の価格差により輸入価格が上振れしたデータで処理している。また，輸出為替レートと輸入為替レートは，微小な乖離があり，輸入レートを基準にして輸出レートの乖離を計算してみると，最大で0.170%，最小で-0.198%の幅のなかで変動している。

により，

　　1：トン
　　2：立方メーター
　　3：平方メーター
　　4：キロメーター
　　5：千単位
　　6：千組
　　7：百万キロワット/時

などの単位が使用される[3]。また，同一年の輸出の単位と輸入の単位が異なることもあるし，同一品目でも年により単位が異なることもある。さらに，1つの貿易品目のなかでも多様な単位が使用される場合もある。そのような時には，その品目でもっとも金額が大きな部分の単位が使用され，他の部分は，支配的な部分の単価を用いて数量単位が推計され同一の単位として集計されている。そのため，それぞれの単位には，数量単位についてのメタデータ（データの記述法に関するデータ）が付与され，

　　0：単位がそろっている品目
　　1：推計データ
　　2：不完全
　　3：1と2の両方の場合

という表記が使用されている。したがって，輸出と輸入の単価を比較する場合，同一の単位である確認が必要である。より厳密にするには，計測不能な項目が多くなるものの，メタデータが0である品目で単価を計算する必要がある。本書ではメタデータは1まで利用している。

(3) 単価

　輸出・輸入品目が同じ物量単位であり，それぞれの品目の単位当たり価格が比較可能なものを輸出入単価比率という表現を用いている含意を確認した

---

[3] 数量単位の詳しい解説は，たとえば，税関のホームページ http://www.customs.go.jp に解説が載っている。

い。すなわち，輸出入単価の格差には財品目の質が反映すると考える。質とは，国ごとに異なるデザインや機能を持つ差別化されたもの，その品目に体化されたそれぞれの国民経済の標準的な労働の質の相違を反映したもの，その国の技術力の相違などを反映したものなど，さまざまな要因が考えられる。たとえば，垂直差別化貿易における質の差とは国際間の技術要素の相違を反映したもので，水平差別化貿易では消費者の嗜好に影響するデザインや機能などを反映したものと考えられるであろう。とりわけ，垂直差別化貿易に関しては，その決定要因に関しては国のレベルの要因，産業レベルの要因，企業レベルの要因など実証研究で議論されているが，水平差別化貿易に比べて，理論的研究はさほど展開されていない[5]。

(4) 2つの財分類

以下では次のような2つの財分類に基づき分析される。

第1に，品目を集計して1つの産業とする場合，HS分類2桁の21部97類に基づき，農産物等（HS2桁分類で01から15），食品（16から24），鉱物生産物（25から27），化学（28から47），皮革・履き物（41から43，64から67），木材・紙（44から49），繊維（50から63），窯業（68から70），卑金属及び同製品（72から83），機械（84），電機（85），輸送機（86から89），精密機器等（90から92），家具など雑品（94から96），その他（71：貴金属等，93：武器，97美術品）というように，15産業に分類した。以下では，産業分類の中でも主要貿易産業である卑金属及び同製品（以下では卑金属という），化学，機械，電機，輸送機，精密機器を取り上げる。

第2に，用途別分類は国連のBEC（Broad Economic Categories）をHS（88）と対応させて，食料・飲料，産業用加工品，燃料・潤滑財，資本財・部品，輸送機・部品，消費財に分け，その細目まで分類している[6]。な

---

[5] 垂直差別化貿易の理論もモデルとしては，Falvey（1981）とShaked and Sutton（1984）がある。Falveyモデルでは，可変費用の増加が質を規定すると考え，質は資本集約度の関数である。これに対して，後者はR&D費用という固定費用と財の質との関係を考察する。また，前者のモデルでは完全競争下の貿易モデルで，後者は不完全競争を想定する。

[6] United Nations（1989）を参照のこと。また，分類については本書第2章にまとめている。

かでも，資本財（産業用輸送機を除いている）と部品（一般部品と輸送機部品），産業用加工品の分類に注目することで，貿易構造の変化を考察する[7]。

さらに，石田（2001）ですでに分析しているように，ハイテク貿易の貿易が拡大していることを踏まえ，産業分類とは別に，HS分類の品目のなかからハイテク財を集計し分析した。ハイテクという定義は，商品品目の生産に投入された研究開発費用の大きさを基準にして分類される。ハイテク貿易の定義上の問題はすでに石田（2001）で述べているが，ここではSITC Rev2 の分類に拠らず，本章の貿易品目分類であるHS分類に基づいたEurostat（1996）の分類を参考にし，252品目を選んだ。そのため，SITC Rev2 に比較して，長期データは利用できないが，逆に，ハイテク品目をより限定して特定できるという利点もある。そして，上記のBEC分類を適応してハイテク財を産業用加工品，資本財，部品に分類している。

2．垂直差別化貿易の動向

(1) 概観

表4-3では，1998年から1990年の3年平均と2001年から2003年の3年平均で貿易構造を比較している。ここでは，全体の貿易を，一方向貿易と双方向貿易の2つに区分し，さらに，双方向貿易を水平差別化と垂直差別化に区別している。まず，この表から分かるように，双方向貿易の割合が拡大し，一方向貿易の割合が減少している。また，増加している双方向貿易の中でも，垂直差別化の割合の増加が高い。そのため，日本の貿易の大半は一方向貿易ではあるものの，垂直差別化の割合が年々高まっているという特徴をもつ。

また，HS分類に従い，動植物，食料，繊維，卑金属などが含まれるHS01から83，および93から97までと，機械，電気，輸送機，精密機器などの

---

[7] 石田（2002）では，BEC分類ではなく，日本関税協会の品目分類基準表に基づいて資本財を分類し，部品はHS分類の部品項目とIT関連の部品と考えられるものを選んで計算した。ここでは，国際比較が可能なBECの統一された基準で，再計算している。したがって，石田（2002）の分析結果と多少異なる。

製品が含まれる 84 から 92 までを区別して，それぞれの貿易の割合をみている。HS 分類では 84 からの機械や自動車が含まれている工業製品の分類の垂直差別化貿易の割合が大きく，増加率も高い。同時に，水平差別化貿易もわずかであるが増加傾向にある。

表 4-3 日本と 14 カ国との貿易構造（3年移動平均：％）

貿易形態	88-90	01-03	増減
一方向貿易	73.2	62.7	△10.5
HS01〜83, 93〜97	35.9	28.9	△7.0
HS84〜92	37.3	33.8	△3.5
双方向貿易	25.6	36.9	11.3
HS01〜83, 93〜97	7.9	10.0	2.1
HS84〜96	18.8	27.3	8.5
水平差別化貿易	3.0	4.2	1.2
HS01〜83, 93〜97	1.5	1.8	0.3
HS84〜96	1.5	2.4	0.9
垂直差別化貿易	22.6	32.7	10.1
HS01〜83, 93〜97	6.2	8.1	1.9
HS84〜96	16.5	24.6	8.1

注）表 4-2 を参照のこと。△はマイナスを示す。
出所）表 4-1 に同じ。

(2) 垂直差別化の拡大傾向

2001 年から 2003 年の 3 年間平均で，農産物等，食品，鉱物生産物，木材・紙，繊維，自動車，船舶，家具雑貨等は 80 パーセントから 90 パーセント近くが一方向貿易である。他の産業は，双方向貿易を拡大させている。表 4-4 は特徴のある産業部門を 8 つ選んで，全貿易に占める当該部門の割合と 3 つの貿易形態の構成を示したものである。貿易形態をみると，繊維は一方向貿易を拡大させ双方向貿易の割合を低下させている[8]。これに対して，

---

[8] 表 4-4 には示していないが「皮革・履き物等」でも同様の傾向を示し，一方向貿易を同期間で比較すると，94.5％から 97.1％へ拡大している。ただし，総貿易に占める割合は，約 1.3％と少ない。

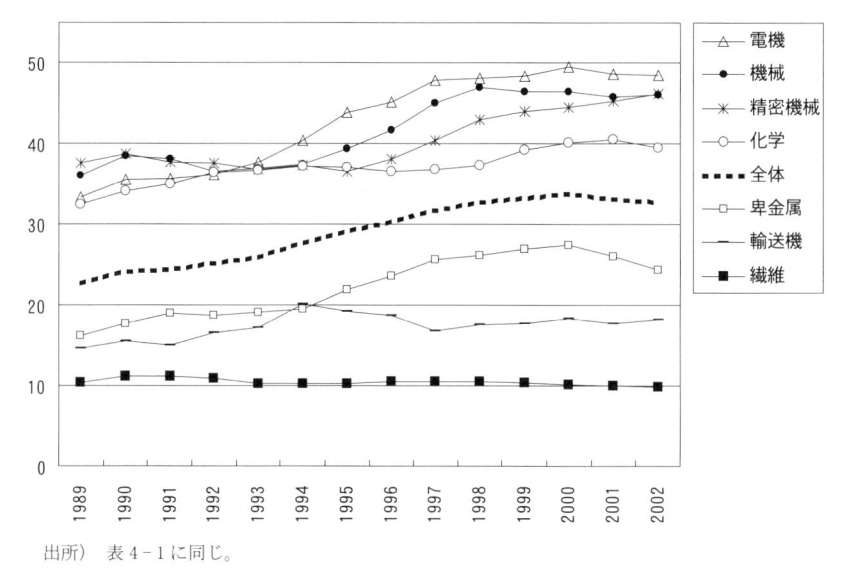

図4-1 垂直差別化貿易の産業別推移 （3年移動平均：%）

出所）表4-1に同じ。

残り7つの産業では垂直差別化貿易の割合が高くなっている。そのなかで，輸送機は，垂直差別化貿易の増加がみられるけれども，その割合は低い。

図4-1は，産業ごとの垂直差別化貿易を取り出し，その推移を示したものである。この図を見て分かるように垂直差別化貿易の割合が相対的に高い産業と低い産業という2つのグループが存在する。第1は，化学，電機，機械，精密機器は垂直差別化貿易の割合が産業全体の水準より比較的高いグループである。そして，第2は，垂直差別化貿易の比率が産業全体の水準より低い水準で推移している卑金属，輸送機，繊維のグループがある。ただし，卑金属は垂直差別化貿易の割合の伸びが著しく，輸送機と繊維とは異なる傾向をもっている。したがって，従来型産業分類に基づいた集計概念としての産業内貿易における構造変化ということでは，第1の産業グループとともに卑金属が注目される。

表4-4によると，垂直差別化貿易の拡大傾向にある化学，卑金属，機械，電機，精密機器は，日本の比較優位を保持している産業である[9]。さらに，

卑金属は貿易規模を相対的に縮小させているものの，化学，電機，機械，精密機器は，貿易規模を拡大させている。また，比較優位を保持している輸送機は，一方向貿易の傾向が強く，この傾向は1988年から16年間ほぼ変化がみられない[10]。

表4-4　日本と14カ国との産業別貿易構造（3年移動平均：％）

部門		88-90	01-03	増減	部門		88-90	01-03	増減
化学	割合	8.9	11.2	2.3	輸送機	割合	15.7	14.8	△ 0.9
	一方向	59.9	54.1	△ 5.8		一方向	83.5	80.6	△ 2.9
	水平	7.2	6.4	△ 0.8		水平	1.7	1.1	△ 0.6
	垂直	32.5	39.5	7.0		垂直	14.6	18.2	3.7
卑金属	割合	7.3	5.8	△ 1.5	精密機器	割合	5.6	6.8	1.2
	一方向	75.7	70.3	△ 5.4		一方向	58.8	47.7	△ 11.1
	水平	7.7	5.3	△ 2.4		水平	2.1	5.4	3.3
	垂直	16.2	24.4	8.2		垂直	37.6	46.1	8.5
機械	割合	17.2	19.5	2.3	繊維	割合	4.9	5.1	0.2
	一方向	60.6	48.8	△ 11.8		一方向	87.9	89.5	1.6
	水平	3.1	4.5	1.4		水平	1.6	0.7	△ 0.9
	垂直	36.0	46.1	10.1		垂直	10.4	9.8	△ 0.6
電機	割合	17.6	19.9	2.3	情報	割合	23.5	29.1	5.6
	一方向	59.5	45.7	△ 13.8		一方向	55.9	36.9	△ 19.1
	水平	3.3	5.0	1.7		水平	3.1	9.3	6.2
	垂直	33.3	48.4	15.1		垂直	38.3	52.9	14.6

注）①「割合」とは，輸出入合計金額全体に占める，その産業部門の輸出入金額合計の割合である。②情報部門だけは，HS（88）分類で集計しているために，1988年から2000年のデータを用いている。したがって，1988年から1990年平均と1998年か2000年の平均を比較したものである。③情報産業部門はHS分類に対応させているのではなく，情報部門に属すと思われる品目を，機械，電機，精密機器から集めたものである。
出所）表4-1に同じ。

9　このなかで，情報産業部門だけは，特別な分類方法を採用している。HS分類に対応させているのではなく，情報部門に属すと思われる品目を，HS分類に対応させて区分した機械，電機，精密機器から集めたものである。ITは近年注目されている「産業」であるため，参考として掲載した。
10　ただ，WTOへ加入した中国の市場自由化の拡大，近い将来のFTAの成立などの環境変化が，アジアの自動車産業の構造変化をもたらし，垂直差別化貿易の拡大を促進するという可能性は高いであろう。

以上から，集計単位としての産業を分類基準にした分析の特徴が分かる。すなわち，卑金属，化学，電機，機械，精密機器，輸送機のなかで，化学，電機，機械，精密機器の4つの産業部門において産業内貿易が進展し，なかでも垂直差別化の拡大という構造変化がある。

しかし，産業内貿易の拡大は集計単位としての産業の特質なのであろうか[11]。それとも，財分類基準である産業単位の特性ではなくて，別の分類基準の特性なのかを考えるために，用途別分類の視点から双方向貿易を考えてみたい。

(3) 産業内貿易における用途別財構成

産業内貿易が拡大している産業とそうでないもの，さらに，垂直差別化の割合が相対的に高い産業と低い産業という類型が行われた。ここでは，産業部門ごとの用途別財構成を確認するとともに，産業内垂直差別化貿易に対する用途別財貿易の寄与度を確認したい。用途別分類に注目することは，生産工程の国際的分散を確認することにつながり，産業部門の内部の貿易構造をみる1つの視点を提示する。

表4-5は各部門の用途別財構成の変化をみたものである。卑金属と化学は，その特性から産業用加工品が支配的である。輸送機は，大半が最終財である輸送機そのものであるが，その中で部品貿易の割合が拡大している。機械，精密機器は，ともに資本財の構成が支配的であるが，前者は部品の割合を高め，後者は産業用加工品・資本財・部品の割合を高め消費財の割合を減少させている。電機は，部品が支配的構成要素であるとともにその割合を高めている。さらに，情報関連部門として財分類を再構成すると，情報関連部品の構成が拡大している。

そこで，産業部門の垂直差別化貿易の割合拡大に対する用途別財の影響を

---

[11] 産業内貿易の拡大の要因は多様な側面から説明されるであろう。たとえば，国特殊要因として，経済発展水準，市場規模，距離，貿易障壁，地域統合，産業特殊要因として，製品差別化，規模の経済性，市場構造，プロダクト・ライフサイクル，多国籍企業など様々な要因を考慮しなければならない。しかし，産業特殊要因に関しては，多様な研究で推定結果が異なり頑健性がないのが実情である。

みてみよう。表4-6は，表4-4で確認した，垂直差別化貿易の増加率に対する用途別財ごとの寄与度を示している。ここから，次のような特徴が分かる。まず，産業用加工品の構成割合が高い化学と卑金属では，やはり産業用加工品の寄与度が高い。また，電機は部品構成の割合・増加率が高いなかで，部品の寄与度も上がっている。それに対して，機械，輸送機，精密機では部品の構成割合は高くはないが，部品構成の相対的割合を増加させるとともに，部品の寄与度が高い。結果として，産業内貿易における垂直差別化の

表4-5 各部門の用途別財貿易構成 (%)

産業部門	用途別	88-90	01-03	増減
化　学	産業用加工品	82.1	80.5	△ 1.6
	部品*	5.8	4.0	△ 1.8
	消費財	9.0	13.6	4.6
卑金属	産業用加工品	87.0	84.5	△ 2.5
	資本財	1.6	1.8	0.2
	部品*	4.1	6.5	2.4
	消費財	2.7	2.8	0.1
機　械	資本財	62.2	55.2	△ 7.0
	部品*	35.8	43.3	7.5
	消費財	1.6	0.9	△ 0.7
電　機	産業用加工品	2.5	3.3	0.8
	資本財	37.2	23.7	△ 13.5
	部品*	48.9	57.0	8.1
	消費財	10.8	16.0	5.2
輸送機	資本財	1.4	1.3	△ 0.1
	部品*	19.2	24.9	5.7
	輸送機	75.2	67.7	△ 7.5
精密機器	産業用加工品	15.6	21.8	6.2
	資本財	48.6	52.4	3.8
	部品*	15.8	17.9	2.1
	消費財	20.0	7.9	△ 12.1
情　報	資本財	47.3	42.5	△ 4.8
	部品*	43.2	49.6	6.4
	消費財	9.2	7.5	△ 1.7

注) *この表の部品は一般の部品と輸送機部品を合計したものであり，他表の分類と異なる。情報部門は，HS (88) 分類で集計しているために，1988年から2000年のデータを用いている。したがって，1988年から1990年平均と1998年か2000年の平均を比較している。
出所) 表4-1に同じ。

表4-6 垂直的産業内貿易への寄与度

部門	用途別財	寄与度	部門	用途別財	寄与度
化学	産業用加工品	5.2	電機	産業用加工品	0.5
	部品	-1.7		資本財	2.4
	消費財	3.5		部品	10.8
	計	7.0		消費財	1.4
卑金属	産業用加工品	7.1		計	15.1
	資本財	0.3	輸送機器	資本財	-0.1
	部品	1.3		部品	6.2
	消費財	-0.4		輸送機器	-3.4
	計	8.2		計	3.7
機械	資本財	-0.5	精密機器	産業用加工品	4.7
	部品	10.6		資本財	0.1
	消費財	-0.1		部品	5.3
				消費財	-1.6
	計	10.1		計	8.5

出所) 表4-1に同じ。

進展は，産業部門の特性というよりも，その内部の用途別財の動向である産業用加工品と部品という中間投入財の差別化貿易の拡大に起因しているようである。

(4) **用途別分類からみた貿易構造**

これまでの産業分類視点の分析をまとめると，次のようになる。機械，電機，精密機器などの部門は，① 垂直差別化貿易の割合の増加が著しく，② 水平差別化貿易の割合がわずかに増加している。そして，産業部門ごとの用途別財構成をみると，③ 垂直差別化貿易の割合を拡大させているのは産業用加工品と部品である。そこで，以下では6桁分類の全ての財を用途別分類で見直し，用途別部門の全体構造の分析を行ってみたい。

表4-7は用途別分類に従った集計値である。この用途別分類分析から以下のような特徴が分かる。第1に，貿易に占める用途別構成のなかで中間投入財である産業用加工品と部品の割合が高いという特徴がある。総貿易の中で中間投入財貿易の割合は48.3%を示している。また，部品貿易の構成比率

表4-7 日本と14カ国全体の用途別分類の貿易（%）

用途別		88-90	01-03	増減
産業用加工品	割合	21.7	20.6	△ 1.1
	一方向	72.4	61.8	△ 10.6
	水平	5.6	5.2	△ 0.4
	垂直	21.5	32.7	11.2
資本財	割合	20.5	19.7	△ 0.8
	一方向	66.6	59.6	△ 7.0
	水平	3.0	3.6	0.6
	垂直	28.7	35.7	7.0
一般部品	割合	13.7	18.2	4.5
	一方向	41.8	26.3	△ 15.5
	水平	3.8	5.4	1.6
	垂直	53.5	68.3	14.8
輸送機器部品	割合	5.8	7.5	1.7
	一方向	79.5	55.9	△ 23.6
	水平	0.9	8.6	7.7
	垂直	19.0	34.7	15.7
乗用車	割合	9.6	8.8	△ 0.8
	一方向	80.7	88.1	7.4
	水平	2.2	0.2	△ 2.0
	垂直	17.1	11.7	△ 5.4
耐久消費財	割合	3.2	3.6	0.4
	一方向	82.4	87.4	5.0
	水平	1.4	0.9	△ 0.5
	垂直	8.0	10.4	2.4
準耐久消費財	割合	5.7	6.4	0.7
	一方向	82.6	86.0	3.4
	水平	3.3	0.7	△ 2.6
	垂直	12.4	12.4	0.0

注）「割合」とは，輸出入合計金額全体に占める，その産業部門の輸出入金額の合計の割合である。
出所）表4-1に同じ。

は，一般部品で4.5ポイント，輸送機部品は1.7ポイント増加している[12]。つまり，日本の貿易は生産の国際的分散を統合する貿易活動としての中間投

---

[12] 貿易の割合であり，貿易の絶対額ではない。したがって，製品原材料の割合は1.1ポイント減少しているが，貿易額自体は拡大している。

入財貿易の比重が高いということを意味する。第2に，2つの財グループが存在する。1つは，双方向貿易が拡大し一方向貿易の割合が減少している財グループであり，もう1つは，双方向貿易の割合が減少し一方向貿易が拡大している財グループである。前者の双方向貿易が増加しているのは，産業用加工品，資本財，部品，輸送機部品である。それに対して，後者は，乗用車（輸送機の一部）と消費財である。第3に，双方向貿易が拡大している財グループは，さらに，3つのグループに分けることができる。まず，非常に垂直差別化貿易の割合が高くその伸び率も大きい部品，次に，垂直差別化貿易の割合は高くはないが伸びが高い輸送機部品と産業用加工品，そして，漸次的に垂直差別化貿易を増加させている資本財である。第4に，水平差別化貿易の割合を確認すると，資本財，一般部品，輸送機械部品で拡大している。そのなかで，輸送機部品の水平差別化の増加ポイントは大きい。産業別分類では，機械，電機，精密機器部門に水平差別化の増加が多少なりとも確認で

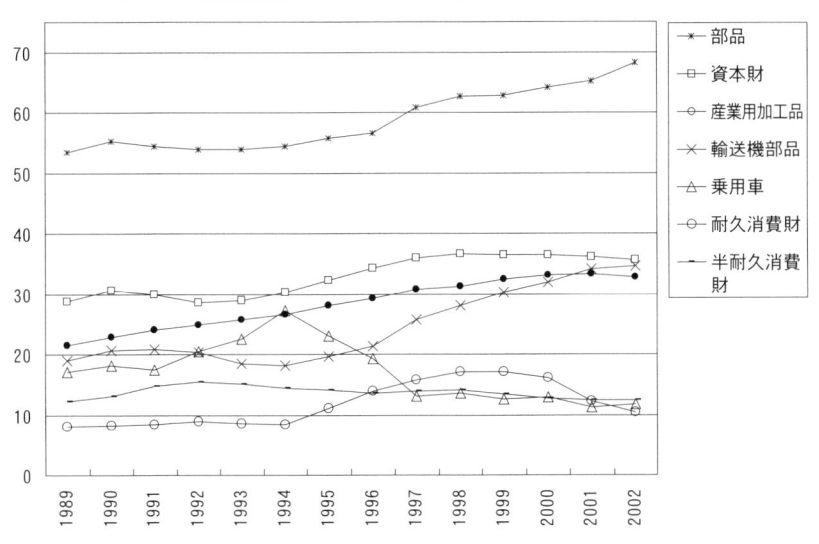

図4-2 用途別分類による垂直差別化貿易の推移（3年移動平均：％）

出所）表4-1に同じ。

きたが，これは，部品と資本財の貿易構造の変化を反映している。

図4-2は，上記の第3の特徴である垂直差別化貿易の割合を鳥瞰したものである。この図からは，垂直差別化貿易比率が高い部品，わずかに上昇し30％前後になった資本財，産業用加工品，輸送機用部品，そして，その割合が低い乗用車，耐久消費財，非耐久消費財が看取される。すなわち，全ての財を用途別に分類することで中間投入財の垂直差別化貿易の拡大傾向が確かめられたことになる。換言すれば，生産の国際的分散に伴う部品貿易の拡大という貿易構造の変化が垂直差別化貿易を進展させているのである。このことは，すでに分析した産業内貿易における用途別財の垂直差別化貿易に対する寄与度から導き出された結果と一致する。

3．アジア諸国との貿易構造

(1) 貿易拡大による構造変化

アジア地域との貿易に目を向けてみたい。まず，日本の輸出と輸入を合計した全世界貿易に占める14カ国の貿易規模の割合が1988～90年の平均68.8％（輸出74.4％，輸入61.6％）から2001～03年平均で72.2％（輸出77.7％，輸入65.6％）へと拡大したものの，その中でも，アジアの割合が28.1％（輸出27.7％，輸入28.1％）から40.4％（輸出40.5％，輸入40.2％）へと大きく拡大したという，顕著な変化がある。したがって，先進国との貿易シェアを低下させるなかで，アジア貿易が拡大したことが分かる（14カ国のアジア貿易シェアでは39.1％から55.8％に拡大）。とりわけ，用途別財ごとのアジア貿易のシェア拡大幅に注目すると，産業用加工品が37.3％から52.3％へ，一般部品貿易が36.0％から57.6％へ，資本財が24.9％から47.8％へというように，日本とアジアとの貿易の垂直化がみて取れる。

表4-9はアジアとの，表4-10は先進国との用途別財貿易の内部構成を示している。両表の対比からもアジア貿易の特徴が分かる[13]。つまり，財ごとのシェア拡大幅が大きい一般部品と資本財では，財の構成割合も一般部品は16.0％から20.1％へ，資本財は14.1％から21.3％へと増加した。また，産

業用加工品は，財ごとのシェア拡大幅が2つの財に比べて小さかったために構成割合が29.2%から25.3%へと減少しているものの，割合そのものは高い。ここから，先進国貿易に比べて，アジア貿易では垂直構造が支配的であると確認できる。しかし，アジア貿易は，垂直差別化貿易の割合が全体的に

表4-8 アジアとの垂直差別化貿易への用途別財の寄与度

部門	用途別財	寄与度	部門	用途別財	寄与度	部門	用途別財	寄与度
化学	産業用加工品	10.4	機械	資本財	△ 2.9	輸送機	資本財	0.1
	部品	0.0		部品	8.5		部品	9.7
	消費財	0.3		消費財	△ 0.1		輸送機	1.8
	計	12.6		計	5.5		計	11.8
卑金属	産業用加工品	5.3	電機	産業用加工品	0.3	精密機器	産業用加工品	2.4
	資本財	0.3		資本財	2.8		資本財	7.8
	部品	1.1		部品	16.6		部品	7.0
	消費財	△ 0.2		消費財	1.9		消費財	△ 5.9
	計	6.3		計	21.6		計	11.2

出所) 表4-1に同じ。

表4-9 日本とアジアの用途別分類の貿易

用途別		増減	01-03	用途別		増減	01-03
産業用加工品	割合	△ 4.0	25.2	輸送機部品	割合	0.8	4.5
	一方向	△ 9.8	70.3		一方向	△ 19.5	70.1
	水平	△ 1.0	4.5		水平	2.1	2.9
	垂直	10.8	25.1		垂直	18.8	26.2
資本財	割合	4.1	20.1	耐久消費財	割合	0.2	3.3
	一方向	△ 13.1	66.3		一方向	14.8	81.5
	水平	2.8	4		水平	△ 0.8	1.5
	垂直	12.4	29.2		垂直	3.4	15.1
一般部品	割合	7.2	21.3	準耐久消費財	割合	1.2	8.8
	一方向	△ 28.5	28.9		一方向	3.5	88.9
	水平	△ 1.5	5.3		水平	△ 1.2	0.2
	垂直	30.4	65.8		垂直	△ 0.9	10.2

出所) 表4-1に同じ。

---

[13] アジアとの貿易では，全貿易に占める乗用車の割合が1.1%とわずかであるので省略している。アジア貿易に比べて，先進国との貿易は乗用車貿易と輸送機部品の割合が高いのが特徴である。先進国との貿易では，全貿易に占める乗用車の割合は3%増加し，18.5%と高くなっている。

表 4-10 日本と先進国の用途別分類の貿易 (%)

用途別		増減	01-03	用途別		増減	01-03
産業用加工品	割合	△ 1.7	14.8	輸送機部品	割合	4.0	11.3
	一方向	△ 19.4	43.7		一方向	△ 27.0	49.0
	水平	1.0	6.7		水平	10.4	11.4
	垂直	19.1	49.4		垂直	15.8	38.8
資本財	割合	△ 4.5	19.2	耐久消費財	割合	0.8	4.1
	一方向	△ 9.7	50.8		一方向	0.9	93.3
	水平	△ 0.5	3.2		水平	△ 0.6	0.3
	垂直	9.7	44.1		垂直	0.1	5.7
一般部品	割合	0.8	14.3	準耐久消費財	割合	△ 1.2	3.3
	一方向	△ 9.2	21.3		一方向	△ 3.0	76.2
	水平	3.9	5.5		水平	△ 2.7	2.8
	垂直	6.6	73.2		垂直	5.8	19.8

出所）表 4-1 に同じ。

低く，一方向貿易の割合が高い傾向にあるのも事実である。

(2) 垂直差別化の拡大

　アジア貿易における垂直差別化貿易の特徴をみてみよう。図 4-3 はアジア貿易における産業別垂直差別化の推移を示し，図 4-4 で用途別垂直差別化の推移を示している。先進国を含めた 14 カ国との貿易構造である図 4-1 と図 4-2 とを比較すると，アジアの垂直差別化貿易の特徴が分かる。図 4-3 では，14 カ国全体の垂直差別化貿易の比率の推移を示している。これを基準にすると，第 1 に，先進国との貿易に比べて，アジアとの貿易では垂直差別化貿易の比率は全体的に低い。第 2 に，垂直差別化貿易は 90 年代半ばまでは低い水準であったのが，後半以降，産業別では電機と機械，そして用途別では部品が急速に垂直差別化を進めている。また，表 4-8 より，アジアの電機と機械の垂直差別化を用途別財の寄与度からみると，機械の 5.5 ポイントの増加のうち，機械部門の部品が 8.5 ポイント，機械部門の資本財が△2.9 ポイントの寄与度であり，電機の 21.6 ポイントの増加は，部品が 16.6 ポイント，資本時が 2.8 ポイントの寄与度を示している。ここから，いかに部

第4章　双方向貿易の構造　107

図4-3　アジア貿易における垂直差別化の産業別推移（3年移動平均：%）

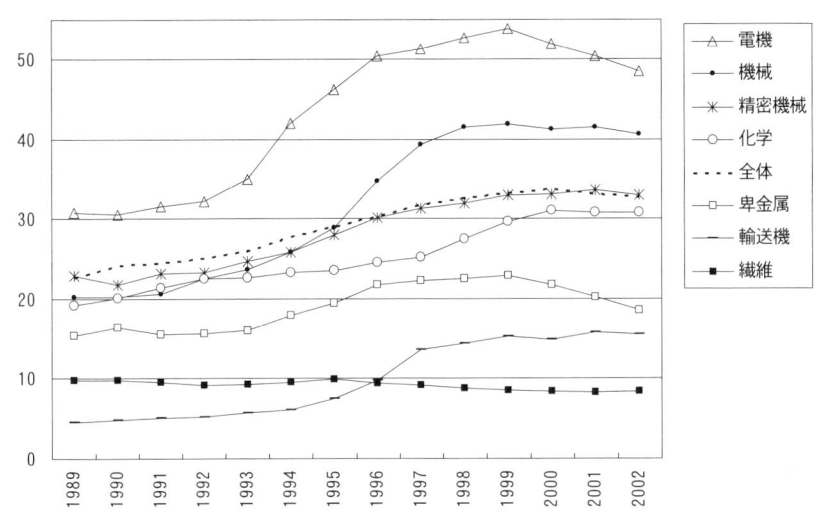

凡例：電機、機械、精密機械、化学、全体、卑金属、輸送機、繊維

注）このグラフのなかの「全体」とは，14カ国全体の垂直貿易比率である。
出所）表4-1に同じ。

図4-4　アジア貿易における垂直差別化の用途別推移（3年移動平均：%）

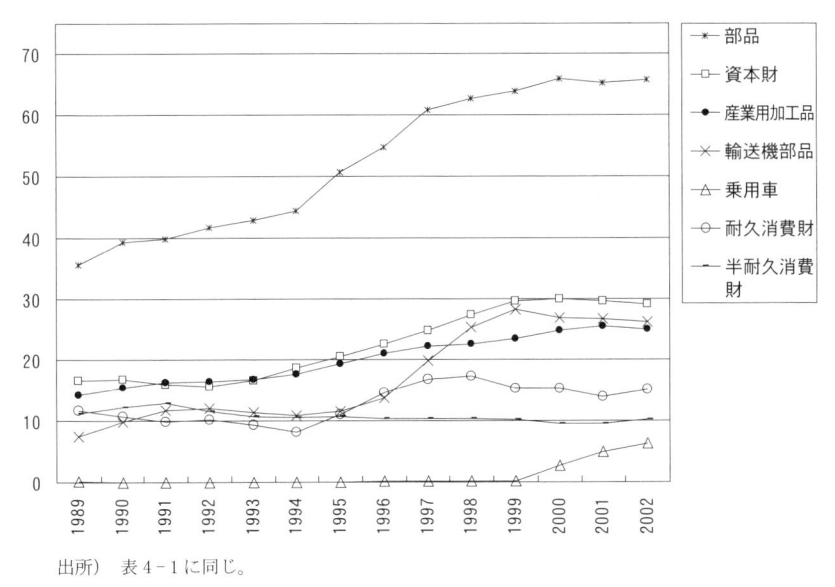

凡例：部品、資本財、産業用加工品、輸送機部品、乗用車、耐久消費財、半耐久消費財

出所）表4-1に同じ。

品貿易の垂直差別化が進んでいるかが理解できる。したがって，図4-4からも分るように，第3に，アジアの垂直差別化は生産工程の分散と関連した部品貿易の拡大によるもので，先進国にみられる，完成財の垂直差別化貿易の割合は低い。ちなみに，日本と先進国5カ国との資本財の垂直差別化貿易は，1988年から1990年の平均の34.4から2001年から2003年平均の41.1と拡大している。それに対して，アジア貿易は16.7から29.2と拡大しているが，その割合は低い。

4．ハイテク財貿易の構造

(1) 14カ国との貿易構造

HS分類からR&D費用の投入比率が高いと思われる252のハイテク財を取り出して貿易構造に目を向けてみよう[14]。R&D費用の投入比率は財への技術体化の近似であり，ハイテク貿易を検討することから，国際分業における財に体化された技術変化を確認できる。ただし，技術変化といっても，その技術がそれぞれの国民経済で開発されたという意味ではない。たとえば，日本からアジア諸国へ技術が移転し，技術が体化された財の輸出をアジア諸国が行う場合もある。しかし，いずれにせよ先進国との間やアジア諸国との間の技術変化を反映した財貿易である。

ハイテク財貿易の総貿易の割合は1988年から1990年平均の12.7％から2001年から2003年平均の14.2％へと1.5ポイント増加している。また，それぞれの部門に占めるハイテク財の割合が増加した部門は，同期間で，用途別では部品が6.0ポイント増で38.3％，輸送機部品が4.2ポイント増で11.1％，産業別では，機械が5.3ポイント増で23.2％に，精密機器が9.5ポイント増で43.3％となっている。

用途別分類でハイテク貿易の内部の変化を確認すると，表4-11のように，そもそも，日本のハイテク貿易は，部品と資本財の割合が総額の90％

---

[14] ハイテク貿易の定義，および，利用される統計の問題については石田（2001）を参照のこと。また，分類については章末の付表4-1を参照のこと。

表4-11 ハイテク貿易の構成の変化 (%)

部門		88-90	01-03	増減
用途別	産業用加工品	8.7	10.2	1.5
	資本財	45.1	28.9	△16.2
	部品	34.9	48.5	13.6
	輸送機部品	3.2	5.8	2.6
産業別	化学	9.1	6.7	△2.4
	機械	24.4	31.9	7.5
	電機	47.0	37.3	△9.7
	航空機	4.3	2.9	△1.4
	精密機器	14.9	20.8	5.9

出所）表4-1に同じ。

表4-12 ハイテク貿易の構造 (%)

用途別		増減	01-03	産業別		増減	01-03
全体	一方向	△19.1	40.7	化学	一方向	△8.5	61.3
	水平	3.7	6.4		水平	△5.9	2.2
	垂直	16.9	52.5		垂直	14.6	36.3
産業用加工品	一方向	△9.3	59.8	機械	一方向	△13.3	18.8
	水平	△2.0	5.9		水平	7.8	9.4
	垂直	12.2	34.2		垂直	5.7	71.9
資本財	一方向	△19.6	58.1	電機	一方向	△21.0	49.7
	水平	3.8	4.7		水平	1.3	4.0
	垂直	18.4	36.0		垂直	22.2	45.1
部品	一方向	△7.4	21.5	航空機	一方向	2.4	98.9
	水平	0	4.3		水平	0.3	0.3
	垂直	7.4	74.2		垂直	△1.5	0.8
輸送機部品	一方向	△7.3	30.8	精密機器	一方向	△10.2	42.9
	水平	39.1	39.4		水平	6.3	8.3
	垂直	△31.8	29.8		垂直	4.5	48.8

出所）表4-1に同じ。

前後であり，それら以外の割合は非常に小さい。このなかで，資本財貿易の割合が減少し，逆に部品貿易の割合が拡大していることが分かる。この傾向は，貿易総体の傾向と同じである。さらに，それぞれの部門におけるハイテク財の割合の上昇に対応している。

　表4-12では，ハイテク貿易構造の変化を示している。全体の構造変化と比較して3つの注目すべき点がある。第1に，ハイテク財の部品貿易におけ

る垂直差別化の割合が高い。全体では 2001 年から 2003 年平均で 68.3 ％であるが，ハイテク部品は 74.2 ％と高い。これは，上記で指摘したように部品全体に占めるハイテク部品の割合が増加し，貿易規模が拡大しているためである。第 2 に，輸送機部品の水平貿易の割合が 39.4 ％と非常に高くなっている。この輸送機部品とは，多くが航空機部品であり，この分野での日本の技術水準の上昇を示している。第 3 に，産業部門のなかで機械全体の垂直差別化は 2001 年から 2003 年平均で 46.1 ％であるがハイテク機械の垂直差別化は 71.9 ％と高い。これは，部品の構成割合が約 70％（1998 から 2000 年平均では 68.5％，2001 年から 2003 年平均では 70.5 ％）と高いためである。さらに，機械部品の約 90％（1998 年から 2000 年平均では 82.6％，2001 年から 2003 年平均では 92.3％）が垂直差別化による貿易となっている。そのため，機械の貿易規模が拡大するなかで，貿易収支は黒字を維持しつつも，比較優位がほぼゼロに近いところに至っていることが理解できる。

　以上のように，ハイテク貿易では部品の垂直差別化が非常に進展していることが確認された。ハイテク部品の貿易動向は，貿易による統合の進展の 1 つの典型であると考えられる。なぜならば，技術集約的なハイテク部品貿易の規模の拡大は生産過程の国際的分散・相互依存関係が進展していることを意味する。とりわけ，一般部品での垂直差別化貿易の拡大と航空機部品での水平貿易の拡大は国際的な技術の分業関係の進展を示唆する。

(2) アジアとのハイテク貿易構造

　アジア 9 カ国とのハイテク貿易の規模は，先進国 5 カ国を含めた 14 カ国全体のなかで 1988 年から 1990 年の 3 年平均から 27.1 ポイント拡大して 2001 年から 2003 年の 3 年平均 53.9％に拡大している。全体の貿易が 16.7 ポイント拡大しているのに対して，ハイテク貿易のアジアの拡大は相対的に大きい。また，表 4-13 から分かるように，部品の割合が当初から高いが，ハイテク財貿易規模の拡大と併せて部品の割合も一段と高くなり，近年では全貿易の 59.2％に達している。

　垂直差別化貿易の構造はアジア貿易全体の構造と同じように部品で高く，

表4-13　アジアとのハイテク貿易の構成の変化（%）

部門		88-90	01-03	増減
用途別	産業用加工品	7.1	10.3	3.2
	資本財	42.8	28.1	△14.7
	部品	47.3	59.2	11.9
産業別	化学	7.5	3.8	△3.7
	機械	15.0	30.1	15.0
	電機	65.3	46.9	△18.4
	精密機器	12.1	19.2	7.1

出所）表4-1に同じ。

表4-14　アジアとのハイテク貿易構造（%）

用途別		88-90	01-03	増減	産業別		88-90	01-03	増減
全体	一方向	64.9	42.0	△22.9	化学	一方向	76.9	61.3	△15.7
	垂直	27.5	51.5	24		垂直	19.4	37.1	17.7
産業用加工品	一方向	73.6	68.0	△5.6	機械	一方向	35.1	17.2	△17.9
	垂直	22.7	23.5	0.8		垂直	57.1	78.3	21.2
資本財	一方向	83.0	61.8	△21.2	電機	一方向	68.0	50.9	△17.1
	垂直	11.2	30.7	19.5		垂直	22.8	43.1	20.3
部品	一方向	46.0	26.6	△19.4	精密機器	一方向	78.0	55.1	△22.9
	垂直	44.3	67.7	23.4		垂直	20.0	33.5	13.5

注）水平貿易は省略している。測定不能なデータがあるが，水平貿易は100%から一方向と垂直の割合を引けばおおよその値は求められる。水平貿易の伸びが高いのは，産業用加工品と資本財，そして産業別では精密機器である。しかし，割合は低い。
出所）表4-1に同じ。

他の部門では垂直差別化が拡大しつつも，一方向貿易が支配的な貿易形態であることは変わらない（表4-14）。

5．貿易構造の変化と双方向貿易の拡大

　以上から，日本の貿易の特徴とは，中間投入財貿易と資本財貿易の垂直差別化貿易の拡大であるといえる。そこで，中間投入財貿易と資本財貿易の垂直差別化貿易の拡大と14カ国，先進国とアジアそしてハイテク貿易における競争力と比較優位という指標の変化との関係を考えたい。さらに，中間投入財としての産業用加工品と部品，そして，資本財の垂直差別化貿易の拡大

112　第Ⅱ部　国民経済単位からみた貿易構造

表4-15　BEC分類による日本の2つの指標

用途別財分類			競争力		比較優位	
			88-90	01-03	88-90	01-03
食料・飲料	原料	産業用	-99	-99	-4	-3
		家庭用	-95	-89	-9	-7
	加工品	産業用	-72	-74	-1	-1
		家庭用	-84	-86	-14	-18
産業用原材料	産業用加工品		-92	-67	-23	-10
	製品		15	28	-7	15
燃料および潤滑材	原料		-100	-100	-11	-6
	加工品	燃料	NA	NA	NA	NA
		その他	-83	-80	-13	-15
資本財	資本財		68	30	42	17
	部品		61	39	24	25
輸送機	乗用車		74	79	22	34
	その他	産業用	48	38	2	1
		その他	69	62	1	3
	部品		71	51	13	16
消費財	耐久消費財		35	0	2	-4
	半耐久消費財		-53	-73	-20	-35
	非耐久消費財		-34	-45	-5	-11
その他			-85	-73	0	0
標準偏差			70	62	16	16

注）　産業分類にある輸送機と用途別財分類にある輸送機とは異なる財分類であることに留意したい。前者では，乗用車，産業用車両，そして，一部の部品を含む。さらに，自動車に組み込まれる部品としてのタイヤなどは，化学に分類される。それに対して，後者では，完成車と部品は明確に区別され，また，前者で化学に分類されたタイヤは輸送機部品に分類される。

出所）　表4-1に同じ。

傾向が経済のグローバル化の特徴であることを指摘したい。

　表4-15，表4-16，表4-17は，用途別財分類の視点から，1988年から1990年の3年平均と2001年から2003年の3年平均の競争力と比較優位という指標を用いて，14カ国，先進国とアジア，ハイテク貿易における指標

表4-16 アジア9カ国と先進国5カ国の貿易指標

			競争力		比較優位	
			88-90	01-03	88-90	01-03
用途別	アジア	産業用加工品	36	42	45	127
		部品	74	39	59	99
		輸送機部品	88	52	19	28
		資本財	81	23	74	45
		耐久消費財	5	-52	-2	-30
		半耐久消費財	-78	-84	-50	-122
		標準偏差	77	64	32	53
	先進国	産業用加工品	-10	-2	-23	-16
		部品	52	40	12	7
		輸送機部品	64	50	10	10
		資本財	62	39	30	9
		耐久消費財	54	52	3	4
		半耐久消費財	-23	-33	-9	-7
		標準偏差	69	65	13	11
産業別	アジア	化学	50	45	23	60
		卑金属	39	48	20	48
		精密機械等	69	48	14	35
	先進国	化学	-17	-9	-14	-15
		卑金属	23	35	-1	1
		精密機械等	50	13	6	-4

出所) 表4-1に同じ。

の動向を表している。日本の貿易構造は，資本財・部品・産業用加工品・乗用車に特化している。そのなかで，とりわけ，中間投入財としての産業用加工品と部品，そして，資本財の3つの指標と垂直差別化の拡大は次のようにまとめられる。

第1に，部品貿易の特徴をみよう。表4-15，表4-16から14カ国貿易集計レベルとアジア貿易集計レベルともに全貿易に占める割合は拡大している。その中で，競争力指標は下がっている。つまり，垂直差別化の割合が高くなることは，貿易規模（輸出額と輸入額の合計）に対する貿易収支の割合が低下するため，競争力指標が低下することを意味している。しかし，総貿

114　第Ⅱ部　国民経済単位からみた貿易構造

表4-17　ハイテク貿易の動向

		競争力		比較優位	
		88-90	01-03	88-90	01-03
用途別	産業用加工品	-42	4	-32	-10
	資本財	77	45	142	73
	部品	57	35	70	80
	産業用輸送機	-98	-99	-28	-26
	輸送機部品	-70	-35	-17	-25
	耐久消費財	73	-31	8	-8
	非耐久消費財	-28	-28	-3	-6
産業別	化学	-48	42	-37	-34
	機械	48	17	36	1
	電機	78	49	150	108
	航空機	-98	-98	-30	-28
	精密機械等	45	32	19	29
全体		46	25	138	75

注)　HS第93類の武器は省略している。また産業別の航空機と用途別の産業用輸送機とはデータが異なる。それは，航空機のなかに，個人使用の小型機が入っているためである。
出所)　表4-1に同じ。

　易における割合が増加して部品貿易の貿易規模を拡大させているために，比較優位には変化がないか，あるいは，アジア貿易，ハイテク貿易においては比較優位を拡大させている。

　ところで，垂直差別化の割合が日本の貿易のなかで非常に高いということは，重複度が高い財の割合が多くなっている可能性がある。表4-18は，重複度が90％以上のものから重複度が低下するにしたがって累積和を示したものである。1988年と2000年の各重複度の累積和を比較すると，部品は，重複度が大きな領域でも累積和が他の部門より相対的に大きくなっていることが分かる。このことは，垂直差別化による国際分業の進展とその貿易規模の拡大に関連した部品貿易の構造変化のもう1つの特徴であるといえよう。したがって，全貿易に占める部品貿易の割合の増加，そして，部品貿易の中での垂直差別化貿易の割合の増加，さらに，重複度の高い部品貿易の割合の増加という3つの側面は，生産工程の国際的分散が進展し，相互依存関係が緊密化していることを示し，統合というグローバル化の動向をみる指標であ

表4-18　重複度の累積 (%)

	重複度		]90+	]80-90]	]70-80]	]60-70]	]50-60]	]40-50]	]30-40]	]20-30]	]10-20]
14カ国	産業用加工品	1988	1.3	2.3	3.9	5.2	7.7	10.2	13.6	18.2	25.7
		2000	2.1	3.8	6.2	9.2	13.1	16.1	20.4	26.5	37.6
	部品	1988	0.8	1.5	3.4	5.3	9.5	20.2	25.5	31.0	52.3
		2000	5.4	12.9	19.7	26.8	40.2	43.8	52.1	61.9	73.4
	資本財	1988	0.8	1.5	3.8	5.6	7.6	10.8	14.4	18.4	27.8
		2000	2.9	6.1	9.2	11.7	14.2	16.4	21.0	28.8	38.5
アジア	産業用加工品	1988	1.0	1.9	2.7	3.3	5.7	7.5	9.3	12.5	18.6
		2000	1.3	3.0	4.7	6.5	9.6	12.1	14.6	19.7	28.1
	部品	1988	0.6	1.1	2.1	2.6	8.2	9.5	13.8	20.3	35.0
		2000	8.2	20.0	21.2	30.5	37.8	41.0	51.8	59.2	72.2
	資本財	1988	0.3	0.5	1.7	2.5	4.8	6.4	7.9	11.1	17.0
		2000	2.6	3.0	5.2	6.4	8.4	9.7	13.7	20.3	31.5

注) 上段の]90+とは重複度tがt>90であり，]80-90]は90<t≦80であることを示す。表では，重複度が下がるごとに累積和を示している。したがって，一番右の列が双方向貿易の割合を示している。ただし，物量単位に問題があり，水平差別化か垂直差別化かを計測できないものが含まれている。
出所) 表4-1に同じ。

るといえる。

　第2に，産業用加工品の総貿易の特徴をみよう。表4-15，表4-16でみたように，産業用加工品の総貿易に占める割合は14カ国ではわずかに減少し，アジア貿易では4％低下している。しかし，表4-17によるとハイテク産業用加工品はハイテク貿易の中で割合を増加させている。表4-15，表4-16，表4-17より競争力と比較優位の指標は上昇している。垂直差別化貿易の割合を高めていることと競争力指標を高めていることは，一見すると矛盾する動きであるように思える。というのも，双方向貿易により輸入を拡大させていることは，総貿易に占める貿易収支の割合を減少させる可能性が高い。しかし，双方向貿易の定義から分かるように，重複度には幅があり，重複度があまり高くない領域で双方向貿易が拡大し，しかもその部分の収支が黒字であるならば，産業用加工品の収支は拡大する。表4-18から，重複度が低い部分の割合が高いことが確認できる。そのため，双方向貿易が拡大するとともに，輸出額の拡大による純輸出比率が拡大するという現象が起

こっている。

　第3に，資本財貿易は，14カ国の集計レベルではプラスを維持しつつも，競争力指標と比較優位指標が低下している。したがって，傾向としては日本の資本財産業は垂直差別化形態の貿易割合の拡大に伴い，貿易パフォーマンスは低下傾向にある。ただし，アジア貿易では，重複度をみても，重複度の高い部分の割合が相対的に低い状況であり，貿易規模は拡大している。

　以上から類推できる経済のグローバル化のなかの日本の貿易構造の変化は次のようなものである。産業用加工品と部品は中間投入需要に依存したもので，貿易相手国と第三国の外需に依存する輸出品目であるとともに，自国が輸出した中間財を組み込んだ輸入完成財（消費財）の需要に依存する品目である。資本財輸出は，それに体化した技術の移転を伴うとともに，とりわけ工作機械の輸出は海外での組み立て加工を促進し，国内の高い技術水準に支えられた部品・産業用加工品の輸出を拡大する可能性がある。さらに，資本財に体化された技術と日本からの部品・産業用加工品を組み入れて作り出された消費財・部品・資本財がアジア諸国から日本や第三国へ輸出されるという構造が考えられる。そして，このような関係の背後には企業の海外直接投資活動による貿易取引の内部化や企業の海外企業へのアウトソーシングによる貿易の拡大の動きがあると類推できる。したがって，財取引の側面からみた日本経済のグローバル化とは，部品・産業用加工品という中間投入要素の垂直差別化貿易の拡大であり，同時に，中間投入財の貿易を促進するための基盤を形成する資本財の垂直的差別化貿易の拡大であると考える。そこで，次の章では，垂直差別化のなかで，日本の中間財と資本財貿易は，品質の高い財への特化，あるいは高付加価値財への特化が起こっているかどうかを確認したい。

　本章の分析の特徴を要約すると次のようになる。第1に，貿易を分析する3つの財分類に基づき，垂直差別化貿易の動向に注目した。つまり，従来の産業分類による産業内貿易の構造とともに，用途別分類による双方向貿易の構造，そして，ハイテク産業という分類による貿易分析をおこなった。さら

に，第2に，産業分類による視点よりも用途別分類による視点のほうが貿易構造の変化を理解するうえで示唆的であると主張した。そして，分析結果として，消費財と乗用車は一方向貿易の割合が高く，中間投入財貿易である産業用加工品と部品，そして資本財で垂直差別化の割合が高くなっていることを確認した。第3に，純輸出比率からみた競争力（同一部門の国際比較）と比較優位（一国内部での部門間比較）という指標により貿易構造の特徴を把握した。

付表 4-1 ハイテク財の分類：HS（88）

280450	280461	280469	280470	280480	280490	280521	280522
280530	282520	282530	282540	282550	282560	282570	282580
284410	284420	284430	284440	284450	284510	284590	284610
284690	293710	293721	293722	293729	293791	293792	293799
293810	293890	294110	294120	294130	294140	294150	294190
300110	300120	300190	300210	300220	300290	300310	300320
300331	300339	300410	300420	300431	300432	300439	320411
320412	320413	320414	320415	320416	320417	320419	320420
320490	320500	380810	380820	380830	380840	380890	390760
840110	840120	840130	840140	841111	841112	841121	841122
841181	841182	841191	841199	841210	845610	845620	845630
845710	845811	845891	845921	845931	845951	845961	846011
846021	846031	846040	846221	846231	846241	846693	846694
847110	847330	851521	851531	851730	851790	851810	851821
851822	851829	851830	851840	851850	851890	851999	852110
852190	852510	852520	852530	852610	852691	852692	852790
853110	853120	853180	853221	853222	853223	853224	853400
853710	854081	854089	854110	854121	854129	854130	854140
854150	854160	854190	854219	854290	854320	854330	854390
854470	871000	880211	880212	880220	880230	880240	880310
880320	900110	900120	900130	900190	900510	900580	900610
900620	900630	900640	900711	900719	900911	900912	900921
900922	901110	901120	901180	901190	901210	901290	901320
901380	901410	901420	901480	901490	901510	901520	901530
901540	901580	901590	901600	901841	902111	902119	902130
902140	902150	902230	902300	902410	902480	902490	902511
902519	902580	902590	902610	902620	902680	902690	902710
902720	902730	902740	902750	902780	902790	903010	903020
903031	903039	903040	903089	903090	903210	903220	903281
903289	903290	903300	930100	930200	930310	930320	930330
930390	930400	930510	930521	930529	930590	930610	930621
930629	930630	930690	930700				

第5章
市場の階層と貿易構造

本章では，貿易財の市場構造が階層化しているかどうかを検討する。前章では，輸出と輸入の重複度を基準として双方向貿易を分類し，その上で，輸出入単価比率に応じて水平差別化と垂直差別化を区別した。そして，輸出額と輸入額の合計である貿易規模を指標として構造変化を確認した。本章では，輸出入単価比率を基準として，① 輸出財の質の高い差異化財市場，② 中間財市場，そして ③ 質が低い標準化財市場の3つに市場を分類し，その中で，① と ③ の2つの市場における競争力指数，比較優位指数，輸出規模と輸入規模という指標から市場の階層化を確認する。

1. 分析視点

(1) 財単価の比較

一般的に1人当たり所得水準と輸出単価の関係をみると，図5-1のような関連が見られる。この図は，すべての品目が重量単位であるものを選び出し，その上で財単価を集計したものである。ここから分かるように，1人当たり所得水準と製品輸出の単価水準には関連があり，所得水準の高い国ほど単価が高い傾向にある[1]。これは，経済発展の相違により輸出する財の質の相違を示していると考えられる。さらには，この空間的な比較の視点は，1国の時系列の比較においても財の質の変化をみる視点として利用できる。

---

[1] アイルランドだけは，異なる傾向を見せている。この国は早い時期から多国籍企業誘致を行い輸出主導の成長を実現した。そのため，輸出全体の60％が技術集約的産業であるといわれている。

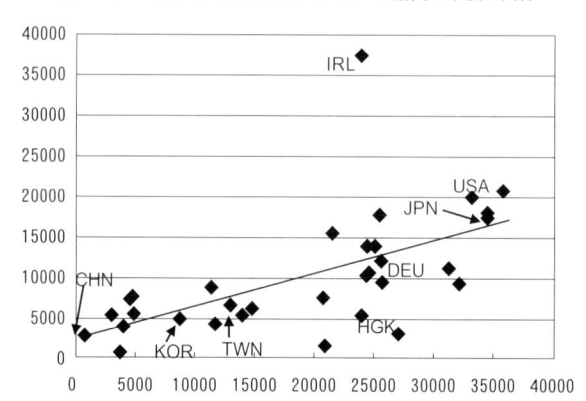

図5-1 1人当たり所得水準（ドル）と輸出の単価の関係

注) ① 2000年の HS (88) データを利用している。ただし，台湾だけは1999年のデータである。
② 単位が重量である品目を選び出し，単位あたり輸出価格を計算したものである。また，品目は，HS分類の840000以降の製品だけを取り出している。
出所) OECD International Trade by Commodity Statistics (ITCS) より作成。

ところで，1国の貿易財の変化を考える場合，単に輸出財の単価の上昇を財の質の向上と考えることができるであろうか。たとえば，貿易相手国の財単価に変化がなく，自国の財単価が上昇するならば，その国の財の質が向上しているといえるであろう。しかし，貿易相手国も同じ財で財単価が向上している場合も考えられる。つまり，特定の時期の2国間の空間的比較における輸出財単価の相違は，各国の発展水準を反映した財の質を示す断面図と理解できるが，1国の2時点間比較をする場合は，貿易相手国の財単価の相対関係を考慮する必要がある。そのため，以下では，時間の経過に伴う単価の変化と関連させた貿易構造の変化を検討するために，輸出入単価比率の変化を考察する。

これまでの分析では，輸出額と輸入額を合わせた総貿易が分析指標であるため，輸出入単価比率が1より大きな領域と小さな領域の場合分けは必要なかった。それに対して，双方向貿易の進展に対応した市場構造の変化に注目する場合は，輸出入単価比率の2つの領域の場合分けが重要となる。そこで，輸出入単価比率（UVR）が $1/1.15 \leq UVR \leq 1.15$ の財は同質財であるとするならば，UVR が 1.15 より大きな領域では日本の財の質が相手国より高

く，UVR が 1/1.15 より小さな領域は輸入財の質が高い事になる。そのため，前者の領域の比較優位指数と後者の比較優位指数の変化や前者の領域の輸出規模と後者の輸出規模の変化を見ることで構造変化が確認できる。そこで，すでに表 2-7 で確認したように，日本からみて輸出入単価比率の階層に応じて，① $UVR>1.15$：差異化財市場，② $1/1.15 \leq UVR \leq 1.15$：中間市場，③ $UVR<1/1.15$：標準化財市場という定義を与える。

ところで，Fontagné et al. (1997) では，輸出入単価比率の EC 地域全体の平均をもとめ，それを基準にプラス 15％以上のものを上級市場財（up-market products），マイナス 15％以下を下級市場財（down-market products），その間を中間市場財（middle-market products）と定義している。彼らの目的は，EC 平均値を基準として各国の貿易財が EC の市場階層のなかのどのレベルの階層に属しているかを分析することである。それに対して，本書では，1 国内部の比較優位構造がどのように変化しているかをみることが目的であり，基準は日本の輸出財単価である。日本の輸出財が貿易相手国との関係でどのように相対単価が変化したかをみることで貿易構造の変化を考える。

さらに，2 つの領域に分けて分析することから，貿易統計に含まれる CIF/FOB 比率問題を考慮しなければならない。集計レベルでの双方向貿易の全貿易に占める割合は，第 4 章の表 4-2 のように，CIF/FOB 比率にほ

表 5-1 14 カ国の総体としての輸出構造（2000 年，非調整値と CIF/FOB＝1.11 調整値）

		]90+	]80-90]	]70-80]	]60-70]	]50-60]	]40-50]	]30-40]	]20-30]	]10-20]	]0-10]	合計
非調整	$UVR>1.15$	0.46	0.48	1.15	0.76	1.02	0.88	1.80	3.05	4.58	21.78	35.95
	$1/1.15 \leq UVR \leq 1.15$	0.40	1.33	0.09	0.26	0.21	0.40	0.52	1.47	0.96	5.82	11.45
	$1/1.15>UVR$	0.98	1.03	1.44	2.26	2.31	1.26	2.73	2.24	3.43	23.00	40.67
	列の合計	1.83	2.84	2.68	3.28	3.53	2.53	5.05	6.76	8.98	50.59	88.07
調整	$UVR>1.15$	0.46	1.13	0.73	1.13	0.71	0.96	1.71	3.30	5.01	23.91	39.06
	$1/1.15 \leq UVR \leq 1.15$	0.18	0.10	1.31	0.15	0.55	0.28	0.67	1.35	1.30	12.27	18.16
	$1/1.15>UVR$	1.37	1.04	0.52	1.03	3.36	1.02	2.01	2.31	3.08	15.12	30.85
	列の合計	2.00	2.27	2.56	2.31	4.61	2.26	4.39	6.97	9.39	51.31	88.07

出所）図 5-1 に同じ。

とんど影響されていなかった。しかし，3つの市場階層の構成割合は，CIF/FOB 比率に影響されることになる。輸入価格は，CIF であるから輸送費用および保険費用が付加されており，過大評価されている。表5-1は CIF/FOB 比率の調整を行わない場合と CIF/FOB 比率を1.11として輸入価格を調整して計算したものである[2]。この表から市場階層ごとの輸出構成をみると，非調整の場合は，差異化財市場は36.0％，中間市場は11.5％，標準化財市場は40.7％であるのに対し，CIF/FOB 調整の場合はそれぞれが39.1％，18.2％，30.9％と大きく異なる。そのため本分析では，市場の階層に応じた貿易構造を分析する場合，CIF/FOB 比率を考慮したデータを採用した方がよいと考える。ところで，その比率を求めるには，財ごとに輸送費や保険比率が異なるために，本来は財ごとに各国の輸出価格と輸入価格の比率を計算すべきであろう。しかし，2国間の財ごとの調整値を求める煩雑さを避けるために，本章の分析では，表4-2と同じく CIF/FOB 比率を1.11として計算している。

(2) 双方向貿易の構造変化

輸出入単価比率を基準に2つの領域に分けて双方向貿易の構造変化を確認しておきたい。本節の双方向貿易の構造変化とは輸出額と輸入額を合計した総貿易額の変化である。図5-2のように単価比率の変化，重複度の変化，それに，割合の変化を示すことにより貿易構造を視覚的に捉えることができる。このように単価と重複度の区分をみると，一方向貿易や水平差別化の領域に比べて垂直差別化の領域は広く区分されていることが分かる。

図5-3は，1988年と2000年の貿易構造を示している。両者を比較することで，垂直差別化の領域の貿易規模が拡大していることが確認できる。ただし，この図では単価比率が自国の高い場合と相手国の高い場合を集計している。そこで，輸出入単価比率により自国の単価が高い場合と相手国の単価

---

[2] Limao and Venables（2001）では，CIF/FOB 比率が算出されている。彼らによれば，輸送インフラのランクの上位25％の国ではCIF/FOB比率は1.11であり，50％では1.28，そして75％は1.83となっている。IMFのマニュアルにあるように，CIFに0.9を掛ける変換係数と上位25％のCIF/FOB比率はほぼ同じである。

図5-2 貿易構造

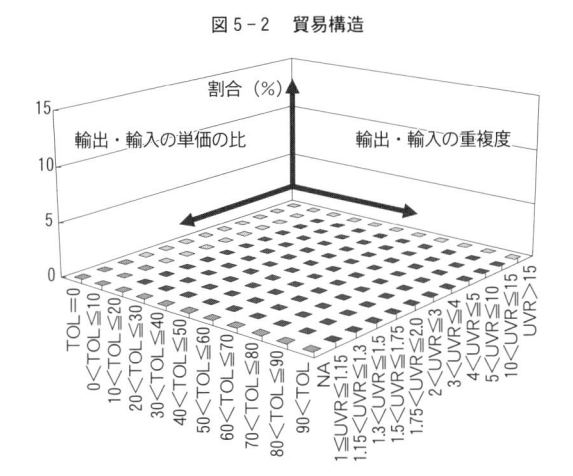

図5-3 貿易の構造変化

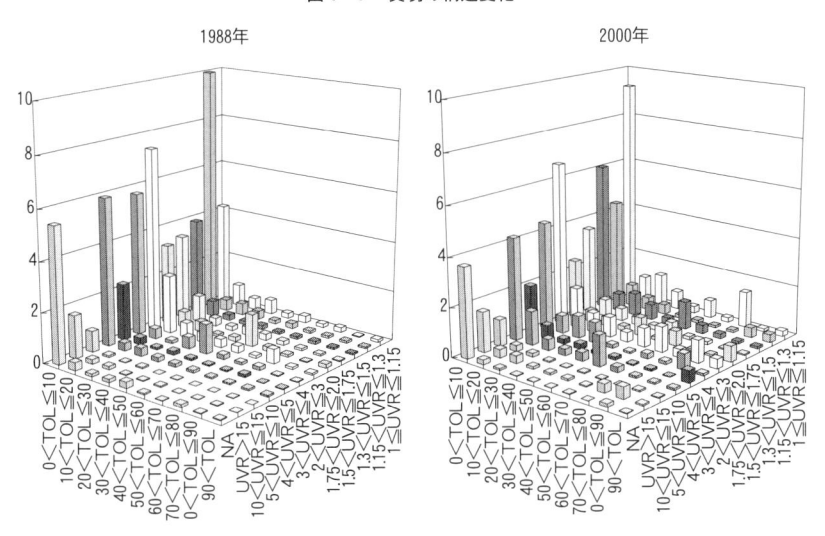

1988年　　　　　　　　　2000年

注) この図では重複度ゼロの部分は省略しているため，合計が100％になっていない。
出所) 図5-1に同じ。

が高い場合の2つに分けてみよう。単価比率の異なる2つの貿易市場ごとに，1988年と2000年の比較をすることで，市場階層の変化が分かる。たとえば，重複度が高いことは垂直差別化が進展し，単価の分布に変化がみられ

124　第Ⅱ部　国民経済単位からみた貿易構造

図 5-4　貿易規模の割合からみた構造変化（輸出単価が高い場合）

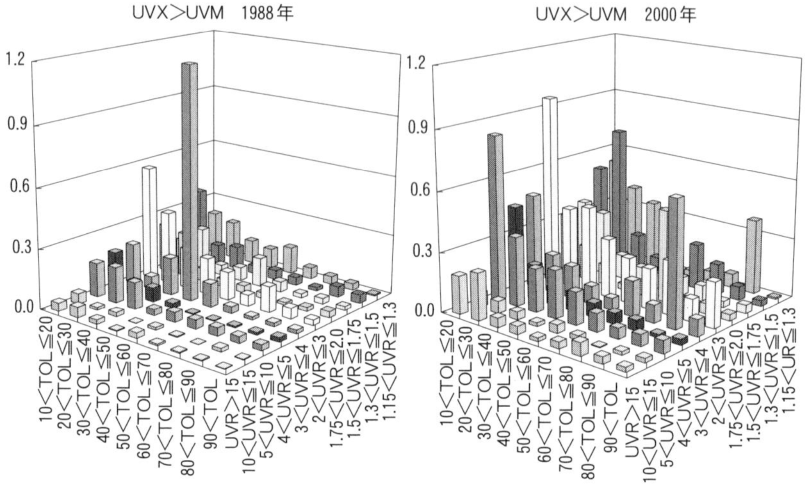

出所）図 5-1 に同じ。

るときは 2 国間で貿易される財商品の質の変化が起こっていると考えることができる。

図 5-4 は，輸出入単価比率が 1 より大きな場合の日本の製品差別化の動向をみたものである。ここでは，重複度 10％以下の部分は省略している。この図から，1988 年から 2000 年にかけて垂直差別化貿易の割合が拡大しているなかで，その分布に変化があることが分かる。そして，この図の変化を，重複度という側面と単価比率という側面の 2 つの断面図から観察することができる。

第 1 に，重複度という側面からみると，輸出入単価比率の相違により図 5-5 のように 2 つのグラフが描ける。この図から，輸出入単価の相違によって一方向貿易の分布が異なることが分かる。$UVR>1.15$ の差別化財市場では一方向貿易が拡大し，$UVR<1/1.15$ の標準化財市場では一方向貿易が低下している。さらに，一方向貿易を除いた部分を示すと，図 5-6 のようになる。まず，両方の図で重複度全体にわたり総貿易に対する割合が高くなっている傾向がみられる。したがって，双方向貿易の拡大とは，自国の単価の高

図5-5　重複度からみた貿易構造（%）

出所）図5-1に同じ。

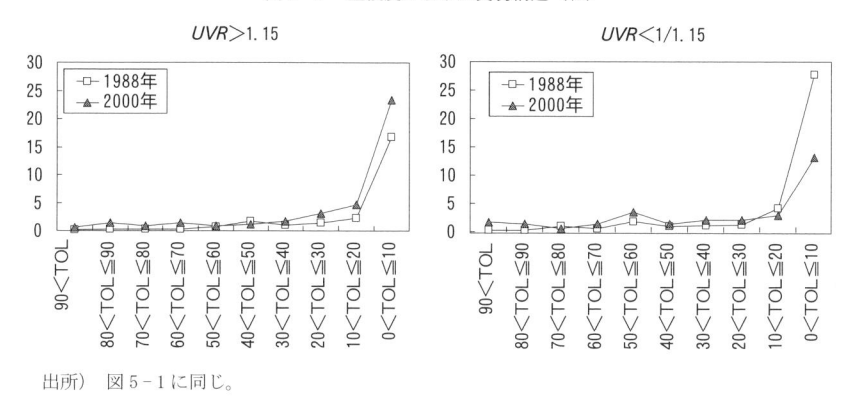

図5-6　重複度からみた双方向貿易の構造（%）

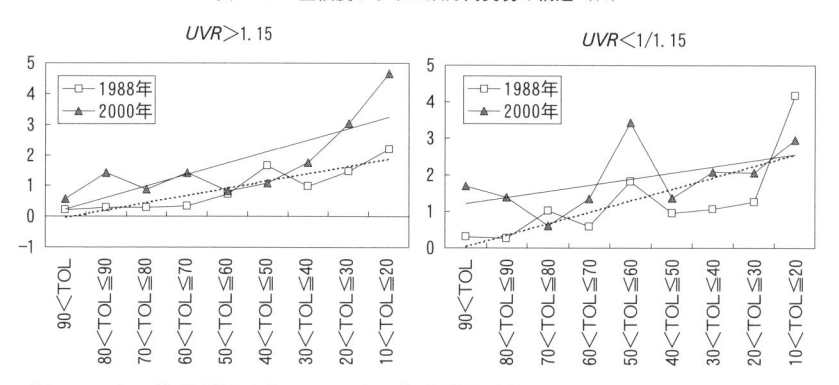

注）1988年の線形近似を点線で，2000年の線形近似を実線で示している。
出所）図5-1に同じ。

い財も相手国の単価の高い財ともに貿易を拡大させていることが確認できる。また，差異化財市場では，重複度が低いところに貿易が集中し，逆に標準化財市場では，重複度が高いところで貿易規模が大きくなっていることが分かる。これは，重複度の相違が財の競合を意味していることを考慮すると，日本は，競合製品の少ないより差異化された財の輸出に特化していることを示す。逆に，貿易相手国（14カ国総体）は，競合度の大きな財で貿易を拡大させている。

126　第Ⅱ部　国民経済単位からみた貿易構造

図 5-7　単価比率からみた貿易構造（%）

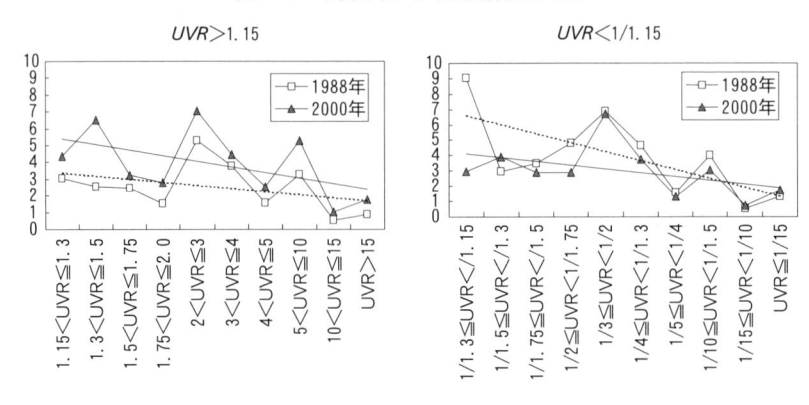

注）　1988 年の線形近似を点線で，2000 年の線形近似を実線で示している。
出所）　図 5-1 に同じ。

　輸出入単価比率の相違という側面からみたものが，図 5-7 である。この図は，輸出入単価比率が $1/1.15 \leqq UVR \leqq 1.15$ の領域を除き，かつ，一方向貿易に分類される重複度が 10%以下のものも含んでいる。この図からは，輸出入単価比率が $UVR>1.15$ の側面では，貿易規模が拡大し，$UVR<1/1.15$ の側面では，貿易規模は若干縮小していることが分かる。具体的数字で示すと，前者の領域の貿易規模は，1988 年で全貿易の 28.2%であったのが，2000 年では 46.0%になっている[3]。後者の領域では，逆に，43.1%から 38.5%と縮小している。このことは，日本の貿易構造が，自国の単価の大きな財の貿易に全体としてシフトしていることを示している。
　以上のような貿易構造の変化は 2 つの視点からまとめることができる。つまり，1 つは，時間の変化の中で，貿易を通じた経済活動の進展により重複度が高くなり，同時に，輸出入単価比率が 1 より大きな財で重複度（競合度）の低い貿易財へシフトしている傾向があること。もう 1 つは，差異化財市場で貿易規模が大きくなっている傾向があること。この 2 つの点から，日本の貿易構造が変化していることを看取する。

---

[3]　CIF/FOB 比率の調整をしていない場合は，単価比率が 1 より大きい貿易規模は，1988 年で全貿易の 25.7%であったのが，2000 年では 40.3%になっている。

2. 日本の貿易構造の高度化

(1) 階層化と高度化

　双方向貿易の分析では，全貿易（輸出入の合計）に対する双方向貿易の割合の変化を確認したが，以下では，比較優位指数と輸出額の変化に注目する。特に，垂直差別化貿易の拡大と並行して差異化財市場で比較優位指数が拡大し，輸出財と輸入財の質の相違が顕著になることを「市場の階層化」と定義する。さらに，差異化財市場の輸出規模を拡大させていることを「貿易の高度化」と定義したい。

　比較優位を輸出入単価比率の側面からみたのが図5-8である。輸出入単価比率が $UVR>1.15$ の領域では比較優位が上昇し，また，$UVR<1/1.15$ の領域では低下している。また，輸出額の分布を単価比率の側面からみたのが図5-9である。1988年と2000年を比較すると，差異化財市場で輸出規模が拡大し，標準化財市場で輸出規模が縮小していることが確認できる。

　ところで，この図では比較優位を示す個々の数字のプラスとマイナスそのものは経済学的意味がなく，むしろ数字相互の関係に意味がある。そして，この比較優位指数に依拠することにより，1国内の時系列での比較や，国際間の比較をすることが可能となる。さらに，ここでいう比較優位とは，これまで産業単位や用途別財単位の部門集合の相対関係の指標として用いてきたものとは異なる。本節では，用途別部門内部の単価比率の異なる領域の相対関係をみるための指標である。そこで，以下では，日本の輸出財の質が高い領域と相手国からの輸入財の質が高い領域という2つの領域の比較優位構造，そして輸出構造に注目したい。

　たとえば，前者，後者の領域それぞれで，比較優位指数が上昇し輸出規模も上昇する場合，比較優位指数を上昇させつつも輸出規模を低下させる場合，比較優位指数が低下し輸出規模は上昇する場合，比較優位指数が低下し輸出規模も低下する場合，の4つの変化の可能性がある。一般的に双方向貿易の拡大の中で比較優位指数は低下する可能性がある。しかし，そのなかで

128　第Ⅱ部　国民経済単位からみた貿易構造

図5-8　単価比率からみた比較優位

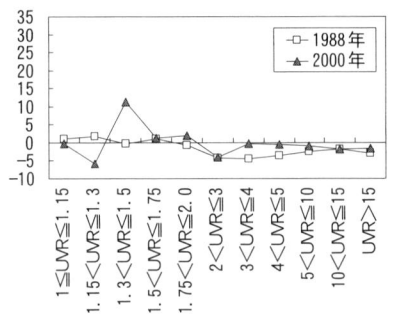

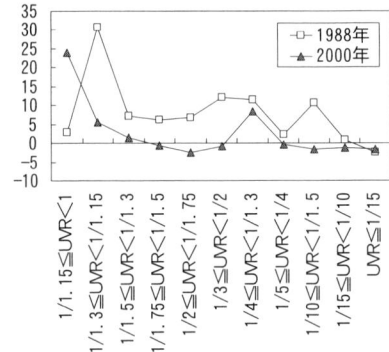

出所）図5-1に同じ。

図5-9　単価比率からみた輸出額

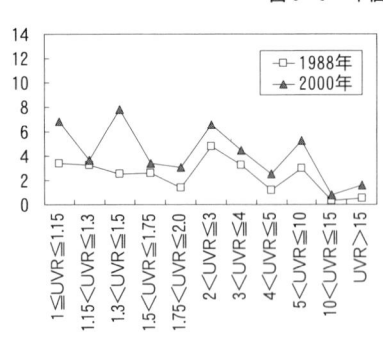

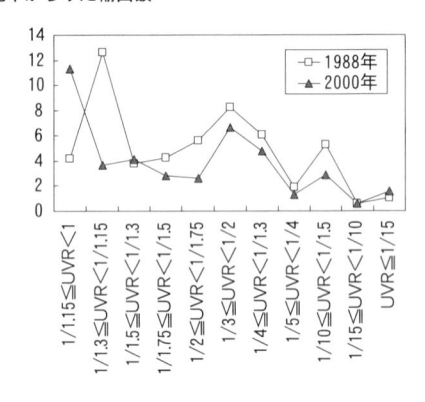

出所）図5-1に同じ。

も，相対的に輸出単価比率が大きな領域で比較優位が拡大し，さらに，輸出規模も拡大させている場合，「貿易が高度化」しているという。

(2) 日本の輸出構造

表5-2は，中間市場の領域を除いた差異化財市場と標準化財市場の集計値をまとめたもので，それぞれの部門の上段は差異化財市場，下段は標準化財市場として，2つの領域を分けて示している[4]。また，輸出規模とは，集

計された輸出額に占めるそれぞれの部門の輸出割合である。

差異化財市場は，貿易相手国より相対的に質の高い財の集合である。それに対して，標準化財市場は相対的に質の低い財の集合を意味する。また，2つの市場領域で集計された輸出額の規模の増減を比較しているが，このことは，必ずしも個々の同じ財が同じ市場領域に属して増減してはいない。たとえば，財の差異化特性がなくなり普及品化・低価格化することで，差異化財市場から標準化財市場へと市場のポジションを変化させることがある。いわゆる差異化財のコモディティ化である。しかし，全体の財の構成に入れ替わりがあるとしても，差異化財市場では，個々の財の輸出単価は相手国に対して必ず大きいことから，相対的に質の高い財といえる。したがって，差異化貿易の傾向を促進していることには変わりなく，この領域に分類された個々の財は全て相対的に質の高い財である。

表5-2の製品全体でみると，日本の14カ国集計貿易では，差異化財市場で比較優位と貿易規模が拡大している。図5-10は，その分布を示している

表5-2 日本の輸出構造

	14カ国				アジア9カ国			
	比較優位		輸出規模		比較優位		輸出規模	
	増減	2000	増減	2000	増減	2000	増減	2000
製品全体	10.6	43.7	12.2	29.0	0.9	27.8	10.8	37.6
	△ 77.8	16.8	△ 17.5	25.2	△ 6.6	5.6	5.4	16.8

注) ① それぞれの部門の上段は単価比率が1.15より大きな領域で下段は単価比率が1/1.15以下の領域を示している。② 増減とは1988年と2000年の差である。③「製品全体」とはHS6桁の840000の項目から939900の項目までの集計である。④ 先進国5カ国（アメリカ，ドイツ，フランス，イギリス，イタリア）とアジア（NIES4カ国，ASEAN4カ国，中国）の14カ国の集計値と先進国を除いたアジア9カ国との集計値を分けて示している。⑤ 網掛けは増減がマイナスの部分を強調するためである。

出所) 図5-1に同じ。

---

4 単価比率が$1 \leq UVR \leq 1.15$ と$1/1.15 \leq UVR < 1$の範囲（前章で水平差別化の領域）は同質とみなされるので，除外して考える。さらに，この領域を除外することで，CIF/FOB調整による誤差を緩和することができる。ここでは，一方向貿易に分類される重複度が10%以下も含み，単価の相違が認識できる全ての貿易構造を対象としている。そのため，前章で分類した水平差別化貿易を除き，一方向貿易と垂直差別化貿易を含んでいる。

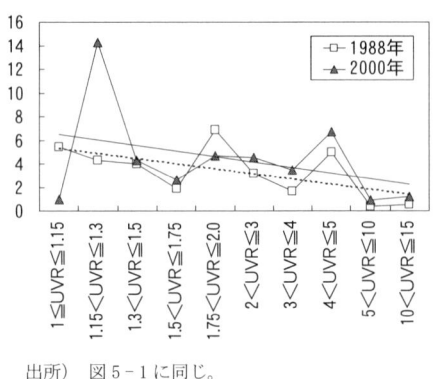

図 5-10 製品全体の比較優位の分布

出所) 図 5-1 に同じ。

が，線形近似曲線が上方にシフトしていることから，比較優位の変化が分かる[5]。したがって，製品貿易全体では，輸出は高度化しているといえる。

(3) 市場の階層化

これまでみてきたように，産業単位でみた貿易構造の変化は，用途別でみた貿易構造の変化の反映であると主張できる。そこで，以下では，用途別財分類の視点に限定し，比較優位指数と輸出額の規模を指標として，市場の階層構造を検討したい。

表 5-3 は，輸出入単価比率が $1/1.15 \leq UVR \leq 1.15$ の領域を除き，重複度が 10% 以下のものを含む場合と垂直差別化貿易の場合とで，比較優位指数と輸出規模を 14 カ国およびアジア諸国との 2 つの集計レベルで求めたものである。この表では，比較優位指数は国内の相対関係をみるものであるため，指数がマイナスであってもその部門の競争力指数がマイナスであるとは限らない。実際，垂直差別化貿易における産業用加工品，部品，資本財の比較優位指数はマイナスであるけれども，競争力指数はプラスである[6]。以下

---

[5] 図示はしていないが，逆に，標準化財市場では，比較優位が低下している。
[6] 産業用加工品，部品，資本財の 2000 年の競争力指数を確認すると，$UVR > 1.15$ の差異化財市場では，それぞれ 12.0, 47.6, 32.4 であり，$UVR < 1/1.15$ の標準化財市場では 14.5, 20.4, 9.8 である。

表 5-3　日本の用途別輸出構造

		14 カ国				アジア 9 カ国			
		比較優位		輸出規模		比較優位		輸出規模	
		増減	2000	増減	2000	増減	2000	増減	2000
重複度 10 ％以下を含む	産業用加工品	15.6	-0.6	3.5	8.8	7.1	4.6	3.7	12.8
		1.4	4.8	0.0	5.3	3.0	6.4	0.7	5.4
	部品	2.0	16.5	2.9	10.5	3.9	17.3	4.8	17.7
		△ 6.0	8.4	3.6	11.5	△ 1.4	4.1	6.4	11.8
	資本財	5.3	15.7	6.8	12.1	△ 1.2	8.7	5.8	15.6
		△ 30.6	3.7	△ 7.6	7.8	△ 2.9	1.1	△ 0.2	3.3
	耐久消費財	△ 3.4	-3.9	△ 0.3	0.3	△ 2.6	-3.5	△ 0.4	0.2
		△ 1.4	-1.9	△ 0.3	0.3	△ 0.9	-1.4	0.1	0.2
垂直差別化貿易	製品原材料	1.8	-2.3	2.0	4.0	0.5	-0.2	2.0	4.9
		0.7	-1.5	0.5	2.0	0.3	0.0	0.4	0.9
	部品	1.3	3.6	2.9	6.1	2.6	5.6	6.2	10.6
		△ 6.3	-2.2	3.6	7.8	△ 2.8	-1.9	6.4	8.1
	資本財	△ 3.3	-3.3	1.7	3.1	△ 3.3	-2.6	2.2	4.3
		△ 4.3	-3.9	0.4	3.6	△ 1.1	-1.0	0.6	0.9

注)　①それぞれの部門の上段は単価比率が 1.15 より大きな領域で下段は単価比率が 1/1.15 以下の領域を示している。②増減とは 1988 年と 2000 年の差である。③先進国 5 カ国（アメリカ，ドイツ，フランス，イギリス，イタリア）とアジア（NIES 4 カ国，ASEAN 4 カ国，中国）の 14 カ国の集計値と先進国を除いたアジア 9 カ国との集計値を分けて示している。④耐久消費財は一方向貿易の割合が高いため，データは掲載していない。⑤網掛けは増減がマイナスであることを強調するためである。
出所)　図 5-1 に同じ。

では，この表にまとめられたデータを理解するために，重複度が 10％以下のものを含む場合に関して，図を用いて 2 つの市場階層における比較優位指数の変化を確認したい。

図 5-11 では，45 度線と 4 つの象限によって区別される 6 つの領域により，比較優位の変化の特性が分析できる。このなかで，第 1 象限の 45 度線を基準にすると左上から右下へとベクトルが向いている場合は差異化財市場での比較優位が向上している事を示す。つまり，垂直差別化貿易が拡大する中で，同時に，差異化財市場の比較優位が上昇することで市場が階層化して

図5-11　比較優位構造の変化のポジション

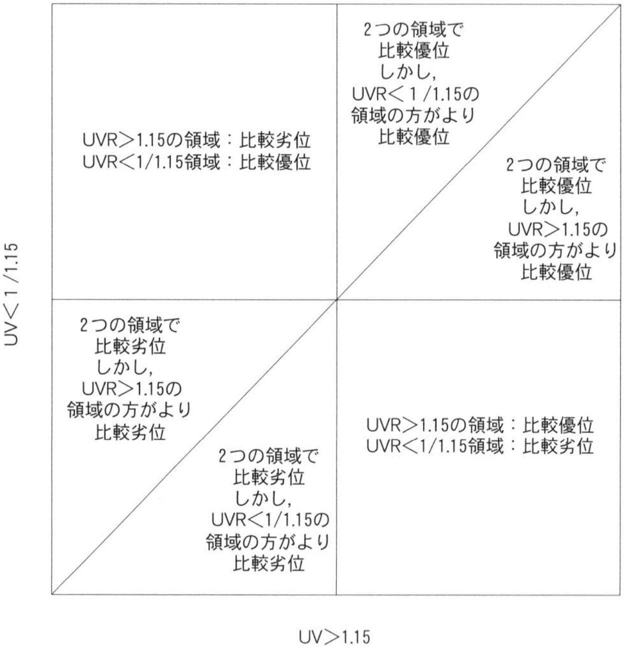

（図：縦軸 UV<1/1.15、横軸 UV>1.15 の4象限図）

左上象限：UVR>1.15の領域：比較劣位／UVR<1/1.15領域：比較優位
右上象限（上）：2つの領域で比較優位 しかし，UVR<1/1.15の領域の方がより比較優位
右上象限（下）：2つの領域で比較優位 しかし，UVR>1.15の領域の方がより比較優位
左下象限（上）：2つの領域で比較劣位 しかし，UVR>1.15の領域の方がより比較劣位
左下象限（下）：2つの領域で比較劣位 しかし，UVR<1/1.15の領域の方がより比較劣位
右下象限：UVR>1.15の領域：比較優位／UVR<1/1.15領域：比較劣位

いることを示す。

　図5-12は，14カ国集計レベルとアジア諸国の集計レベルで，単価比率 $UVR>1.15$ の差異化財市場と $UVR<1/1.15$ の標準化財市場の1988年と2000年の比較優位の変化をベクトルで示している。ここでは2つの資本財があるが，資本財①は垂直差別化貿易と一方向貿易の合計である。しかし，資本財は一方向貿易が支配的であるという特徴があるため，資本財②は一方向貿易だけを集計したものである。この図から，資本財貿易と部品貿易では，第1象限において，比較優位指数の変化を示すベクトルが，左上から右下へと45度線を横切っているため，差異化財市場の領域で比較優位が上昇し，標準化財市場の領域で比較優位が低下していることが分かる。また，産業用加工品は，45度線の上部にあるため，標準化財市場の領域の比較優位が相対的に大きいが，しかし，45度線に近づいているため，差異化財市場

第5章 市場の階層と貿易構造　133

図 5-12　比較優位構造の変化

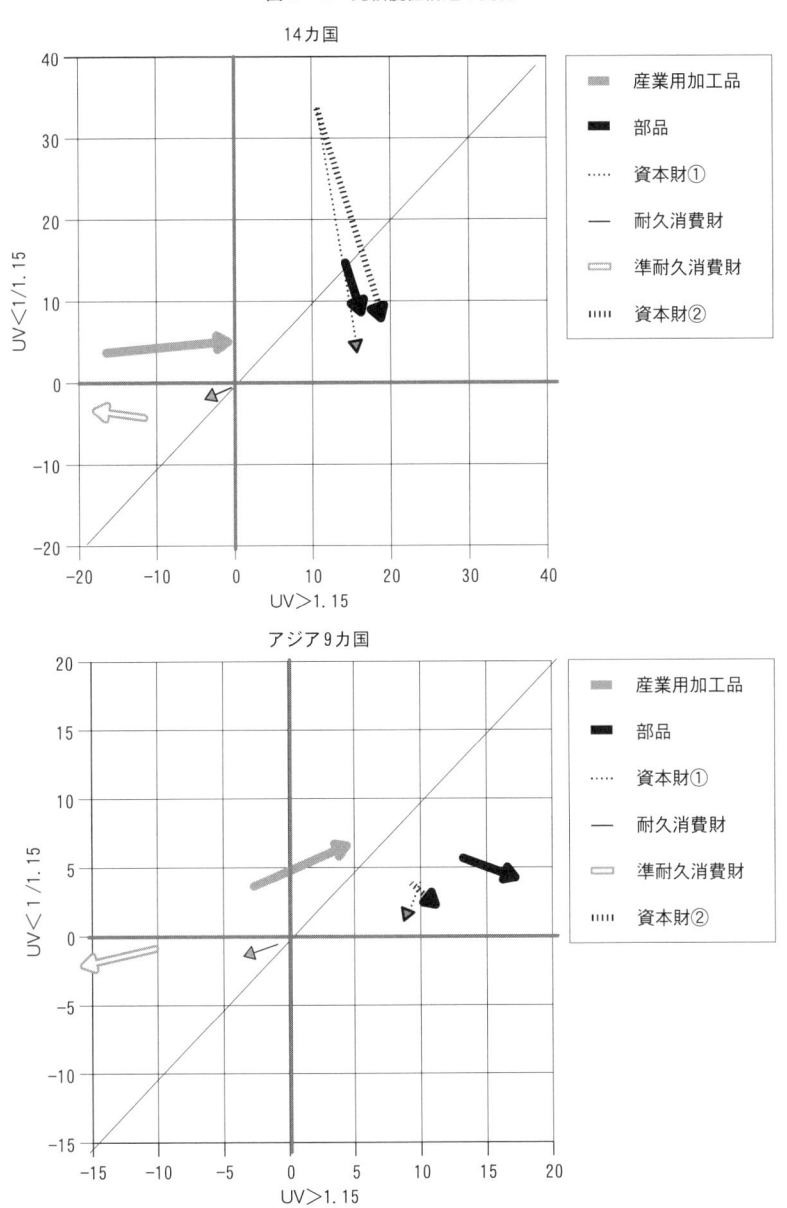

14カ国

凡例：
- 産業用加工品
- 部品
- 資本財①
- 耐久消費財
- 準耐久消費財
- 資本財②

アジア9カ国

凡例：
- 産業用加工品
- 部品
- 資本財①
- 耐久消費財
- 準耐久消費財
- 資本財②

出所）　図 5-1 に同じ。

表 5-4　相対輸出割合（差異化財／標準化財）

	14 カ国		アジア 9 カ国	
	増減	2000 年	増減	2000 年
製品全体	0.8	1.2	△ 0.1	2.2
産業用加工品	0.7	1.7	0.4	2.4
部品	△ 0.05	0.9	△ 0.9	1.5
資本財	1.2	1.6	2.0	4.7
耐久消費財	△ 0.1	0.9	△ 8.7	1.1
準耐久消費財	0.6	1.4	1.8	7.2

注）　増減とは 1988 年と 2000 年の間の増減である。
出所）　図 5-1 に同じ。

の比較優位指数の上昇が相対的に高い。さらに，第 3 象限にある耐久消費財と準耐久消費財は，2 つの領域とも比較劣位であることを示している。したがって，部品，資本財では，差異化財市場での質の高い財の比較優位を上昇させている傾向があり，産業用加工品は標準化した財と差異化された財の両市場でも比較優位を上昇させているという特徴が指摘できる。以上から，日本の産業用加工品，部品，資本財の貿易では，市場の階層化が進んでいることが確認できる。

(4)　貿易の高度化

次に，輸出構造を分析することにより，高度化の傾向を検討したい。表 5-2 の製品全体の傾向をみると，14 カ国の集計レベルでは，差異化財市場で比較優位指数が上昇するとともに，輸出割合も拡大している。アジア 9 カ国との貿易に限定すると，2 つの領域で比較優位は上昇していないにもかかわらず，2 つの領域で貿易規模は拡大している。そのためアジア貿易集計レベルでは高度化はみられない。しかし，部門ごとに検討すると，アジア貿易にも高度化の傾向がある。図 5-13 は，部門ごとの傾向を示している。図の中で，右上にベクトルが向いているものは輸出貿易の高度化を意味する。また，同時に，左下にベクトルが向いているものは，比較劣位が進んでいる部門である。

以下では，比較優位と全輸出額に占めるその領域の輸出額規模の割合，そ

して，それぞれの領域での比較優位と輸出規模の分布，さらに，競争力指標や部門内部における領域（あるいは分布）間の輸出割合を検討することから，用途別分類でみた産業用加工品，部品，資本財の貿易の特徴を分析する。特に，差異化財市場に注目し，部門ごとの貿易の高度化の動向を確認したい。

① 産業用加工品貿易

表5-3からみられるように，2つの市場階層でともに比較優位が改善しているが，1988年も2000年も標準化財市場の財の方が差異化財市場の財より比較優位がある。しかし，比較優位の改善として指数増加をみると，差異化財市場の方が高い。国別に見ると，ドイツ，フランス，アメリカとの貿易で特にこの傾向が強い。さらに2000年のデータでは，単価比率が3から5の領域では，中国との貿易で比較優位が低下している。これらの国との貿易が，14カ国全体の貿易構造を大きく規定しているのである。それに対して，先進国を除いたアジア9カ国との貿易では，差異化財市場の比較優位指数は1988年から2000年にはプラスへと転じている[7]。

また，14カ国の集計レベルで貿易規模をみると，差異化財市場では拡大し，標準化財市場では変化がない。さらに，アジアに限定すると，全輸出の12.8％であり，差異化財市場で産業用加工品の輸出が高い。このように，産業用加工品部門の輸出は高度化している。

くわえて，競争力指数をみると，14カ国集計レベルでは，差異化財市場で-3.6から23.4へ改善し，標準化財市場では41.7から39.6とほとんど変化がない[8]。アジア貿易では，前者が10.3から27.7，後者では56.9から63.8

---

[7] ここで留意したいことは，産業用加工品の比較優位指数が他の財部門に比べて低いことである。これは，輸送費などの要因が他の部門よりも大きく影響している。一般に，機械類よりも素材の方が生産コストに比して輸送費コストが大きくなる。Hummels (2001) では，CIFにおけるアメリカの平均輸送コストは10.7％であるが，算術平均では機械類は5.7％であり，鉱物燃料は15.7％であり，貿易量で加重平均すると，輸送機では1％で，粗肥料で27％となっている。したがって，単価比率が $1/1.15 \leq UVR \leq 1.15$ の範囲は除外されているとしても，産業用加工品の場合はCIFコスト調整をより厳密に行う必要があるであろう。

[8] 競争力指数は表としては示されていない。4つの用途別財部門のなかで，産業用加工品部門だけが競争力指数が上昇している。これは，貿易規模が大幅に拡大することで，双方向貿易が拡大し，そのなかで貿易収支が改善しているからである。

となっている。したがって，質の高い差異化財市場で比較優位が向上し，貿易規模の拡大とともに競争力の向上（貿易収支の黒字化）がみられる。

この傾向は，$0<TOL\leq10$ の範囲の重複度を除いた垂直差別化貿易でも同じであり，差異化財市場で比較優位の変化が大きく，かつ，輸出規模も拡大している。差異化財市場での競争力指数は，14カ国では5.4から16.2，アジア諸国では11.7から15.9へと拡大し，標準化財市場では，それぞれ12.0から14.5，0.6から17.6と拡大している。このような特徴から，産業用加工品部門の貿易は，比較劣位を改善しながら高度化の傾向にある。

② **部品貿易**

部品貿易ではどちらの市場でも比較優位を保持している。ただし，差異化財市場では比較優位は1988年から2000年にかけて上昇しているが，標準化財市場では比較優位は低下している。また，アジア貿易でも，同じ傾向にあるが，差異化財市場と標準化財市場での格差が高い。したがって，部品貿易の棲み分けが進行し，なかでもアジア貿易ではこの傾向が著しい。

貿易規模の動向にも特徴がある。まず，単価比率が $1/1.15\leq UVR\leq1.15$ の範囲にある同質財の輸出額と輸入額の合計を指標とした総貿易規模が，14カ国とでは1.8％から15.2％，アジアとは，1.9％から7.0％へ拡大している。そして同時に，全輸出に占める部品貿易の割合は，2つの市場ともに拡大している。つまり，比較優位を向上させ，棲み分けされた部品輸出（一方向貿易と双方向貿易を含む）を拡大させている。くわえて，アジア貿易では，規模の拡大幅が大きく，また，部品貿易の割合も非常に高いという特徴を示す。

競争力指標をみると，差異化財市場では，14カ国に対して58.5から53.2，アジア諸国に対して78.4から52.6，標準化財市場では，14カ国に対して66.2から36.3，アジアに対して76.8から27.5である。いずれも競争力指数は低下しているものの，依然プラスである。この低下は，垂直差別化貿易の割合が高くなっていたことと対応する。

以上から，日本の部品部門の差異化財市場では輸出貿易は高度化するとともに，標準化財市場の部品でも，比較優位を失いながらも競争力は維持していることが分かる。

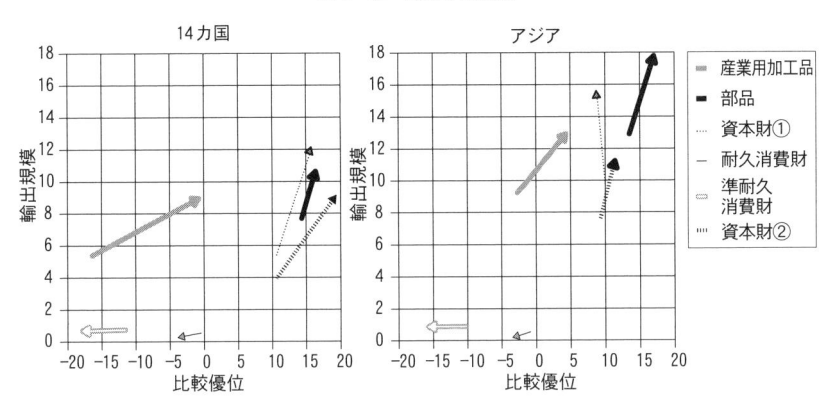

図 5-13 貿易の高度化

注) 資本財②とは，重複度が10%以下，単価比率1.15以上の領域の集計値。
出所) 図 5-1 に同じ。

さらに，表 5-3 をみれば，垂直差別化貿易の領域でも同様な構造変化が確認できる。差異化財市場で比較優位が上昇し，逆に，標準化財市場では比較優位が低下している。アジアでは，この傾向が一段と強い。貿易規模でみると，部品貿易では質の高い領域の貿易に特化しているとともに，標準化された部品貿易の領域でも，競争力を維持しているのである。

③ 資本財貿易

資本財部門の差異化財市場では，先進国を含む14カ国との貿易では比較優位が上昇している。それに対して，アジアとの貿易では，比較優位が低下している。これは，一方向貿易がまだ支配的である資本財貿易で垂直差別化貿易が拡大した影響である。しかし，アジアとの資本財貿易は比較優位の分布に特徴がある。図 5-14 は，差異化財市場での比較優位指数の分布を示している。この図から，資本財の比較優位が輸出入単価比率の大きな領域にシフトしていることが分かる。したがって，資本財全体の集計レベルでの比較優位指数は低下しつつも，実際にはその分布から，財の棲み分けを促進させていることが読み取れる。さらに，重複度が10%以下，単価比率1.15以上の一方向貿易に限れば，14カ国との集計レベルの比較優位指数が10.5から19.1へ，アジア諸国の集計レベルでは9.2から11.3へと改善している。前章

図 5－14　日本とアジア諸国との資本財貿易

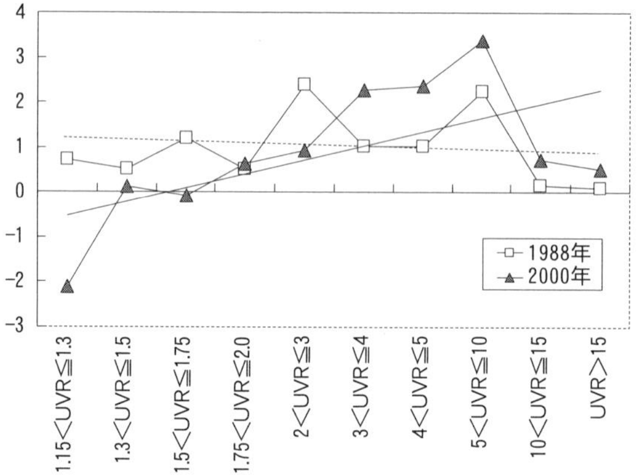
4
3
2
1
0
−1
−2
−3
1988年
2000年
1.15＜UVR≦1.3
1.3＜UVR≦1.5
1.5＜UVR≦1.75
1.75＜UVR≦2.0
2＜UVR≦3
3＜UVR≦4
4＜UVR≦5
5＜UVR≦10
10＜UVR≦15
UVR＞15

出所）　図 5－1 に同じ。

で確認したように，資本財貿易は一方向貿易が支配的で，圧倒的な比較優位を保持しつつ，差異化財市場で比較優位が上昇している。

次に，輸出規模の動向を分析してみよう。14 カ国とアジアともに差異化財市場で規模が拡大している。また，14 カ国との貿易の集計レベルでは，標準化財市場では規模が縮小している。さらに，資本財貿易内部の輸出額の割合でみると，2000 年時点では，14 カ国との貿易では，差異化財市場で 50.5%，標準化財市場では 36.5%，アジアとの貿易では，それぞれ，63.2%と 13.3%となっている。さらに，重複度が 10%以下，単価比率 1.15 以上の領域の一方向貿易に限れば，単価比率が高い領域では，14 カ国との集計レベルでは 4.0 から 9.0 へ，アジア諸国との集計レベルでは 7.6 から 11.3 へと拡大している。

以上の分析から，14 カ国の集計レベルでは資本財貿易は高度化しているが，アジアとの資本財貿易は，重複度が 10%以下，単価比率 1.15 以上の一方向貿易に限定された領域で貿易が高度化している[9]。

[9]　アジアの資本財貿易の特徴をみるために，図 5－13 では資本財 ② として，重複度が 10%以下，単価比率 1.15 以上の領域の集計値を図示している。

本章では，用途別財分類の視点から，輸出財と輸入財の質の相違が顕著になることを「市場の階層化」と定義し，さらに，差異化財市場で輸出規模を拡大させていることを「貿易の高度化」と定義した。そして分析から，日本は，部品，産業用加工品，資本財で差異化財市場での比較優位を持ち，貿易財市場における階層化と輸出の高度化が確認された。

　したがって，日本は，最終財を生産するのに必要な中間投入財を全て国内で調達できるようなフルセット型国民経済構造とは大きく異なり，国際間の相互依存関係に依拠した生産システムに組み込まれることで成り立っていることが確認できる。そして，階層化や高度化とは，日本経済の実物レベルでの経済のグローバル化を体現する構造変化であることを示す。

第 6 章
アジア諸国の貿易構造

　前章では，長期データを利用して日本の貿易構造を分析してきた。本章では，韓国，台湾，中国，そして日本の貿易を用途別財分類の視点から比較分析する。この分析を通じて，日本の貿易構造の特徴がアジア諸国との対比から明確になると思われる。

　ここでは OECD の韓国のデータが 1994 年以降しか利用できないため，各国のデータもその年にあわせて 1994 年から 2000 年の中期間の分析をしている。貿易相手国の 14 カ国とは，これまでと同様に，先進国のアメリカ，ドイツ，フランス，イギリス，イタリアと，アジア諸国の中から，上記の 4 カ国のうち当該国を除く 3 カ国とシンガポール，香港，タイ，マレーシア，インドネシア，フィリピンである。データは，前章と同様に，CIF/FOB 比率を 1.11 として計算した調整データを用いている。

　以下では，最初に，4 カ国の双方向貿易の構造を確認する。次に，競争力指標と比較優位指数を用いて 4 カ国の貿易構造を検討する。そして，最後に，市場階層ごとの財グループの比較優位構造を分析する。

1．垂直差別化貿易の動向

　まず，垂直差別化貿易の動向を比較してみたい[1]。表 6-1 は，用途別財部門による垂直差別化貿易の 1994 年から 2000 年（台湾は 1999 年）の増減と，2000 年時点での割合を示している。ここから以下の注目すべき点がみ

---
[1] 各国の分析データは，章末の付表に示している。

られる。

　第1に，すべての国で垂直差別化貿易の割合が増加している。とくに，14カ国集計レベルの貿易全体での垂直差別化貿易の増減幅をみると，アジア3カ国の伸びは著しい。第2に，部品貿易の垂直差別化貿易の割合が高いという特徴がある。なかでも，韓国は14カ国の貿易で垂直差別化の割合が70%を超え，中国は14カ国とアジアともに垂直差別化貿易の割合が70%を超えている。第3に，資本財部門では，韓国と中国の垂直差別化の増加が著しい。第4に，日本とは異なり，韓国と台湾での消費財の垂直差別化貿易が拡大している。

　ところで，日本も中国も部品貿易の垂直差別化貿易の割合が非常に高いという特徴を有しているが，同じ垂直差別化貿易の構造であると考えられるであろうか。図6-1をみると，垂直差別化貿易の拡大といっても2つの国の部品貿易には異なる特徴が現れる。この図では，差異化財市場と標準化財市場に分けて重複度の分布をみている。日本の場合は差異化財市場において重複度が高い領域で貿易の規模が拡大している。しかし，中国では差異化財市

表6-1　4カ国の垂直差別化貿易の動向 (%)

		日本		韓国		台湾		中国	
		増減	2000	増減	2000	増減	1999	増減	2000
14カ国	全体	6.0	32.6	12.6	38.3	8.1	31.1	9.8	29.9
	産業用加工品	7.6	32.8	2.0	20.7	1.9	14.8	△ 4.7	23.4
	資本財	5.9	35.1	18.8	38.7	4.2	25.4	15.1	36.3
	一般部品	6.2	59.2	16.4	71.4	11.6	59.3	17.7	71.4
	耐久消費財	9.1	16.9	2.7	20.5	△ 23.9	15.6	△ 8.1	4.6
	準耐久消費財	△ 1.9	13.4	6.7	19.8	0.9	19.0	△ 0.4	8.0
アジア	全体	12.8	32.8	11.6	38.4	10.3	34.3	9.0	33.9
	産業用加工品	7.6	24.8	0.3	19.5	1.0	14.2	△ 7.2	23.6
	資本財	13.1	30.8	24.2	43.7	6.3	29.2	17.5	43.1
	一般部品	20.6	65.2	11.2	65.3	16.2	62.6	10.8	71.1
	耐久消費財	4.7	13.5	6.0	29.5	△ 13.7	31.3	△ 13.6	6.5
	準耐久消費財	0.1	10.8	17.0	29.6	7.1	30.1	0.4	14.1

注)　HS (88) のデータにより，CIF/FOB=1.11で調整して計算。② 増減とは1994年からの増減である。③ 台湾は2000年のデータが利用できないため，1999年のデータである。

図6-1 日本と中国の部品貿易における重複度の分布

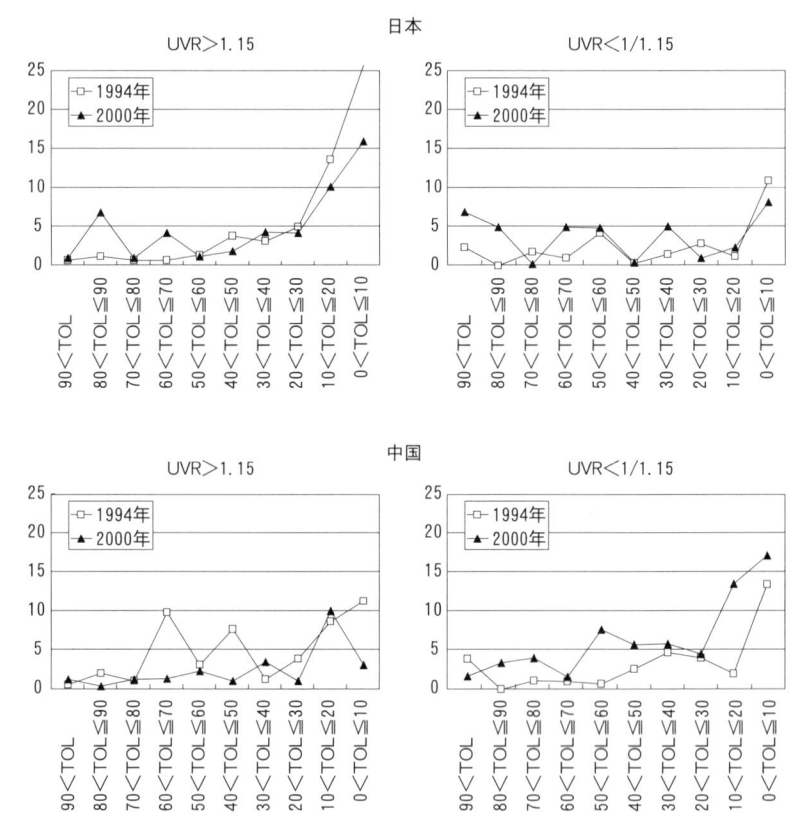

日本

中国

注) アジアとの貿易を示しているが，14カ国の集計レベルでも同じ傾向である。

場では貿易規模が相対的に低下し，標準化財市場で規模が拡大している。このように，垂直差別化貿易の拡大傾向とともに，もう1つの構造変化として輸出入単価比率の異なる2つの市場で日本と中国では別の特徴がみられる。以下では，輸出入単価比率を基準にした2つの領域に分けて貿易構造を考察したい。

2. 4カ国の競争力と比較優位

表6-2は，4カ国の国際競争力指数を，表6-3は比較優位指数を示している。どちらの表とも，輸出入単価比率が $1/1.15 \leqq UVR \leqq 1.15$ の領域を除き，垂直差別化貿易の場合と重複度が10％以下のものを含む場合で，4カ国の競争力指数と比較優位指数を14カ国とアジア諸国との2つの集計レベルで求めたものである。それぞれの部門の上段は単価比率が1.15より大きな差異化財市場，下段は単価比率が1/1.15以下の標準化財市場を示している。競争力指数とは，同一部門内の国際比較を行う目的があり，比較優位指数は1国内の部門間の相対関係を示すものである。以下，特徴をまとめてみよう。

(1) 国際間の競争力構造

同一部門内の国際比較としての国際競争力指数を概観しよう。まず，垂直差別化貿易の場合とそれに重複度が10％以下のものを含む場合とを比較すると，部門ごとに競争力指数が異なる。とりわけ，韓国と中国には変化がある。韓国は，産業用加工品，部品，資本財の3つの部門では，競争力指数が垂直差別化貿易ではマイナスであるけれども，重複度が10％以下を含む場合ではプラスである。この部門での競争力は，1994年時点と比べて上昇あるいは維持していることから，国際競争力があることが理解できる[2]。また，中国は消費財で重複度が10％以下を含む領域で競争力を向上させている。さらに，中国は，産業用加工品では逆に重複度が10％以下の場合には大きくマイナスに転じており，競争力がない[3]。

次に，重複度が10％以下のものを含む場合に注目して，各部門の国際競

---

[2] 14カ国の集計レベルで1994年と比べると，韓国の競争力は単価比率が1.15より大きな領域で資本財が47.2ポイント上昇し，部品の競争力は変化が小さい。1/1.15以下の領域では部品が28.9ポイント上昇している。
[3] 中国の産業用加工品の競争力指数は，単価比率が1.15より大きな領域で49.1ポイント減少している。

表6-2　4カ国の競争力指数（2000年）

(1) 垂直差別化貿易の場合

競争力	14カ国 日本	韓国	台湾	中国	アジア 日本	韓国	台湾	中国
産業用加工品	8.6	-8.2	1.1	4.5	23.4	-9.1	-8.3	6.2
	14.5	-1.8	7.3	3.2	17.6	-5.3	0.0	1.1
部品	39.6	-18.1	-2.5	-19.5	14.1	-23.4	-3.0	-19.1
	20.4	-5.5	5.6	-11.3	10.5	2.7	11.7	-10.6
資本財	25.4	-20.7	5.5	7.1	24.0	-22.5	13.5	9.0
	9.8	-4.1	-19.5	18.8	-7.1	-20.0	-35.8	18.1
耐久消費財	4.9	28.6	49.3	-20.3	-25.4	28.3	23.9	-24.8
	-14.3	23.5	15.7	39.2	-12.4	27.6	14.4	46.4
準耐久消費財	-22.6	36.8	38.6	6.9	-19.5	20.9	27.5	-0.7
	-0.6	6.2	42.7	29.9	-27.3	5.8	35.7	28.6

(2) 重複度が10%以下も含む場合

競争力	14カ国 日本	韓国	台湾	中国	アジア 日本	韓国	台湾	中国
産業用加工品	23.4	-1.9	-14.8	-34.1	27.7	10.7	-9.3	-38.3
	39.6	28.9	49.0	1.7	63.8	29.2	47.5	-13.9
部品	53.2	37.4	0.2	-23.8	52.6	23.8	0.1	-26.9
	36.3	-12.5	22.1	-27.2	27.5	-13.2	11.8	-30.6
資本財	47.3	15.1	2.6	36.7	35.0	15.8	-1.2	28.0
	31.9	-0.4	-29.0	14.4	27.1	-30.4	-56.3	-0.6
耐久消費財	-53.4	31.9	52.8	96.8	-79.5	11.6	15.9	96.3
	-27.8	67.3	73.9	93.9	-61.0	44.8	37.2	89.4
準耐久消費財	-71.6	29.3	30.5	92.6	-78.8	2.2	2.3	90.0
	-35.2	57.1	70.8	93.3	-78.7	38.3	56.0	87.4

注）① 輸出入単価比率が $1/1.15 \leq UVR \leq 1.15$ の領域を除いている。② それぞれの部門の上段は単価比率が1.15より大きな領域で下段は単価比率が1/1.15以下の領域を示している。③ 台湾は2000年のデータが利用できないため，1999年のデータである。④ 網掛けはマイナスの部分を強調するためである。

争力を比較したい。① 産業用加工品では，14カ国貿易とアジア貿易ともに，日本だけが差異化財市場で競争力を有している。韓国と台湾は標準化財市場

表6-3 4カ国の比較優位指数 (2000年)

(1) 垂直差別化貿易の場合

比較優位	14カ国					アジア				
	産業用加工品	部品	資本財	耐久消費財	準耐久消費財	製品原材料	部品	資本財	耐久消費財	準耐久消費財
日本	-2.3	3.6	-3.3	-0.4	-1.7	-0.2	5.6	-2.6	-0.2	-1.1
	-1.5	-2.2	-3.9	-0.3	-0.3	0.0	-1.9	-1.0	-0.1	-0.1
韓国	-1.5	13.0	-0.9	0.2	-0.1	-0.5	5.8	-0.6	0	-0.1
	-3.6	-16.1	-6.4	0.1	-0.3	-2.5	-3.2	-5.2	0.1	-0.1
台湾	-1.7	-6.2	0.0	0.2	-0.1	-0.8	-4.4	0.1	0.3	-0.1
	-0.1	-2.1	-9.0	0.1	2.3	-0.3	5.8	-8.4	0.1	1.3
中国	0.4	-8.1	0.7	0.1	2.3	2	-6.1	1.1	0	2.8
	-3.2	-17.6	1.7	0.1	0.7	-0.7	-7.4	3.3	0.1	0.9

(2) 重複度が10%以下も含む場合

比較優位	14カ国					アジア				
	産業用加工品	部品	資本財	耐久消費財	準耐久消費財	製品原材料	部品	資本財	耐久消費財	準耐久消費財
日本	-0.6	16.5	15.7	-3.9	-17.7	4.6	17.3	8.7	-3.5	-15.6
	4.8	8.4	3.7	-1.9	-3.5	6.4	4.1	1.1	-1.4	-2.2
韓国	-6.9	17.6	0.1	0.4	0.9	-0.4	6.2	0.7	0.0	-0.4
	8.5	-26.8	-10.5	3.6	5.6	7	-12.4	-13.4	0.6	1.5
台湾	-9.5	-3.6	-1.0	1.8	1.3	-3.7	-1	-0.5	0.2	0.0
	33.8	22.9	-42.7	5.0	17.4	26.8	8	-39	0.7	5.0
中国	-31.6	1.7	2.0	6.9	27.7	-24.2	-10.2	1.7	4.8	21.7
	-9.8	-2.2	0.1	10.7	47	-10.4	-37.5	-2.2	4.4	19.7

注) 表6-2と同じ。

で競争力があるが，中国は2つの領域とも競争力がない。また，韓国はアジアとの貿易は差異化財市場で競争力を有しているが，1994年時点と比較すると競争力指数は6.7ポイント低下している。したがって，日本は差異化された財と標準化された財ともに競争力をもち，韓国，台湾は標準化された財に競争力があるが，中国は競争力がないといえる。② 部品貿易では，産業用加工品と同じように，日本，韓国・台湾，中国という3つのグループに類

型化できる[4]。しかし，韓国では，差異化財市場で競争力があり，標準化財市場で競争力がマイナスである。つまり，韓国の部品貿易は輸出と輸入の棲み分けがなされている。また，台湾では，標準化財市場の部品貿易の競争力が高いということで韓国とは異なる。③資本財では，日本とともに中国の競争力が高い。しかし，すでにみたように，両者の貿易構造は異なる。中国の部品財の競争力は全くない。さらに，図6-1でみたように，中国の部品貿易は標準化財市場で拡大しており，高品質の部品財の輸入を高めている。つまり，中国は，部品を輸入し最終財（資本財）を輸出するという貿易パターンが確認できる。④2種類の消費財ともに，日本は競争力がなく，他の3国は競争力がある。そのなかでも，中国の競争力が圧倒的に高い。資本財と同様に，中国の消費財の競争力は消費財に組み込まれる部品の輸入に支えられたものである。

以上の分析を要約すると次のような構造になる。第1に，日本と中国は資本財に競争力をもつが，それ以外は対称的な構造が観察された。つまり，日本は中間投入財に競争力があり，中国は消費財に競争力がある。第2に，韓国・台湾は日本を含む先進国に対して資本財の競争力はないが，産業用加工品と部品貿易では競争力がある。さらに両国は，日本と異なり，まだ消費財の競争力を保持している。韓国と台湾の違いは，前者は差異化財市場で部品の競争力が，後者は標準化財市場で部品の競争力があることである。

(2) 比較優位構造

1国内の部門間比較の指標として比較優位指数を2つの側面からみたい。第1に，垂直差別化貿易には特徴がある。一般的傾向として垂直差別化が進めば貿易規模に対する貿易収支の割合が小さくなるため，比較優位指数は低下する傾向にある。そのなかでも，日本と韓国（台湾はアジア貿易に限り）は部品財の比較優位をもち，中国は最終財である資本財と消費財に比較優位をもっている。第2に，重複度が10％以下のものを含む場合にも特徴があ

---

[4] ただし，産業用加工品の貿易では，CIF/FOB比率が他の部門より高いと考えられる。財部門ごとのCIF/FOB比率の計算は，今後の課題となる。

る。日本は，産業用加工品，部品，資本財に比較優位があるが，とりわけ，部品と資本財の差異化財市場に比較優位がある。それに対して，中国は，2つの消費財に比較優位をもっている。また，韓国と台湾は，産業用加工品と部品，消費財に比較優位をもつが，韓国の部品は差異化財市場で比較優位がある。したがって，1国の比較優位構造と部門の競争力構造は，指標の意味は異なるが，産業用加工品，部品，消費財には対応関係がみられる。最後に，資本財は日本だけが単価比率が 1.15 より大きな領域で比較優位が高い。

要約すれば以下のようになる。まず，日本は差異化財市場で資本財と部品の比較優位がある。次に，韓国と台湾は標準化財市場の産業用加工品に比較優位がある。さらに，韓国の部品は差異化財市場で，台湾の部品は標準化財市場でそれぞれ比較優位を持つ。そして，最後に，中国は消費財に比較優位があるが，資本財の競争力指数はプラスであるものの比較優位がない[5]。

3．比較優位構造変化の類型化

1994 年から 2000 年（台湾は 1999 年）の中期間での日本，韓国，台湾，中国の各国内の部門間の比較優位構造の変化を分析してみよう。それぞれの国の 1994 年から 7 年間（台湾だけは 6 年間）の変化を図示したのが図 6-2 である。図 5-11 と同様に，左右の動きは差異化財市場の変化を，上下の動きは標準化財市場の変化を示す。4 つの象限と 45 度線から構成される領域を考えてみると，それぞれの国の特徴が現れる。

第1に，日本では，部品と資本財は第1象限の 45 度線の右下の領域にあり，産業用加工品は第2象限から第1象限へと移動している。また，消費財は第3象限にある。そのため，日本は「第1象限・第3象限型」の貿易構造といえる。つまり，部品と資本財は差異化財市場の比較優位を保持し，産業用加工品も差異化財市場で比較優位を伸ばしている。第2に，韓国では，産業用加工品，準耐久消費財，そして，耐久消費財が第1象限から第2象限の

---

[5]　ここから分かるように，国際競争力指数と比較優位指数はもともと異なる概念であり，厳密に区別する必要がある。

148　第Ⅱ部　国民経済単位からみた貿易構造

図6-2　4カ国の比較優位構造の変化（1994～2000年）

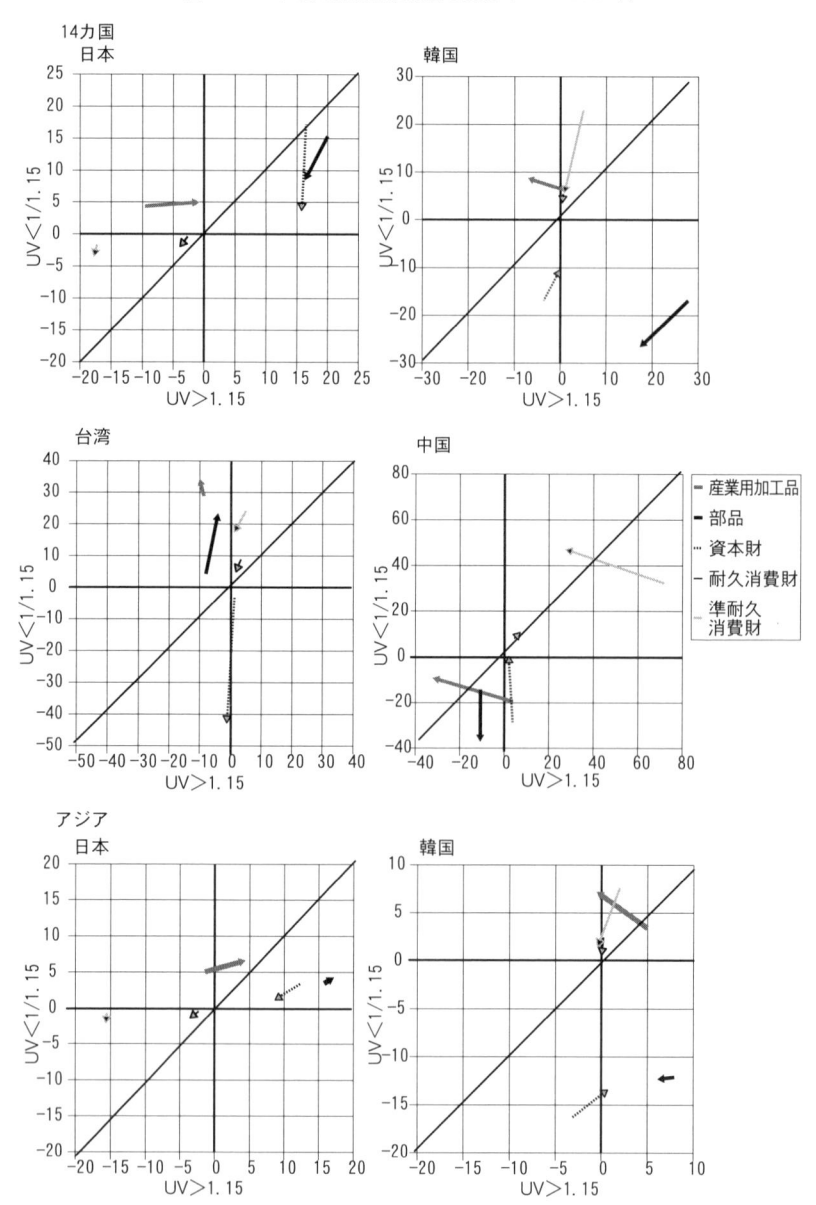

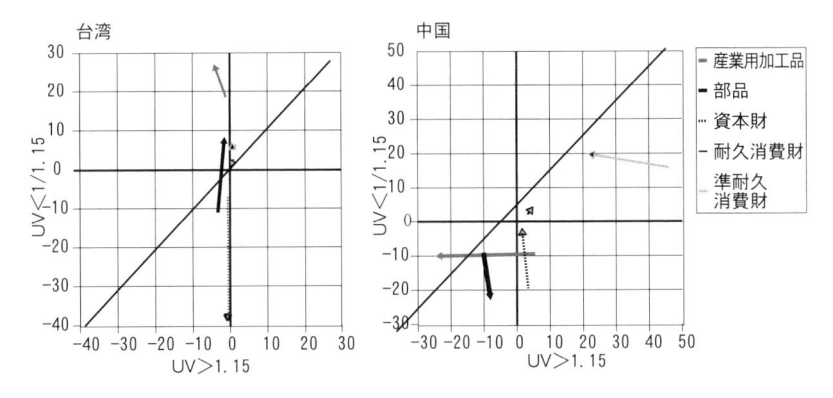

第6章 アジア諸国の貿易構造　149

台湾　中国

凡例：産業用加工品、部品、資本財、耐久消費財、準耐久消費財

注）① 1994年時点と2000年時点の変化をベクトルで示している。② 台湾は1999年のデータである。

方向へと移動し，部品は第4象限にとどまり，資本財は第4象限へと移動している。それゆえ，韓国は，「第2象限・第4象限型」の貿易構造である。第3に，台湾は，X軸では原点近くの変化にとどまり，Y軸では上下の動きを示していることから，標準化財市場の変化が顕著に表れている。構造変化を類型化すれば，部品・産業用加工品が「第2象限型」であるという特徴をもつ。第4に，中国は，部品と産業用加工品は第4象限にあり，2つの消費財は第1象限にある。とりわけ，準耐久消費財は第1象限の45度線左上にシフトしている。したがって，日本と同じ「第1象限・第3象限型」である。しかし，部門の比較優位構造は全く対称的である。

　比較優位指数による類型化は，（上記でみた競争力指標による形態類型として日本と中国が対称的であるということは同じであるが）貿易構造に関して新たな情報を提起する。つまり，中期の貿易構造においては，日本と中国は差異化財市場における構造変化を起こし，台湾は標準化財市場の構造変化を起こしている。そして韓国は，標準化財とともに差異化財市場でも変化がみられる。

4. 貿易規模の変化

2つの財市場領域の輸出規模，輸入規模の関係を，部門ごとの国際比較として確認しよう。表6-4の輸出とは，部門内部での単価比率が1.15より大きな差異化財市場の輸出規模の割合を1/1.15以下の標準化財市場の輸出規模の割合で割った値である。また，表6-4の輸入は，輸出入単価比率の逆数を考え，単価比率の逆数が1.15より大きな財市場領域の輸入規模の割合を1/1.15以下の財市場領域の輸入規模の割合で割った値である。したがって，ともに1以上であれば差異化財の貿易規模が大きいことを示す。

この表から各国の特徴が明らかになる。第1に，各国の輸出における差異化財市場領域の割合が相対的に大きいのは，日本では（とりわけアジア貿易で）産業用加工品，部品，資本財であり，それぞれの比較優位構造に対応している。また，比較優位のない2つの消費財においても，差異化財市場領域の輸出規模が大きいという構造を示している。韓国は部品貿易で，中国はアジア貿易の消費財で差異化財市場領域の割合が相対的に大きい。第2に，輸入の特徴をみると，日本は部品を除いて普及財の輸入割合が高い。それに対して，他の3カ国は，とりわけ部品と資本財の差異化財の輸入割合が非常に

表6-4　2つの市場領域の相対輸出割合・相対輸入割合

		輸出				輸入			
		日本	韓国	台湾	中国	日本	韓国	台湾	中国
	14カ国	2000	2000	1999	2000	2000	2000	1999	2000
14カ国	産業用加工品	1.7	0.5	0.3	0.5	0.4	1.0	0.9	0.9
	部品	0.9	1.2	0.3	0.3	1.7	2.3	2.6	3.5
	資本財	1.6	0.4	0.2	0.1	0.9	3.9	7.9	11.8
	耐久消費財	0.9	0.3	0.5	0.6	0.6	1.4	1.1	3.0
	準耐久消費財	1.4	0.4	0.2	0.6	0.3	1.3	2.0	1.5
アジア	産業用加工品	2.4	0.7	0.3	0.7	0.2	1.0	0.9	0.8
	部品	1.5	1.5	0.5	0.4	1.2	1.4	1.6	2.8
	資本財	4.7	0.9	0.5	0.2	0.3	2.7	6.8	8.4
	耐久消費財	1.1	0.6	0.7	1.1	0.4	0.9	0.9	2.8
	準耐久消費財	7.2	0.5	0.3	1.1	0.1	0.9	1.1	1.2

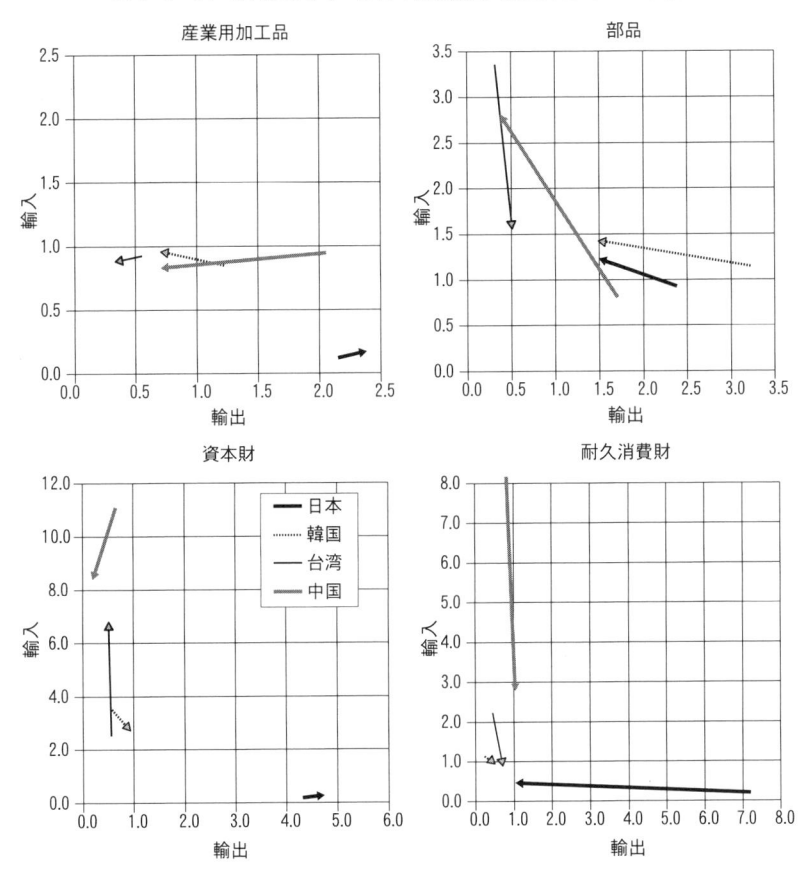

第6章　アジア諸国の貿易構造　151

図6-3　同一部門における4カ国の相対輸出入構造変化（アジア貿易）

高い。くわえて，中国の消費財で差異化財の輸入割合が高い。

　さらに，図6-3はアジア貿易における変化を示すために，準耐久消費財を除いた4つの財ごとの国際比較を行っている。この図は，X軸に輸出の財比率を，Y軸には輸入の財比率を示している。各財の輸出入構造は，上記の国別の比較優位構造を反映している。産業用加工品と資本財には，アジアの中での日本の特徴が現れている。日本は，差異化財市場における輸出割合をわずかであるが伸ばし，差別化財の輸入がきわめて低い。この構造は，

日本が差異化財の比較優位があることに対応している。中国の部品貿易の顕著な特徴は，急速に差異化財の輸入割合を拡大させていることである。そして，貿易割合の動きに同じ傾向がみられる。部品貿易では日本，韓国，台湾の3カ国，耐久消費財貿易では4カ国に観察される。とくに，部品貿易の動向は，垂直差別化が進行し，韓国は差異化財市場で，台湾が標準化財市場で比較優位をもつことを反映している。ただし，日本のアジアとの部品貿易の比較優位と相対輸出入規模は異なる。それは，差異化財市場での部品輸入が拡大していることを物語っている。

以上，アジア諸国の中期データを分析し，用途別財分類の視点から，経済のグローバリゼーションの特徴をみてきた。そのなかで，以下のような結論が得られた。

第1に，日本と同様に，韓国，台湾，中国も垂直差別化による双方向貿易が拡大している。とりわけ，部品と資本財の拡大が著しい。第2に，部品や資本財の双方向貿易の傾向は同じであるが，その内部構造には違いがみられた。たとえば，日本は，差異化財市場において比較優位を向上させ，それに対して，中国は，標準化財市場で比較優位をもつ。第3に，国際競争力指数と比較優位指数は，異なる指標であることが確認されたが，指標の傾向はほぼ一致する。しかし，中国の資本財のように，競争力指数がプラスであっても，比較優位指数がマイナスというケースもある。第4に，比較優位構造の変化に注目すると，日本と中国は差異化財市場での構造変化，台湾は標準化財市場での構造変化が起こっている。そして韓国は，標準化財とともに差異化財市場でも変化がみられ，台湾との違いがある。

本章ではアジア諸国との対比の中で，第5章で確認した日本の貿易構造と同様に，日本は差異化財市場での比較優位が確認された。同時に，この日本の構造変化はアジア諸国と補完関係を形作る構造変化を遂げていたことが分かった。

付表　各国の双方向貿易の構造変化

付表6-1　日本の貿易

日本		14カ国			アジア		
		1988	1994	2000	1988	1994	2000
全体	一方向	76.5	68.9	60.8	83.2	75.4	63.9
	垂直	19.6	26.7	32.6	13.3	20.0	32.8
	水平	2.9	3.5	6.1	2.3	3.3	3.0
産業用加工品	割合	22.1	19.8	19.0	30.7	25.0	22.9
	一方向	74.3	69.9	63.5	81.4	78.3	72.7
	垂直	19.4	25.1	32.8	12.4	17.2	24.8
	水平	5.6	4.6	3.6	6.0	4.2	2.3
資本財	割合	21.0	20.8	23.0	15.7	19.1	21.4
	一方向	72.2	66.2	60.9	83.0	78.3	67.6
	垂直	21.8	29.2	35.1	14.3	17.7	30.8
	水平	4.7	3.2	2.8	0.2	1.9	1.1
一般部品	割合	13.5	19.2	22.4	14.6	20.1	26.6
	一方向	47.7	39.8	25.5	65.0	46.9	27.7
	垂直	49.2	53.0	59.2	32.9	44.6	65.2
	水平	1.8	6.4	15.2	1.9	8.2	7.0
輸送機部品	割合	5.7	7.1	6.6	3.5	4.9	3.8
	一方向	83.3	82.4	57.7	91.3	88.9	71.7
	垂直	15.5	14.9	28.6	5.6	9.5	25.8
	水平	0.4	2.2	12.3	0.2	0.6	1.8
乗用車	割合	10.0	8.1	7.6	1.0	1.2	0.8
	一方向	86.0	73.9	90.2	99.6	99.8	99.6
	垂直	12.3	23.5	8.3	0.4	0.0	0.0
	水平	1.6	2.5	1.4	0.0	0.0	0.2
耐久消費財	割合	2.5	2.3	1.0	1.7	2.1	0.9
	一方向	98.2	96.2	95.0	98.9	98.1	98.6
	垂直	0.7	3.2	0.8	0.7	1.1	0.4
	水平	0.0	0.1	3.4	0.0	0.1	0.0
準耐久消費財	割合	3.3	2.7	1.9	3.1	3.1	2.1
	一方向	85.2	78.8	78.4	71.3	71.2	82.4
	垂直	7.9	7.9	16.9	13.5	8.8	13.5
	水平	0.7	1.6	1.2	0.1	0.4	0.2

注)「割合」とは，輸出入合計金額全体に占める，その部門の輸出入金額の合計の割合である。

付表6-2　韓国の貿易

韓国		14カ国		アジア	
		1994	2000	1994	2000
全体	一方向	70.7	54.7	69.2	53.3
	垂直	26.4	39.3	27.0	38.4
	水平	2.5	6.0	3.4	8.2
産業用加工品	割合	30.3	25.1	38.9	30.5
	一方向	77.8	73.7	76.4	73.6
	垂直	18.7	20.7	19.2	19.5
	水平	3.4	5.6	4.3	6.9
資本財	割合	17.9	17.4	15.0	14.4
	一方向	77.7	59.1	77.7	53.7
	垂直	19.8	38.7	19.5	43.7
	水平	0.8	2.2	0.9	2.5
一般部品	割合	22.1	31.3	21.1	31.8
	一方向	41.0	19.0	40.0	19.7
	垂直	54.9	71.4	54.1	65.3
	水平	4.0	9.6	5.8	15.0
輸送機部品	割合	3.2	2.5	2.1	1.7
	一方向	68.2	47.6	62.2	60.6
	垂直	22.6	50.3	34.2	35.6
	水平	6.8	2.2	2.2	3.8
乗用車	割合	1.7	3.2	0.3	0.4
	一方向	91.5	97.0	98.3	96.7
	垂直	8.3	2.9	0.0	2.4
	水平	0.0	0.1	0.0	0.9
耐久消費財	割合	2.4	1.5	1.2	0.7
	一方向	94.7	84.3	93.3	89.7
	垂直	3.3	8.0	0.4	10.3
	水平	0.0	7.7	0.0	0.0
準耐久消費財	割合	2.2	1.6	1.9	1.1
	一方向	81.6	77.3	75.8	66.1
	垂直	17.8	20.5	23.5	29.5
	水平	0.3	2.0	0.4	4.4

注)　「割合」とは，輸出入合計金額全体に占める，その部門の輸出入金額の合計の割合である。

付表6-3 台湾の貿易

台湾		14カ国			アジア		
		1990	1994	1999	1990	1994	1999
全体	一方向	74.8	74.0	64.7	69.4	72.7	60.3
	垂直	22.4	23.3	31.5	26.1	23.9	34.3
	水平	2.8	1.8	3.8	4.5	2.3	5.3
産業用加工品	割合	28.6	30.9	26.5	36.7	37.1	31.2
	一方向	82.3	84.0	82.5	78.9	83.4	83.0
	垂直	14.3	12.9	14.8	16.5	13.2	14.2
	水平	3.4	3.0	2.7	4.6	3.4	2.8
資本財	割合	17.4	17.5	21.1	15.6	16.0	20.1
	一方向	68.9	75.8	72.6	67.5	73.5	68.4
	垂直	28.7	21.3	25.4	28.4	22.9	29.2
	水平	2.4	0.8	1.9	4.1	0.8	2.4
一般部品	割合	16.2	22.3	32.3	18.2	22.8	33.7
	一方向	40.8	49.0	34.0	39.2	49.0	27.4
	垂直	53.4	47.7	59.3	51.7	46.3	62.6
	水平	5.8	1.5	6.7	9.1	2.1	10.0
輸送機部品	割合	3.2	3.5	3.0	3.5	3.7	2.6
	一方向	69.2	68.8	70.3	56.7	65.9	66.0
	垂直	28.2	29.9	26.8	42.5	33.4	29.3
	水平	2.6	1.1	2.9	0.8	0.5	4.7
乗用車	割合	1.2	1.3	0.4	0.1	0.0	0.2
	一方向	100.0	99.9	100.0	99.7	92.9	100.0
	垂直	0.0	0.0	0.0	0.3	0.0	0.0
	水平	0.0	0.0	0.0	0.0	0.0	0.0
耐久消費財	割合	4.6	3.7	2.0	2.9	2.6	1.3
	一方向	71.8	59.7	80.2	59.6	54.3	60.1
	垂直	26.5	39.5	15.6	36.4	45.0	31.3
	水平	1.5	0.6	4.0	3.6	0.7	8.3
準耐久消費財	割合	14.1	8.3	5.6	8.3	5.7	3.4
	一方向	90.9	80.0	79.8	77.6	73.2	67.5
	垂直	8.4	18.1	19.0	20.3	23.0	30.1
	水平	0.7	1.9	1.2	2.1	3.9	2.4

注)「割合」とは,輸出入合計金額全体に占める,その部門の輸出入金額の合計の割合である。

付表6-4　中国の貿易

中国		14カ国			アジア		
		1992	1994	2000	1992	1994	2000
全体	一方向	73.1	74.7	65.5	69.0	68.7	60.0
	垂直	16.4	20.6	30.0	19.2	25.2	33.9
	水平	4.6	4.4	4.3	5.9	5.7	5.9
産業用加工品	割合	32.2	29.7	27.5	34.7	35.2	32.2
	一方向	64.0	66.5	71.7	59.0	62.9	70.8
	垂直	26.7	28.0	23.4	30.1	30.8	23.6
	水平	6.5	5.4	4.9	7.7	6.2	5.6
資本財	割合	13.4	17.0	17.8	12.0	13.9	15.4
	一方向	75.9	75.1	59.7	70.0	68.0	50.9
	垂直	20.0	21.1	36.3	25.1	25.6	43.1
	水平	2.0	2.8	3.1	2.8	5.0	5.1
一般部品	割合	8.2	8.8	17.9	8.4	9.7	20.6
	一方向	38.1	37.1	23.8	29.8	31.2	23.5
	垂直	22.8	53.7	71.4	25.7	60.3	71.1
	水平	0.5	9.2	4.7	0.6	8.4	5.3
輸送機部品	割合	2.0	1.4	2.5	1.3	1.1	1.8
	一方向	80.3	69.2	49.6	78.0	68.5	35.5
	垂直	3.7	27.3	40.9	5.3	26.8	47.8
	水平	0.9	3.5	8.6	1.2	4.6	16.6
乗用車	割合	0.9	0.8	0.2	0.4	0.5	0.2
	一方向	98.8	99.9	99.9	97.8	99.7	99.9
	垂直	1.2	0.1	0.0	2.0	0.2	0.0
	水平	0.0	0.0	0.0	0.0	0.0	0.0
耐久消費財	割合	1.5	3.3	0.8	0.9	2.0	0.2
	一方向	50.3	96.5	94.0	82.9	91.6	82.5
	垂直	4.5	3.2	1.9	9.9	7.6	9.6
	水平	0.0	0.0	0.0	0.0	0.0	0.0
準耐久消費財	割合	3.7	3.6	3.8	4.0	3.1	2.6
	一方向	94.0	86.5	94.4	94.0	78.7	91.8
	垂直	4.1	12.7	4.6	4.1	20.1	6.5
	水平	0.4	0.7	0.8	0.3	1.2	1.7

注）「割合」とは，輸出入合計金額全体に占める，その部門の輸出入金額の合計の割合である。

第Ⅲ部
企業単位からみた生産システムと貿易構造

第7章
バリューチェーン・ネットワーク・グローバル生産システム

　以下の4つの章では，貿易構造の変化を，企業組織が構成するグローバル生産システム構造から捉え直す作業を行う。

　まず，本章では，国際的に分散した生産構造をグローバル生産システムと定義する。グローバル生産システムを構成する主要な調整様式は，企業組織，市場（離散的交換），関係的交換の3つである。また，グローバル生産システムの最小単位は施設単位であり，企業単位は1つないし2つ以上の施設単位を所有している。そして，施設単位間の関係をリンケージと定義する。さらに，複数のリンケージの関係をリンケージ連鎖と呼ぶ。リンケージ連鎖の第1のまとまりをバリューチェーン，リンケージ連鎖の第2のまとまりをネットワーク，そして，第3のまとまりを生産システムと定義し，それぞれのリンケージ連鎖の関係を考察する。

　くわえて，リンケージにおける財の投入産出関係，そして，それを支える情報フローに注目する。同時に，企業組織におけるストックとしての有形資産と無形資産にも注目する。したがって，2つの側面からグローバリゼーションを考察することになる。1つは，投入産出活動と物的資産の蓄積・所有という物質的生産関係の側面であり，そして，もう1つは，情報・知識の流れと非物質資産の蓄積・所有という非物質的生産関係の側面である。さらに，グローバル生産システムにおける社会的分業の特性として，補完関係や柔軟性，そして，階層関係やガバナンスがあるが，本章では前者の補完関係と柔軟性という側面を考察する。

1. リンケージ

(1) 施設単位とリンケージ

　施設単位とは，生産施設や研究施設，物流施設などである。これらの施設単位は特定の企業組織に属している。施設単位間の経済関係をリンケージ (linkage) と定義しよう。リンケージは，所有関係の有無により，企業組織内部の関係か異なる企業組織間の関係かのどちらかである。さらに，リンケージは国境を超える場合もある。したがってリンケージとは，表7-1のように，施設単位間の所有関係の有無，財・サービスのフローと付加価値の流れ，情報のフローと統合の程度など多様な特性を持つ。そして，このリンケージの多様な特性が組織内部の構造，組織の境界，組織間の関係，そして施設単位間の階層関係を規定する。

　グローバリゼーションの最も単純な形態は，国境を超えたリンケージ形成である。そこには，まず，所有関係を伴うリンケージとして直接投資がある。直接投資には新規投資を行うグリーンフィールドと現地企業のM&Aの形態がある。もう1つは，所有関係を伴わないリンケージがある。それは，施設単位が異なる企業に所有され，法的実態をもった組織間でリンケージが形成される。所有を伴わないリンケージでは，協調関係が強い関係的契約である場合もあるし，単なる離散的契約関係（市場取引）の場合もある。

表7-1　施設単位間のリンケージの特性

リンケージ3つの側面	特性
財取引の側面	・付加価値の流れ ・離散的あるいは関係的取引
情報取引の側面	・情報・知識（形式知）の共有 ・統合の程度
関係の側面	・所有関係の有無 ・空間関係における越境の有無 ・有形資産と無形資産の蓄積の相違

リンケージは，中間投入に関わる部分と最終需要に関わる部分では，その特性が異なる。本章では，当面，最終需要が安定しているという前提のもとで，施設単位のルーティーンの相互関係を維持するリンケージの側面に注目したい[1]。また，情報フローに関してあらかじめ概念を明確にする必要がある。Nonaka (1994) が指摘するように，組織にとって情報と知識は区別しなければならない。情報とは，事実，公理，シンボルなどで，容易に移転できるフローの概念である。それに対して知識は，情報をもとに学習して得られるもので，ストック概念である。ただし，Kogut & Zander (1992) のように，知識の中に，情報とノウハウがあると主張す場合もある。本書では，情報をフロー，知識をストックとして考える。さらに，知識には形式知と暗黙知との区別がある。暗黙知に関しては，M・ポランニの概念を評価したNelson and Winter (1982) に依拠したい。特に，暗黙知は組織外に移転が困難である。しかし，知識の粘着性は，技術革新やアーキテクチャの変革の中で変化していると考える。したがって，ストックである知識の一部は形式知化し，フローとしての情報に転化する。

(2) リンケージ連鎖の多次元性

経済のグローバリゼーションとは，財や情報の取引による経済関係が拡大・深化する中で形成された多次元の関係連鎖とそれらの相互作用である[2]。そして，経済単位間の関係，関係の連鎖，多次元の関係連鎖とその相互関係を明確にすることから，構造分析が進められる。以下では，経済単位として施設単位，企業単位，産業単位，国民経済単位を考え，そのなかで施設単位のリンケージのまとまりをリンケージ連鎖(linkage chain)と呼ぶことにする。

図7-1は各経済単位の関係を示している。この図では，施設を最小単位と考えている。そして，完成財に至る各工程段階を担当する施設単位のリン

---

[1] 「ルーティーン」とはNelson and Winter (1982) の概念である。
[2] もちろん，資本取引も含むが，分析対象が財の側面からみたグローバリゼーションであるので，対象を限定している。詳しくは，本書第1章を参照のこと。

ケージ連鎖がバリューチェーンである。また，複数の企業がネットワークを構成し，ネットワークは多数のバリューチェーンを包摂する。さらに，複数のネットワークがグローバル生産システムを形成する。このようにリンケージの連鎖は，多次元的である。そこで，バリューチェーンはリンケージ連鎖の中核であると位置づけ，リンケージ連鎖の「第1の単位」と呼ぶ。つづいて，ネットワークをリンケージ連鎖の「第2の単位」，グローバル生産システムをリンケージ連鎖の「第3の単位」と定義する。

さらに，バリューチェーンと施設・企業との関係を結びつける単位を加えておきたい。それは，図7-1の中で示しているように，企業が実際に活動する際の事業単位（ビジネスユニット）である。したがって，複数の事業単位を抱える企業（施設）は複数のバリューチェーンと関係する[3]。また，同じ事業部のなかで複数の製品を扱うならば，それぞれの製品のバリューチェーンを構成する施設単位が異なる可能性がある。そのため，1つの事業部が複数のバリューチェーンの結節点となっていることもある。くわえて，これまで関係がなかった同じ企業内部の異なる事業単位が，同一商品の製造でバリューチェーンの関係を構築する場合もある。ただし，以下では，単純化のため，施設単位と事業単位の区別をせず，バリューチェーンの最小単位が施設単位であると考えることとする。

この図では，横軸がリンケージ連鎖の広がりを示し，縦軸は経済単位の規模を示している。リンケージ連鎖の第1の単位から第3の単位に行くに従って連鎖は広い。さらに，単位内部の色の濃淡がリンケージ連鎖の統合の程度を示している。とりわけ，多国籍企業内部は所有により統合され，相互依存関係が非常に強い。また，財・サービスの取引からみると，バリューチェーンは投入産出の流れに関わる方向性をもった取引であり，ネットワークはバリューチェーンの形成・編成を支える基盤であり，研究開発，資本財取引やロジスティクスなどのサービス取引を包摂する。そして，生産システムでは

---

[3] たとえば，EMS内部では，それぞれの独立の事業部（ビジネスユニット）があり，内部の情報を企業内部の他の事業部に漏らさず，それはあたかも一つの企業のように機能している。それゆえに，競合する企業が，同一のEMSに生産委託することができ，さらに，それぞれの製品の差別化も可能となっている。

第 7 章　バリューチェーン・ネットワーク・グローバル生産システム　163

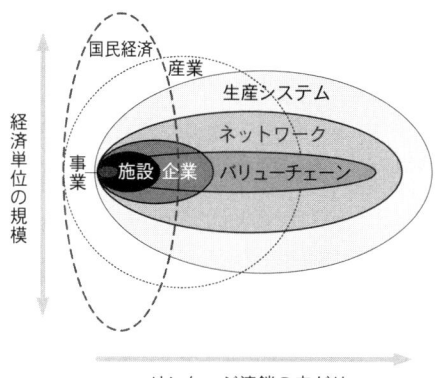

図 7-1　経済単位とリンケージ連鎖の階層構造

(縦軸：経済単位の規模、横軸：リンケージ連鎖の広がり)
国民経済／産業／生産システム／ネットワーク／バリューチェーン／事業／施設／企業

表 7-2　リンケージ連鎖の特徴

リンケージ連鎖のまとまり	定義	主要単位	調整	関係	知識・情報	価格
企業組織	垂直的統合	施設	組織内交換	所有	暗黙知の蓄積と移転	振替価格
第 1 の単位	バリューチェーン	施設(事業)	関係的交換	協力 協調 連携	情報の共有と形式知の移転	固定価格
第 2 の単位	ネットワーク	企業	関係的交換	評判・信頼	同上	固定価格
第 3 の単位	生産システム	バリューチェーン	離散的交換を含む	契約	情報の非対称性と不確実性	伸縮価格

注)　リンケージ連鎖の広義の概念は，狭義の概念を包摂している。したがって，たとえば，生産システムは，関係的交換（固定価格）も含み，さらに，離散的交換（伸縮価格）を含む。

突然の変動に対処する派遣労働者や部品などの市場取引を含む。そのため，バリューチェーンやネットワークでは，どちらかといえば長期的取引で価格も固定的であるのに対して，生産システムには短期的取引で伸縮的価格の調整様式も含む。以上を整理すると表 7-2 になる。

また，図 7-1 では，貿易分析の基本単位であった産業単位と国民経済単位が点線で描かれている。バリューチェーンの大部分が産業内部に包摂されているならば，特定の産業のバリューチェーンと考えることもできる。しかし，一般的に，他の産業で産出された素材・中間投入財の取引を含むため産

業の枠を超えている。そして,現代の生産システムはグローバル生産システムと定義され,国民経済の枠を大きく超えている。グローバル生産システムとは,多様な企業と複数の国民経済の関係で形成されている[4]。以下では,リンケージ連鎖の多次元の関係として,バリューチェーン,ネットワークそしてグローバル生産システムについて考察したい。

2. バリューチェーン

(1) リンケージ連鎖の最小単位

完成財の生産プロセスとは,研究開発に始まり,原材料の加工,部品の製造,製品組立,製品の販売に至る施設単位のリンケージ連鎖である。これは,川上から川下への方向性のある財とサービスの継続的投入産出関係であり,それに対応した付加価値の連鎖である。同時に,そこには協力・協調関係があり,生産の継続性に必要な情報のフローがある。本書では,複数の企業と多数の施設単位が構成する製造段階の最上流から最終顧客までの投入産出関係に対応した財・サービスと情報のフローをバリューチェーンと定義する[5]。バリューチェーンは,生産活動の条件である設備投資や労働者が事前に確保され,投入産出関係を効率化するサービスも前提とされ,投入産出関係とそれに関連した情報フローを対象としたリンケージ連鎖であると仮定する。そして,バリューチェーンを「リンケージ連鎖の第1の単位」と呼ぶ。

財フローに焦点を当てるならば,バリューチェーンとは中間財の投入産出関係である。そして,投入産出関係には,組織内と組織間の関係がある。後者の関係は,所有権の移転を伴う交換である。ただし,バリューチェーンでは,契約による公開市場を通じた離散的交換(discrete exchange)ではな

---

[4] したがって,生産システムにおける貿易構造とは,第Ⅱ部で確認した国民経済単位を視点とした2国間関係ではなく,最終財を生産するまでのプロセス全体を鳥瞰した企業関係が構築する多数国間の貿易である。生産システムにおける複数の国民経済を包摂した貿易構造は第9章で考察する。
[5] Porter (1985) では,バリューチェーンとは企業内活動であり,複数の企業が形成する最上流から最終顧客までの関係を「価値システム」と定義する。それに対して本書では,バリューチェーンは企業間関係であり,どちらかといえば,Hirschman (1958) の「前方連関効果」・「後方連関効果」というアイデアと関連する。

く，Goldberg（1976，1977）やMacneil（1978）が指摘したように，非契約的関係・関係的契約（relational contract）による継続的な「関係的交換」（relational exchange）が支配的である。そこでは伸縮価格ではなく固定価格による取引が行われる。市場で形成される価格が固定か伸縮かという区別の核心は数量調整である。つまり，企業間取引は，安定的な数量の確保が必要であり，信頼関係に基づいた固定価格取引が長期に行われる。

さらに，情報フローに注目すると，情報は協力・協調関係に基づき共有され，継続的かつ長期的な関係が構築される。バリューチェーンは，情報の共有に基づき，投入産出の継続的・長期的活動を行うまとまりであると定義できる[6]。そのため，インターネット調達のように短期的な伸縮価格市場取引が拡大しても企業間取引の中核部分が変化するわけではない。また，そこでは情報の共有の程度により，信頼関係の程度が異なると考える。

(2) バリューチェーンとサプライチェーン

ここで，グローバル・サプライチェーン・マネジメントとの関係を明確にしたい（その上で，次節でバリューチェーン分析の特徴を整理しておきたい）。サプライチェーン・マネジメントは，リンケージ連鎖を形成・展開し，拡大・深化する原動力となっている[7]。グローバル・サプライチェーンとは，原材料の調達から最終商品の販売までの工程を担う国際的に分散した多くの施設単位をあたかも1つの企業組織のように統合するシステムといえる。サプライチェーン・マネジメントには2つの推進力がある。1つは効率化の追求である。在庫を圧縮し，資金の流れを早め，決済をスムーズにおこなうことである。さらに，もう1つは異なる企業が情報を共有し，協力・協調関係を構築し，結果として顧客の満足度を追求していくことである。サプライチェーン・マネジメントにおける効率化と信頼形成は表裏一体であり，共進化する。また，グローバル・サプライチェーン・マネジメントは，国内

---

[6] その手段が，在庫管理手法などを含むサプライチェーン・マネジメントである。
[7] 技術・組織的要因の複合体とは，ITとそれを利用したeコマース，モジュール化，国際VMI/SMI，3PLなどの要素を含んでいるからである。詳しくは第10章を参照のこと。

のサプライチェーン・マネジメントと基本的には同じであるが，税制・関税制度，為替レートなどが介在し，複数の国民経済と関連を持つ。

　サプライチェーン・マネジメントにより形成される構造が，財とサービスの投入産出構造であり，それに対応する付加価値連鎖であり，さらに，完成財の最終消費者への販売とアフターケアに対応する付加価値実現の販売行為である。この中で付加価値連鎖に焦点をあてたものがバリューチェーンである。したがって，サプライチェーン・マネジメントはリンケージ連鎖の推進力であり，バリューチェーンはサプライチェーンによって形成された構造である。以下では，バリューチェーンを考察する場合，最終財の販売活動は十分に行われ，バリューチェーンを支える労働，資本財，サービス要素はすでに確保されていると仮定される。

(3) バリューチェーン分析

　バリューチェーン分析は2つの目的をもつ。第1に，それ自体が対象とする構造を明らかにすることである。これは，国際経済におけるリンケージ連鎖の補完関係，柔軟性，バリューチェーン間の競争関係，階層構造・ガバナンスを分析する視点であると考える[8]。したがって，本書の分析視点は，Gereffi et al. (2005) がグローバル・バリューチェーン分析でガバナンスに焦点を絞っているのとは異なる。第2に，グローバリゼーションの多次元的構造を明確にするにはバリューチェーン分析には限界があることを確認することである。バリューチェーンはグローバル生産システムを構成するリンケージ連鎖の部分集合であり，全体像ではない。そのため，企業組織・市場・関係的交換という3つの調整様式を区別し，施設単位間の関係からみたバリューチェーンと企業単位間のネットワークを分けて考察し，その上で，バリューチェーンやネットワークを包摂する生産システム全体の構造からグローバリゼーションの多次元的構造を論証する。この際に，バリューチェーンはグローバル生産システムを分析する基本的視点であると位置づける。

　バリューチェーンの分析対象は，投入産出関係（財フローと付加価値連

---

[8] 本章では，補完性・柔軟性の側面を考察し，次章で，階層性・ガバナンス構造を検討する。

鎖）と情報共有関係（情報フローと協調関係）という2面性から施設単位間の関係を分析するという，1つのバリューチェーン内部の構造とともに，次のようなものがある。

まず，同じ最終財を生産する複数のバリューチェーン間の競争関係を対象とし，それぞれのバリューチェーン特有の補完関係やガバナンスの形態の模索過程に注目したい。そして，模索過程における特定時点のバリューチェーンの競争優位性を補完優位と定義する。補完優位とは，バリューチェーンの各施設単位の能力を組み合わせて活用することである。つまり，バリューチェーン内部の補完関係が，バリューチェーン間の競争の優劣を規定する。具体的には，ディスインターミディエーション（disintermediation：仲介排除）やインターミディエーション（intermediation：仲介）による効率化・コストの引き下げ，規模の経済性，生産性の向上，製品差別化，タイム・トゥ・マーケット（time to market：開発を始めてから市場に出すまでの期間）の短縮，製品のライフサイクルに合わせた柔軟性などである[9]。

さらに，財生産のバリューチェーンの形成・再編・消滅にも注目する。同じ企業の製品でも，種類が異なれば製品特性に応じてバリューチェーンが形成される。そして，製品にはライフサイクルがあるため，バリューチェーンは消滅する。さらに，製品に組み込まれる部品自体にもライフサイクルがあるため，製品の用途は同一でも内部の技術的仕様が変化し，バリューチェーンが再編される場合もある。バリューチェーンの中には，非常に短命のものもある。したがって，バリューチェーンのライフサイクルという視点が，バリューチェーン分析にある。

最後に，バリューチェーン分析とネットワークおよびグローバル生産システムの関連を確認したい。グローバル生産システムにおける特徴的な競争は，企業間というよりも，企業が構成するバリューチェーン間の競争である。それだからこそ，バリューチェーン内部で協力・協調関係の模索過程が

---

[9] 形成された複数のバリューチェーンは，補完優位性により比較される。たとえば，アパレル産業に属するバリューチェーンを比較すると，Berger（2005）が指摘するように，スペインのザラ（ZARA）とイタリアのベネトン（Beneton）はバリューチェーンの補完関係は異なることが述べられている。

進行する。以下でも確認するが，その模索過程は，グローバル生産システムにおける中核の調整様式であるネットワークを基盤にして行われる。その意味で，グローバル生産システムの最小単位としてバリューチェーンを位置づけ，グローバル生産システムの構造を分析する始点としてバリューチェーン分析を位置づけるのである。

3．企業組織とバリューチェーン

(1) バリューチェーンの形態

　企業組織とバリューチェーンの関係をみると，複数のバリューチェーンに関わる企業組織もあるし，1つのバリューチェーンにしか関わらない企業もある。たとえば，市場占有率100％に近い部品を生産する企業は複数のバリューチェーンに部品を供給する結節点である。あるいは，1つの財を少量に生産する企業は，単一のバリューチェーンに包摂される。

　また，所有関係の有無から，バリューチェーンは2つの極端なケースが指摘できる。1つは，完成財に至るプロセスを担うリンケージ連鎖が1つの企業組織の内部で垂直的に統合される「チャンドラー型」組織である。そして，所有関係により統合されたリンケージ連鎖が国際的に分散しているならば，その組織は多国籍企業と呼ばれる。企業内部には，財の調達活動と情報フローがあり，同時に製品のマーケティング活動と最終商品市場に関わる情報フローが存在する。そのため，外部企業との調整の不確実性は存在しない。もう一方は，バリューチェーンの全ての施設単位がそれぞれ独立した企業の場合である。そこでは，最終商品の生産に至るまでの財フロー（調達活動）とそれに関わる情報フローには企業内取引とは異なる調整システムが必要になる。

　注目すべきバリューチェーンは，2つの極端なケースの中間形態である。バリューチェーンのリンケージには，所有関係を伴うものと所有関係を伴わないものが混在する。そして，中間形態といっても多様なリンケージ連鎖の変化がある。たとえば，「チャンドラー型」の典型であったIBMは，製造施

設を分離売却し，外注化を進めた。同時に，EMS（Electronics Manufacturing Service），ODM（Original Design Manufacturer）や3PL（Third Party Logistics）のように製造，設計，検査，ロジスティクスなどに特化・専門化した企業組織が出現している。一方で，多国籍企業はバリューチェーンの垂直的統合を解体するプロセスを進め，他方で，特定の生産工程を分担する企業（EMS・ODM）は水平的あるいは垂直的な統合を進めている。このような変化は，バリューチェーンを構成するそれぞれのリンケージ連鎖の構造を大きく変えている。

ここでいう中間形態とは，Hymer（1976）がみたアメリカ多国籍企業組織を典型とした階層組織内部の国際的リンケージ連鎖ではない。また，Bartlet and Ghoshal（1989）が分類した先進国企業の多様な組織形態に注目するだけでは考察できない。それは，1980年代の後半から確認できる先進国企業と途上国企業とのリンケージ形成であり，また，Mathews（2002）が「ドラゴン多国籍企業」として分析した途上国の企業間によるリンケージの形成でもある。換言すれば，多様な国籍の企業が所有する施設単位で構成されるリンケージ連鎖である。

(2) 企業組織の境界

企業組織単位の概念には大きく2つの視点がある。1つは，効率化やコスト最小化を行う経済単位という視点である。もう1つは，ノウハウや知識を蓄積する経済単位と考える視点である[10]。取引費用最小化は，確かに功利主義的企業組織の特性である。しかし同時に，組織が存在するためには，組織内部にルーティーンを保持し再生する能力や社会関係を維持する能力が必要である。そこで，前者を企業単位の効率概念，後者を能力概念と定義する。効率概念からみた企業組織は，競争優位を求めて功利的行動をとる。それに対して，能力概念からみた企業は，補完優位を求めて協力・協調的行動をとる。

また，この2つの特性は，組織間の関係性という観点からみると理解でき

---

[10] たとえばHodgson（1988）に，2つの組織をみる視点が整理されている。

る。効率性とは，他組織との比較の中での相対的合理性であり，他組織との相対関係の中で組織のコスト優位性をみる考察方法である。それに対して，ルーティーンによる技術や技能の形成はその組織に限定された合理性であり，異なる組織との関係の中で特化による利益（組織間分業の利益）を強調するものである[11]。さらに，2つの特性は，短期の視点と長期の視点という時間のコンセプトで区別される。コスト効率性は短期の比較の問題であり，技術や技能の形成というプロセスは長期にわたるものである。したがって，取引費用の視点からだけでは，長期的企業の存続理由は説明することはできない。

　本書では，企業組織の特性の2面性をとりあげる。つまり，他企業との競争の中で競争優位性を追求する効率性単位であるばかりではなく，他の組織との分業関係を形成するなかで補完関係による優位性を追求する能力単位でもある。グローバリゼーションの中で各企業組織がそれぞれ得意分野へ資源を集中させる傾向は，規模の拡大による効率性の追求もあるが，「階層的ルーティーンの高次元ルーティーン」により形成される技術やノウハウの学習，あるいは「コア・コンピタンス」の明確化の動きでもある[12]。したがって，グローバリゼーションの分析視点として，「効率性」からみた企業の境界とともに，バリューチェーンを形成している企業組織の技術やノウハウなどの「ケイパビリティ」を視点とした企業の存続理由としての境界に注目したい[13]。

(3) 境界の「曖昧さ」と「ゆらぎ」

　メガ・コンペティションといわれるように，国境を越えて地球規模で激しい競争が行われている。このなかで競争優位を確保するために，企業は国境

---

[11] Nelson and Winter (1982), Foss (1997) を参照のこと。
[12] Prahalad and Hamel (1990) で，コア・コンピタンスとは企業組織における集団的学習であり，なかでも，多様な生産技術を調整する方法，複数の技術的な流れを統合するものと定義している。
[13] ケイパビリティに関しては，Langlois and Robertson (1995) に依拠している。さらに，Nelson (1991) では，組織ルーティーンの階層性を認識することがコア組織ケイパビリティ概念の根幹であると主張している。

を越えてバリューチェーンを形成する。同時に，企業による補完関係の模索過程のなかで，バリューチェーンを構成する企業の境界が曖昧になり，また，バリューチェーンの構成はゆらぎをもつ。

ここでいう「曖昧」とは，各施設単位がどのような企業に所有されるかというパターンは多様な形態を持ち，特定のパターンを持つわけではないということである。また，「ゆらぎ」とは，特定のバリューチェーンを取り出してみると，時間の経過の中で，企業境界は微妙に変化していることである。時には，既存のバリューチェーンに仲介企業が入る場合もあるし，逆に仲介企業を排除する場合もある。あるいは，バリューチェーンのリンケージ構成は硬直的であるというよりも，どちらかというと柔軟である。

ところで，効率概念だけでは，バリューチェーン全体でコスト効率化を説明できても，バリューチェーンのなかの企業境界のパターンの曖昧さを考察することはできない。たとえば，長期的な視点から，1つの製品モデルのサイクルが終焉し，新たなモデルの製品を市場に出すことを考えてみよう。バリューチェーンを編成する際，どの企業がリーダーシップをとってバリューチェーンを再編するのか，また，新製品の特性に会った施設単位・企業単位の組み合わせを決定する理由がどこにあるかを効率性の観点からだけでは説明不可能である。

それに対して，能力概念は，バリューチェーンにおける企業境界の変化を説明することが可能である。相互の能力特性を補完させることでバリューチェーンが形成されることを示し，それぞれの能力特性が企業境界を説明する。また，バリューチェーンの再編・更新のガバナンスを考える場合，バリューチェーンのなかでどのような知識や技能の管理が重要であるか，そして，それらの知識や技能をどの企業が所有しているかで判断できる。

バリューチェーンの柔軟性としてのゆらぎも，企業の能力や補完関係により説明できる。たとえば，EMSやODMは，多数の業種の複数の企業リンケージを構築することで，特定の業界や企業の業績変化に依存することなく，比較的安定的な稼働率を確保できるという柔軟性がある。あるいは，急激な需要拡大のなかで数量調整を迫られる場合，バリューチェーンの定常的

補完関係では対処できない。したがって，短期的変化に対応できる調整能力をもつ企業とのリンケージを一時的に構築する。

4．ネットワークとグローバリゼーション

(1) 企業組織とネットワーク

　企業の内部組織形態と企業組織間の関係を整理しておこう。内部組織という場合，多国籍企業の内部組織を考える。代表的な形態分類として，たとえばBartlet and Ghoshal (1989) の分類がある。彼らは，ローカル適応とグローバル統合の関係から，① グローバル，② インターナショナル，③ マルチナショナル，④ トランスナショナルという4つの分類から企業組織の特徴を類型化する。Bartlet and Ghoshal の念頭にあるのは，国境を越えた投資の複雑性と子会社組織形成の試行錯誤を類型化することであった。さらに，Jones (2005) が主張するように，彼らの研究は企業内部の組織形態がそれぞれの企業の本国の影響を受けていることを類型化したものともいえる。そして，自立性の強い子会社をネットワークで統合するトランスナショナルモデルが，それぞれの組織形態の限界を超えるモデルであった。しかし，あくまでも企業組織内部に限定した類型化である。本章の目的は多国籍企業組織内部の類型化ではない。むしろ，従来型巨大多国籍企業の内部組織が抱える問題を乗り越えるために外部組織との関係を模索している過程（脱垂直化）を重視する。

　ここで，Hedlung (1986) が提起したヒエラルキー (hierarchy) 組織とヘテラルキー (heterarchy) 組織という分類に注目したい。前者が1つの中心（親会社）により統治された垂直統合型組織形態で，後者は組織内部の中心が多数存在する組織形態や外部の組織との協力・協調・提携・合弁に至る柔軟な組織形態である。したがって，ヒエラルキーが単中心構造であるとするならば，ヘテラルキーは多中心構造である。そのため，ヘテラルキー組織では，所有による直接的コントロールがない代わりに，個々のメンバーの行動を支える規範が存在する。本書では，ヘテラルキーという概念を限定的

に用いている。つまり，ヘテラルキーを内部組織構造のガバナンスの変化と考えるよりも，むしろ，複数のヒエラルキー（階層構造）間の関係と考えている。

　グローバリゼーションとは，このヒエラルキーからヘテラルキーへのバリューチェーンのガバナンス変化をともなっている[14]。換言すれば，バリューチェーンの所有による支配（Control），バリューチェーン内におけるヒエラルキー的パワーの行使，知識・情報の囲い込みというガバナンスから，企業組織間の協力（Coordination），協調（Cooperation），連携（Collaboration），提携（Alliance）などといわれる分権的補完関係によるバリューチェーンの形成，知識・情報の共有というガバナンスへの変化である[15]。

　ガバナンスに変化をもたらす2つの要因がある。1つは，所有関係の視点から「脱垂直化」と呼び，もう1つは，情報・知識の共有関係の視点から「オープン化」と呼ぶ[16]。脱垂直化は内部化されたリンケージを外注化に切り替えることであり，オープン化とはリンケージ連鎖に参加している企業間の情報・知識が共有される割合が高くなることである。本書では，技術革新と制度変革の中で，企業内施設単位間のリンケージ連鎖の一部が脱垂直化し，そしてオープン化することによりガバナンスがヘテラルキー構造へと変化するプロセスを「ネットワーク化」と定義する。

　また，ネットワーク化の概念の根底にあるオープン化について留意したい点がある。それは，情報通信技術の革新により，企業内部に蓄積されていた暗黙知の一定部分が形式知化させるという変化である。そして，形式知化された知識が，技術情報や発注・在庫管理情報とともに，企業間で共有されている。したがって，ネットワーク化とは企業間の双方向での情報（あるいは知識）の取引が拡大することである。それは，財取引の効率性と継続性を支

---

[14] 詳しくは，第8章で取り上げられる。
[15] バリューチェーンの統合の度合いは，協力，協調，連携という順に，情報の共有が密になり強くなる。たとえば，Speakman et al.（1998）を参照のこと。
[16] 知識には形式知と暗黙知との区別があるが，オープン化されるのは，形式知である。暗黙知は組織内部に粘着的であり組織外に移転が困難である。したがって，組織に関しては，情報の非対称性という市場の失敗よりも，知識の蓄積の相違が重要である。

えることに寄与する[17]。

　ところで，一方で，多国籍企業の内部組織のネットワークに注目したものとして，Goshal and Bartlett（1990）が指摘する「差別化された統合ネットワーク」という定義がある。それに対して，企業組織間の相互依存性という意味のネットワークが存在する。前者の組織内における知識・情報の共有化は，確かにネットワーク化ではある。しかし，所有による統合形態に変化はない。本章では，脱垂直化とオープン化という要因を重視し，企業組織内リンケージよりも企業組織間のリンケージの変化に注目した相互依存関係に限定した狭義のネットワークという概念を用いる。

(2) ネットワークの形態

　ネットワークの形態区分を考えておきたい。Leavitt（1951）はネットワークのシンプルな形態分類を行った。彼は，5人で構成される小集団をサークル型，チェーン型，Y型，そしてコア・サテライト形態をとるホイール型という4つのネットワーク形態に分類した。そして，ホイール型の集権的ネットワークは単純な問題の場合に対して調整が機能するのに対して，サークル型の分権的ネットワークでは複雑な問題に対処する場合に機能すると述べている。さらに，Leavitt(1961)では，サークル型，チェーン型，ホイール型の3つのモデルを用いてネットワークの特性を指摘し，分権的なサークル型が変化に対応するのに適し，より抽象的あるいは新規の仕事に対して対応できると指摘する[18]。本書では，Leavitt のモデルを応用して，7つのノードから構成される3つのモデルを提示したい。チェーン型といわれる線形ネットワーク，ホイール型といわれる集権的ネットワーク，そして，サークル型をより分権的にした完全結合型ネットワークといわれる3つの形態である。図7-2では，ソシオグラムを用いて，Leavitt（1951）のモデル

---
[17] ただし，ネットワーク化により企業間の知識格差は解消するものではない。むしろ，知識格差こそ，ネットワークにおける企業の存在感や支配力をもたらす。このことは，有形資産と無形資産の関係として，次節で詳しく述べる。
[18] Leavitt の指摘は，モジュール型システムの分権的なネットワークがイノベーションを促進すると指定する Langlois and Robertson(1992)の指摘と関連する。

図 7-2　ネットワークの形態

① Leavitt（1951）のネットワーク・モデル

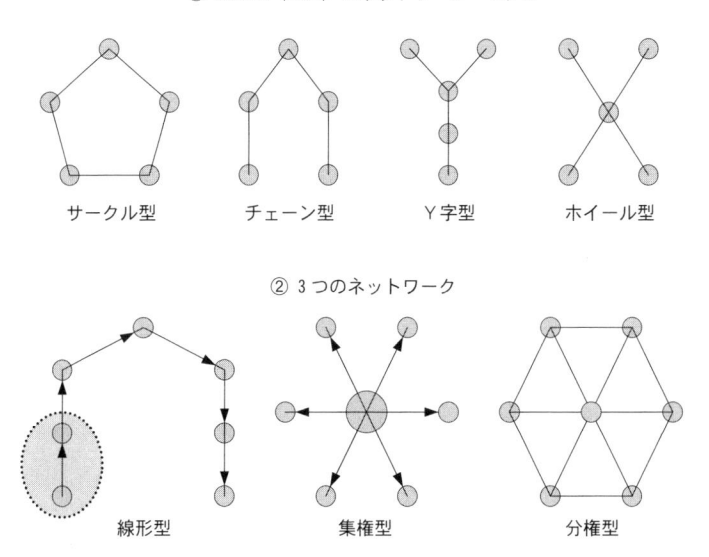

サークル型　　チェーン型　　Y字型　　ホイール型

② 3つのネットワーク

線形型　　集権型　　分権型

と本書の 3 つのモデルを示している。

　まず，バリューチェーンは，生産プロセスの工程に従った財の投入産出とそれに対応した付加価値の流れという方向性をもった線形型の形態をとる。また，基本単位が施設単位であり，企業がどのような施設を保有するかによって，施設単位のノードの数は一定でも企業単位のノードの数が変化する[19]。線形型は，財の生産プロセスの流れからみたノード間の補完関係（協調）である。

　ここで，企業単位間の製品プラットフォーム情報の流れを見ると，2 つの形態に分類される。1 つは，日本の自動車産業のようにサプライヤー（サテライト）とメーカー（コア）という集権型の補完関係である。もう 1 つは，パソコン産業にみられるもので，それぞれ独立した企業が分権的ネットワークの上で補完関係を形成している。

　しかし，最近の情報の流れの傾向をみると，ネットワークは分権化してい

---

[19] 図 7-2 の線形型では，小さなノードが施設単位であり，点線内のノードが企業単位である。

る。たとえば，自動車産業の製品プラットフォーム情報の流れをみてみると，大きな変化が現れている。一般的な傾向として，製品に占めるハードの割合に対して組込ソフトの割合が高くなっており，従来のハードウェアからみた製品プラットフォームからソフトウェアを中心としたプラットフォームへ移行している。このソフトウェアの技術開発に取り組む方向が，集権的なネットワーク（閉鎖的統合）から分権的ネットワーク（開放的統合）への傾向を促進している[20]

 さらに，情報は製品プラットフォームに関するものだけでなく，在庫など物流に関わるものや，マーケティングに関わるものなど，情報の共有が進んでいる。したがって，情報の双方向の流れをともなったオープン化が進展し，分権的ネットワークのノードの再編によりバリューチェーンの協力・協調関係が形成される。実際は，信頼関係が埋め込まれている分権的ネットワークは，図の基本的構造より多数のノードから構成され，研究開発，資本財生産，ビジネス支援サービスなど，バリューチェーンを支える企業を包摂している。

 ここで，ネットワークの具体的形態とネットワーク概念との区別をしておく必要がある。たとえば，McKelvey et al. (2003) によって提示されたスウェーデンのバイオ医薬品の研究開発協調ネットワークを考えてみよう。そこでは，中心ノードと周辺ノードというような企業の集権的ネットワークが図示され，大きなコア・ネットワーク形状と小さいコア・ネットワーク形状が混在している。このような具体的形態からみれば，ネットワークはバリューチェーンを包摂するものではなく，むしろ，研究開発プロセスに限ってみればバリューチェーンを横断するものである。本書でネットワーク概念がバリューチェーンの形成の基盤でありバリューチェーン概念を包摂すると考えている理由は，バリューチェーンの多様な工程段階でのネットワーク形態の集合体としてネットワーク概念を考えているからである。つまり，ネットワーク概念とは，多数の「ネットワークのネットワーク」である。した

---

[20] ソフトウェアの海外へのアウトソーシングが進んでいる。たとえば，ドイツのBosch社はインドの会社にソフト開発を委託している（日経 Automotive Technology, 2008.7）。

がって，本書のネットワーク概念は，形式的に企業内部組織のネットワーク形態は除外し，企業間が形成する「ネットワークのネットワーク」という広範囲のネットワーク形態を念頭においている。

　換言すると，ネットワーク形態は階層的である。まず，信頼関係の濃淡（情報の共有の程度）に違いがあるにせよインフォーマルで広範な「ネットワークのネットワーク」が形成・進化している。それは，研究開発，製造工程，生産支援の資本財生産部門や物流支援サービスなど，それぞれのプロジェクトやプロセスごとの目的別ネットワークの集合体である[21]。さらに，その基盤の上で，商品財の生産のためのバリューチェーンが形成される。バリューチェーンは，方向性（情報の流れと財の流れ・付加価値の流れ）と情報の共有関係の程度（信頼関係とに基づいた協力・協調・連携関係）という視点からみた線形形態であるため，ネットワークとは区別した概念として定義した。しかし，このような階層的視点から考察すると，ネットワークの特殊な形態がバリューチェーンであるとみなす方が合理的であろう。

　したがって，ネットワークはバリューチェーンよりもリンケージ連鎖の広義の概念である。そして，バリューチェーンが施設単位からみたリンケージ連鎖であったのに対して，ネットワークは企業単位の視点からみたリンケージ連鎖である。それは，多数のバリューチェーンを包摂し，バリューチェーン相互の水平的リンケージ連鎖を形成することから，「リンケージ連鎖の第2の単位」と定義される。ここで包摂するという意味は，ネットワークがバリューチェーンの形成・消滅・再編を支える基盤であること，そして，ネットワークの存在がバリューチェーンの弾力的な編成を可能とするということである。

(3) ネットワークと取引

　取引に注目してみよう。バリューチェーンでは投入産出に関わる取引に限定した。それは，最終財の販売とは区別される継続的取引であり，長期的取

---

[21] さらに，プロジェクトやプロセスという目的別ネットワークにも階層があるように，細かく指摘すれば際限がないであろうから，重層的階層構造というような形容もできる。

引による固定価格取引が支配的である。それに対して，ネットワークでは資本財投資に関わる取引やルーティーンを支えるサービスなどの取引も含む。たとえば，パソコン産業では，CPU やメモリーの生産に必要な生産設備を供給する企業や生産設備のメンテナンスを定期的に行う企業との取引がある。ここでは，資本財の供給企業（たとえば半導体装置メーカー）とその取引先企業（半導体製造メーカー）の間のネットワークのあり方が，競争力を左右すると指摘されている[22]。また，バリューチェーンの効率性を支える 3PL などのサービス取引もネットワークの中で行われる[23]。

ネットワークは多数のバリューチェーンに関わる企業取引を包摂する。たとえば，パソコン産業をみると，マイクロソフトのソフトウェアやインテルの CPU などは複数のバリューチェーンに横断的に投入される。そして，マイクロソフトやインテルはパソコンの技術情報（アーキテクチャー）をネットワーク内の企業に公開している。したがって，ネットワークは，バリューチェーンの相互の関係（競争関係も含む）を包摂するとともに，各々のバリューチェーンを支える資本財やサービス，そして，情報取引を包摂するリンケージ連鎖でもある。

ネットワークでは，バリューチェーン同様に関係的交換に基づいた企業間取引が支配的である。企業間取引は，単に市場を通じた関係と異なり価格は粘着的で，長期的関係・供給契約の中で行われる。ネットワークが，それぞれのバリューチェーンにおける中間財と情報の絶え間ない流れを保ち，組織間のルーティーンを維持し，そして，資本財の調達関係を構築するなかで，生産工程の国際的分散を進展させている。

ネットワークは，組織と市場（短期的取引の行われる市場）に対して，第3の調整様式である[24]。そして，第3の調整様式を規定する3つの基準があ

---

[22] Von Hippel (1988) を参照のこと。また，太陽電池にみられるように，ターンキー契約による資本財の取引は，生産技術の蓄積のない企業の参入を容易にし，特定製品の大量生産を可能にし，市場シェアを獲得する好機を与える。同時に，景気循環のなかで設備過剰感を助長する。
[23] 詳細は，第10章参照。
[24] Powell (1990) は，Williamson (1985) の中間形態 (middle range) という定義を否定している。本書でも，市場と組織の中間形態（ハイブリッド形態）ではなく，第3の形態と考える。

る。それは，第1に，垂直統合されたヒエラルキー組織（hierarchy with central leadership）や市場（arms-length market relation）とは異なる機能を持つという視点である。つまり，ネットワークとは，組織内には存在せず，同時に，市場の中にも求めることができない情報（価格・数量情報，納期情報）や知識（形式知としての技術・経営ノウハウなど）を交換する機能である[25]。これは，企業組織間の互恵的協力関係あるいは補完関係と定義される。また，第2に，補完関係の基盤となる「信頼関係」という視点である[26]。そして，この組織間信頼関係の濃淡によりネットワークにおける調整機能は多様な形態を持っている。たとえば，日本の企業に観察された系列関係は絆の強いネットワーク関係である。また，eマーケットプレイスの中のコラボレーティブ・コマース（Collaborative Commerce）も協調関係を築いているネットワークである。したがって，ネットワークとは，それぞれの企業集団や産業により構成されるリンケージ連鎖の重層構造である。そして，第3に，ネットワークは，歴史的特性を持った調整様式の具体的形態である。つまり，情報通信革命という技術的変化のなかで，情報通信コストが飛躍的に低下するとともに，アナログからデジタルへの転換により，暗黙知の形式知化が進行し，これまでにない情報のオープン化を促進した90年代以降の変化を反映した調整様式である。したがって，調整様式という視点から整理すると，「組織」と「市場」に対比して，第3の調整様式として「関係的交換」という定義を用いることが適切であろう。それに対して，ネットワークとは，情報通信技術の基盤の上で形成された関係的交換であり，1980年代以降に形成されたという，歴史的時期区分を加味した用語である。

---

[25] Powell（1990）やUzzi（1997）でネットワークの存在意義について指摘している。
[26] 取引費用を批判する根拠として，Granovetter（1985）は人間関係の「社会的埋め込み」（social embeddedness）という概念を用いた。そこには信頼関係がある。もちろん，リンケージ形成において，良心的メンバーばかりではなく，悪意をもったメンバーがいるかもしれない。それゆえ，ネットワークを機能させるためには，個々のリンケージ構成員の評判（reputation）が重要な情報となる。信頼関係とは，評判をベースにした長期的関係のなかで構築されるものである。したがって，評判ベースの関係の薄いリンケージは，時間の経過の中でより関係密度を高め，バリューチェーンにおける高い信頼関係を構築することになる。1つの空間には評判に基づいた信頼関係の濃淡があるとともに，評判に基づいた信頼関係は時間の経過の中で変化しているのである。

5．グローバル生産システム

(1) 生産システム

　生産システムは，企業組織・ネットワーク・市場取引という3つに類型化される調整様式を含んだリンケージ連鎖である。ここでいう企業組織とは，所有関係により結ばれている施設単位の集合体である。その多国籍企業組織の内部構造は，Bartlet and Ghoshal（1989）の研究にみられるように，多様な形態がある。続いて，企業組織間での調整は大きく分けて2つある。1つは市場である。市場とは，契約に基づくスポット的交換による離散的調整システムである。もう1つが，ネットワークである。それは，信頼（あるいは評判）に基づく関係であり，関係的契約に基づいた継続的交換である。したがって，相互依存関係の程度の多様性と広がりからみると，生産システムは広義のリンケージ連鎖ということで，バリューチェーンとネットワークにつづく「第3の単位」であると定義される。

　また，インターネットを介した市場取引が拡大傾向にある。インターネット取引は，1つのサプライヤーと複数の調達業者によるネット・オークション，複数のサプライヤーと複数の調達業者によるeマーケットプレイス，複数のサプライヤーと1つの調達業者によるリバース・オークションに分類できる。これは，これまで金融市場や農業・鉱業・林業など1次産品市場に限

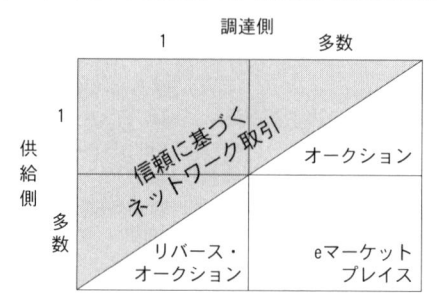

図7-3　グローバル生産システムにおける取引の多様性

られていた伸縮的価格取引が製造業部門の企業間取引に取り入れられることを意味する[27]。そのため，調達側，供給側に多様な価格設定のオプションが可能となる。図7-3はグローバル生産システムにおける企業間取引の多様性をみたものである。グローバル生産システムの調整機能に固定価格市場とともに伸縮価格市場メカニズムが導入されていることを示している[28]。

　市場取引は，投入要素の一時的・短期的な制約問題に直面したときのバッファであり，また，オンライン調達は調達の効率性を改善する手段である[29]。さらには，eマーケットプレイスの中にコラボレーティブ・コマースという取引形態があり，情報の共有により協力関係を築いている。その意味で，グローバル生産システム全体は，信頼の程度が低いリンケージ（あるいは「評判」に基づいたリンケージ）を含むけれども，広い意味でネットワークと呼ぶことも可能である。しかし，本書では，ネットワークを情報通信技術（ネットワーク化技術）に支えられた経済単位間の単なる関係形態ではなく，その調整様式の側面に注目して，市場とヒエラルキーの中間形態にある調整機能と位置づける。したがって，グローバル生産システムは，その支配的な調整機能はネットワークであるが，それに加えて一般的な市場取引を含んだ多様な調整様式を包括した概念であると考える。

　グローバル生産システムにおける支配的な調整機能は，契約による公開市場を通じたスポット取引による調整もあるが，大半はネットワークが果たしていると考える。もちろん，Bartlet and Ghoshal（1989）が焦点を当てた1960年代以降の代表的製造業の企業内部組織も生産システムの調整様式を担っている。しかし，彼らが対象とした典型的な企業組織は，グローバリゼーションの中で次第に変化した。グローバル生産システムの構造は，非契約的関係による継続的な「関係的交換」による調整，ネットワークにより形

---

[27] 詳しくは，第9章の1の(2)「eコマースの出現」を参照のこと。
[28] Morishima（1992）は，ヒックスの提起した固定価格経済と変動価格経済をモデル化し，価格決定が技術に依存することに留意している。ところで，すでに指摘したように，固定価格取引が長期に行われる核心は，安定的な数量の確保である。
[29] 第9章の1の(2)「eコマースの出現」のVWの事例を参照のこと。単にコスト削減というものではなく，調達の効率性を上げる目的に利用するということである。

成される信頼関係によって調整されていると考える方が適切である。そして，フローの側面から考察すると，グローバリゼーションとは，生産システムにおける中間投入財の取引と情報の交換が国境を越えて拡大していることである。そこで，生産システムのグローバリゼーションについて踏み込んで考察しよう。

(2) 企業組織における有形資産と無形資産

生産システムのグローバリゼーションとは，財や情報のフローばかりではなく，ストックの側面からみても大きな変化をもたらしている。生産システムでは，企業組織単位には設備投資ストックと知識ストックがある。また，企業が居住する国民経済においても，多国籍企業の施設単位の配置やそれぞれの国の地場企業が，設備や知識ストックの集合体を形成する。

生産システムのグローバリゼーションのなかでストックに関して考察する場合，Veblen（1908）の指摘から大きな示唆を受ける。彼は，無形設備（immaterial equipment）・無形資産（intangible assets）と有形設備・有形資産とを区別し，資本の中核をなすのが前者だと主張する。さらに，無形資産を支配（所有）することが「資本の蓄積」であると述べている。現代の生産システムの変化は，ヴェブレンのアイデアを生かすことができる[30]。グローバル生産システムの企業組織間関係を，有形資産の所有と無形資産の所有の相対的関係から考察したい[31]。

多国籍企業の本社，あるいは子会社や現地企業が居住している国民経済において集計されたストックは，企業組織関係に規定される。たとえば，企業組織内部でストック編成をするのが多国籍企業の活動である。Dunning（1992）のOLIアプローチに依拠すれば，「無形資産の保有」や「地理的に

---

[30] ヴェブレンの無形資産に関する現代的意義を提起した論文としてFoss（1998），Gagnon（2007）がある。
[31] Dunning（1979）では，無形資産が指摘され，それが折衷理論の所有特殊優位性の要素であると主張されている。これは，企業組織が多国籍化する1つの要因である。それに対して，本書では，ヴェブレンの発想にヒントを得て，組織間の有形資産と無形資産の相対的役割の違いから企業組織間の階層性を規定している。

分散した資産」の保有という所有特殊優位性による多国籍企業の国際生産の編成と，同時に，自社の優位性ではなく，特定の国民経済に立地することから得られる立地特殊能力を求める国際生産の編成は，国民経済間の有形資産と無形資産のストックに影響する。

しかし，組織内部の編成ばかりでなく，組織間の関係がストック編成に影響する。そして，この点が生産システムのグローバリゼーションの重要な点である。1980年代前半までは，有形資産と無形資産の両者は同一の企業組織に併存して蓄積されていた。当時のIBMは垂直的に統合された企業の典型例である。しかし，グローバリゼーションの進展は，有形資産と無形資産という2つのストックの所有形態を変化させていった。ハイマーやバーノン，そしてバートレット・ゴシャールがモデルとした典型的なアメリカ多国籍企業は，グローバリゼーションのなかで物理的生産手段の所有を放棄し，企業のコアとして知識生産に特化するようになった。そして，アジア諸国の企業が設備投資を拡大し，物理的生産手段の蓄積を進めている。また，ブランドを確立している先進国企業の行動からみると，海外への直接投資による有形資産（生産設備）の海外移転から，海外に保有している有形資産の売却やEMSへの生産の外注化（オフショア・アウトソーシング）を進め，より無形資産（ブランドの所有や暗黙知的技術）の形成に投資を集中していることになる。

(3) グローバリゼーションの2面性

グローバリゼーションは，バリューチェーンの国際的分散を促進してグローバル生産システムを構築し，さらに，すでに構築されたグローバル生産システムを変化・再編させている。生産システムのグローバリゼーションは2つの側面から考察できる。1つは，投入産出活動と物的資産の蓄積・所有という物質的生産関係の側面であり，もう1つは，情報・知識の流れ（あるいはオープン化）と非物的資産の蓄積・所有（あるいはブラックボックス化）という非物質的生産関係の側面である。

生産システムのグローバリゼーションの第1の側面は，貿易構造のグロー

バリゼーションとして現れる。国境を超えた投入産出関係の空間的広がり，そして，資本財の投資活動など物的資産の蓄積・所有構造の国際的再編成という物質的生産関係の変化を直接反映したものが貿易構造の変化である。具体的には，本書の第3章から第6章で確認したように，中間投入財貿易や資本財貿易の変化や，部品貿易比率，比較優位指標，垂直的双方向貿易指標の変化がみられる。

　生産システムのグローバリゼーションの第2の側面は，データを用いて検証することが困難な側面である。すなわち，バリューチェーン，ネットワーク，生産システムという各次元のリンケージ連鎖における情報フローの変化，そして，その情報を利用したバリューチェーンを構成する施設単位内部やネットワークを構成する企業組織単位内部での学習行動・知識創造・無形資産の蓄積という動向である。財の取引と同じように，情報のフローも先進国から途上国への一方向のフローではなく，双方向のフローが拡大している。同時に，形式知と暗黙知という知識の形態に大きな変化をもたらしている。Ernst（2005）が強調しているように，アナログ技術を基盤にした経験や勘に基づく知識・「情報の暗黙知」の状態から，デジタル技術の基盤では知識情報を文章化，図表化，数式化そしてデジタル化により「知識の形式知化」がある程度まで進行していく。したがって，国際間の伝達を促進し，情報共有を拡大させる。換言すると，グローバリゼーションとは，企業間関係における物質的生産関係である投入産出関係の変化であり，その背後には，情報や知識交換を行うためのネットワークの変化がある。そして，生産システムにおけるネットワークの広がりは，国境を越えた中間投入取引を拡大させるとともに，全生産システムにおける情報フローを拡大させ知識の偏在を増幅する。ここに，物質的資産の所有よりも非物資的資産の所有の重要性が相対的に大きくなると類推される。

(4) 補完関係

　グローバル生産システムにおける社会的分業には補完関係・階層関係という特徴がある。ここでは，物質的生産関係と非物質的生産関係という2つの

側面に留意しながら，3つのレベルのリンケージ連鎖で確認した機能の補完関係を総括しておきたい。ここでいう，生産システムにおける補完関係とは，国際的に分散した他の経済単位が保有している資源を，自身の経済単位のルーティーンを維持するために相互利用することである。グローバル生産システムにおける補完関係には次のような特徴がある。

第1に，補完関係の形態をまとめてみよう。補完関係の形成は，企業内の垂直的統合で利用できる資源よりも多くの資源を活用できる。同時に，外部の企業の資源を利用することで効率性と品質を向上できる可能性がある。まず，同じ使用目的の最終財を生産しているバリューチェーン間の競争を考えてみよう。企業の補完関係による協調の優位性が存在すれば，そのバリューチェーンは最終財の競争優位性を獲得することができるであろう。それに対して，多数のバリューチェーンを包摂するネットワークレベルの補完関係は別の特性をもつ。プロジェクトやプロセスの目的別ネットワークでは，多数のバリューチェーンを支える部品・資本財・ソフトウェアやサービスを提供する補完関係がある。それは，多数のバリューチェーンに対して横断的に関係する。具体的には，研究開発機関，大規模なEMS・ODM企業，ロジスティクス企業は多数のバリューチェーンと関わっている。

換言すれば，バリューチェーンの補完関係は，「川上」から「川下」というように方向性を持った補完関係である。同時に，財のライフサイクルに対応してバリューチェーンもライフサイクルを持つ。それに対して，ネットワークは多面的補完関係であるとともに，情報の補完関係は持続性を持つ。さらに，市場による調整様式を含んだグローバル生産システムでは，eコマースなどを通じてバリューチェーンやネットワークを離散的に補完する。

第2に，物理的資産に関する補完関係に注目しよう。生産システムは多数の国民経済を包摂して形成されていることから，国際分業における補完関係ということができる。とりわけ，製造工程に関わるEMSと呼ばれる製造受託企業は，施設単位レベルで，多くの契約企業のために生産を同時に行うことができるほどの設備投資を行い，規模の経済性を向上させている。これは，これまで1つの企業内部で生産工程が垂直的に統合されていた状況での

規模の経済性をはるかに凌駕している。規模の経済を求めた多種多様なバリューチェーンとの横断的補完関係形成である。また，製造を委託するブランド企業は，自ら設備投資する場合よりも大きな規模の経済性を享受できる。さらに，物理的資産の所有による負担やリスクから開放される。換言すれば，ネットワーク内部の一部の企業に固定資本蓄積を集中することから，補完関係を通じてネットワークレベルでの経済性を拡大させる。

第3に，国境を越えた施設単位間の情報の共有が，生産の補完関係に対応して，拡大している。とりわけ，モジュール化という製品アーキテクチャの変化やサプライチェーン・マネジメントの進展により，グローバル・バリューチェーン内部での情報の流れが拡大する。さらに，財のライフサイクルに対応したバリューチェーンの形成のなかで共有される情報とは別の階層の情報が存在する。つまり，ネットワークにおける補完関係は，特定の財の生産に関係した情報ばかりではなく，将来のアーキテクチャの設計やデファクトスタンダードを目指した情報の開示，ロジスティクスの最適化に関する情報など多方面の情報の補完関係を形成する。

多国籍企業の存在理由が国境を越えた知識の移転に優れているものであるという Kogut & Zander (1992) の主張と対比するならば，企業間の補完関係形成は，双方向の情報フローが拡大し，情報を共有し知識を生み出す環境を与えているといえる。もちろん，多国籍企業内部でも，効率的視点・短期的視点による取引費用の節約とともに，学習と知識の蓄積が行われ長期的な視点による研究開発が行われる。しかし，グローバル生産システムにおいて，企業内の情報が粘着的でオープン化しないならば，補完優位性は発生しない。グローバリゼーションとは，企業が信頼関係や協力・協調関係の中で，ネットワークやバリューチェーンを形成し，知識の補完優位性を模索する過程である。そして，この過程の中で，それぞれの組織が独自に学習と知識の蓄積を進めることを可能とした。そのことが，また，グローバル生産システムにおける補完関係を再生・強化していく。

第4に，多次元のリンケージ連鎖の集合体として，バリューチェーンとネットワークの相互関係がある。つまり，ネットワークという知識の補完関

係を基盤として，新たなバリューチェーンの編成が容易に行われる。したがって，バリューチェーン形成の前提としてネットワークが必要である。また，逆に，バリューチェーンを通じた協力・協調関係の構築はネットワークにおけるオープン化を促進し，そのことが，ネットワークにおける情報共有を高め，信頼の埋め込みを深める。したがって，各施設単位・企業単位では，バリューチェーン・ネットワークのなかで学習や知識の蓄積を進める。双方向の情報の受け渡しから学習し，また，ルーティーンの維持とコア・ケイパビリティの向上のなかで組織内の知識ストックを蓄積し，ネットワーク全体の知識集積と知識の補完性を高めていく。換言すれば，補完関係の形成は，ネットワークにおける学習効果を向上させ，無形資産の蓄積を高め，ネットワーク内部の知識集約性を高める。

(5) 柔軟性

　企業が柔軟性を求める意味を確認し，その上で，グローバル生産システムにおける補完関係における柔軟性（フレキシビリティ）についてまとめておこう。ここでは，柔軟性に関して2つの特性と2つの側面から考察したい。2つの特性とは，数量的柔軟性と機能的柔軟性であり，また，2つの側面とは，外部企業との補完関係による柔軟性（外部柔軟性）と個々の企業組織内部における柔軟性（内部柔軟性）である。

　1980年代前半頃までの典型的組織形態がヒエラルキー構造であり，企業の規模拡大と多角化が進んだ。その行動の根底には企業の内部化行動があった。しかし，企業間の調整コスト（つまり輸送コストや情報コスト，貿易障壁，知的所有権の維持などのコスト）が低下すれば[32]，企業はフレキシビリティを求める行動へと変化する。同時に，生産システムに内在したオープン化とモジュラー化により，技術革新の速度と様式が変化し，商品のコモディティー化が加速し，バリューチェーンのライフサイクルが短期化するため，これまでにない柔軟な対応が求められている。

　また，グローバル・バリューチェーンによる補完関係形成は，一方でグ

---

[32] 本書の第9章を参照のこと。

ローバルレベルあるいは地域レベルでの資源利用の可能性を広げるが，他方で，空間的に拡散した連鎖の不安定をもたらす可能性がある。たとえば，バリューチェーンを形成する部品のサプライヤーが，突発の災害や事故などで供給を止めるならば，問題が国際的に波及するとともに，バリューチェーンのルーティーンが滞ってしまう。したがって，グローバル生産システムにおける補完関係の構築は，個々のバリューチェーンを形成する企業に不確実性に対応するために柔軟性を求める。

　まず，バリューチェーンにおける補完関係形成からみた外部柔軟性を取り上げよう。第1に，企業がコア・周辺業務の棲み分けによる数量的柔軟性がみられる。たとえば，ブランド企業にとって製造過程を外注化することは，垂直的統合に比べて，市場への参入・展開・退出という行動の中で，投資や生産の数量調整に柔軟性を与える。とりわけ，製品コストの低下，市場規模の変化に応じた商品供給量調整，市場が成熟・推定する局面での退出の柔軟性は大きい。第2に，コア以外の業務を外部から調達する行動から，機能の柔軟性を検討したい。たとえば，バリューチェーンの再編成の度に，その時点で最適な企業の資源・技術の組み合わせが出来るような柔軟性が強く求められる。Mathews（2002）が指摘するように，特定商品をカスタマイズし，短期間で生産を完了するバリューチェーンがある。アジアの新興多国籍企業は，組織内部で製品を完成させる能力を当初から持っていない。しかし，それぞれの企業の資源（ケイパビリティ）を持ち合い，契約や下請け関係でバリューチェーンを瞬時に形成し，また，解消するという柔軟な形態を競争力の源泉としている。このような企業関係を，セルラー形態（cellular form）と呼ぶ[33]。

　つづいて，バリューチェーンを補完（あるいは支援）するネットワークを介した柔軟性がある。第1に，企業の柔軟性は派遣労働者の雇用が支えている側面がある。派遣労働者に関しては，一般的に，熟練形成が必要な恒常的なコア業務ではなく，清掃やメンテナンスなど一時的に必要な周辺業務に関わるもので行われている。このような柔軟性は，労働市場の二極化構造と所

---

[33] Miles et al. (1997) で，Cellular Form の特徴が述べられている。

得格差をもたらす傾向を促すと言われている。第2に，コア業務に関わる部分もネットワークを介した外注化が機能的柔軟性を与える。研究開発の側面をみると，ますます開発費用が巨額となり，投資を回収できるかどうかという不確実性も高くなっている。そのため，市場の変化に柔軟に対応できる技術を，内部組織とともにベンチャー企業などの外部組織に機能を求める動向がある。第3に，eコマースの利用がグローバル生産システムにおける柔軟性を与えている。Beall et al. (2003)の調査によれば，米国企業の約50%強の大企業がリバース・オークションを行っているが，金額ベースでは全支出額の5%弱とまだまだ低い。このようななかで，自動車会社のフォルクスワーゲンは，2002年に調達額の20%をオンライン上で行っている。オンライン調達を利用することで，①リードタイムが削減，②調達の複雑性を緩和，③調達の透明性を確保，④世界規模の活動を可能とするという効果を得ているという。

最後に，組織内部の柔軟性を考察したい。これは，バリューチェーンを形成する企業がそれぞれのコア業務に特化することによる柔軟性と言い換えることができる。たとえば，製造受託企業のEMS企業は柔軟性を具現化している。製造受託しているEMSは，世界の至る所に標準化した生産ラインを保有し，グローバルレベルで生産能力の調整をすることができる。たとえば，アジア地域の顧客の急激な需要拡大に対応するために，アメリカの生産ラインを利用して生産の弾力性をもつことができる。また，EMS企業のなかには多数の製品や業界の顧客を抱えることで，特定の製品市場や特定の企業の需要の変動によるリスクを分散させている。さらには，特定の製造過程に特化したEMSは，外部の資源に頼ることなく，あらゆる要求に柔軟に対応できるノウハウを蓄積しているものもある。

ただし，グローバル・バリューチェーンの補完関係の上で構築された柔軟性やネットワークにおける柔軟性は，あくまでも最終需要が安定あるいは拡大しているときの話であり，市場環境が悪化した場合には，大規模固定設備投資の調整コストが特定の企業や特定の国に集中して現れる可能性もある。このような状況下では，柔軟性は機能せず，グローバル・バリューチェーン

における負の連鎖として失業者，在庫調整・設備過剰などが顕在化すること
は留意しておきたい．

　本章では，バリューチェーン，そして，それぞれのバリューチェーンの集
合体としてのネットワーク，そして，多数のネットワークと市場取引を包摂
したグローバル生産システムという多次元のリンケージ連鎖の集合体の関連
性を明確にした．第1に，バリューチェーンがリンケージ連鎖の最小単位で
ある．バリューチェーンは，既存の資本設備やサポート・サービス，そして
労働要素を前提として，完成財を生産するまでの投入産出過程に注目し，投
入産出過程にともなう付加価値連鎖の束を対象とした概念である．第2に，
ネットワークは，バリューチェーンの集合体であり，かつ投入産出関係を支
える資本財を提供し，バリューチェーンをサポートするサービス提供を包摂
する企業単位間のリンケージの集合体である．ここでは，投入産出関係だけ
ではなく，バリューチェーン間の関連やバリューチェーン間の競争を対象と
する．また，ネットワークの構造は「ネットワークのネットワーク」といわ
れるように重層的である．そして，第3に，生産システムとは，企業組織，
市場，ネットワークというすべての調整様式を含んだシステムである．そこ
には，柔軟な生産要素市場での短期的な価格取引を含んでいる．
　また，生産システムのグローバリゼーションについて考察した．それは，
2つの側面から観察される．1つは，バリューチェーンのグローバリゼー
ションによる投入産出活動と物的資産の蓄積・所有という物質的生産関係の
側面であり，もう1つは，情報・知識の流れと非物的資産の蓄積・所有（あ
るいはブラックボックス化）という非物質的生産関係の側面である．このな
かで，後者の側面は数量的に明確に把握することは困難であるが，重要な側
面であることを強調した．そして，グローバル生産システムにおける補完関
係構造，システムの柔軟性について考察を加えた．ただし，補完性・柔軟性
はグローバル生産システムの1側面でしかない．もう1つの側面として，階
層性については，次の章で考察する必要がある．

第8章
生産システムの構造変化

　前章では，グローバル生産システムの概念を提示した。本章では，具体的な事例と先行研究を基にして，生産システムのグローバリゼーションという構造変化に注目したい。また，前章では，グローバル生産システムにおける補完関係の側面が強調されたが，本章では，生産システムの階層関係に注目する。補完関係とは機能の側面の相違であるのに対して，階層関係とは規模や能力の序列に応じたパワーバランスである。

　以下では，生産システムの変化として，製品アーキテクチャの変化，技術革新としてのネットワーク化，バリューチェーンの国際的分散化，価値創造と価値獲得関係に注目する。次に，企業活動に焦点を当て，80年代後半から形成されたグローバル生産システムの歴史性を明らかにする。

1. バリューチェーンの変貌

(1) 財の階層とバリューチェーン

　バリューチェーンの流れの中にある財の階層を確認しておこう。第1に，企業会計の視点からみれば，企業組織内部の製造工程にあり外部に販売することができない財を「仕掛品」といい，製造過程にあり外部へ販売可能な財を「半製品」という。第2に，半製品や製品はバリューチェーンの中で分類される。すなわち，加工度に応じて，産業用加工品と部品に分類される。そして，部品は，鋳造，鍛造，熱処理，プレス等の「粗形材」，そして，加工精度のあがった「単部品」，複数の単部品を組み合わせ「組立部品」（サブ

アッシー部品），さらに組立部品には「構成部品」，そして構成部品がユニット化され機能が明確となった「機能部品」などと段階を経ていく。そして，最終的に全ての組立部品がアセンブリーされて完成品へと至る。第3に，ハードウェアに対して，ソフトウェアがある。とりわけコンピュータ製品に明確にみられる[1]。まず，製品基本動作を制御するベイシック・インプット・アウトプット・システム（BIOS）が組み込まれる。次に，制御の基盤となるオペレーティングシステム（OS）が組み込まれる。そして，OSの上にアプリケーションソフトが加えられる。この時点で，はじめて消費者が利用できる完成品となる。

このような生産工程段階に沿った財の形態変化は，粗形材から組立部品までの物的財の生産過程を担うハードウェアの工程段階とそれに組み込まれるソフトウェア工程段階の付加価値生産の過程である。以下では，バリューチェーンを形成する最小単位を工程単位と呼び，便宜的に各施設単位が各工程単位を担うものと考える[2]。

(2) 製品アーキテクチャとバリューチェーン

製品自体の変化がバリューチェーンに影響する。一般的に，製品の多機能化・高機能化・高付加価値化・差別化などが進めば，最終製品を生産するための工程単位（施設単位）は多段階化し，複雑になる。同時に，性能や品質等に対する基準が高まるにつれ，部品は個別化・専門化し，多様な技術が必要とされる。たとえば，半導体デバイスの生産工程の後工程である組立・検査の各工程は多くの労働力に依存するが，前工程の化学処理，露光処理は高い技術水準と高度な資本設備が要求される。また，自動車の構成部品は約数万点になり，足回り系の部品とエンジン系の部品で要求される技術は異なる。したがって，部品構成や品質の変化は資財調達にあたるインバウンド・バリューチェーンを形成する組織に大きな変化をもたらす。また，多機能

---

[1] 最近では，自動車でも制御ユニット（ECU）を統合するためのOSが開発されている。
[2] それゆえ，2つ以上の施設単位を抱える企業は，企業内に複数の工程単位を抱えることになる。たとえば，企業内に金型とプレススタンピング工程，そして加工品の組み立て工程がある場合など。

化・高機能化・差別化が進む中で，商品の売買から保守サービス，問い合わせやクレームへの対応など高度なアフターサービスなども必要となり，消費者への販売までのアウトバウンド・バリューチェーンにも変化が求められている。最近では，各階層のハードウェアに対して，組み込みソフトウェアの割合が大きくなっていく傾向である。たとえば，Bergmann et al.（2004）では，自動車に占めるエレクトロニクス・ソフトウエア関連のコストは，2002年では全体の20%であったのが2015年には40%になると言われている[3]。コモディティ化している家電や携帯電話などでも同様な傾向にあり，組み込みソフトウェアは製品の差別化・高機能化のためにコストの割合が拡大している。

製品の変化の中で，バリューチェーンに大きな影響を与えるのが，製品アーキテクチャの変更・見直しである。特に非モジュラー型からモジュラー型への製品アーキテクチャ変更は，バリューチェーンを形成する組織構造に大きな変化をもたらした。Baldwin and Clark（2000）やUlrich and Eppinger（2000）で指摘されているように，製品設計のアーキテクチャと組織構造のアーキテクチャとは同一化する傾向がある。したがって，製品レベルのアーキテクチャがモジュラー型へ変化することは，財の階層構造を変化させ，同時に，生産に関わる施設単位間や企業組織間のリンケージを変化させ，バリューチェーンを形成するリンケージの特性に影響する。たとえば，所有によるリンケージから協力・協調によるリンケージ形成への変化には，暗黙知化された知識・情報の保持行動から形式知化された情報の共有というリンケージ変化，すなわち「オープン化」が背後にある。さらに，従来のハードウェアからみた製品プラットフォームは，ソフトウェアを中心としたプラットフォームへ移行している。このソフトウェアの技術開発に取り組む方向が，集権的ネットワーク（閉鎖的統合）から分権的ネットワーク（開放的統合）への傾向を促進している[4]。

---

[3] 原資料は，2003年のMcKinsey-PTW HAWK survey（Institute for Production Management at the Technical University of Darmstadt）である。

[4] 第7章の注20を参照のこと。

図8-1は，パソコン産業のリンケージ変化を示している。図の中の左側はIBMにみられる垂直的統合タイプで，一企業内部でほぼ完結する内部化されたバリューチェーンである。それに対して，右側はモジュール型アーキテクチャに沿った「垂直的な脱統合（vertical disintegration）」といわれるバリューチェーンである[5]。

垂直統合型モデルには，図には描かれていないが企業内部に研究開発部門が存在している。そこでは，事前かつ中央集権的に研究開発が行われ，バリューチェーン全体をコントロールしていた。しかし，脱垂直化・オープン化したバリューチェーンは，それぞれの工程段階を担う独立した企業ごとに研究開発部門を抱える分権的構造である。このような分権構造が可能なのは，最終製品の構成要素をつなぐインターフェース情報が公開され，事前の設計情報がオープンなシステムとなっているからである。それゆえに，製品開発および生産プロセスの研究開発活動もモジュール単位ごとに特化し，情報の共有化のなかで，個々の組織が学習し知識の蓄積を行っている。つまり，

図8-1 コンピュータ産業における組織変化

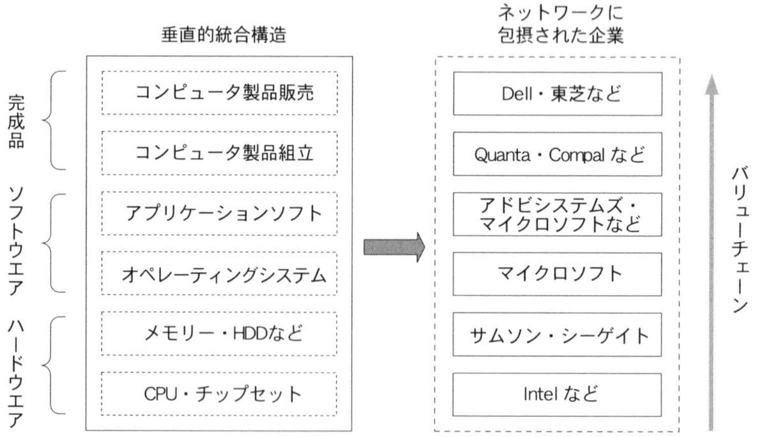

	垂直的統合構造	ネットワークに包摂された企業	
完成品	コンピュータ製品販売	Dell・東芝など	バリューチェーン
	コンピュータ製品組立	Quanta・Compalなど	
ソフトウエア	アプリケーションソフト	アドビシステムズ・マイクロソフトなど	
	オペレーティングシステム	マイクロソフト	
ハードウエア	メモリー・HDDなど	サムソン・シーゲイト	
	CPU・チップセット	Intelなど	

---

[5] Bresnahan and Greenstein（1999）に詳しく述べられている。彼らは，コンピュータ産業でのプラットフォーム間競争を強調している。つまり，垂直的な組織構造をもつ伝統的なプラットフォームと脱垂直構造をもつ新たなプラットフォームとの競争の結果，後者が組織プラットフォームを確立させたことを分析している。本書では，この変化を脱垂直化と定義している。

バリューチェーン（あるいはネットワーク）のなかでイノベーションの分権化が進み，それぞれの組織がイノベーションを独自に推進する自由度を高めている。

(3) 技術革新と制度改革を基盤とした情報ネットワーク化

分権化を引き起こした1つの要因が情報のデジタル化・ネットワーク化である[6]。ここでは，ネットワーク化と情報ネットワーク化を区別して用いている。前者はリンケージ連鎖の構造という組織構造であり，後者は技術革新と制度化改革によりもたらされた情報の共有化である。

まず，技術革新による情報ネットワーク化とは次のような変化をもたらす。第1に，アナログからデジタルへの技術転換である[7]。デジタル化とは，ハードウェアを制御するメカニカル制御から，エレクトロニクスを制御するソフトウェア制御への転換を意味する。このため，ハードウェアとソフトウェアの機能が明確に分離され，それぞれの機能に携わる部門が独立した企業組織へと自立していく。第2に，組織の調整構造が変化する。つまり，垂直的な統合形態から，脱垂直化という変化をもたらす。それは，独立企業間の垂直的分業関係が形成する財と情報の取引の拡大を意味する。第3に，知識・情報の形態が変わる。組織形態に対応した知識の存在様式に注目すると，アナログ技術を基盤にした経験や勘に基づく「情報の暗黙知」の状態から，デジタル技術の基盤では知識情報を文章化，図表化，数式化そしてデジタル化により「情報の形式知化」がある程度まで進行していく[8]。したがって，組織間の情報の伝達を促進し，組織間の情報共有を拡大させる。

次に，WTOの知的所有権の保護という制度改革を基にした情報ネットワーク化は，以下のような変革をもたらした。第1に，これまでのWIPO

---

[6] ネットワーク化と情報ネットワーク化を区別して用いている。前者はリンケージ連鎖という組織構造であり，後者は技術革新と制度改革によりもたらされた，情報の具体的共有チャンネルである。紛らわしいが，明確に区別したい。
[7] あらゆる情報をデジタル化することで，情報がネットワーク上で共有されることになることをネットワーク化と考えている。
[8] この典型例として，事前設計されたインターフェースの開放がある。

(世界知的所有権機関：World Intellectual Property Organization) 所管の条約には制裁措置がなかったが，WTOで扱うことで制裁措置が確立した。これにより，知的所有権の保護の実効性が保障された。第2に，WTOの一括受託による加盟条件により，途上国も含めて世界市場レベルで知的所有権の保護が保障された。途上国の中にはTRIPS協定に強く反対する立場の国もいたが，WTOの加盟により先進国からの技術移転や繊維協定による市場の確保という利害関係から広範囲の国が受け入れる形となった。そのため，第3に，形式知化された知識が，直接投資ではなくライセンスなどの形態で先進国から移転する可能性が拡大した。さらに，第4に，先進国企業が知識の生産に特化しても利潤が保障されるようになり，その結果，財生産と知識生産の分業が可能となった。

以上のような情報ネットワーク化は，バリューチェーンを構成する施設単位の空間的制約を取り払い製造工程の国際的分散を促進する。とりわけ情報ネットワーク化を基盤とした部品の集約化，モジュール化による生産方式の規格化・標準化は，これまで高度な技術を要していた組立工程を機械化して，生産工程の地域的な分割・移植を進める要因となっている。情報ネットワーク化を基盤とした生産工程の国際的分散の加速化という1980年代後半（とりわけ90年代）以降の生産システムの変化は，大きな歴史的転換といえる[9]。

(4) バリューチェーンの階層構造

製品アーキテクチャの変化と技術革新としての情報ネットワーク化は，バリューチェーンにおける階層関係に影響する。そこで，競合する複数のバリューチェーンを考え，付加価値連鎖におけるそれぞれの工程間の階層構造（縦断的関係からみた一次的階層構造）と，それぞれの階層内部に存在する階層構造（横断的関係からみた副次的階層構造）という2つの側面を取り上

---

[9] Hoffman & Kaplinsky (1988) は1970年代のマシノファクチャー (Machinofacture) からシステモファクチャー (Systemofacture) を生産システムの歴史的転換という。しかし，1980年代後半は，ネットワーク化やモジュール化による生産システムの空間的な分散化・変化という意味で，大きな歴史的転換であるといえる。

げてみたい。

　第1に，バリューチェーンの縦断的関係における階層性がある。つまり，バリューチェーン全体に主導的地位にある部門とバリューチェーンを形成するのに不可欠な補完的部門である。特に，複数のバリューチェーンに影響力を持つことをプラットフォーム化といい，複数の製品のバリューチェーンに影響力を持つ企業をプラットフォーム・リーダーという[10]。このプラットフォーム・リーダーがバリューチェーンを主導的に統合する。図8-1ではインテルやマイクロソフトである。また，プラットフォーム受容者である補完的企業として，ハード部品ではサムソンやシーゲイト，ソフトウェアではアドビなど，それに製品組立は台湾のODMメーカーであるQuantaやCompalなどがある[11]。

　第2に，バリューチェーンのそれぞれの階層の内部にある副次的階層性がある。つまり，部品製造やソフトウェア生産における，メーカーとサプライヤーの関係である。たとえば，1つのパソコンの部品であるハードディスクの要素技術プラットフォームに応じて部品を供給するサプライヤーを考えてみよう。サプライヤー間には価格競争の激しい単部品を生産する企業や高付加価値の単部品を製造する企業があり，それらはさまざまな国民経済に居住している。また，製品に組み込まれる制御のためのソフトウェアの開発やコンピュータのアプリケーションソフトの開発もインドでのオフショアリングが注目されているように，海外での下請生産が行われている。

　また，メーカーとサプライヤーのリンケージの変化が見られる。たとえば，在庫管理を例にして考えてみたい。メーカーとサプライヤーには，JIT（Just In Time）関係が形成されている。この在庫管理のリンケージには，発注と受注の情報のやりとりによる協力・協調関係が存在し，単なる市場関係ではない。さらに，アウトバウンドではECR（Efficient Consumer Response）やQR（Quick Response）のように小売業者，卸売業者，メー

---

[10] プラットフォームリーダーシップ・モデルに関しては，Gawer & Cusumano（2002）を参照のこと。
[11] さらに図には示されていないが，3PLなどのロジスティクス企業が考えられる。

カーの3者が情報を共有して協力・協調するシステムがある。くわえて，インバウンドでは国際 VMI（Vender Managed Inventory）のようにメーカーとサプライヤーがより密接に情報を共有するリンケージへと深化している[12]。このようなリンケージの特性の変化は，在庫コストを削減する動きであるとともに，同時に組織間の情報共有と協力・協調関係から補完性と柔軟性を強めている動きである[13]。企業における取引費用の低下というコスト視点ばかりではなく，協力・協調関係に基づいたリンケージの形成が能力向上に重要な役割を果たしていることが理解できるであろう。

しかし，バリューチェーンの情報ネットワーク化がオープンだとしても，決してフラットな構造ではない。ブランドの構築力，国際標準化の推進力，さらに，生産システムを統合するプラットフォームのアーキテクチャの設計能力など，プラットフォーム・リーダーとそれを補完する企業との間にはガバナンスの主導権の違いが形成される。また，バリューチェーン全体を俯瞰してみると，調達物流と販売物流双方で，買手寡占化のもとでの（情報を共有する）信頼関係形成の傾向が見て取れる。さらに，バリューチェーンの副次的階層構造の中でも，企業や施設単位が立地する国民経済ごとの技術格差の相違が反映されている。

(5) 価値獲得と価値創造の分離

バリューチェーンにおける階層構造をみるために，価値創造活動と価値獲得活動の分離を考えたい[14]。ここでいう，価値創造活動等とはプロダクト・イノベーションとプロセス・イノベーションのような直接的生産活動であり，価値獲得活動とはブランドやプラットフォーム・リーダーシップ（あるいはデファクトスタンダード化）を持つというような経済関係の中での統治力を行使する活動である。換言すれば，生産活動から生じるのが価値創造で

---

[12] VMI とは，売手であるベンダーに在庫管理・在庫コストを委ねるシステムで，買手であるメーカーや大規模小売業は在庫コストを削減することができる。国際 VMI に関しては，本書の第9章を参照のこと。
[13] 補完性と柔軟性についてはすでに第7章で述べている。
[14] 価値創造と価値獲得に関しては，Bowman & Ambrosini（2000）を参照のこと。

あり，市場での販売の結果として生ずるのが価値獲得である。

　垂直的統合型組織では価値創造活動と価値獲得活動には乖離を意識する必要はない。あるいは，技術をブラックボックス化する価値創造活動が価値獲得活動の源泉と考えられる場合もある。しかし，オープン化・デジタル化により知識の形式知化と情報の共有が進む産業では，バリューチェーン各段階を比較すると価値創造活動と価値獲得活動に違いがみられる。オープン型バリューチェーンでは，企業組織関係におけるパワーバランスが価値獲得能力を規定する。

　ここに価値獲得に関する1つのケース・スタディーがある。Linden et al.（2007，2009）やDedrick et al.（2007）では，米アップル社の携帯音楽プレーヤーiPodのバリューチェーンのなかの部品構成を分析している。彼らによれば，もっとも高価な部品が東芝製のハードディスクである。そのハードディスクは，外部から部品が調達され中国で生産されている。CPUはアメリカのポータルプレイヤーのものであるが，製品自体は台湾のファウンドリのTSMCやアメリカのLSIロジックなどが生産し，CPUのコアはイギリスのARMアーキテクチャを使用している。したがって，価値獲得（value capture）は東芝が19.45ドル，ポータルプレイヤーは2.21ドルである。そして，iPod最終組立とテストは，台湾の英華達が担当し，実際には中国で行っているが，中国における組み立てや部品生産を含めた付加価値はわずか数ドルにすぎない。表8-1はLinden et al.（2007，2009）が計算したiPodのバリューチェーンにおけるそれぞれの工程を担当する企業の価値獲得の地域分布を示している。ここから分かるように，地域間の価値獲得にはかなりの違いがみられる。もし，日本で販売されているiPodならば，流通と小売の価値獲得は日本に帰属するが，いずれにしても，価値創造している日本の企業や韓国の企業に比べ，プラットフォーム・リーダーであるアップルの価値獲得が大きいことを示している。

　アップルのiPodの例から理解できるように，付加価値獲得の手段は，物的資産の所有よりも無形資産の所有であるということである。アップルは，典型的なファブレス企業であり，生産工程に関わる有形資産を保有していな

200　第Ⅲ部　企業単位からみた生産システムと貿易構造

表8-1　第3世代iPod (30G) の投入要素と価値獲得の地域分布

(1) iPodに投入された投入要素

投入要素	サプライヤー	所在地	製造場所	工場渡価格($)	割合(%)	売上総利益率(%)	価値獲得($)
ハードディスク	東芝	日本	中国	73.39	50	26.5	19.45
ディスプレイ	東芝-松下	日本	日本	23.27	16	28.7	6.68
マルチメディア・プロセッサ	ブロードコム	アメリカ	台湾・シンガポール	8.36	6	52.5	4.39
CPU	ポータルプレイヤー	アメリカ	アメリカ・台湾	4.94	3	44.8	2.21
バッテリー	不明			2.89	2	30.0	0.87
メモリー32MB	サムソン	韓国	韓国	2.37	2	28.2	0.67
RAM 8MB	エルピーダ	日本	日本	1.85	1	24.0	0.46
筐体		台湾		2.30	2	30.0	0.69
プリント基板		台湾		1.90	1	30.0	0.57
挿入・テスト・組立	英華達	台湾	中国	3.86	2		3.86
投入要素合計				125.13	85		39.85
その他部品				19.28	15		
投入合計				144.40	100		

注)　投入価格と価値獲得は推計値で，ドル表示である。割合とは，全投入要素に対する割合。

(2) iPodの価値獲得の地域分布 (ドル)

	販売国	アメリカ	日本	韓国	台湾	合計
流通・小売	75					75
アップル社		80				80
詳細の分かる投入要素		7	27	1	5	40
合　計	75	87	27	1	5	195

注)　ポータル・プレーヤ・サプライヤーをアメリカの居住者でなく台湾の居住者と考えている。
出所)　Linden, et al. (2007, 2009) より。

い。しかし，アップルはブランド，さらに音楽のダウンロードが出来る仕組みであるiTunes・ミュージック・ストアやiPodの設計ノウハウやソフトウェアなどプラットフォーム，そして，顧客のニーズに対応できるマーケティング能力といわれる無形資産を保有している。ここから，企業における2つのストックの所有の問題を考察する必要性が出てくる。つまり，有形資

産の所有と無形資産の所有の問題である。この2つのストックの所有の区別に関しては，前章（第7章5(2)）で確認したように，Veblen (1908) のアイデアに依拠している。つまり，無形設備 (immaterial equipment)・無形資産 (intangible assets) と有形設備・有形資産とを区別し，資本の中核をなすのが前者だと主張するアイデアである。

(6) 無形資産とマークアップ

バリューチェーンをコントロールし，高い付加価値獲得能力を維持する上で無形資産の所有が重要であることは，単に，物理的生産設備に対する生産技術やノウハウ，そして製品技術情報という無形資産ばかりに注目するものではない。それよりも，デファクトスタンダードとなるようなビジネスを構築する能力や相互依存関係をもたらすビジネスアーキテクチャ，そして，バリューチェーンをコントロールすることが可能なコア・コンピタンスの確保，といった生産の側面に限定されないビジネスモデルとよばれる無形資産が重要となる。生産プロセスに限定せずにバリューチェーンを考えると，ブランドメーカーがマーケティング部門や消費者ローン部門などを持つことは，価値獲得能力を引きあげる[15]。換言すれば，製品やその製品に投入されている部品そのものよりも，その製品のバリューチェーンをリードする企業の能力が重要である。それは，産業ごとに異なるであろうし，同じ産業内部でも，それぞれの製品のバリューチェーンを主導する企業によっても異なるであろう。

バリューチェーンを主導する企業の価値獲得行動を考えてみよう。マークアップとしての利益は，2つの方法で確保できる。つまり，絶対的にマークアップを上昇させるか，あるいは相対的にマークアップを上昇させるかである。たとえば，独占状態であれば，企業は自在にコストに対してマークアップを上乗せできる。このような行動を行えるのは，たとえばインテルやマイクロソフトのような，圧倒的に無形資産を所有することでほぼ独占価格を維持できる一部の企業であろう。あるいは，知識のブラックボックス化と垂直

---

[15] さらに，ローンの証券化などの手法がブランド企業の金融化と脱製造業化を促した。

的統合により大規模の有形資産を所有する戦略をとる，サムソンやシャープのような，企業であった。

　ところで，国際競争が激化し，製品の独占的価格設定を享受する環境が変化する中で，このようなマークアップの設定は困難となる傾向にある。この場合，既存の設備で生産性を上げるか，あるいは直接投資により海外生産によるコストを下げるか，それとも生産自体を外注化することで，マークアップを確保する行動が出てくる[16]。特に第3の外注化の形態による中間投入コスト引き下げの動きがバリューチェーンのグローバリゼーションの主要因である。もちろん，バリューチェーンを形成する個々の部品の製造工程も国際的に分散し，中間投入コストを押さえる行動をとっている。しかし，バリューチェーン全体の中で，中間投入コストを下げてマークアップを確保するという行動を大胆に行うことができるのは，無形資産を所有している企業である。

(7) 価値獲得能力と企業の金融化 (financialization)

　ここで，視点を変えてバリューチェーンの変化を促したアメリカのビジネスモデルについて考えたい。稲垣（2001）が指摘するように，1980年代に始まった株主価値最大化の行動は，固定資産・流動資産の削減を推進し，製造工程を海外のEMSへのアウトソーシングすることを促進する。そして，このことがマークアップを引き上げることに貢献する。また，ダウンサイジングによって得られた資金は中核業務に投資され，コア・ケイパビリティを強化することに用いられる。さらに，ダウンサイジングによる資本効率の高さは資本調達コストを安くし，それが中核業務への投資を容易にする。

　ただし，中核業務の投資とは，生産プロセスの生産性上昇に結びつくものばかりではい。むしろ，企業はより短期的利益を追求する傾向を強める。その結果，製造業であった企業が，研究開発やマーケティング事業へと中核業務を転換させるばかりか，証券化やデリバティブを駆使した金融事業へと資

---

[16] 短期的な対処方として労働者の解雇という方法があるが，ここでは，需要が安定している中での競争環境を想定している。

源をシフトさせる場合もある。この典型的な事例がアメリカの自動車産業である（Froud et al. 2002）。このような，非金融業が資源を金融部門へとシフトさせることを企業の金融化という（Williams 2000）。そして，これがバリューチェーンにおける縦断的関係からみた一次的階層構造の形成を導いた。

次のような因果関係を考えることが出来る。すなわち，非金融業の金融化は，バリューチェーンにおける利益の上がる部門とそうでない部門を選別させ，マークアップを引き上げるために利益の低い部門を海外へ外注化させる傾向を強める。言い換えれば，アメリカ本国では無形資産への投資を推進し，製造工程を担うアジア諸国では有形資産への投資を拡大させる。後者の変貌を示す具体的形態が巨大 EMS の出現である。

また，このようなビジネスモデルは，アメリカ企業が直面した問題を解決するための構造改革のなかで確立した。この問題とは，日本企業やドイツ企業との国際競争により収益率が低下するなかで（Wolff 2003）[17]，これまで築き上げてきたチャンドラー型企業組織の硬直性が顕在化したことである。この硬直性を打破する試みが外部ケイパビリティの利用とコア・ケイパビリティへの特化によるビジネスモデルの変革である。そして，それを促進する要因が経済の金融化の動きであった[18]。

---

[17] 1970 年代の石油価格の上昇に伴う投入コスト上昇と生産低下により，先進国経済の生産システムは硬直化する。石油危機後に，日本とドイツの企業はいち早く生産システムを再構築し，自動車を典型にみられるように，競争力を向上させ，アメリカ市場に輸出ドライブをかけた。他方で，アメリカの企業は，生産システムの再編に遅れをとり，国際競争力の低下が問題となる。このような状況下で，1985 年に，大統領産業競争力協議会が，アメリカの国際競争力に関する「ヤングレポート」を発表している。

[18] 経済の金融化とは，アメリカ経済における金融部門の肥大化という現象である。たとえば，金融会社の非金融会社に対する利潤総額は，1970〜80 年代の 5 分の 1 から，2000 年には 2 分の 1 と拡大している（Marglin：2006）。経済の金融化については，① Fordism から Flexible Accumulation（Harvey 1989），② Phase of material expansion から Phase of financial expansion（Arrighi 1994）へ，③ Fordist regime から Financial regime へ（Boyer 2000）というように，世界システムや国民経済・産業の変容という視点から展開されている。さらに，Krippner（2005）では，金融化についてより多面的にデータ分析されている。本章では，国際経済における企業活動の変貌・変容という視点から分析する。

2．企業行動とグローバル生産システム

(1) 国際生産とグローバル生産

　国際生産システム（international production system）とは，直接投資・ライセンシング・国際下請・ジョイント・ベンチャーのように多国籍企業が関与する国際的生産活動と貿易活動である[19]。そして，本章が用いるグローバル生産システム（global production system）とは，国際生産システムが一段と統合された1980年代後半以降の生産システムを表わす。たとえば日本の企業を見ると，1980年代の前半までは効率・品質を改善することが重要な課題であり，企業内の施設をどのように国際的に再配置するかという問題は重要ではなかった。しかし，1980年代後半以降は，施設を海外に配置するか，それとも国内に留めるか，あるいは，施設そのものを売却し外注化するかという選択の問題に直面する。さらに，大企業ばかりではなく，中小企業までもが施設の配置問題に直面した。

　「国際」から「グローバル」への転換として「一段と統合された」ということは，以下の変化により理解できる。第1に，国境を跨ぐ生産活動と貿易活動を統治する主体が変化している。これは，生産システムのアーキテクチャが変化したのと対応している。したがって，グローバル生産システムの統治形態は多様である。第2に，世界経済に占める発展途上国の生産活動および貿易活動の比重が急激に上昇している。したがって，グローバル生産システムに統合されている発展途上国には成長の可能性がある。第3に，貿易形態に変化がみられる。それは，貿易の垂直構造である。すでに分析したように部品貿易の拡大と垂直的双方向貿易が拡大しているが，これは，多国籍企業による企業内貿易とともに，企業間貿易が顕著になったことに起因する。くわえて，グローバル生産システムでは，国際的な中間投入財の貿易の拡大は貿易の利益を拡大させる[20]。第4に，企業の社会的責任が問われるシ

---

[19] 国際生産（international production）の定義に関しては，Ietto-Gilles（1992）を参照のこと。
[20] Evans（1989）やSamuelson（2001）では，このことが理論的に考察されている。

ステムになった。国際的生産活動と貿易活動の関わりが一段と増したことは，それだけ多国籍企業が労働問題や環境問題などに適正に対処することが問われるようになっている。第5として，第9章で考察するように，グローバリゼーションを促進する制度的・技術的要因の変化がある。

しかし，多国籍企業が推進する生産のさらなる国際的統合化というグローバリゼーションは，世界全体に均等に作用しているものではなく，地域的な偏在があり，勝者と敗者の格差を生み出す過程でもある[21]。統合された生産システムが構築された地域では貿易活動が相対的に拡大し，他の地域との格差を示している。さらに，成長している地域にも，ケイパビリティの優位を構築できなかった企業組織，そして個人レベルでは所得格差や社会的排他の問題が目撃されている。したがって，グローバリゼーションは，統合過程であるとともに格差や排他をもたらす過程でもあり，多次元的特性をもったものと捉えることが可能である。ただし，以下では，もっぱらグローバリゼーションを生産の国際的統合を推進する企業行動に焦点をあてて考察する。

(2) ブランド企業の行動

企業組織をソニー，東芝，ヒューレット・パッカードなどの製品ブランドを確立している「ブランド企業」とそこからの製品の製造あるいは部品の生産を受け入れる「製造受託企業」の2つに分類し，それぞれのグローバル生産システムのなかの企業行動を確認したい。

最初は，ブランド企業の動きを取り上げる。ブランド企業の行動は，1つは，海外子会社の設立を通じた所有によるバリューチェーンの形成（あるいは内部化），そして，もう1つは海外企業への外部委託（あるいは外部化）によるバリューチェーンの形成である。

まず，内部化によるバリューチェーンを考えよう。所有による統合は，取引費用を最小にする形態と考えられてきた。ここでいう取引費用は，Dahlman (1979) のいう「情報の不足による資源浪費」に集約される。視点を変えるならば，市場取引では情報獲得，交渉・意志決定，監督・実行の

---
[21] 地域的偏在は Rugman (2005)，Rugman and Verbeke (2002) で強調されている。

費用が高いからである。しかし，情報ネットワーク化の中で，情報不足リスクを解消できる環境が出現している。そして，このような状況でも，内部化（所有）によるバリューチェーンは存在している。これは，不確実性（あるいは「戦略的不確実性」）に対応するためであると考えられる。また，別の角度からみれば，内部化とは長期的な実習・学習でしか獲得できない暗黙知をベースにした生産関係のガバナンスを確実にする行動である。そのため，暗黙知としての知識の形成・移転・保持ということからみて，所有をベースとした組織の存在意義は重要である。

次に，オープンなグローバル生産システムを考えてみよう。バリューチェーンを脱垂直化・オープン化したブランド企業の行動は，1970年代に日本の自動車産業の生産システムでみられた。また，経営資源の選択と集中は1980年代のGEが行ったように，非関連多角化の問題が露呈したアメリカで進展した。バリューチェーンのオープン化は，このようなリーン生産方式の能力構築とコア・コンピタンスへの資源集中が，ネットワーク化・デジタル化の中で，国際的に展開した結果であるともいえる[22]。ブランド企業の立場からすると，バリューチェーンにおける優位を保つためのケイパビリティがあればなんら問題ない。さらに脱垂直化・オープン化することで競争力（価格競争力と非価格競争力）が向上する。言い換えれば，バリューチェーンをオープン化するには，各企業は慣行やルーティーンによりそれぞれ特殊な技能や知識を組織内部に保持していることが必要である。その上で，組織内部にない技能や知識を外部の組織との補完関係により補うことが可能である[23]。

(3) オープン化とネットワーク

情報共有のオープンな生産システムに関する，Borrus and Zysman

---

[22] Langlois and Robertson (1995) では，前者を日本型ネットワーク，後者をイノベーションネットワークと定義している。
[23] 確認であるが，オープン化といっても，リンケージは単なる市場における取引関係＝契約関係ではない。そこには，濃淡の差はあるにせよ，評判をベースとしたあるいは信頼関係の上に成立したネットワークのなかのリンケージが存在する。この点は第7章を参照のこと。

(1997) と Ernst（2001，2002），Ernst and Kim（2002）の2つの概念を確認した上で，ネットワークについて考察することにしよう。

Borrus and Zysman（1997）では，エレクトロニクス産業を対象として日本とアメリカの生産システムを類型化する。日本企業は，企業内で全ての生産工程を有する垂直的生産システムである。それに対してアメリカの生産システムは，複数の企業により構成される。たとえばコンピュータでは，デル（Dell）は組立と販売を業務とし，研究開発はインテルやマイクロソフト，部品生産は EMS 企業，ロジスティクスはフェデックスのように生産システムが脱統合（disintegration）している。後者の生産システムは，国際的な生産システムの広がりを明らかにするために国際生産ネットワーク（CPN：Cross-national Production Network)」と呼んでいる。CPN は，アメリカ本国への輸出を目的とした生産基盤をアジア地域に形成したことを示すものである。それは，80年代の日本のエレクトロニクス産業の圧倒的な存在に対抗して，アメリカのエレクトロニクス産業がアジア地域を生産基盤として国際生産ネットワークを構築したものである。このような生産システムの構築により，アメリカのエレクトロニクス産業は復権したと考えている。ただし，Borrus and Zysman の概念には，企業のオープンな補完関係が述べられているが，具体的生産工程に関わる部分はアジア地域として一括して扱われ，アジア地域内部の関係は分析されていない。したがって，バリューチェーンにおけるガバナンスや階層構造の分析はない。

それに対して，Ernst（2001，2002），Ernst and Kim（2002）のグローバル生産ネットワーク（GPN：Global Production Network）の概念を提起する。そこでは，ネットワークの意思決定は旗艦（Flagship）企業が行うことを明らかにし，ネットワークのガバナンスを指摘した。また，CPN が先進国企業群の相互補完関係からの視点であるのに対して，GPN では発展途上国企業の視点からネットワークを捉えている。特に途上国企業が生産ネットワークに組み込まれることにより，知識・情報の交換が発展途上国にプラスの効果を与えることに注目する。つまり，ネットワークに組み込まれることで，途上国は産業の「底上げ」を可能とし，成長の機会を享受する。

上記のように，両者はオープン化の把握が異なっている。一方は，先進国企業間の相互関係を wintelism と定義するように，リーダーシップ企業であるマイクロソフトの OS とインテルの CPU という open-but-owned 製品との補間関係を明確にした上で，生産を分担する基盤としてアジア地域を位置づける。もう一方は，リーダーシップ企業を旗艦企業と定義し，発展途上国企業の発展の相違や階層に注目している。また，オープン化の効果として，前者はアメリカ企業の復権を考え，後者は，途上国企業の「底上げ」を重視する。しかし，2つの概念は，共通点もある。それは，生産システムのオープン化と生産システムの国際的分散（グローバリゼーション）を対応させて考えている点である。

　ネットワークは，複数の国の多様な企業が構成する生産システムの支配的調整様式であることは間違いない。また，そのなかで技術情報がオープンになることの意義も重要である。しかし，すでに述べたように，グローバリゼーションの特徴を明らかにするという視点に立てば，ネットワークの中核となるリンケージ連鎖である製品のバリューチェーンに焦点を当て，生産システムに包摂された企業や国の階層構造を明確にすることが肝要である。以下では企業や国の階層関係を規定するバリューチェーンのグローバリゼーションを考察したい。

(4) バリューチェーンのグローバリゼーション

　ネットワーク化・デジタル化により企業間で情報共有システムが進展し，同時に，知的所有権のルールが確立するならば，情報の非対称性のリスクや不確実性が低くなる[24]。そのため，企業は企業独自のコア・ケイパビリティへ資源を集約し，不足するケイパビリティを国内に限定されず国境を越えて外部に求めることができる。たとえば，半導体生産における設計と生産の分離が国境を越えて行われ，生産に特化したファウンダリ（foundry）が出現している。このようなビジネスモデルは，ブランド企業がオープン化のなかで生産の国際的分散を進め，一端形成されたグローバル生産システムがさら

---

[24] 知的所有権の確立の意義については第11章2(6)を参照のこと。

に変貌する中で出現した。それは 1990 年代半ばであると考えられる。

図 8-2 は，同じ産業における垂直統合型バリューチェーンと脱垂直・オープン型バリューチェーンを示している。親会社やブランド企業は先進国の企業である。そして，子会社および現地企業が組立に特化した生産施設である。そして，便宜的に部品のサプライヤーが発展途上国内部にあると仮定している[25]。図の右側は，バリューチェーンの中でブランド企業が製品の外注化をしている状況である。ここで，2つの生産システムを比較すると，以下のような傾向がある。親会社の製品発注量を O_p，子会社の製品生産量を P_s とすると $O_p \geqq P_s$ となり，子会社の施設単位の生産規模は，自社の製品販売量に規定される。次に，ブランド企業Aの製品発注量 O_A，現地企業の製品生産 P_L とすると $O_A < P_L$ であり，生産に特化した大規模な施設単位を所有している EMS・ODM は多数の企業から生産を請け負うために生産規模

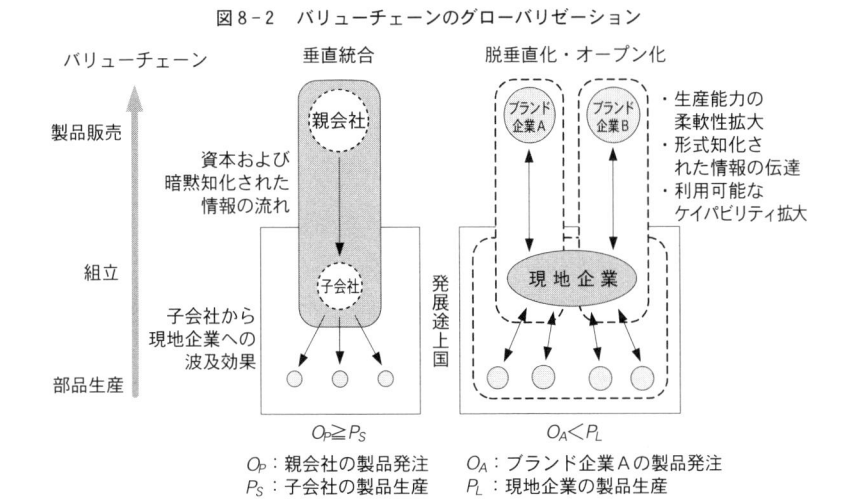

図 8-2 バリューチェーンのグローバリゼーション

$O_p \geqq P_s$
O_p：親会社の製品発注
P_s：子会社の製品生産

$O_A < P_L$
O_A：ブランド企業Aの製品発注
P_L：現地企業の製品生産

$P_{St} > P_{Lt}$
P_{St}：子会社の納期
P_{Lt}：現地企業の納期

---

[25] 実際には，部品や素材のサプライヤーは先進国や第三国に多く存在する。また，ネットワークにおける現地企業も ODM・EMS の子会社である可能性も高い。しかし，ここでは，2つのシステムの相違を示すために構造を単純化したものである。

は格段に大きい。さらに，子会社の納期を P_{St} とし，現地企業の納期を P_{Lt} とするならば，両者を比較すると，$P_{St} > P_{Lt}$ となり，オープンシステムの方が柔軟でライフサイクルの短い製品の納期も短縮可能である。

ところで，この2つのバリューチェーンの比較では，最近のパソコン産業などのデジタル化の著しい産業を典型とした例であるが，多様な産業全体を考えるならば，以下の点に留意しておきたい。

第1に，バリューチェーンのグローバリゼーションには，コスト・効率性（取引費用）だけではなく，別の誘因がある。つまり，無形資産の所有・蓄積である。それが，バリューチェーン内外で優位性を築くために，有形資産の所有・蓄積よりも重要になっている。たとえば，コモディティ化した製品では、製品の生産ノウハウよりも，それをいかに差別化するかという製品の企画能力が重要である。それに対して，コモディティ化した製品の生産プロセスでは，規模の経済によるコスト引き下げ能力と固定費の維持・管理の機能が問われる。したがって，差別化可能な無形資産の優位性を保持していれば，生産プロセスを外注化しても問題ではない。さらに，生産プロセスを外注化することで，固定費を削減し，個別企業では実現不可能であった規模の経済性の効果を享受できる。くわえて，限られた資源を，製品差別化のためのデザイン・研究開発やマーケティングに集中投資し，よりバリューチェーン内外での優位性を高めることを可能にする。また，他方では，有形資産のストックを所有することは，有形資産そのものの支配ではなく，その施設に体化された生産ノウハウ・品質管理などの無形資産（暗黙知）を支配するための行動であるかもしれない。たとえば，マザー工場のように生産プロセスのノウハウで製品の差別化を行う能力が必要ならば，企業は製造プロセスの垂直的統合を選択する。あるいは，競争がコストよりも製品化のスピードであるならば，バリューチェーンの垂直的統合が適している場合もある[26]。

したがって，バリューチェーンのグローバリゼーションにおけるリンケージ様式は多様な形態がある。あるバリューチェーンでは，イノベーションを

---

[26] 衣料ではスペインのZARAが垂直的統合により店頭に商品を陳列するスピードを手に入れている。また，垂直統合による在庫管理の徹底化により，利益率を上げている。

促進するために，分権化したヘテラルキー・システムが機能する。また，他のバリューチェーンでは，生産が柔軟かつ効率的であるために，オープン・システムが有効に働いている。さらに，別のバリューチェーンでは，コア・ケイパビリティを保持するために，ヒエラルキー・システムを維持する場合もある。したがって，全てのバリューチェーンでオープン・システムが優位であるとはいえない。ただし，傾向として，グローバリゼーションのなかでオープン化が進んでいることは事実である[27]。

第2に，2つのモデルは，歴史的に成立時期が異なる。垂直統合モデルはオープンモデルよりも歴史的に古い形態である。それは次のような2つの含意を持つ。まず，オープン型のバリューチェーンに参加できるようになった発展途上国の企業の成長条件形成に関わるものである。途上国の生産構造を確立させた1つの要因が，直接投資である。むろん，所有形態を伴わない国際下請生産により技術移転が行われたケースもある。しかし，このような場合でも，Oman（1984）が定義する「国際投資の新形態」のように実質的なバリューチェーンの支配力があり，直接投資に類似したものとみなすことができる[28]。そのため，オープン化と関連した生産の国際的分散の進行は，先進国多国籍企業の活動により形成された生産システムの構築が前提条件となっている[29]。次に，企業が海外へ進出する原因の相違を考える必要がある。先進国企業の直接投資は，Penrose（1956）が提起したように，企業間取引が困難な無形資産を持つ企業が生産活動の一部を海外へ移転する行動であり，また，Hymer（1976）が述べたように，本国で形成した優位性があるために可能である。それに対して，途上国企業は企業内部で完成品を生産する能力を保持している訳ではなく，生産工程の一定部分の限られた優位性を保持し，当初からそれぞれの企業が持つ優位性との補完的リンケージ形成

---

[27] 次章で確認するように経済のグローバリゼーションが進む現時点では，オープンなバリューチェーンが，生産システムと貿易構造に大きな影響を与えたことは確かである。
[28] Borrus（1995）によれば，アメリカ企業と日本企業では，生産システムのオープン化には違いがあると主張する。アメリカ企業と日本企業がアジアで展開している生産システムを比較して，アメリカの生産ネットワークのオープン化を指摘している点は興味深い。
[29] 貿易構造と対応させた企業関係を第9章で考察している。

を必要とする。したがって，途上国企業が相互補完的バリューチェーンを形成するには，市場による調整メカニズムの存在だけでは足りない。先進国企業と現地企業の信頼関係・ネットワークの構築が必要である。

(5) 製造受託企業の行動：水平的統合と垂直的統合

工程単位間の関係がオープン化するなかで，製造を請け負う側の企業行動に目を向けよう。ここでは，水平的統合と垂直的統合という2つの形態を考察する。水平的統合とは，同一財・同一サービスを提供している複数企業が一体化（企業規模を拡大）することであり，垂直的統合とは，製品を市場に供給するために必要な業務や生産工程を内部化すること（企業活動の範囲拡張）である。

まず，水平的統合の動向を確認しよう。これは，EMSという電子機器の組立，プリント基板への部品実装や設計を担うモノ造りに関連する一連のサービスを提供する企業に典型的に見られる動きである。EMSは，1980年代に始まり，他社の製造工場を従業員ごと買収するという水平的統合により1990年代からその規模を急速に拡大させた。たとえば，米欧の大手ブランド企業（米のIBM，ゼロックス，シスコシステム，ヒューレットパッカード，フィンランドのノキア，スウェーデンのエリクソンなど）が製造部門を切り離し，EMS企業がそれを買収している[30]。あるいは，大手電子機器メーカー自らが，製造部門を分離してEMS企業として規模を拡大させて独立させた。EMSにとっては，ブランド企業の過剰設備となっている工場を安く購入でき，さらに，買収先の発注をそのまま受託するのにくわえて，その企業以外からも広く受注することで回転率を上げて効率化を図ることが可能となる。同時に，大量購入によるコスト削減も期待できる[31]。また，工場を売却したメーカー側にとっても，生産プロセスの一部をアウトソーシング

---

[30] 日本では，2000年にSolectron社がソニーの日本と台湾の2つの工場を買収し，さらに，2001年にNECの子会社のサーバー製造部門を買収した。2002年には，Celestica社がNECの通信システムの製造子会社を買収した。

[31] 従業員ごと工場を金融機関に買い取らせ，EMSはその金融機関から賃借して操業し，大規模な固定資本部分を所持するリスクを回避している企業もある。

することで，需要動向，商品サイクルにきめ細かく対応した生産体制を構築し，間接費の削減を含め経営の効率化が図れるというメリットがある。

　EMSにくわえて，バリューチェーンの一部を担う製造受託企業として，ODMや3PLが注目されている。EMSが1980年代の外注化の波の中で出現したのに対して，ODMと3PLは1990年代の外注化の動向である。これらの受託企業は製品のライフサイクルの視点から類型化することができる。ODMは製品ライフサイクルに関わる製品設計を自らのリスクで行う。それに対して，EMSはライフサイクルの立ち上げのリスクはとらず製造受託に特化するもので，ODMと区別される。そして，3PLは，物流を受託するもので，荷主の物流業務全体の改善，再構築，最適化・効率化などについて提案し，コスト削減の具体的な実行に責任を持つ。物流のアウトソーシングでは，規模の大きな物流業者が倉庫，輸送機などの設備を効率的に用いることでコストを削減できる。しかし，3PLには自社に物流関連の物理的設備を持たないノンアセットといわれるもがある。それは，もっとも効率的な実施業者をアレンジし再委託するというノウハウを提供するサービスである。したがって，3PLはハード面の施設に投資する代わりにバリューチェーンを最適統合するソフト面でのシステム投資を行っている。

　EMSやODMのような受託企業の規模拡大は，受託生産されるパソコン，デジタルカメラ，携帯電話，プリンター，サーバーなどのように，製品がコモディティ化しているものに限られる。つまり，規模の経済（大量部品受注による価格交渉力と大量生産によるコスト削減効果など）が大きく，さらにライフサイクルが短い標準化した製品という，特定の生産工程単位での企業の自立化である。したがって，全ての生産システムにこのような受託業者が介在しているわけではない。また，このようなビジネススタイルには，製品の性格から粗利益率が低いものもみられる。したがって，価格競争が大きく作用する部門であり，国際間では比較生産費に応じた生産特化が働きやすい。実際の生産施設は，日本，米国，西欧の各市場の近隣地である中国やメキシコ，東欧などに立地する傾向がある[32]。

---

[32] EMSとODMの研究には，Sturgeon and Lee（2001）がある。

さらに，EMSは，量産効果に基づくビジネススタイルを脱却するため，サービス業務の領域を拡大させる目的で垂直統合の動きがみられる。これは，ブランド企業が外注化する動向とは逆の動きである。たとえば，量産前の試作，設計，テスト，保守，修理，電子部品調達，さらにはロジスティクスというように，製造組立分野からバリューチェーンの幅広い分野を取り込んでいる[33]。また，世界最大のODMである台湾のFoxconn（鴻海：ホンハイ）は，単に「組立」に特化するのではなく部材製造，金型の設計・製造をはじめ，ソフトウェアや部品まで内製率を高めており，ある意味ではデザインから量産出荷に至る多段階の工程単位のリンケージを内部統合する傾向にある。これにより，Foxconnは，製造工程のあらゆる段階の垂直統合を強め，他の製造請負企業より製品出荷の納期を短縮する効果をもたらしている。近年では，ODMやEMSが3PLを行い，EMSが設計部門を強化しEDMS（Electronics Design and Manufacturing Service）と呼ばれるものも現われている。

　また，台湾系のODM（ホンハイ，クアンタ，アサステック，コンパルなど）は，とりわけ中国に工場を集中させている[34]。台湾企業の中国への直接投資の拡大は，台湾国内と中国大陸との生産拠点や研究開発拠点の棲み分けを行い，部材から組立に至る製造工程の国際的分散による最適化を垂直的統合の企業組織形態で進めている。ブランド企業の脱垂直化に対して，ODM企業が産業内部での生産工程の垂直化を進めていることは興味深い。

(6) グローバル生産システムの再編：セルラー組織

　第7章で確認したように，これまでバリューチェーン，ネットワーク，そして生産システムというリンケージ連鎖の概念を展開してきた。それらは，財生産に関わる中間投入関係の連続性と安定性をもたらす長期的取引，信頼と協力・協調関係を中軸にした企業単位間リンケージであった。また，リンケージ連鎖の基本概念から，より包括的な生産システム概念を明確にしてき

---

[33] PricewaterhouseCoopers（2004）のEMSのレポートで詳しく述べられている。
[34] 台湾企業の対中国投資額は2005年で約60億ドルである。

た。また，定型化された事実（Stylized Facts）として，先進国多国籍企業の行動とそれに対応した途上国企業の動向を念頭に，グローバル生産システムの概念を構築した。そして，グローバル生産システムには，リンケージ連鎖の内部再編の中で，柔軟なバリューチェーンの形態をみることができる。

典型的な例として，Magretta（1998）で述べられているように，香港のリー＆フォン（Li & Fung）が構築したバリューチェーンがある。それはヨーロッパの業者から1万着の衣類の注文を受注する場合，韓国の企業に糸を調達し，それを台湾で布に織るとともに染色する。また，ジッパーを中国工場から調達する。そして，全てをタイに輸出し，そこで縫製して消費地であるヨーロッパに輸出する。ここには，先進国に居住する企業はいっさい中間投入に関わっていない。さらに，これは非常に特定の商品にカスタマイズし，短期間で生産を完了するバリューチェーンである。このようなアジアの新興多国籍企業は，それぞれの企業独自では製品を完成させる能力を当初から有していない。しかし，それぞれの企業の資源（ケイパビリティ）を持ち合い，契約や下請け関係でバリューチェーンを瞬時に形成し，また，解消するという柔軟な形態を競争力の源泉としている。このような多様なバリューチェーンの形成・解消に関わるネットワークを形成する企業関係を，セルラー形態（cellular form）と呼ぶことが出来る[35]。

これは，グローバル生産システムにおける新しいリンケージ連鎖の形態である。ただ，このようなバリューチェーンが支配的かどうかは，産業の特性や生産システムのアーキテクチャの変化に影響されるであろう。コモディティ化した衣類はこのようなバリューチェーンの形成が妥当するケースであろう。そして，このようなバリューチェーンの形態は，投入産出の連鎖に関する限り先進国企業のコントロールが及ばない途上国企業間で形成されたグローバル生産システムといえるかもしれない。ただし，最終的商品の供給先が先進国のブランド企業であれば，デザインや価格交渉など最終的買い手に主導される可能性がある。そのため，最終財の納入まで含めると，先進国多

---

[35] Miles et al.（1997）で，cellular form の特徴が述べられている。

国籍企業とは異なる独自の多国籍企業の形態といえるかは検討の余地がある。確実にいえることは，グローバル生産システムの再編とは，このような柔軟なバリューチェーンの形成・解消の形態を含め，多元的なバリューチェーンを併存させながら進化している過程だといえる。この過程こそが投入産出関係のグローバリゼーションである。

3．グローバリゼーションとガバナンス

(1) バリューチェーンの視点

　企業組織内部のバリューチェーンのガバナンス形態から，企業組織間の補完関係によるバリューチェーンのガバナンス形態への変化について考察しよう。本書では，ヘテラルキーという概念を広義ではなく狭義の概念として用いることをすでに前章で述べた。つまり，ヒエラルキーという内部組織構造のガバナンスの変化ではなく，むしろ，ヒエラルキー構造（階層構造）間の関係に関わる視点と考える。そして，グローバリゼーションとは，このヒエラルキーからヘテラルキーへのバリューチェーンのガバナンス変化をともなっていると考え，ガバナンス構造に変化をもたらす要因を，所有関係の視点から「脱垂直化」と呼び，情報・知識の共有関係の視点から「オープン化」と呼んだ。

　まず，ネットワークを構成するバリューチェーンのガバナンスの特性を明確にし，それをネットワークの類型化の起点としたい。ここでみるのは，バリューチェーンのヘテラルキー構造からみた類型化であり，ネットワーク全体のヘテラルキー構造ではない。まず，「グローバル商品連鎖」と「グローバル・バリューチェーン」という2つの概念が依拠している様式化された事実から，バリューチェーンのガバナンスの変化を確認し，そこから分類視点を整理しておこう。

　Gereffi（1994）は，グローバル商品連鎖（global commodity chain）という概念を用いて，主導的立場の企業が変化していることに注目する。すなわち，生産者主導グローバル商品連鎖（producer driven global commodity chain）から買い手主導グローバル商品連鎖（buyer driven global commodity chain）への変化である。前者は，多国籍企業の垂直的統合による国際的商品連鎖であり，後者は，近年みられるように商品を調達する企業が商品連鎖を実質的に主導する。たとえば，衣類ではベネトン，パソコンでは Dell などが典型的例である。

　ここではかつて製造業といわれたブランド企業が，今では生産プロセス以外に資源を多く配置し，「買い手」化していることに留意する必要がある。さらに，製造・組立過程に関わる EMS 企業自体も，コア・コンピタンスを組立工程に大きくシフトさせ，外部から大量に部品を調達して，調達物流のなかで主導権を握ることになる。このようなガバナンスの変化を反映したものが，部品（素材）供給者が部品（素材）の在庫を管理し製造業者の必要に応じて納入する VMI／SMI である[36]。これは，調達という側面での階層関係の変化である。したがって，買い手という意味では，バリューチェーンの中に，製造請負業である EMS・ODM とブランドメーカーという2つの企業群を中心としたヘテラルキーが確認できる。

　しかし，買い手主導が1つの大きな傾向であるとしても，バリューチェーン内部の異なる類型化による分析視点が必要となる。Sturgeon and Lee（2001）では，ブランド企業と生産を担当するサプライヤーの関係を分析する。彼らは，協力・協調関係が非常に高い親会社専属のサプライヤー（captive supplier）と非常に関係の希薄な商品サプライヤー（commodity supplier）の中間形態としてターンキー・サプライヤー（turn-key supplier）を定義する。さらに，Gereffi, et al.（2005）では，市場とヒエラルキーの間のガバナンス形態を，モジュラー型（Modular），関係型（Relational），専属型（Captive）という3つに分類している。彼らの論文では，自転車，アパレル，生鮮野菜，電子産業ごとの形態を取り上げ，業種の相違や国民的特性ごとに企業関係が異なることを想起させている。このような形態区分を行う意義は，市場かヒエラルキーか，貿易か投資か，という二者択一的な視点，あるいは生産者主導グローバル商品連鎖と買い手主導グローバル商品連

---
[36]　第10章でVMI/SMIを取り上げる。

鎖の視点からでは分析できないグローバル生産システムのリンケージ連鎖を認識させたことにある。しかし，他方でサプライヤーと主導企業という関係の類型化は，バリューチェーンにおける最終販売に近い企業を中心にしたガバナンス形態の分析にすぎないともいえる。

(2) ネットワークの視点

たとえば，特定の産業としてパソコン産業をみれば，インテルやマイクロソフトという，全てのパソコン製品のバリューチェーンに影響力を持つ企業が存在する。すると，製造請負企業，ブランド企業に加えてインテル・マイクロソフトという独占に近い企業もヘテラルキーの中心を構築する。したがって，2つの企業群と2つの企業を中心にしたガバナンスがあるといえる。この関係を，バリューチェーンではなく，多数のバリューチェーンを包摂するネットワークのガバナンスとしてみてみよう。

パソコン産業のネットワーク構造をみると，インテルやマイクロソフトとブランド企業は，ガバナンスの位置づけが異なる。確かに，ブランド企業は特定の財のバリューチェーンのガバナンスに強い影響力をもつのは間違いない。しかし，ネットワークにおいては，巨大なEMS・ODM，マイクロソフト，インテルは，バリューチェーンの束に横断的に関係する。とりわけ，インテルとマイクロソフトは，特定の付加価値活動に集中して，競争優位性を築くプレーヤーであり，かつ，多種多様なパソコン製品のあらゆるバリューチェーンに影響力をもつ。したがって，バリューチェーンを包摂するネットワークにおけるレイヤー・マスター（layer master）やレイヤー・プレイヤー（layer player）と呼ぶことができる[37]。また，EMS・ODMも多数の製品のバリューチェーンと関係する。したがって，バリューチェーンの横断的関係における影響力は大きい。すでに確認したように，製造請負企業の施設単位規模は，ヒエラルキーによるガバナンスが支配的であった時代よりもはるかに大きい。さらに，バリューチェーンを支えるビジネス・サービスに目を転じて，荷主と物流企業との関係をみてみよう。物流企業はバリュー

---

[37] Edelman (1999), Schweizer (2005) を参照のこと。

チェーンに横断的に影響力をもち，単なる下請けという関係ではなく，情報の共有と信頼・協調関係により，多数のバリューチェーンの最適化に必要な存在となっている。バリューチェーンへの資本財供給企業でも同じことがいえる。

このような事例から，ネットワークの視点でのガバナンスは，バリューチェーンの視点のガバナンスと異なることが理解できる。ネットワークとは，多数のバリューチェーンの束を包摂し，さらにビジネス支援サービスや資本財生産に関連する企業組織を包摂する。したがって，産業という単位を導入して考察すると，どちらかと言えば，バリューチェーンは特定産業を中心にした視点であり，それに対して，ネットワークとは多くの産業の企業組織が関わるとみなすことができる。ネットワークにおけるヘテラルキーとは，それぞれの産業におけるデファクトスタンダードや規模の経済性を確立した企業組織が，多数のバリューチェーンに横断的に関連して多中心（ヘテラルキー）となったガバナンスである。

逆に，ヘテラルキーという視点からみると，ガバナンス構造は重層的である。財の製造工程から販売までの方向性をもったバリューチェーンにおける企業組織間のガバナンスとともに，多数のバリューチェーンに横断的に影響力を持つ企業群が構成するガバナンスという多層構造がみられる。また，産業単位という視点をガバナンス構造に取り入れると，デファクトスタンダードやブラックボックス化といった，産業内部での企業競争関係におけるパワーバランスの階層関係がみられる。

本章では，グローバル生産システムの変化について考察した。つまり，製品アーキテクチャの変化に対応してバリューチェーンが変化すること，バリューチェーンのオープン化と国際的分散が並行して進行すること，形成されたバリューチェーンには階層関係がみられること，さらに価値獲得と価値創造の乖離が起こることを確認した。そして，バリューチェーンのグローバリゼーションがグローバル生産システムの構造を形成すること，そこには，ブランド企業の行動，EMSという大手受託製造業の行動，さらに，セル

ラー型企業の行動がグローバル生産システムの構造を変化させていることが明らかにされた。さらに，グローバル生産システムの変化に対応したガバナンスとしてヘテラルキーの階層構造の重層性を示した。つまり，バリューチェーン内部における階層関係というパワーバランス，そして，複数の競合するバリューチェーンに横断的な影響力をもつ企業のパワーバランスの存在である。

第9章
生産システムと貿易構造

　本章では，グローバル生産システムにおける貿易に注目する。ここでは，4つの側面が課題となる。第1に，リンケージ連鎖に組み込まれた施設単位が多数の国民経済に居住しているというバリューチェーンのグローバリゼーションから貿易構造の変化を考察する。第2に，貿易のグローバリゼーションの構造とそれ以前の構造の違いを明確にするために，構造変化の履歴を確認する。第3に，リンケージ連鎖の機能特性と関連させて貿易構造を考察する。第4に，3つの次元からグローバル生産システムにおける貿易構造の変化を提示し，3つの側面には因果関係があることが主張される。さらに，グローバル生産システムにおけるサービス貿易の拡大について言及する。

1．バリューチェーンと貿易構造

(1) リンケージ連鎖と貿易構造
　リンケージ連鎖の視点から貿易構造を分析することは，国民経済内部の要素賦存量やその国の技術水準から貿易構造・国際分業構造を分析する視点とは異なる。国民経済からみた貿易構造は，伝統的理論が想定しているように，それぞれの国民経済特有の技術体系あるいは要素賦存に規定される。あるいは，消費選好の相違や規模の経済も貿易を規定する要因である。それに対して，グローバル生産システムからみた貿易では，バリューチェーンやネットワークで情報の共有により国民経済間で技術移転が行われ，資本財も取引されている。そのため，要素の不移動性や生産技術の固定性が想定され

ている状況とは異なる。

　国民経済単位間の構造の相違（貿易論では技術や要素賦存）は貿易を規定する要因であるが，生産工程の国際的分散化を推進する要因ではない。言い換えれば，国民経済間の構造の相違は潜在的な貿易構造を規定する要因であり，実際の貿易構造を顕在化させるのは企業行動によるバリューチェーンのグローバリゼーションである。たとえばバリューチェーンを主導するブランド企業が，コスト効率性の観点（短期的視点）から比較優位に基づく貿易構造を選択する場合もあるし，長期的の視点から将来の新たな比較優位構造の変化に寄与するケイパビリティを構築する可能性もある。さらに，実際に構築したリンケージ連鎖が，経済効率的に最適でない可能性もある[1]。

　グローバリゼーションのプロセスとは，先進国内部のリンケージ連鎖が解体され，国際的に分散したリンケージ連鎖が形成されることである。あるいは，すでに形成されたリンケージ連鎖が，ディスインターミディエーションやインターミディエーションにより，再編成されることである。それは，量的変化と機能的変化，そして，階層的変化から捉えられる。バリューチェーンを形成するリンケージ連鎖は，これまでの2つの章で確認したように，中間財の投入産出を媒介する取引であり，付加価値の流れ，情報の流れ，そして，所有関係の有無や協力・協調関係の相違を示す関係である。このうち量的側面とは，国境を越えて形成されるリンケージ数が増加することであり，その結果，中間投入財貿易の規模が相対的に拡大することである。

(2) 国内バリューチェーンの解体と貿易構造

　量的側面を考えるため，フルセット型の産業構造で財のバリューチェーンが国内で形成されている場合と，フルセット型産業構造が解体されてバリューチェーンが複数の国に居住する企業間で形成されている場合を比較してみよう。この場合，バリューチェーンの施設単位間リンケージ連鎖の数は解体前と解体後で同じであると考える。以下で，形態変化を確認しよう。

---

[1] たとえば，将来の有望な市場を確保するために海外の生産コストが高くてもリンケージ連鎖を形成する場合がある。これは，短期的効率性の視点からみればあり得ない行動である。

まず，リンケージが国境を越える単純な形態として，部品生産施設，組立施設，それに販売施設というバリューチェーンを考えてみよう。たとえば，先進国の企業は，海外組立施設の子会社を設立することで，本国からの中間財を輸出し子会社からの完成財を輸入する[2]。この場合，図9-1の①のように，以前は国内で形成されていたバリューチェーンのうち2つのリンケージが国際的に分散し，貿易が形成される。バリューチェーンにおけるリンケージの数は変化しないが，2国間のリンケージ形成により貿易が発生する。

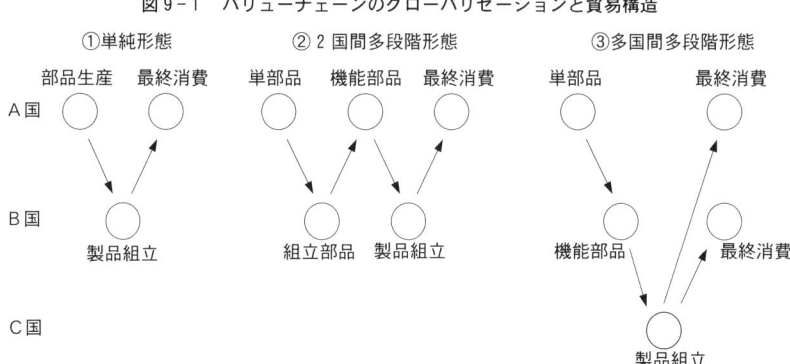

図9-1　バリューチェーンのグローバリゼーションと貿易構造

注）　図①～③において，A国が先進国とし，縦軸方向で経済発展段階の異なる国を示し，横軸方向では，バリューチェーンの段階を示している。

つづいて，2国間の単純なリンケージ形成が進展し，リンケージがさらに国境を越えて形成されるようになる。それは，組み立て工程ばかりではなく，加工工程の一部が国境を越えて分散する過程であり，付加価値活動としては組み立て工程より大きい可能性がある。この場合，単純な2国間完結型のリンケージ連鎖が複雑なバリューチェーン形態へと変化することが考えら

---

[2] これは，以下で確認するが，関税条項806.30と807.00を利用した1960年代のアメリカの貿易構造の変化が典型的事例である。関税上の優遇装置を受けているのは，海外子会社を所有している多国籍企業ばかりではない。アメリカの企業で外国人所有の海外工場に生産委託する場合や，外国の製造業者がアメリカの部品を購入してアメリカに輸出する場合もある。しかし，典型的な例は企業内貿易である。

れる。たとえば，図9-1の②のように2国間で多段階の工程を分担し，4つのリンケージの貿易が成立する場合がある。さらに，多国間で多段階の工程を分担する形態が考えられる。2国間完結型から脱却し，生産工程の多段階が3国間以上で形成される。したがって，最終財にいたるバリューチェーンのグローバリゼーションとは，国内に閉じ込められていた多数のリンケージを国際的に分散させ，そのために貿易規模を拡大させる。

　本書が対象とする構造変化は，どのようなチャンネル（直接投資や外注化）にせよ，工程間分業が，2国間完結型を超えて，多数の企業と多数の国民経済間で多段階の工程が構成される過程である。図の①から③への変化は，企業活動の「国際化（インターナショナリゼーション）」から企業活動の「グローバリゼーション」への変化と考える。そして，それに対応した貿易構造の変化が貿易の垂直化である。

(3) 国際化とグローバリゼーション

　貿易の垂直構造の変化を生産システムの変化に対応させて要約しておきたい。図9-2は，貿易の垂直構造と対応させて企業活動の「国際化」から企業活動の「グローバリゼーション」への変化を図示したものである。この図では，国民経済を四角の枠で示し，企業を円で表している。円の大きさは企業の生産規模で，実線の楕円で囲んだものは企業内貿易，点線の楕円の囲みは企業間の垂直貿易を示す。片矢印は貿易の方向を示し，両矢印は国内取引を示す。また，中間投入財の貿易を対象としているので，途上国で加工組み立てられた最終財の3つの販売ルートである本国への輸出，現地販売，第3国輸出は省略している。さらに，横軸は時間の流れとともに輸送技術・情報通信技術の進展，貿易障壁の低下，投資政策の変化，知的所有権の確立を示す。あわせて，70年代には投資の新形態にみられる有形資産と無形資産の分離の始まり，90年代にはデジタル化による知識の情報化（形式知化），製品アーキテクチャのオープン化・モジュラー化，そして無形資産のブラックボックス化の進展がある。そして，縦軸は貿易の垂直構造の広がりを示す。上部が先進国，下部が途上国を示し，同時に貿易の垂直構造の深化と生産構

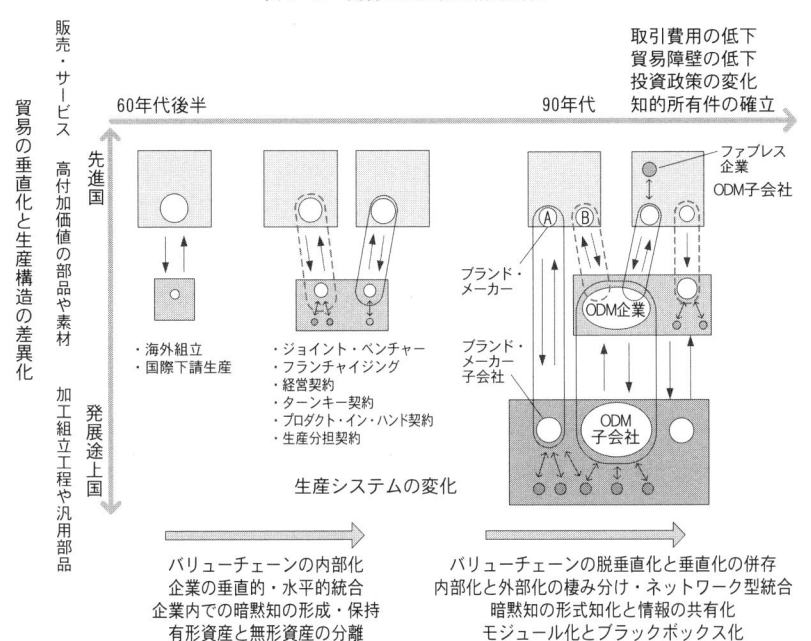

図9-2　貿易の垂直化の構造変化

生産システムの変化

バリューチェーンの内部化
企業の垂直的・水平的統合
企業内での暗黙知の形成・保持
有形資産と無形資産の分離

バリューチェーンの脱垂直化と垂直化の併存
内部化と外部化の棲み分け・ネットワーク型統合
暗黙知の形式知化と情報の共有化
モジュール化とブラックボックス化

造の差異化や階層化を意味している。

　この図が示すように，60年代と70年代は，図9-1の①や②で確認した2国間完結型工程間分業が観察される工程間分業を形成する。貿易の垂直化とは，90年代にみられるように，発展レベルの異なる国民経済や経済地域を多く包摂して形成される。これが，図9-1の③の形態である。このような生産システムの変化は，中間需要段階の貿易の拡大である貿易の垂直化をもたらす。そこで，企業活動の「国際化」から企業活動の「グローバリゼーション」に変化と貿易構造を関係させて，貿易の垂直化の履歴（歴史的時間の中での空間構造の変化）を確認したい[3]。

---

[3] 履歴を持った経済空間という概念については，石田（1999a,b）を参照のこと。

2. 貿易構造の履歴

(1) 生産工程の分散

　貿易の垂直構造のもっとも単純な形態は，1960年代から注目された。これは政策に誘導された2国間完結型工程間分業と呼ぶことができる。そして，政策により促進された2国間工程間分業を対象として「国際下請生産」(IS：international subcontracting) という概念が提起されている[4]。Watanabe (1972) の国際下請生産の分析では，先進国の企業と途上国の地場企業との関係を分析している。また，Helleiner (1973) は，企業の生産工程の国際的垂直的統合に基づく貿易に焦点を当てる企業内貿易を観察している。彼は，当時の貿易構造の分析から，途上国の成長分野として，垂直的な工程において労働集約部品の組立加工の特化を指摘していた。さらに，Moxon (1975) や関下 (1979, 1983) では，関税条項806.30と807.00を利用したアメリカの貿易構造が分析されている。当時は，まだ貿易障壁が高く，また，企業間の取引費用も高いため，貿易の垂直化の支配的形態は，多国籍企業による子会社との企業内貿易と考えられる[5]。

　しかし，組立や部品生産という特定の生産工程への途上国企業の生産特化は子会社ばかりではなく，地場企業によって行われていることも留意する必要がある。合弁あるいは技術供与による地場企業との貿易関係の形成は，アジア諸国の成長の原動力となり，また，貿易の垂直化を促進する要因となっている。したがって，60年代後半からすでに貿易の垂直構造には，多国籍企業の親会社と子会社との関係でみられる「内部化による垂直貿易」と先進国（多国籍）企業と途上国地場企業とにみられる「外部化による垂直貿易」

---

[4] Watanabe (1972), Sharpston (1975), Michalet (1980) では，国際下請生産概念の検討が行われている。日本では関下 (1986) の研究がある。
[5] 多国籍化ということでは，貿易の垂直化を促進させる垂直的直接投資という形態よりも，本国と同じ機能をもった組織形態を海外に設立するという水平的直接投資の形態が注目されていた。これは Hymer (1976) により多国籍企業の相互浸透という現象として観察された。そこでは，市場支配がモチベーションとなっている。

が併存していると考えられる。2つの形態の併存という姿は，Sharpston (1975) が指摘するように，米国と英国の企業では前者の形態が支配的で，ヨーロッパ，日本，オーストラリアの企業は後者の形態をとっている場合があるというように，国籍の違いによる国際下請生産の構造（したがって，それに対応した貿易形態）として現れていた。

さて，政策誘導とは，「川上の生産工程」を持つ先進国側から，あるいは「川下の生産工程」を受け持つ途上国側の政策という双方向から行われている[6]。まず，「川上の生産工程」を持つ先進国側の関税政策により形成された貿易構造を取り上げよう[7]。繊維産業に典型的にみられる「持ち帰り貿易」といわれるもので，先進国企業が途上国へ原材料を輸出し，現地で委託加工されたものを再輸入する際に関税のうち原材料価格相当分の関税を軽減あるいは免除する制度である。したがって，この貿易構造での最終消費地は先進国である。具体的には，先進国の関税政策である海外組立条項（OAP：offshore assembly provision）を適応した貿易取引にみられる。この貿易形態のデータは，アメリカと西ドイツは1966年から，オランダは1968年から確認できる[8]。ただし，産業でみるとオランダと西ドイツは繊維貿易に偏り，アメリカは電機製品の貿易の比重が大きかった。また，日本でも，同様な関税政策が1969年に創設されている。これは，関税暫定措置法第8条による加工再輸入減税制度と呼ばれ，革，繊維，履物に適用されている。

この時代に大きな影響を与えたのはアメリカの企業行動であろう。このことは，1960年代のケネディラウンドで産業ごとの関税削減が異なっていることから垣間みられる。アメリカでは，とりわけ衰退産業や非熟練労働者

---

[6] 繊維産業において，生地の生産までを行っている繊維工業までが川上工程とし，それ以降の生産工程を川下工程として，2つの工程を考えよう。

[7] 先進国の生産工程が海外に移転することは，産業構造の転換が一挙に行われ国内の産業基盤や雇用基盤の確保が困難となり，「産業の空洞化」という事態に見舞われる可能性がある。そこで，国産原材料の利用促進等を通じて，国内産業の活性化を図り，さらには，海外での委託加工という経営戦略の多様化により，国内メーカーの国際競争力の強化につながる効果などを目的とした関税政策がみられる。

[8] Finger (1975) によれば，1972年にはアメリカ，西ドイツは自国の中間財を組み込んだ途上国からの輸入はそれぞれ22％，10％を占め，また，オランダの東ヨーロッパからの輸入の17％がそれに該当した

の雇用が多い産業では，市場開放は労働組合の抵抗も強く，また短期的労働調整コストがかかるために，関税削減率は低かったといわれている(Cheh：1974, Bale：1976)。それゆえに，衰退産業である繊維産業などでは生産工程の国際的分散は促進されなかった。それに対して，国際競争力がある産業では，労働組合の抵抗も少なく，関税の引き下げが大幅に行われた。そして，このことが，多国籍企業の生産の垂直的工程を国際的に分散させ，貿易を拡大させることとなった。したがって，当時の競争力のある産業において，アメリカ企業による生産工程の国際的分散こそが，バリューチェーンのグローバリゼーションのきっかけといえる。

次に，「川下の生産工程」を受け持つ途上国側から生産工程の国際的分散を促進する政策もみられる。たとえば，60年代のアジア諸国では，国産品育成策として完成品輸入を禁止し，日本からの海外子会社設立や合弁企業設立を促していた。また，メキシコでは政府による認定取得を条件に輸出品製造のための部品，原材料，機械設備を免税で輸入できるマキラドーラ（1965年制定された保税輸出加工区）がある。マキラドーラはアメリカへの輸出により発展するが，その背後にはアメリカ関税政策であるOAPとの補完関係がある。また，関税政策とあいまって先進国から途上国へ加工工程部門を設立する目的の直接投資もみられた。

(2) 国際投資の新形態

1970年代になると，リスクや収益性の観点から，所有関係を伴わない外国市場での経営への関与が注目された。たとえば，Oman（1984）は，海外事業活動への関与の新しい動向をみるために石油や鉱業など多様な産業や国別の企業行動の多様な形態を「国際投資の新形態」（以下では新形態という）と定義した。そこでは，国際経済活動の選択肢として貿易や直接投資（所有）という行動以外の国際企業関係が整理されている。株式（equity）の取得形態をとらずに発言力を行使するものとして，ジョイント・ベンチャー，フランチャイジング，経営契約（management contracts），ターンキー契約（turnkey contracts：一括請負契約），さらに試運転まで

のターンキー契約を発展させてその後も契約するプロダクト・イン・ハンド契約 (product-in-hand contract), 生産分担契約 (product-sharing contract), 国際下請 (international subcontracting) を指摘している。これらは, 従来の貿易や直接投資という国際経済活動に加えて, 途上国と先進国企業の間の新たなリンケージの現れである。つまり, 財の取引に関わるリンケージであるばかりではなく, 技術・経営ノウハウの移転に関わるリンケージの形態として把握されている[9]。

　新形態の出現の背景には, 先進国の多国籍企業と途上国の政府との力関係の変化がある。一方で, 70年代のスタグフレーションのなかで先進国の成長が鈍化した。他方で, 石油ショックと一産品価格の上昇とシンジケート・ローンによるオイルダラーの還流により, 途上国の成長がみられた。一次産品の輸出価格が高いことは資源国である途上国の貿易収支を好転させた。さらに, 多国籍企業の直接投資を受け入れるよりも, 海外からの銀行貸し付けが容易に受けられる金融環境であった。そのために, 途上国の輸入代替工業化政策にとっても好環境であった。そこで, 多国籍企業は途上国市場の開発需要にも目を向けるようになる。このなかで, 投資を受入れる途上国政府は, 可能な限り多国籍企業の支配を排除し自国の産業育成政策として新形態を取り入れた。同時に, 多国籍企業は, 途上国における経済的リスクや政治的リスクを回避する投資方法として新形態を模索した。また, 新形態は, 途上国政府にとっては, 技術やノウハウなど非金融的要素の定着を目的としたものであり, 先進国企業にとっては, 所有権を行使せず技術やノウハウを支配することで実質的支配を行使できる手段であった。したがって, 新形態は, 多国籍企業と途上国政府との力関係の変化であるとともに, バリューチェーンにおける情報の流れからみたリンケージの特性変化の端緒でもある。加工工程に関わる付加価値活動が途上国へ分散されるには, 途上国内部の生産能力形成が前提であるが, それは, 新形態を通した技術移転, そして当該国の関税政策・外資政策・産業政策などが大きく影響している。

---

[9] UNCTC (1987)でも, 投資の新形態と関連した技術移転のチャンネルについて詳しく考察している。

ただし，当時は，電機や自動車部品関連などでは直接投資が支配的であり，所有関係を伴わない国際的施設単位間のリンケージは衣類やスポーツ用品，玩具などでみられた。そのため，製造業におけるバリューチェーンのグローバリゼーションが十分に形成されているとは言い難い。そして，所有関係を伴わないリンケージの形成の原因は，内部化のコストやリスク管理の戦略や途上国の外資政策に対応した行動であり，多国籍企業が自ら積極的にバリューチェーンの解体・再構築をするプロセスではない。

また，リンケージの特性を考察すると貿易構造を変化させたとは言い難い。まず，国際的分散を2国間の関係として考えており，多国間の関係として想定される状況ではなかった。さらに，財の取引の背後にある情報の共有に関しても製造プロセスや経営手法に関わる技術移転に注目するものの，世界市場で競争できる技術や先進国市場に輸出するためのマーケティング情報の共有は少なかった[10]。そして，所有関係を伴わない企業関係は，途上国の中小企業や政府系企業との関係であり，規模の経済性やコア・コンピタンスの補完優位性をもたらすようなリンケージではなかった。

(3) 脱垂直化とオープン化

80年代後半から，情報通信技術革新やモジュール化の進展により製品アーキテクチャの変化が現れた。エレクトロニクス産業を代表例として，共通のインターフェースを多く持つ経済活動における最適戦略がグローバルレベルで行われた。その結果，1990年代になり所有関係にとらわれないグローバル生産システムを示す概念が多数みられる。たとえば，生産の国際的分散を示す概念として，グローバル生産ネットワーク（Global Production Networks），グローバル商品連鎖（Global Commodity Chains），クロスナショナル生産ネットワーク（Cross-national Production Networks），グローバル価値連鎖（Global Value Chain）という定義をすでに第8章で確認している。さらに，生産フラグメンテーション（Production

---

[10] 技術移転や先進国市場への輸出に関しては，投資の新形態よりも直接投資の方が効果があるといえる。

Fragmentation)[11],国際生産ネットワーク (International Production Network)[12],などの用語が用いられている。

ここでは,多国籍企業の典型的モデルであった内部化の行動とは異なる動きがみられる。つまり,外部化 (externalization),脱垂直化 (de-verticalization),オープン化 (opennes) の動きである。グローバリゼーションとは,単に国境を越えたリンケージの数が量的に拡大しているばかりではなく,その背後には,企業組織の大きな変化である「脱垂直化」とそれらの施設単位間で情報が共有されるという「オープン化」がある。さらに,バリューチェーンの集合体である生産システムから見ると部分的に相互補完関係にある生産プロセスに特化した国民経済(あるいは経済地域)の統合と再編がある。そして,このような変化の背景には,つぎのような原因が考えられる。

まず,70年代とは逆の多国籍企業と途上国政府との力関係の変化がみられる。レーガン政策による影響として,途上国の累積債務問題が顕在化した。また,80年代は「逆石油ショック」といわれるように石油を始めとする一次産品価格が低下した。この状況下で,シンジケート・ローンによる資金環流が止まり,途上国の成長は鈍化する。それに対して,先進国は安定的に成長していた。したがって,途上国にとって民間資金の主な受け入れ手段が直接投資となる。また,レーガン政策による(意図せざる)有効需要の拡大は,内需ではなく外需と結びついた[13]。そして,プラザ合意以降,日本の多国籍企業はアメリカ(およびヨーロッパ)での現地生産とともに,アジア地域へのグリーフィールド投資により生産システムを再編し,アメリカへの迂回輸出を拡大させていく。途上国(特にアジア諸国)にとっては,国内市場の成長が望めない中で,外資導入が輸出主導型成長をもたらす手段となった。

さらに,企業内部の施設単位間の調整コスト(つまり輸送コストや情報コ

---

[11] Jones and Kierzkowski (1990), Arndt and Kierzkowski (2001).
[12] UNCTAD (2001a).
[13] レーガン政策における意図せざる有効需要の創出については石田 (1992) で述べられている。

スト，貿易障壁のコスト）が技術的・制度的経済環境の変化の中で低下し[14]，情報のネットワーク化を通じて，異なる国で行われる生産プロセスをリアルタイムで調整することが可能になった。つまり，多国籍企業内部の子会社で行われた多くの生産工程を海外の外部企業へ委託することを可能とし，脱垂直化の環境を整備した。また，情報通信革命によるデジタル化が暗黙知の形式知化を促進し，情報の流れを容易にし，同時に，WTOにおける知的所有権の保護という制度が，情報・知識の流れを保障する枠組みを与えた。そして，企業間の情報の共有の促進と製品アーキテクチャの変革が，それぞれの工程を担当する企業の学習を促進した。これは，「効率性基準」とともに「能力基準」による分業関係を促進する。

　ここに，数量調整と機能分担という2つの側面から，企業が促進する貿易構造の変化をみることができる。まず，先進国多国籍企業の脱垂直化の動きは，製造工程を外部に委託することを進め，製造に特化した大規模なODM・EMS企業の出現を促した。そのため，販売，加工組立，部品生産，素材生産などの工程間で国際分業が形成され，バリューチェーンのグローバリゼーションによる貿易の垂直化が進展した。他企業との補完関係によりバリューチェーンを形成することは，垂直的統合に比べて参入・展開・退出における製品の数量調整に柔軟性を与える。くわえて，研究開発費用が巨額となり，投資を回収できるかどうかという不確実性も高くなっている。そのため，市場の変化に柔軟に対応できる技術を，内部組織よりもベンチャー企業などの外部組織を求める行動へと変わっていく。情報・知識のフローとストックの構造変化が進行し，それぞれの企業の機能の差別・専業化による補間優位性を構築するなかで貿易構造が形成されていった。

　また，各製品のバリューチェーンを横断的にみれば，以前はそれぞれのバリューチェーンで独立に行われる生産工程が特定の企業（ODM・EMS）に集中され，複数のブランドメーカーとの協力・協調関係による相互補完関係を構築し，最終財の製造コスト削減の規模を飛躍的に拡大させることで貿易構造を変化させた。さらに，大手EMSやODMメーカーに部品を納入する

---

[14] 本書の第9章を参照のこと。

企業グループでは，同一の階層に属する企業間の国際競争を高め，効率化と価格引き下げの圧力のなかで貿易構造が形成されていった。くわえて，オープン化・デジタル化・モジュール化が進んだ生産システムでは，ライフサイクルが短くなるとともに価格競争が激しい。そのため，製品の製造・組立過程は施設単位での規模の経済性と生産のフレキシビリティが求められることになる。そこで，途上国に最適な資本財が輸出され，製造・組立は途上国（とりわけ中国）が比較優位を持つようになる。

同時に，途上国の分業関係も重層化していく。途上国では，工程の一部を委託されていた時代とは異なり，普及財の生産全てを委託されるようになる。このような最終財の受託生産を行う企業がEMS・ODMである。そのうち，先進国のEMS企業では，途上国への直接投資により受託生産が行われるようになる（多くは現地企業の買収による）。また，台湾のODM企業もしだいに中国やその他途上国に大規模な製造組立施設の直接投資を行うようになる。そして，委託生産された最終財は，途上国から本国へ，あるいは第3国へ輸出される。したがって，バリューチェーンの中で部品，産業用加工品，資本財など生産特化の階層化・棲み分けが進行した。

3．貿易の垂直構造と企業活動

(1) 貿易の垂直構造

企業組織間の調整としてリンケージ連鎖が形成されると，1つの最終財を生産するためにバリューチェーン内で数量，価格，納期，そして技術や経営ノウハウなどが共有され，複数のバリューチェーンを束ねたグローバル生産ネットワークが編成される。そうして，ネットワークの基盤の上に構築・再編されるバリューチェーンは，施設単位の分散的国際配置を促進する。つまり，多様な部品・中間製品の生産工程に必要とされるノウハウや技術水準の相違，生産性格差を反映した労賃の相違を背景として，あるいは輸送費や技術的・制度的変化に対応して，それぞれの施設単位は最も適した地域に立地し，生産特化する。たとえば，各工程の多段階化・複雑化につれて個別化・

専門化が進むなかで，先進国では高度な技術による部品機能の生産特化を行う。また，標準化・規格化が可能な組立工程については，最新の生産設備を発展途上国へ設置することで生産コスト低減・品質向上を追求している。これが，企業行動と関連させたバリューチェーンのグローバリゼーションの結果として形成される貿易の垂直構造である。

　工程間を結ぶ貿易は，最終財の生産に至る過程での投入財の流れの連続性と計画性が必要であり，最終財（なかでも消費財）という顧客に対して一回限りの販売を目的とした貿易と区別する必要がある。つまり，中間需要の貿易は，国際的に分散した生産工程を統合し，かつ，最終財生産の連続性を保証するための経済活動である。さらに，その連続性を保証するために，国際的な生産現場間の調整のための情報の流れや物流などのサービスを必要とする。したがって，貿易活動は生産現場を国際的に分散させることによる数量的な「貿易の利益」をもたらす活動であるとともに[15]，機能的には個々の生産現場の「ルーティーン」の集合体を支える活動である。

　ここに，バリューチェーンの国際的分散にともなう中間財貿易の拡大という量的側面の背後にある貿易の垂直構造の機能的変化があることが確認できる。それは，リンケージ連鎖における所有権の変化，バリューチェーンにおけるガバナンスの変化，そして，情報の共有関係の変化という側面である。そして，このような3つの変化に対応した，貿易の垂直構造の変化が定義できる。

(2) 所有関係からみた貿易構造

　所有関係を伴ったバリューチェーンのリンケージ連鎖が支配的であった形態が解体・再編され，それに対応して企業間の貿易が拡大するという構造がみられる。施設単位間の所有関係の有無に対応させると，企業内貿易 (intra-firm trade)，独立企業間貿易 (arm's length trade) という形態に分けることができる。ここでは，グローバリゼーション下のバリューチェー

---

[15] 本書では，Pasinetti (1981) が述べているように，「生産経済」における労働節約に焦点をあてる。詳しくは，第12章，第13章を参照のこと。

ンの変化から形態区別をしたい。つまり，企業内部でバリューチェーンの貿易が行われるという「内部化による貿易」の形態が支配的であったものから，脱垂直化のプロセスを経た企業間の補完関係でバリューチェーンの貿易が形成されるという「外部化による貿易」が拡大する。

内部化による貿易の垂直構造を規定する企業行動を提起したのは，Hymer（1968，1976）である。彼は，コース（Coase）の定理に依拠し，多国籍企業の垂直的および水平的統合を示唆し，市場の不完全性（規模の拡大）と企業間の不確実性の排除を議論している。その後に，多国籍企業化の諸要因の統合理論が多くの論者により提起されている。その1つの成果がDunning（1988，2000）のOLIアプローチである。つまり，(1) 企業特殊優位要因（Ownership-Specific Advantage），(2) 企業立地特殊要因（Location Specific Variables），(3) 内部化特殊要因（Internalization Incentive Advantage）という複合的要因により企業行動が決定されるという議論である。このような多国籍企業行動の原理は，多国籍化の1つの方向としての垂直的直接投資を説明し，多国籍企業による企業内貿易を引き起こす組織要因の根拠となる[16]。

また，貿易と直接投資の関係をみると，1960年代においては，バーノンのプロダクトサイクル論に見られるように多国籍企業が海外に進出した現地生産（水平的直接投資）かそれとも貿易かという選択肢に力点がおかれ，はじめて企業戦略が注目された。さらに，Markusen（2002）に代表される「新貿易理論」をベースとした理論では，直接投資を水平的直接投資と垂直的直接投資との2つに分類し，国内企業を含めて3つの企業形態で，投資と貿易パターンを考察している[17]。本書では，内部化による貿易の垂直構造は，直接投資の形態区分により分類したい。つまり，① 子会社で生産されたものを本国へ輸入する垂直的直接投資の場合，② 現地で販売する水平的直接投資の場合，そして③ 第3国へ販売するプラットフォーム型直接投資

---

[16] Hanson, Mataloni, and Slaughter（2001a），Hanson, Mataloni, and Slaughter（2001b）は企業内貿易に注目し，米国多国籍企業の垂直的直接投資の動向の重要性を指摘している。
[17] 所得水準，市場の大きさ，距離そしてスキル，運送コスト，関税などの要因により決定される。

の場合である。いずれも，本国から中間財，資本財の輸出や技術移転をもとに現地子会社で製造し，最終財として輸出あるいは現地販売する。

しかし，グローバル経済下では，多国籍企業の脱垂直化のなかで形成される企業間貿易に注目する必要がある。企業は競争力を維持・強化するための中核部門の選択と集中を行い，企業内貿易と企業外の貿易品目の境界を鮮明にする。また，情報化の進展は，外部との取引費用を飛躍的に低下させ，元請け企業が内部化すべき中核的能力・事業（コア・コンピタンス）を鮮明にする。したがって，企業関係の中で優位に立つことができる中核的能力・事業部分だけ内部に留めることで，貿易関係を通じて財取引により外部化の動きを加速させているといえる。さらに，極端な場合は，製造業であった企業が研究開発やサービスに特化し，製造部門を完全に外注化するまでになり，内部化による貿易の垂直構造は，外部化による貿易の垂直構造に完全に代替されることもある[18]。

ブランド企業の母国を中心とした貿易の垂直構造として図9-3を考えよう。この図では，自国で製品開発と中間財・資本財の生産，相手国で最終財

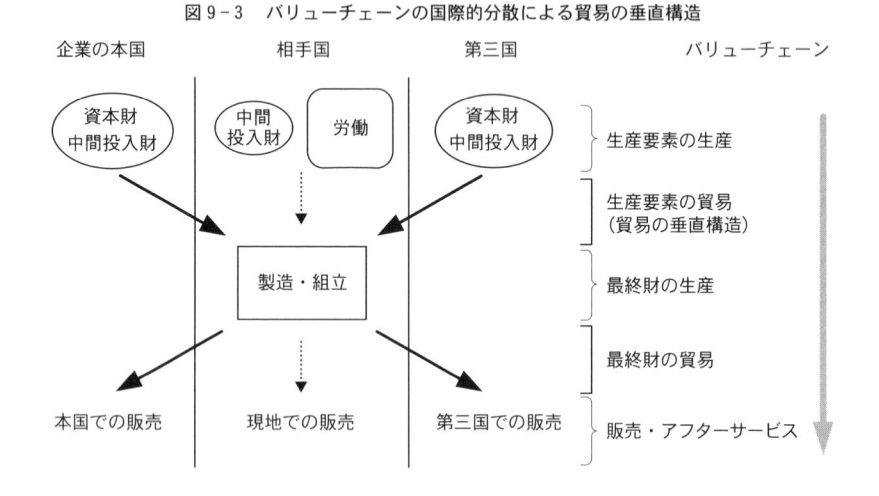

図9-3　バリューチェーンの国際的分散による貿易の垂直構造

---

[18] もちろん，企業の競争力を維持するためのコア・コンピタンスに関わる領域では，企業内部での知識の共有を強め，企業内貿易である傾向を強めていると考えられる。

生産，そして販売業務は自国，相手国そして第3国で行うことを考えている。全てのプロセスを同一企業内で行う場合が「内部化による貿易の垂直構造」である。そして，ブランド企業が製品開発，中間財の輸出と販売業務を行い，最終財生産は外国企業へ委託する場合，または，製品開発とマーケティングのみを行い生産を全て外部委託する場合などが「外部化による貿易の垂直構造」である。最終財生産を行う企業は，ブランド企業とのリンケージの特性に応じて，純粋子会社，ODM・EMS企業，単なる契約企業という形態がある。また，研究開発を海外で行うブランド企業もある。さらに，ブランド企業でも，生産要素である資本財・中間財を生産・輸出する企業と，一切生産部門を所有していないファブレス企業がある[19]。

(3) ガバナンスからみた貿易構造

企業単位の視点からみれば，ヒエラルキーという単中心の階層構造からヘテラルキーという多中心の階層（企業）間の補完関係が形成され，そこには「重層的貿易構造」がみられる。「内部化による貿易構造」は，所有関係のもとで知識・情報管理を行うヒエラルキーという単一の企業による単層構造の内部取引関係である。それに対して，「外部化による貿易構造」とは，脱垂直化によりヘテラルキーという多中心の企業群の重層構造における取引関係である。ここで重層的というのは，次のような構造を意味する。それぞれ中心となる独立企業が企業内貿易（内部化による貿易）を形成する可能性があるとともに，多中心を形成する企業組織の補完関係により貿易が形成される。したがって，多中心の企業間組織の視点にたてば，多数のバリューチェーンを結びつける貿易構造は，ヒエラルキー型貿易構造という単層構造からヘテラルキー型貿易構造という重層構造への変化を捉えることができる。これを貿易のグローバリゼーションと言い換えることができる。

---

[19] ファブレス（fables）とは，自社で生産設備を持たず，外部企業にすべて生産委託している企業である。たとえば，Transmeta社やNVIDIA社などが該当する。それに対して，委託生産を専門に行っているメーカーをファウンドリ（foundry）といい，発注元の半導体メーカーの設計データやレイアウトを受け取り，それに従って半導体を製造する。たとえば，台湾のTSMC社やUMC社が該当する。また，自社製品も製造し，委託生産を行うメーカーもある。

たとえば，パソコンや携帯電話産業で観察されるように，多中心の1つであるODM・EMSがどの工程の施設単位を内部化し，内部化した施設単位をどのように国際配置するかという行動を取る。あるいは，どこの国民経済の施設単位から中間投入財（および資本財）を調達し，どの国民経済に居住する施設単位で組立を行うかという変化である。バリューチェーンのグローバリゼーションとは，どこに実際の製造工程を行う施設単位を配置し，中間投入財および資本財をどの施設単位から調達するか，あるいは，どの単位で企業の境界を定めるかという，バリューチェーンの再編の動きでもある。

ODM・EMSは，一方でブランド企業と関係的契約を結び，他方で部品のサプライヤー企業と関係的契約を結ぶ構造をみれば，重層的貿易構造がみられる。つまり，ODM・EMSを結節点とするならば，販売物流と購買物流に関わる独立企業間の貿易が成立する。これは，ブランド企業，ODM・EMS，そしてサプライヤーというそれぞれの企業組織内部では，ヒエラルキー組織における企業内貿易を形成するとともに，それぞれの企業組織関係からみると外部化された貿易が形成されているヘテラルキー構造であり，したがって，貿易構造は重層的である。とりわけ，ODM・EMSという製造受託企業とサプライヤーとは，「重層的貿易の垂直構造」を形成する。ODM・EMSの例は，電子・電機産業を典型例とした構造であるが，さらに，自動車や繊維などの他の産業でも，このようなヘテラルキー構造に対応した重層的貿易構造が構築されている。

(4) 情報の共有からみた貿易

どのような種類の情報にしろ，情報の共有関係がある場合には，信頼関係に基づいたネットワークが成立している。そして，ネットワークの上で，資本財の技術開発やサプライチェーン・マネジメントの構築など，特定の製品の生産に必要な技術・在庫・顧客に関する情報を共有する場合には，協力・協調関係に基づいた「合目的なネットワーク」としてのバリューチェーンが構築される。したがって，情報の共有というオープン化の程度は，ネットワーク一般よりも，具体的製品の生産に関わるバリューチェーンで大きい。

多数のバリューチェーンの束を包摂する生産システムは，80年代後半からの技術革新や制度変化のもとでオープン化が進展した。このような，情報の共有関係からみた貿易構造は「ネットワーク型貿易構造」と定義される[20]。さらに，共有される情報の程度の進展に対応した貿易構造の変化を「貿易のオープン化」と定義できる。情報の共有から貿易のグローバリゼーションをみれば，企業内貿易が支配的であったものからネットワークに基づく貿易形態がみられるようになったといえる。

たとえば，前章で確認したMagretta（1998）の事例から，繊維産業でのバリューチェーンのグローバリゼーションに対応した貿易構造が確認できる。製造・生産，ロジスティックス，マーケティングという3大ビジネスに関わる統合流通サービスを提供しているリー＆フォンは，ヨーロッパの業者から衣類の注文を受注する場合，韓国の企業に糸を調達し，それを台湾に輸出し，そこで織るとともに染色する。また，ジッパーを日本のYKKの中国工場から調達する。そして，全てをタイに輸出し，そこで縫製して消費地であるヨーロッパに輸出する。この事例では，貿易取引を伴うリンケージは4つある。このように，顧客の要望や商品の特性により，バリューチェーンのリンケージはネットワークの基盤の上で幾重にも構築可能であり，それに対応して貿易構造は変化する。この事例のバリューチェーンでは，具体的な製造プロセスとロジスティックスの編成をリー＆フォンが分担している[21]。

このような，外部化された貿易，重層的貿易構造，ネットワーク型貿易構造とは，グローバリゼーションの過程で見られる貿易の垂直化を別の視角から再定義したものである。そして，80年代後半からのグローバリゼーションの時代に特徴を示す歴史的画期を示す概念である。

貿易のグローバリゼーションとは，国境を越えたリンケージ数の増加によ

---

[20] 信頼を基礎とした「関係的契約」は，グローバリゼーションの中で，ネットワーク化という具体的な形態で現われている。そういう意味で，技術革新や制度変化に規定された関係的交換の歴史的概念としてネットワークを理解している。
[21] しかし，マーケティングとデザインは先進国企業が担っており，バリューチェーンのガバナンスに関しては先進国企業に主導件がある。リー＆フォンは，全体の中の製造に関して主導件をもっている。

る中間投入財の貿易活動の拡大という量的側面，脱垂直化・オープン化と信頼関係の形成を反映した重層的貿易構造という機能的変化の側面がある。バリューチェーンのグローバリゼーションは，リンケージが細分化されたり，あるいは集約されたりして，外部化された貿易構造を形成する。そして，多数のバリューチェーンを形成する企業関係は，ヘテラルキー構造という多中心の重層的構造のなかで貿易構造を構築する。さらに，生産ネットワークに組み込まれた複数の国民経済を結びつける貿易関係の構築・再構築とは，企業内貿易とネットワーク型貿易という複合的な構造の反映である。企業内貿易は2国間レベルで統計により多少とも把握できるとしても，ネットワークに基づく貿易構造の鳥瞰図を貿易統計により分析するのは困難であるかもしれない。しかし，2国関係からみた貿易構造の変化は，バリューチェーンの所有関係の変化，企業組織のヘテラルキー構造化，そして生産システムのネットワーク化を反映したものであると考える必要がある。

4．グローバル生産システムと貿易構造

(1) 付加価値生産と貿易構造

たとえば，イーストマン・コダックに始まり，IBM，ヒューレット・パッカードなどの代表的製造業は，コア・コンピタンスを選別する戦略の中で，製造部門をサプライヤーに委託するという傾向を強めた[22]。オープンなモジュール化というシステムの上で，大手のブランド企業，ブランド企業から製造受託する EMS・ODM プロバイダー，そして EMS・ODM に部品を供給するサプライヤーという3つのグループの関係が成立する。

製造受託企業側からのリンケージの特性をみると，そこには階層性がある。この階層性を示す1つの指標が付加価値生産である[23]。そして，この階層性をイメージ化したものが，スマイルカーブ（Smiling Curve）である。

---

[22] 日本企業は，どちらかというと組織内取引が支配的であるものの，変化の兆しがある。たとえば，モジュール化・委託生産を進めていない日本の家電メーカーのなかでもソニーは国内工場を EMS メーカーに売却し，生産委託を行っている。さらに，同じくソニーは液晶パネルをサムソンに生産委託している。

これは，台湾のエイサー（Acer/宏碁）社のスタン・シー（Stan Shih Chen-Jung）が提起したといわれるもので，パソコン業界のバリューチェーンの各段階における付加価値生産を曲線で示したものである。つまり，半製品・製品や粗形材・部品の中でも，労働集約的かつ標準化（あるいはコモディティ化）した生産工程のものは途上国で行われ，技術集約的なものが先進国にとどまるというバリューチェーンの各段階の工程間分業を示している。

スマイルカーブはパソコン産業に適応したものであるが，他の産業分野でも応用されている。しかし，スマイルカーブに関しては国ごとの特徴や産業上の特性，さらに製品特性などから一般化することは慎重でなければならないであろう。たとえば，日本の産業を分析対象とした木村（2003，2006）では，スマイルカーブ化は加工組立型製造業の全体に生じている現象ではないと言われている。また，経済産業省・厚生労働省・文部科学省の3省が出している2005年の『製造基盤白書』では，当時の日本の企業が国内に製造基盤を回帰させているという行動の変化から，生産や組立は収益力が高い部門であるという「逆スマイルカーブ」といわれる概念を提示している。しかし，このように一般化できない事例が提示されているにもかかわらず，スマイルカーブにより示された国際的分散化による生産工程（バリューチェーン）ごとの付加価値生産の相違を喚起した点は疑いの余地がない。

付加価値生産の違いは，前章で確認したiPodのケースのように，企業の視点からみた生産活動から生じる価値創造活動と市場での販売の結果から生じる価値獲得活動を反映したものと考えられる。つまり，バリューチェーンにおける個別企業の行動を生産システム全体で集約し，そこに国民経済を加味することで，それぞれの国民経済の施設単位の違いに対応して付加価値生産の階層構造が現れる。さらに，産業ごとの生産システムにおけるリンケー

---

[23] Wall Street Journal 2004年1月30日の記事に1つの事例が示されている。Logitech社が中国蘇州で生産し，米国で販売するWandaブランドのワイヤレスマウスの場合，米国の販売価格は40ドルで，そのうち，Logitechは8ドル，卸・小売業は15ドル，モトローラなどの部品メーカーは14ドルを得る。それに対して，中国の生産工場は僅か3ドルしか得られず，そこから賃金，流通費用や管理費用をまかなわなければならない。

ジの構造が異なることから，国民経済間の付加価値生産の階層構造も産業単位で微妙に異なることが考えられる。ただし，バリューチェーンにおける施設単位の付加価値の相違を貿易取引と関連させるならば，次のように考えることができる。つまり，中間投入段階の垂直貿易取引では，企業からみた価値創造と価値獲得との乖離はなく，最終製品の貿易取引ではその乖離がみられる。このような区別に基づくなら，垂直貿易構造は技術力価格に応じた比較生産費の原理が働く生産構造規定型貿易であり，それに対して，最終財の貿易は製品差別化による需要構造規定型貿易であるといえる。

(2) 貿易の垂直化と双方向貿易

これまでは，グローバル生産システムと貿易構造の関連を考察した。ミクロのレベルでの施設単位間のリンケージはバリューチェーンのガバナンス構造に影響されて変化する。そして，メゾ（企業間関係）レベルではネットワーク化が，貿易の垂直構造をよりオープンにし，同時に部品貿易の量的拡大を誘引した。

ところで，第3章では製品貿易にしめる部品貿易の割合が上昇している「生産工程の国際的分散による貿易の垂直構造」と，第4章では「垂直的差別化された部品の双方向貿易」が拡大していることを分析した。そして，2つの統計的に認識できる定量的な側面から，貿易の垂直化という定義をすでに示している。したがって，本章で確認した垂直貿易構造がオープンになっていることは，貿易の垂直化の1つの定性的側面であると考えられる。ここでは，さらに，貿易の垂直化と同時に進行している双方向貿易の拡大の特徴を考察したい。以下では，産業内貿易や双方向貿易に焦点を当てよう。

貿易の垂直化の2つの側面である垂直構造と垂直的双方向（産業内）貿易では分析対象が異なっている。しかし，2つの関係を考察すると，工程間貿易の進展の中で，結果として垂直差別化貿易（双方向貿易あるいは産業内貿易）を拡大させているという因果関係が考えられる[24]。

まず，部品貿易の拡大は，個々の施設単位の部品調達活動の現れであり，バリューチェーンの国際的分散化を反映している。そして，次に，このよう

な施設単位のリンケージの部品取引を2国間で集計して部品貿易全体を対象とすると，双方向の貿易の流れが観察される。双方向貿易の分析とは，貿易される同一分類の財貿易を対象としたものである。ここに，垂直的に差別化された貿易構造が浮かび上がる。しかし，全体の貿易の中で部品貿易だけを分析対象とすると，バリューチェーンの国際的分散化により引き起こされた貿易関係や，中間投入財の輸出国と輸入国の関連，産業内部の産業構成はみえてこない。したがって，垂直構造がバリューチェーンのグローバリゼーションの特徴であり，垂直的双方向（産業内）貿易は，2国間の貿易の断面図を対象とした特徴にすぎない。

　貿易の垂直構造と垂直的双方向貿易の関係を考える場合，次のような中長期的構造変化に留意すべきである。まず，先進国が部品を輸出しその部品が組み込まれた最終財（とりわけ消費財）を輸入するという生産シェアリングが拡大し，次に，直接投資と資本財貿易を通じた発展途上国での部品生産と現地調達比率が拡大し，さらに，部品生産が定着した途上国から部品輸出の拡大がみられるということである。こうして，部品貿易を観察すると，各国で生産される部品の質に階層があり，それが垂直的差別化による双方向貿易の拡大として現れることが類推できる。

　さらに，企業活動の変化と貿易構造を関連させて考えることができる。つまり，1つの最終財を生産するために，企業は垂直的統合行動や脱垂直的行動により生産工程の国際的分散を促進する。企業行動の生産工程の国際的編成や再配置により施設単位間のネットワーク化が進展する。各国で生産された財には，それぞれの国民経済の施設単位に埋め込まれた技術の相違に応じた質の階層性が明確に表れる。個別のリンケージを集計して国民経済間の貿易関係としてみると，2国間で同一分類の財が双方向に貿易されていることが観察される。

　生産工程の国際的分散という貿易の垂直構造とは，生産システムによって

24　Kojima (1987) では，日米間の産業内貿易と産業内直接投資の関係を逆貿易指向的・輸出代替的で逆相関関係として分析した。ここでは，貿易と企業行動の関係という発想を受け，直接投資ではなく，脱垂直化と産業内貿易の関係の仮説を考察している。

形成された個々の企業の貿易取引が幾重にも重なったものである。さらに，多数の企業により形成された個々の企業の貿易取引は重層的な構造を形成している。たとえば，ブランド企業からみれば EMS メーカーは下請であり，その EMS メーカーにはまた多数のサプライヤーが存在している，というように垂直的関係における階層性が集約された重層構造である。このような多数の企業が行う貿易の垂直構造が産業単位あるいは用途財別に集計される時に，一方向貿易と双方向貿易として計上される。

(3) 「垂直」の3つの側面とグローバリゼーション

これまで述べてきたように，国際生産システムの中のある特定の財を生産する施設単位の集合体をグローバル・バリューチェーンと定義すると，そこには vertical といわれる用語（すなわち「垂直的」あるいは「垂直」）が，以下のように3つの次元で定義される。

① グローバル・バリューチェーンが所有により統合されること（すなわちあらゆる施設単位が1つの企業により所有される場合）：「垂直的統合」
② グローバル・バリューチェーンを形成する施設単位間の投入産出構造が貿易を媒介して形成されること：「貿易の垂直構造」[25]
③ 国際生産システムが形成する貿易を観察すると，垂直的差別化された財が双方向に貿易されること：「垂直的双方向貿易・垂直的産業内貿易」[26]

このように本書の vertical という用語は，経営組織論で使用される概念，投入産出分析あるいはポストケインジアンの生産理論で用いられる概念，そして，不完全競争論で用いられる概念という3つの異なる次元がある。国際経済のフィールドでは，垂直的統合とは多国籍企業論で，そして，垂直的差別化とは貿易論で一般的に用いられている。そして，国際間の投入産出に関しては垂直的特化（vertical specialization）という定義が用いられている。それぞれ個別のテーマに限定して vertical が用いられるならば混乱が生じないであろう。本書では，グローバリゼーションが進行する中での貿易

---

[25] 中間投入財の貿易が拡大することを「貿易の垂直化」という。
[26] その中でも，日本（自国）の輸出単価が輸入単価より高い場合を「差異化財」という。

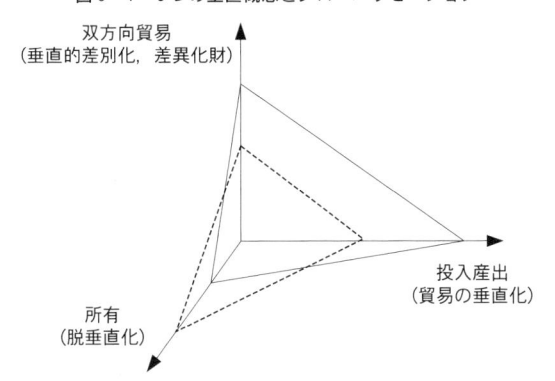

図9-4　3つの垂直概念とグローバリゼーション

双方向貿易
(垂直的差別化，差異化財)

投入産出
(貿易の垂直化)

所有
(脱垂直化)

構造を明らかにするという目的から，結果として，同時に3つの概念を併用するに至った。

　3つの垂直概念とグローバリゼーションの関係を示しておくならば図9-4のような仮説が提示される。この図では，まず，x軸の企業行動に変化が現れる。経済のグローバリゼーションとは，国際的な企業の統合形態である所有による垂直的統合を解体させ，ネットワークによる企業間の統合を進展させる（脱垂直化）。このような企業の統合形態の変化をグローバリゼーションの起点と考えると，それは，貿易構造の変化をもたらす。つまり，Y軸に示されたように，生産の国際的分散を促進させ，国際的投入産出関係が貿易により媒介されるために部品貿易が拡大する（貿易の垂直化）。さらにZ軸として，垂直的差別化された財の双方向貿易が拡大する。つまり，グローバリゼーションとは3つの垂直概念から分析される[27]。図9-4は，視角的に捉えるためにグローバリゼーションにおける構造変化を示している。点線で結んだものが1980年代初頭であるとすれば，最近の構造は実線で結ばれたもので，垂直的統合が低下し，貿易の垂直化と垂直的に差別化された双方向貿易が拡大している[28]。

---

[27] 差別化とは，財の差異を強調した視点であり，財が差別化されるのは，ネットワークによる協調のなかで企業がそれぞれの特性を生かし分化した結果であると考える。
[28] 図9-4は視覚的に構造変化を捉えるための直感的な図であり，図では厳密な数量的含意はない。

さらに、グローバリゼーションのなかで、各国が輸出する商品構成自体が変化していることにも注目したい。すでに、双方向貿易を分析した第4章で確認したように、日本は消費財の輸出が減少し、輸入が拡大する。他方で中国は、消費財の輸出が拡大するとともに、資本財の輸出も行うようになっている。そして、中国は次第に部品と資本財の輸出を拡大する傾向にある。このような、貿易財の変化から類推すると、日本のような先進国は輸出財の多様性を減少させ、成長著しい中国のような途上国は輸出財の構成を多様化させていると考えられる[29]。この中で、垂直的差別化貿易が拡大している財と一方向貿易の傾向の強い財という貿易構造が現れているのである。

(4) 貿易の垂直構造とサービス貿易

グローバル生産システムの形成は、サービス貿易の拡大と関連している。そこで、財貿易との関連からサービス貿易を考えてみよう。サービス取引は、財取引と同様に、市場取引と企業内取引に分けられる。

第1に、市場取引されるサービスをみると、個人的に消費される個人消費サービスと事業所により消費される中間投入サービス（対事業所サービス）に区別することができる。後者の中間投入サービスは、いわゆる生産者サービスといわれるもので、金融、保険などの金融サービス、通信、コンサルタント、会計、法律、コンピュータ・ソフトウエア、ロジスティクスなどのビジネス・サービスという多種多様な活動の総称である[30]。これらサービス業は、より質の高いサービスの生産による差別化戦略を進め、同時に、国際的な経済活動を向上させるため、サービス生産に必要な設備（とりわけ情報通信機器やソフトウエアなど）への投資を拡大している。なかでも、通信サービス、金融保険サービス、そしてビジネス・サービスなどは、技術集約財への投資が高く、知識集約産業とみなされる[31]。このことから、サービス業の装置産業化という側面がみられる。

---

[29] Cadot et al. (2007) は、輸出財の多様性と成長の関係を述べており、興味深い。
[30] 中間投入サービスの生産を、ここでは知識生産と考えている。
[31] 定義に関しては、OECD (2001) を参照のこと。

第2に，サービスの非市場的取引をみたい。これは，企業内部のサービス化という現象である。製造業では，労働生産性を向上させるために，生産過程では労働者がロボットなどの資本財に代替される一方で，技術革新能力を高めるためのR&D部門の強化，生産部門のFA化によるコンピュータソフトの必要性から企業内部にサービス労働を取り入れるというサービスの内部化がある。この傾向は，財生産に携わる労働の割合が減少し，逆に研究開発（R&D），調達物流，マーケティングに携わる労働が拡大してきたことに対応する。これらのサポート・サービスは，企業の競争上必須なものである。特に，ハイテク産業におけるハイテク財は，潜在的に高い需要を開発するためにR&D，デザイン，経営ノウハウなどの中間投入サービス，商品販売後の技術サポートやメインテナンス・サービスというように，生産して販売すれば完了という財ではない。このような中間投入サービス費用を多く必要とする製品を「サービス集約商品」と規定できる[32]。

　サービス業の中間投入財の拡大，そして製造業の中間投入サービスの拡大というように，製造業とサービス業の中間投入過程は相互に収斂していく傾向にあると考えられる。また，製造業はよりサービス集約度を高める中で，生産工程間の垂直的分業の中でサービス生産が進んでくると，これまでの本業であった製造部を売却し，より中核業務へ特化するためサービス生産に業務を集中させる企業戦略が見られる[33]。あるいは，より戦略的に重要な部門が製造部門であるならば，サービス生産は外注化する部門として位置づけられる。たとえば，調達・販売物流サービスにおいて固定費用部分の低稼働・高コスト要因を克服するため，サード・パーティ・ロジスティクス（3PL）というサービス業務が進展している。この3PLとは，物流に必要な資材を所有している個々の提携企業と連携し，実際の業務は，荷主との契約に基づ

---

[32] サービス集約産業では，製品はさらに次のように分類される。すなわち，Hirsch et al. (1988) では，(1)ソフトウェア，薬品のように商品コストのなかに中間投入サービス労働コストが多くの割合を占めているものと(2)コンピュータのように商品自体にその割合が多いだけではなく，それに付随したソフトの開発，操作上のトレーニング，アフターケアなどのサービスが必要なものである。

[33] IBMのパソコン事業売却は1つの事例である。

きロジスティクス業務(のすべてまたは一部)を代理して総括的物流管理を請け負うものである[34]。このように,サービス生産の過程は独立した部門として進化し,国際的に分散した生産の垂直的過程を支えるものになってきている[35]。

　本章の主張は以下の3点に要約される。第1に,最終財に至る一連の財の流れという側面からみると,貿易の垂直構造は「生産工程の国際的分散」を統合する貿易,あるいは「グローバル・バリューチェーン」を形成する貿易である。第2は,企業関係という側面からみると,貿易構造は「2つの貿易形態」に分類され,同時に,これらの貿易構造を形成する国際間のリンケージの特性により貿易が類型化される。貿易により統合される企業関係を形成する形態とは「内部化による貿易の垂直構造」と「外部化による貿易の垂直構造」,そして,「ネットワーク化による垂直貿易構造」と「オープン化による垂直貿易構造」という2つの類型化が可能である。第3に,産業という側面からは,同一工程に属する財の双方向の貿易を集計することで「垂直的双方向貿易・垂直的産業内貿易」という構造がみられる。

---

[34] ロジスティクスの最適化を提案するサービスである3PLは,倉庫管理システム・輸送管理システム(TMS)・生産管理システムなど情報投資基盤が必要である。

[35] 象徴的な数字が,サービス部門の対外直接投資に現れている。1970年代初頭では,サービス産業は,世界全体の対外直接投資累計金額の約25%であったが,2000年には50%まで増加している。また,サービス部門の対外直接投資の85%が貿易関連および金融サービスである。このような,直接投資の伸びは,サービスは貿易できない特性のものが多いことを意味している。さらに,貿易可能なサービスは増加しているが,サービス産出額のうち10%しか貿易されていないと言われている(UNCTAD : 2004)。

第10章
生産システムの変化と変容

　本章では，これまでは対象としなかった最終需要の構造が生産システムに与える影響を考察する。そのため，生産システムにとっての最終需要を実現する市場を区別する。まず，先進国市場へのアクセスを指向した生産システムをアメリカ市場指向生産システムと定義する。さらに，金融・経済危機以降の新興国市場へのアクセスを指向した生産システムを新興国指向生産システムと呼ぶことにする。さらに，これまで，企業間の階層構造を分析したが，さらにパワーバランスの視野を広げて，多国籍企業と政府，そして国民経済間のパワーバランスについても考察したい。
　くわえて，2つの側面を分析対象とする。第1に，グローバル生産システムの内部構造が，金融・経済危機の直前まで，どのように「変化」したかを明らかにする。第2に，金融・経済危機が，生産システムの最終需要と内部構造に影響し，いかに生産システムを「変容」させているかを考察する。ここでいう「変化」とは，最終需要構造が大きく変わらずに内部の階層構造が複雑化・重層化することであり，「変容」とは，最終需要条件の変動に対応して階層構造の秩序が変貌することである。ここでいう階層構造の秩序とはパワーバランスのことである。

1．視点の整理：最終需要とパワーバランス

(1) **生産システムと需要構造**
　まず，金融・経済危機前後を対比して，生産システムが指向した消費市場

を区別したい。危機前のシステムを「アメリカ市場指向生産システム」，危機後のシステムを「新興国指向生産システム」と呼ぶ。前者は，高付加価値商品を先進国市場に向けて販売することを主目的にした生産システムであり，後者は普及価格帯商品（ボリュームゾーン）を新興国に向けて販売することを目的にした生産システムである。

ところで，ここで定義しているアメリカ市場指向というところを先進国市場指向と言った方が一般的であり，より適切かもしれない。しかし，ここでは，国際不均衡構造に支えられたシステムという含意を込めている。また，危機後のグローバル生産システム再編に大きなインパクトを与えているという含意で「新興国指向生産システム」と定義した。もちろん，経済危機前にも，新興国市場は拡大していたが，それは，多少とも高付加価値商品であった。新興国指向とは，新興国向けの普及価格商品の販売を意味する。さらに，危機後の高付加価値商品市場は，世界需要が伸び悩み，政策なしには短期的回復が困難である状況を加味している。このように定義した生産システム間にはどのような相違があるであろうか。以下の2点にまとめられる。

第1に，消費市場の変化が生産システムに大きな影響を与える。先進国市場が世界経済において大きな比重を占めていたアメリカ市場指向生産システムでは，成熟した市場での製品差別化競争と価格競争が支配的であった。それは，アメリカの過剰消費・経常収支赤字とアジア諸国の過剰投資・経常収支黒字に現れる国際不均衡の中で維持されていた。しかし，サブプライム問題に端を発する金融・経済危機により，先進国消費市場が収縮する。それに対して，大きな人口を抱える新興国の成長による市場の拡大は，規模の経済・価格競争が支配的な市場である。アメリカ市場指向生産システムのバリューチェーンは，金融・経済危機以降には，最終需要の激減により一次的に麻痺し，同時に，バリューチェーンの階層構造における特定企業の優位性が揺らぎ始めた。その典型が日本企業であろう。それに対して，これまで先進国市場への参入の障壁に直面し，一時期そこでの競争を回避する行動を取っていた新興工業経済地域の企業は，新興国市場に積極的に参入していた。その典型が韓国企業であろう。

第2に，2つのシステムの大きな違いは，市場情報の出所とその情報の蓄積主体である。アメリカ市場指向生産システムでは，先進国の成熟化した市場情報が重要であり，先進国企業がマーケティングノウハウの蓄積により，バリューチェーンにおける優位性を保持している。したがって，発展途上国の企業にとって先進国市場は参入障壁が高いものとなっていた。しかし，新興国指向生産システムでは，新興国の市場情報であり，先進国企業のバリューチェーンにおけるマーケティングノウハウの優位性は不確定である。そのため，新興国の企業はこれまでのバリューチェーンの階層関係を少しでも変化させる機会があるといえる。たとえば，中国のハイアールやインドのタタなど，企業の自社ブランドでの販売による最終市場での認知度の上昇は一つの典型例である。

(2) パワーバランスの変化

次に，新興国指向生産システムにおけるパワーバランスの変化に注目するために，70年代にみられた市場アクセスに関する途上国と多国籍企業とのパワーバランスの変化と危機後のパワーバランスの変化を対比したい。そのために，「投資の新形態」が注目された70年代のパワーバランスの変化を「第1次パワーバランスの変化」と呼び，今回の危機後のパワーバランスの変化を「第2次パワーバランスの変化」と呼ぶ。

1970年代のOman (1984) が指摘した「国際投資の新形態」にみられるパワーバランスの変化の背景には，次のような状況があった。1973年以降，「資本主義の黄金時代」が終わり，低成長の時代となった。石油価格などの一次産品の輸出価格の高騰は，資源国である途上国の貿易収支を好転させた。さらに，シンジケート・ローンによるオイルダラーの環流が，海外からの銀行貸し付けを容易に受けられる金融環境を形成した。そのために，途上国は輸入代替工業化政策を取ることになる。その中で，途上国政府は，多国籍企業の所有による支配を排除し，自国の産業育成政策として投資の新形態を採用した。また，先進国の多国籍企業は，投資の新形態を利用し開発需要に目も向けるようになる。ここには，途上国の市場アクセスをめぐって，先進

国の多国籍企業と途上国の政府との間にパワーバランスの変化がある。

ただし，当時は，電機や自動車部品関連などの部門では直接投資が支配的であり，所有関係を伴わない施設単位間の国際的リンケージは衣類，スポーツ用品，玩具などでみられたにすぎない。さらに，所有関係を伴わないリンケージの形成は，企業のリスクを軽減し，かつ，途上国の外資政策にも対応した行動であり，多国籍企業が自ら積極的に垂直的統合形態を解体する行動ではない。第1次パワーバランスの変化は，途上国の輸入代替開発戦略と多国籍企業のリスク回避との妥協の上に成立したもので，経済的合理性が乏しい生産システムを編成させた。したがって，投資の新形態で設立された企業の商品を海外でも販売するという戦略やコスト効率を最適にするという行動に欠けているきらいがあった。しかし，第2次パワーバランスの変化では，以下で確認するが，市場規模，政策の独立性，無形資産の移転という3つの点で大きく異なる。

2．アメリカ市場指向生産システムの変化

90年代にアメリカ市場指向生産システムが確立する。すでに確認した，セルラー型システムがその象徴である。これは，繊維や玩具のような軽工業とともに，より高度な産業である韓国の半導体や台湾のEMSの躍進をもたらした。このようなアジアの企業の飛躍の理由には，製品アーキテクチャがモジュラー型へ完全に移行したこと[1]，技術的にはターンキー契約による生産設備の一括購入，最新技術が一体化した資本財の輸入，企業戦略として大量生産・市場シェア獲得という行動，そして，新興国の政策として優遇税制[2]，

---

[1] Bresnahan and Greenstein (1999) は，垂直的な組織構造をもつ伝統的なプラットフォームと脱垂直構造をもつ新プラットフォームとの競争の結果，後者が組織プラットフォームを確立させたことを分析している。また，立本 (2007) の研究によれば，パソコンのモジュラー化は1995年から1996年のインテルによるマザーボード標準化，チップセットによるプラットフォーム提供，台湾メーカーへのマザーボード委託が大きな転換点だという。さらに，アップルも1996年ごろから，製造の外注化を進めていることからも，90年代半ばからが生産システムの転換点であることは妥当であろう。

[2] 当時の日本は半導体設備の償却は7年であるのに対して，台湾は特別に1年で可能であった。

など複合的要因がある。

そして，生産システム全体では，生産現場において FMS（Flexible Manufacturing System）やセル生産システム，そして，施設間・企業間のリンケージ連鎖においては SCM による在庫管理のように，効率化が進展しているという側面がある。しかし，バリューチェーンは，より階層化し，より複雑なリンケージ連鎖となっているという側面もみられる。これら2つの側面の生産システムの変化のなかで，後者の変化に注目したい。

まず，バリューチェーンの複雑化という量的側面を取り上げよう。一方では，ターンキー契約やオープン化という変化が，参入障壁を低下させ，サプライヤーの数や EMS の規模に変化をもたらしている。また，他方では，需要の多様化により階層化が促進している。典型例として，半導体需要がある。当初はパソコン中心の需要であったが，「産業の米」といわれるように携帯電話・自動車・家電といった多様な製品のバリューチェーンで需要される部品となっている。この状況下で，EMS 企業は，特定の大手の生産委託ばかりではなく，生産の変動を最小限にするため，多様な部門の取引相手と小口の生産を引き受ける傾向を強めた。そのため，EMS 企業が関わる製品のバリューチェーンが，多様化・複雑化するという現象もみられる。さらには，消費者のニーズの多様化のなかで，製品差別化による他品種化・少量化と，ライフサイクルの短縮化に対応して，バリューチェーンも多様化していく。

次に，企業間の階層化を確認しよう。たとえば，サプライヤー側での参入障壁の低下は，潜在的過剰設備圧力を高めるとともに，組立メーカーは水平的・垂直的統合で大規模化し，価格交渉力を高める。同時に，在庫コスト・生産調整リスクは VMI というシステムにみられるようにサプライヤーへと転化されていく[3]。くわえて，技術的な側面になるが，生産リードタイムのギャップが在庫負担の偏在を生む。つまり，EMS のような受託製造業は，リードタイムを短縮されるなかで仕掛品在庫を大幅に減らすことが出来る。

---

[3] 例として，台湾系の EMS は，相次いで VMI を導入し，在庫リスクをサプライヤーに転化している。しかし，生産計画などの情報の共有は少なく，情報のオープン化よりも在庫コストの移転手段という側面が強いという。『日経エレクトロニクス』(2006. 7. 31. p.108) に事例がある。

しかし，部品サプライヤーのリードタイムには変化がなく，仕掛品在庫のコストは従来と変わらない。また，川上のサプライヤーは，小売りの発注を受けた EMS の大量の部品需要を満たすことが不可能な場合もあるため，部品需要を推測し，不確実性の中で生産を行わなければならない状況にある。グローバル生産システムの内部では，可能な限り短期化した在庫調整や生産調整がくり返し行われているが，調整スパンも，調整量も，ブルウィップ効果（bullwhip effect）といわれるように，システム内部の単位間で異なっていることに注意したいと[4]。これは，インバウンドでもアウトバウンドでも，買い手寡占化という階層化の傾向に対応している。さらに，「アメリカ市場指向生産システム」は，新興国の成長を引き出し，先進国市場と同様な商品市場を開拓する。しかし，同じ商品を販売するとしても，先進国市場と比べて，新興国市場で需要予測が困難であるという。そのため，新興国市場の拡大は，リードタイムの相違と市場状況への過剰反応から，組立側よりも，サプライヤー側の負担を高くする状況をもたらしている。

3．グローバル生産システムにおける貿易構造

生産システムの構造変化は貿易の地域構造の変化に反映する。そこで，近年の用途別貿易構造の変化と最終需要市場の地域貿易構造の変化を通じて，グローバル生産システムの変化を概観しよう。

表 10-1 は，世界全体をアジアの 11 カ国，ヨーロッパの 25 カ国，アメリカの 7 カ国の計 43 カ国として，1996 年と 2005 年の世界貿易に占める用途別・地域別貿易の割合を比較し，その変化を示している。これをみると，アジアの部品貿易の拡大が著しいことが分かる[5]。ちなみに，2005 年のアジアの世界に占める部品貿易の割合は，輸出が 42.7％，輸入が 39.8％である。こ

---

[4] ブルウィップ効果とは，最終需要から遠い川下から川上に行くにしたがって，需要の変動が牛の鞭のように増幅されていくというものである。
[5] 本章では SITC 分類に基づくデータを利用している。同じ部品貿易の拡大の確認でも，第 3 章では HS 分類に依拠していた。また，第 3 章では，産業用加工品も一部を除いていた。これは，続く章の分析とデータを共有するためのものだった。

表10-1 財別貿易額の変化と財別・地域別貿易の割合 (ポイント，%)

| | 輸出 |||||| 輸入 ||||||
| | 変化 ||| 2005年の構成 ||| 変化 ||| 2005年の構成 |||
	アジア	ヨーロッパ	アメリカ	アジア	ヨーロッパ	アメリカ	アジア	ヨーロッパ	アメリカ	アジア	ヨーロッパ	アメリカ
産業用素材	0.1	▲0.1	▲0.2	0.5	1.0	0.7	0.1	▲0.3	▲0.1	1.5	1.2	0.3
産業用加工品	1.1	▲1.8	▲0.8	7.2	12.1	4.7	▲1.1	▲1.6	0.2	6.7	10.5	5.4
部品	2.2	▲0.4	▲0.6	9.2	8.1	4.3	2.0	▲0.4	▲0.8	7.7	7.0	4.7
資本財	1.7	▲0.3	▲0.3	7.0	7.1	2.7	▲0.1	0.1	0.2	4.5	5.9	4.1
乗用車	0.2	0.1	▲0.1	1.4	3.3	1.1	▲0.2	0.1	0.0	0.3	2.6	1.8
消費財	1.0	0.1	▲0.1	5.3	7.1	1.6	▲1.0	0.4	0.5	2.3	6.8	4.3
その他	▲0.4	▲0.9	▲0.2	3.0	7.9	4.6	0.2	0.9	1.1	6.0	10.6	5.9
計	5.9	▲3.4	▲2.5	33.7	46.6	19.7	▲0.2	▲0.8	1.0	28.9	44.7	26.4

注) 1. アジアは，日本，NIES 4，ASEAN 4，中国，インド，ヨーロッパはEU 15と中東欧10，アメリカはNAFTAとMERCOSUR。
2. 変化とは1996年と2005年の比較をした増減ポイントである。
3. SITC Rev3. のBEC分類による集計。
出所) SITA : Statistics for International Trade Analysis およびOECD : ITCS.

れは，総貿易の割合が輸出33.7%，輸入28.9%であることと比較すればアジアの部品貿易の規模が相対的に大きいことが分かる。また，アジアは，完成財である資本財，乗用車，消費財の輸出を相対的に拡大し，輸入を減らしていることから，グローバル生産システムの地域構造の変化が類推できる。

また，表10-2は，アジア10カ国と中東欧10カ国の財別の構成を示している。完成財としての消費財の純輸出比率が高く，両地域が加工・組立において競争力をもっていることがわかる。さらに，アジア10の資本財・部品の割合が高いことは，この地域は生産の国際的分散が進んでいる証左ともいえる[6]。

次に，部品貿易の状況から，生産システムの地域構造を確認したい。すで

---
[6] アジア10カ国と中東欧10カ国の製品に対する部品の割合である部品製品比率はアジア10で輸出32.8 輸入45.8 中東欧10では輸出26.9 輸入27.5であり，アジアの方が輸出・輸入両面で比率が高い。また，付表10-1では，アジア10と中東欧10のなかで主な国の指標をとりあげているので参照のこと。資本財・部品貿易の経済的意味については石田 (2001, 2003) を参照のこと。

表10-2　アジア10と中東欧10の比較 (2005年, %, ポイント)

	アジア10			中東欧10		
	輸出構成	輸入構成	純輸出比率	輸出構成	輸入構成	純輸出比率
資本財	23.1	18.0	17	14.0	16.9	−20
部品合計	27.6	31.5	−2	20.6	18.1	−3
(一般部品)	24.3	28.6	−3	8.9	11.0	−20
(輸送機部品)	3.3	2.9	11	11.8	7.1	16
消費財合計	20.4	7.2	53	25.8	15.7	18
(耐久消費財)	6.4	2.1	59	12.7	6.4	44

注)　1. アジア10とは，中国，韓国，台湾，香港，シンガポール，インドネシア，マレーシア，フィリピン，タイ，ベトナム。中東欧10とは，ブルガリア，チェコ，エストニア，ハンガリー，ラトビア，リトアニア，ポーランド，ルーマニア，スロバキア，スロベニア。
　　2. SITC Rev3.をBEC分類で集計し，各国の世界への輸出・輸入の各項目を集計している。
出所)　SITA : Statistics for international Trade Analysis.

に第3章で分析した表3-9（付表3-3）の輸出と輸入の財の相対貿易規模（顕示比較優位）から分かるように，部品貿易の地域特性がある。アジアでは，一般部品の相対貿易規模が高く，ヨーロッパでは輸送機部品の相対貿易規模が高いことから，それぞれの生産システムの特性が現れていた。アジアでは，電機・電子関係の生産システムが相対的に発達し，それに比べてヨーロッパでは輸送機の生産システムが確立していることが分る。

一般部品と自動車部品の貿易の違いに反映された地域差は，企業活動はリージョナル経済活動でしかないと主張し，グローバリゼーションの見方に警鐘を鳴らしているRugman (2005) の見解に，説得力をもたせる。ただし，生産システムの地域ごとの特性がみられることと，企業がグローバルに活動していることを分けて考える必要もある。たとえば，ヒューレット・パッカードは多くの中・東欧拠点を抱え，韓国のサムソンはハンガリーとスロバキアに生産拠点をおき，台湾のEMSの鴻海はチェコとハンガリーなどに生産拠点がある。また，ヨーロッパのブランド企業やEMSもアジアや南米に製造拠点をおいている[7]。このような，グローバルに活動している企業

---

[7]　例えば，フィンランドのEMSのエルコテック（EDNの契約製造業者の2007年収益世界ランキング13位）は，インド，中国，ブラジル，メキシコに製造拠点がある。

のバリューチェーンが，地域特性を形成している側面にも注目する必要がある。

次に，最終需要市場としてのアメリカに注目したい。石田（2001）で，資本財，中間財，消費財という財別の貿易構造を分析するなかで，アジア諸国の消費財がアメリカ市場の需要に依存していることを指摘した。さらに石田（2006，本章6章）では，日本・韓国・台湾と中国との中間財・資本財貿易の拡大，そして中国の消費財貿易の拡大という構造を分析した。ここでは，アメリカの輸入から各地域のとの貿易構造を確認しよう。表10-3は，アメリカの財別・地域（国）別の輸入構成の1995年と2007年の変化，それに2007年の地域別構成を求めたものである。地域別の集計されたレベルの輸

表10-3 アメリカの財別・地域別の輸入構成変化（ポイント，％）

アメリカ	1995年に対する2007年の構成変化					2007年の輸入構成				
	加工品	部品	資本財	消費財	乗用車	加工品	部品	資本財	消費財	乗用車
アジア	3.7	▲13.8	▲0.9	▲2.1	2.4	26.3	41.7	54.5	59.8	39.2
日本	▲4.8	▲14.3	▲16.7	▲3.7	▲1.5	4.6	13.6	9.7	1.7	32.7
NIES4	▲0.8	▲10.2	▲7.2	▲11.1	3.7	4.8	8.1	8.9	4.9	6.3
ASEAN4	▲0.1	▲3.1	▲0.6	▲5.4	0.0	1.8	4.0	7.0	5.6	0.0
中国	8.5	13.0	23.1	14.5	0.2	12.1	14.9	28.4	38.5	0.2
アメリカ	▲6.6	7.5	1.6	0.9	▲9.4	34.8	31.8	24.5	18.2	37.3
NAFTA	▲7.8	6.4	1.0	2.7	▲9.5	28.5	29.6	23.1	14.6	37.2
中南米	1.2	1.1	0.6	▲1.7	0.0	6.3	2.2	1.4	3.7	0.0
ヨーロッパ	2.6	6.1	▲0.6	2.5	7.8	30.9	24.9	19.4	18.6	23.2
中東欧10	▲0.1	1.0	0.6	▲0.1	0.9	0.6	1.3	0.8	0.5	0.9
CIS	▲0.2	0.1	0.1	▲0.1	0.0	2.7	0.1	0.1	0.1	0.0
その他	0.3	0.2	▲0.1	▲1.3	▲0.8	8.0	1.6	1.6	3.4	0.3
合計	0.0	0.0	0.0	0.0	0.0	100.0	100.0	100.0	100.0	100.0

注）1．BECに従って財別分類を行った。加工品とは産業用加工品である。
　　2．中東欧10とは，ブルガリア，チェコ，エストニア，ハンガリー，ラトビア，リトアニア，ポーランド，ルーマニア，スロバキア，スロベニア。NIES4とは韓国，台湾，シンガポール，香港。ASEAN4はタイ，インドネシア，マレーシア，フィリピン。
出所）OECDのITCS（SITC rev.3）より。

入割合は，部品と乗用車以外は変化はみられない。しかし，アジア地域内部では，産業用加工品・部品・消費財・資本財での構成変化は注目に値する。とりわけ，消費財と資本財では，日本とNIES 4からの輸入が減少し，中国からの輸入が拡大していることが分かる。これは，アジア域内の生産システムの構造変化により，中国が消費財・資本財という完成財の輸出市場としてアメリカに依存度を強めていることを表している。それに対して，中東欧のアメリカへの輸出は，アジアのような大きな域内の変動はない。

さらに，EU 15カ国の輸入について，1995年と2007年の比較をしてみたのが表10-4である。ここでも，中国の消費財，資本財の増加の割合が著しいことがわかる。また，アメリカではNAFTAの域内貿易が拡大しているように，EU 15は中東欧とのヨーロッパ域内貿易が拡大している。アメリカの中東欧の輸入の増加が見られないことと併せて考えれば，中東欧はヨーロッパ域内市場指向的生産システムであるという特性が浮かび上がる。ここ

表10-4　EU 15の財別・地域別の輸入構成変化（ポイント，％）

EU15	1995年に対する2007年の構成変化					2007年の輸入構成				
	加工品	部品	資本財	消費財	乗用車	加工品	部品	資本財	消費財	乗用車
アジア	7.9	▲6.4	7.5	2.5	▲34.9	26.8	35.4	50.9	51.4	36.2
日本	▲2.0	▲11.1	▲11.0	▲2.8	▲34.9	3.7	9.7	9.6	1.4	23.3
NIES4	1.9	▲4.2	▲3.1	▲7.0	▲0.8	5.3	8.7	10.2	3.9	11.3
ASEAN4	▲1.0	▲1.3	▲0.0	▲3.7	▲0.1	2.3	4.4	4.5	3.9	0.3
中国	7.8	9.1	21.2	15.0	0.8	11.4	11.2	25.8	31.9	0.8
アメリカ	▲4.9	▲8.3	▲11.7	▲1.8	14.1	25.8	27.2	22.2	9.7	25.4
NAFTA	▲5.9	▲9.3	▲11.8	▲1.5	12.5	17.8	25.2	21.2	8.9	23.3
中南米	1.0	1.0	0.1	▲0.3	1.6	8.0	2.0	1.0	0.8	2.1
ヨーロッパ	▲1.8	16.4	5.3	2.3	20.8	37.3	33.4	22.1	33.2	37.9
中東欧10	1.0	17.2	8.4	2.8	16.4	13.3	24.1	11.9	15.7	30.6
CIS	1.0	0.3	▲0.2	0.2	▲0.8	8.4	0.6	0.4	0.8	0.1
その他	▲1.2	▲1.7	▲1.2	▲3.0	0.1	10.0	4.0	4.8	5.7	0.5
合計	0.0	0.0	0.0	0.0	0.0	100.0	100.0	100.0	100.0	100.0

出所）表10-3に同じ。

から，グローバル生産システムの地域階層をみることができる。

4．グローバル生産システムの調整

(1) 金融・経済危機の特徴

図10-1は，80年代以降の住宅価格の崩壊した国の数，株価が崩壊した国の数，そして，両者が崩壊したクラスタリングの発生した国の数を示している。今回の金融危機はクラスタリングの発生した国が多いことが分かる。

さらに，今回の金融危機は，80年代のアメリカのS&L危機，日本の資産バブルの崩壊，90年代のアジアの通貨危機，アメリカのITバブルといった，局地的バブルの崩壊と異なる。それは，より多くの人々を巻き込んだ，広範かつ大規模な危機であった。まず，今回のアメリカの住宅バブルは，低所得者をも巻き込んでおり，株式のバブルと異なり，その資産効果や逆資産効果は規模の大きなものとなっている[8]。さらに，住宅バブルの上に，多層証券化・多重証券化やデリバティブ取引による金融資産バブルが構造的に重

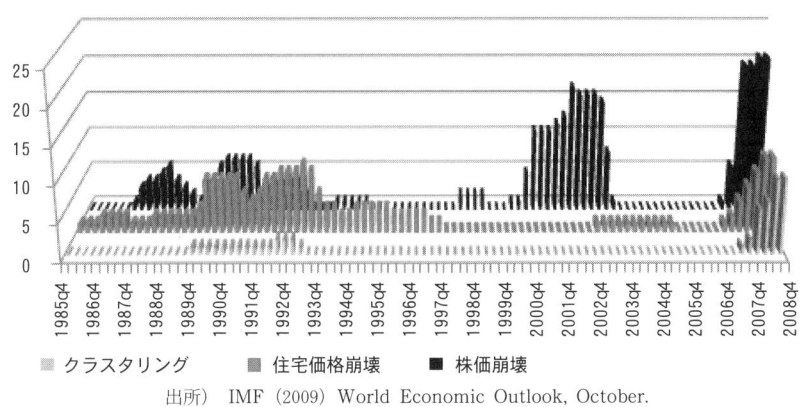

図10-1　資産価格崩壊が起こった国数

■ クラスタリング　　■ 住宅価格崩壊　　■ 株価崩壊

出所）IMF（2009）World Economic Outlook, October.

---

[8] 経済産業省（2008）『通商白書』で，アメリカの住宅保有者が株式の保有家計の割合より大きく，資産効果による消費の拡大や逆資産効果による消費の落ち込みが大きいことを指摘している。

なる[9]。ここでは，労働者の年金や保険などが運用されている。したがって，今回の金融危機では，奢侈品ばかりかあらゆる種類の財の消費全体を落ち込ませることとなった。

特に，投資銀行や SPC（SPE の一形態）が，何度も組み替えられた住宅ローン担保証券をベースとして，消費者ローン債権・自動車ローン債権・社債や企業向け貸付金などの多層の証券化商品を合成した COD をつくり，それを世界中の機関投資家やヘッジファンドなどに販売したことは，今回の危機を象徴化する。これは，本来のリスクを非常に分かりにくくした上で，リスクを世界の投資家に隅々まで拡散した事例である。くわえて，資金調達は，投資対象を担保として行うというレバレッジを幾重にも繰り返して行われている。したがって，住宅ローン全体からみれば少ないサブプライムに問題が起こると，連鎖的に信用が収縮し，金融危機へと陥ってしまった。そして，消費を萎縮させた。

(2) 金融・経済危機と生産システム

2008 年の金融危機が，生産システムに影響する 2 つのルートがある。1 つは，これまでの資金の流れが止まり，生産システムに影響すること。もう 1 つは，需要の急激な落ち込みによる生産システムへの影響である。前者は，中・東欧のように，バブルの崩壊により大きな影響がみられるが，しかし，国により影響の度合いは異なる。それに対して，欧米市場の需要減少は生産システムに大きな影響をもたらし，多くの地域の経済危機を招いた。さらに，グローバル生産システム内部における金融危機の影響として，取引保証・支払資金供与など貿易金融が収縮したという指摘がある。Auboin (2009) によれば，2008 年の貿易の落ち込みのうち，10％から 15％が貿易金融の収縮が原因だという。これは，BIS 規制の自己資本比率を確保する必要

---

[9] 多層とは，住宅ローン，クレジットカード，自動車ローンなどの多様な証券化であり，多重とは，住宅ローンにみられるように，2 次市場で何回も証券化されリスクを薄める過程である。特に，MBS に，自動車ローンその他の債権も組み合わせ組成する債務担保証券（COD）が代表的な例である。そして，このような多層・多重構造を支えたのが CDS（クレジット・デフォルト・スワップ）による「保険」である。

性と各国政府の国内融資優先策（金融保護主義）のため，グローバル生産システムを支えていた比較的リスクの少ないはずの貿易金融にしわ寄せがきた形である。

さて，アメリカを発端とした金融危機・経済危機は，グローバル生産システムに負の連鎖をもたらした。階層構造をベースにした調整機構では，調整期間が短期化してきたことから，負の連鎖の伝達速度を非常に速いものとした。それは，表10-5の貿易構造から類推される。これは，前年同月比の世界全体の貿易の伸びに対する各地域・国の寄与度を示している。2008年9月の金融危機の翌月の10月にはEUの貿易が輸出入とも前年同月比で減少

表10-5　各国・各地域の輸出・輸入の寄与度（前年同月比）

		2008/07	2008/08	2008/09	2008/10	2008/11	2008/12	2009/01	2009/02	2009/03	2009/04	2009/05	2009/06
輸出	世界	31.16	18.84	19.19	3.39	▲15.77	▲14.56	▲30.26	▲31.85	▲29.09	▲34.06	▲32.35	▲27.74
	先進国	15.81	7.10	8.04	▲1.38	▲12.35	▲9.97	▲18.88	▲20.44	▲18.66	▲22.24	▲20.81	▲18.32
	アメリカ	2.02	1.48	0.75	0.37	▲0.44	▲0.98	▲1.63	▲1.99	▲1.77	▲2.05	▲2.40	▲2.38
	日本	1.14	0.37	0.48	0.32	▲0.77	▲1.08	▲1.64	▲2.12	▲2.44	▲1.70	▲1.34	▲1.11
	EU	9.78	3.03	5.13	▲2.56	▲9.88	▲5.54	▲12.01	▲13.74	▲11.36	▲15.31	▲12.40	▲11.33
	途上国	15.36	11.73	11.16	4.77	▲3.41	▲4.59	▲11.36	▲11.41	▲10.43	▲11.82	▲11.54	▲9.41
	アジア9	3.37	2.02	2.20	0.55	▲1.31	▲1.72	▲3.71	▲2.58	▲2.77	▲2.92	▲3.91	▲2.55
	中国	2.47	2.05	2.03	1.58	▲0.20	▲0.27	▲1.50	▲1.77	▲1.35	▲1.85	▲2.24	▲1.04
	中南米	1.83	1.41	1.49	0.55	▲0.71	▲0.53	▲1.61	▲1.59	▲1.10	▲1.42	▲1.24	▲1.11
輸入	世界	29.44	18.21	20.87	4.08	▲14.50	▲13.02	▲28.25	▲29.55	▲27.85	▲33.64	▲30.09	▲25.84
	先進国	17.26	8.79	10.90	▲0.47	▲11.96	▲10.11	▲19.05	▲21.02	▲20.01	▲23.04	▲21.33	▲18.70
	アメリカ	2.84	1.69	1.60	0.38	▲2.09	▲1.89	▲3.43	▲4.50	▲3.59	▲4.20	▲3.82	▲3.15
	日本	1.47	1.15	1.59	1.01	▲0.06	▲0.16	▲0.86	▲1.46	▲1.61	▲1.37	▲1.31	▲1.14
	EU	10.30	4.20	5.73	▲2.21	▲8.73	▲6.21	▲11.94	▲13.34	▲12.16	▲15.22	▲13.54	▲12.53
	途上国	12.14	9.39	9.94	4.53	▲2.55	▲2.95	▲9.17	▲8.51	▲7.83	▲10.57	▲8.73	▲7.11
	アジア9	4.35	2.94	3.38	1.47	▲0.77	▲1.71	▲3.79	▲3.19	▲3.48	▲3.06	▲2.94	▲2.27
	中国	2.29	1.66	1.53	0.92	▲1.21	▲1.56	▲2.96	▲1.45	▲1.70	▲1.53	▲1.72	▲1.21
	中南米	1.97	1.60	1.76	1.12	▲0.15	▲0.22	▲1.13	▲1.28	▲1.08	▲3.04	▲1.45	▲1.19

注）アジア9とは，韓国，香港，シンガポール，マレーシア，インドネシア，タイ，フィリピン，ベトナム，インドである。
出所）IMF　DOT。

し，11月には世界全体の貿易が急激に減少していることが分かる[10]。貿易の大幅な減少は，グローバル生産システムにおける負の連鎖の現れと考えられる。そこで，グローバル生産システムにおける情報共有による調整機能，なかでも，バリューチェーンにおける各段階のルーティーンを維持するための数量調整に注目して，経済危機を分析したい。

　経済危機では，まず，安定的に推移していた経済を前提とした，ネットワークの調整が機能不全を起こす。とりわけ，製品ごとのバリューチェーンでは，需要予測の情報共有が突然崩壊する。そのため，バリューチェーンを構成する企業は，それぞれで独自に不確実な需要を予測して生産しなければならない。当然，リスクを最小にするために，全てのプロセスで数量調整が行われる。数量調整は，調整頻度とバリューチェーン内部の減産幅の相違として現れる。これは，効率化と階層化という変化を遂げたグローバル生産システムの反作用ともいえる。

　まず，バリューチェーンの各段階での調整頻度をみると，「2000年の初期時点でも企業の発注は月単位ないしは4半期単位であった。しかし，今はしばしば週単位で行われる。」というように[11]，可能な限り短期化した在庫調整や短いスパンでの生産調整が，企業の経済危機への対応速度をはやめたとみられる。次に，「昨年の第4四半期のアメリカでの電子機器の消費者の購入は前年比8％減であったが，製品出荷は10％，電子機器向け半導体出荷は20％減少」という証言のように[12]，危機に直面したバリューチェーンでは，完成品から遠いプロセスほど減産が増幅されている。これは，グローバル生産システムにおけるバリューチェーンの階層化や需要の多様化により，川上ほど需要動向が読みにくくなっていることが原因である。さらに，好況期はバリューチェーンの末端ほど在庫調節弁の役割を受け，逆に，不況には在庫調整の規模が大きくなる[13]，「ブルウィップ効果」がみられる。また，

---

[10] 中国の貿易の減少が意外に低いのは，多くの消費財が所得弾力性の低い，生活必需品があるためであろう。
[11] Wall Street Journal, 2009. 5. 18.
[12] 同上。
[13] 日経産業新聞2009年7月14日の"川中"の電子部品業界」とした事例がある。

製造業と部品サプライヤーのリードタイムの相違とともに，半導体産業にみられるように部品サプライヤーの設備過剰が顕在化している。したがって，在庫が少なく反応の早い企業ほど，相対的に危機の影響は軽微である。

さらに，急激な雇用調整がある。住宅・自動車・消費財の需要減少による在庫や生産の調整に合わせて，雇用調整が行われた。正規雇用の解雇も枚挙にいとまがない[14]。失業率は1980年代の初期以来最低であった2007年のOECD平均5.6%から2009年6月には8.3%まで上昇した。その間に1493万6千人の失業者を出している[15]。表10-6のOECD諸国の対前期の雇用の変化をみると2008年の第3四半期から減少が確認できる。製造業だけに限ってみても減少率は各国で異なるが，大きい[16]。たとえば，中国の1億3千万の「農民工」のうち約2000万人が職を失っているという[17]。また，バリューチェーンで製造を請け負うEMSの動向をみても，表10-7のように解雇を続けている。特に，中国の企業別輸出金額トップ（2005年時点で144.7億ドル）である鴻海の雇用調整は大きい。

つづいて，在庫や生産調整，雇用調整という企業内部の調整とともに，グローバル生産システム内部の企業構成数自体が急激に変化している。それを示す事例として，アメリカの海外サプライヤーを調査しているPanjivaの

表10-6　OECD諸国の雇用の減少（四半期は季節調整済み）

	2005	2006	2007	2008q3	2008q4	2009q1	2009q2
アメリカ	1.8	1.9	1.1	−1.9	−3.4	−6.7	−2.8
日　本	0.4	0.4	0.5	−2.0	0.4	−0.6	−4.4
ユーロ地域	1.1	1.6	1.8	−0.4	−1.1	−3.6	−3.6
OECD全体	1.3	1.7	1.5	−0.6	−1.0	−4.2	−3.3

出所　OECD Economic Outlook, Volume 2009 Issue 1.

[14] 日本経済新聞（2009年8月21日）によれば，昨年9月以降，企業倒産による失職は8万5千人，希望退職2万3千人にのぼるという。また，調整が終わったとしても，アメリカの地区連銀の報告（Beige Book）にあるように，正規雇用を増やすことは当面なく，近年の傾向であるジョブレスリカバリーが続くとみなされている。
[15] OECD Employment Outlook 2009.
[16] 付図10-1には，製造業の各国別の雇用減少率を示している。
[17] 日本経済新聞2009年2月4日。

表 10-7　EMS の解雇の動き

鴻海	2008 年 12 月	深圳工場の 16 万人を再配置
	2009 年 1 月	子会社のフォックスコムのハンガリー工場で 1,500 人解雇。また，企業全体で 4 万人を解雇し，中国工場の雇用の 5 ％にあたる 3 万人から 4 万人の解雇を計画しているといわれる。
フレクトロニクス	2009 年 3 月	ハンガリーで 400 人解雇
	2009 年 4 月	マレーシアで 1,400 人解雇
ジェイビル	2009 年 5 月	世界で 3,000 人解雇
TT エレクトロニクス	2009 年 5 月	昨年 595 人につづいて 700 人解雇
セレステカ	2009 年 8 月	フィリピンの工場閉鎖で 800 人解雇
	2009 年 9 月	ブラジル工場閉鎖で 200 人解雇
エルコテック	2009 年 9 月	ハンガリーで 700 人解雇（中国企業から 7,100 億ドルの資本を受け入れ）

出所）　Circuits Assembly 各月号より。

アメリカをベースとした企業と取引しているサプライヤー数の変化をみた統計がある。これによれば，2008 年 11 月から 2009 年 2 月にかけて，企業数が急激に減少している[18]。これは，経済危機の急速な調整の現れと考えられる。3 月からは，企業数は回復しているが，当面は数量調整が続くとみられている。

5．グローバル生産システムの変容

(1)　パワーバランスの視点

前章までの生産システムのグローバリゼーションの考察では，国家の影響力が低下していることを前提とし，生産システム内部の階層関係，あるいはバリューチェーンに影響する株主という経済主体間のパワーバランスを分析した。以下では，金融・経済危機を境として，グローバル生産システムにおけるパワーバランスの視野を広げてみたい。

たとえば，Stopford and Strange（1991）は，パワーバランス論を展開

---

[18] *Harvard Business Review*, July-August, 2009. "Just How Healthy Is Your Global Partner?"

している。彼らは，多国籍企業間，多国籍企業と国家，国家と国家による世界の富の分配をめぐる相互作用を示し，国家間の富を創出するための競争が，国家の多国籍企業に対する交渉力を弱めていることを指摘する。さらに，Strange（1996）では，国家の力が次第に弱くなり，多国籍企業や金融機関・国際機関など国民経済の枠を超えた組織の力が大きくなっていることに注目する。そして，超国家企業が各国政府のパワー領域を侵害していることも指摘している。また，Levy and Prakash（2003）の主張するように，NGOが，企業の社会的責任を問うことで発言権を持ち，企業・国家・国際機関と並んでグローバルガバナンスにおける重要なプレイヤーになっている。したがって，グローバルガバナンスを対象とする場合は，多国籍企業と受入国のパワーバランスを取り上げるだけでは片手落ちとなる。ただし，以下にみるようにグローバル生産システムという限定された領域では，この分析視点は有効である。

　もともと，政府と多国籍企業のパワーバランス論は，Kindleberger（1969）やEvans（1979）の主張のように2項対立的に議論された。しかし，Oman（1989）が注目したように，一方で，途上国は所有権を伴わない投資の形態で技術や企業運営ノウハウを習得し，他方で，先進国企業は固定資本投資のリスクを回避して現地市場へアクセスできるというように，双方の関係は2項対立的ではない。具体的には，Kobrin（1987）が指摘するように，一方で，多国籍企業の技術力やマーケティング力，そして，他方で，受入国の市場や天然資源へのアクセスが，パワーバランスを規定する。

　70年代の第1次パワーバランスの変化の後では，長らく多国籍企業と国家との力関係は変化せず，どちらかといえば国家の力が後退していた。しかし，金融危機後は，多国籍企業と受入国とのパワーバランスが再び変化する兆しが現れている。それは，①米国，イタリア，フランス，中国，インド，韓国にみられるような，保護の連鎖・自国製品優遇や，②インドと中国，ブラジルとアルゼンチンの途上国間での貿易摩擦，そして，③BRICs首脳会議やG20にみられる新興国の発言力拡大という，これまでみられなかった各国・各地域の動きの中から観察できる。そこには，資源価格の高騰を理

由とした新興国のバーゲニングパワーの向上がみられるが,ここで重要なのは,むしろ市場アクセスからみたバーゲニングパワーの変化である。

これまで,アメリカの最終需要に依存したアメリカ市場指向的グローバル生産システムでは,多国籍企業が,先進国市場の需要情報やマーケティング手法を専有し,バーゲニングパワーを持っていた。しかし,経済危機でにわかに新興国の市場が重要になると,市場アクセスに関しては,新興国企業(あるいは新興国政府)に有利になっている。

たとえば,中国では,家電下郷(農村部の家電普及促進策),汽車下郷(農村部での自動車購入促進策),以旧換新(都市部での家電などの買い換え促進策)による内需喚起政策,インドでは,物品税の引き下げ,金利の引き下げ,公務員給与の引き上げによる内需喚起政策が行われ,「官製特需」といわれる市場状況がみられた。さらに,図10-2のように,インド,そして,ベトナムのようなASEAN諸国では,固定資本形成を急速に高め,外資導入政策・投資主導型経済の立ち上げをみせている。また,BOP (Bottom of the Pyramid) ビジネスという40億人と推定されている貧困層を対象としたビジネスも,先進国市場が収縮するなかで,注目されている。

中国の家電下郷を例に考えてみよう。珠江デルタのような沿岸部の製造業集積地域が,アメリカ市場指向的グローバル生産システムの一角を担っていた。しかし,金融危機以降,表10-5で確認したように急激に輸出が鈍化する。アメリカ市場にカップリングした経済成長は,ここで変容する。数量調

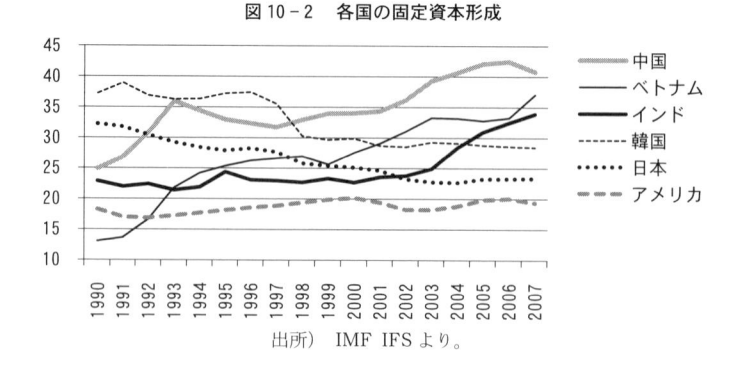

図10-2 各国の固定資本形成

出所) IMF IFS より。

節に迫られた沿岸部では，過剰設備の圧力が加わった。そこで，中国内陸部を市場とした成長過程を引き出す政策として家電下郷が提示された。これは，中国内陸部指向生産システムの構築を目指したものであり，中国政府の政策に誘導された生産システムの再構築である[19]。

また，貿易構造における変化も顕著である。中国とインドの貿易摩擦は，中国から新興国への輸出拡大を象徴したものである。一時的にせよ先進国市場の停滞の中で，新興国市場指向を高めた結果であり，生産システムの転換可能性を窺わせる。さらに，南米諸国の貿易構造が変化している。これまで，アメリカが第1の輸出市場であったが，1次産品を主要輸出品目とするブラジル・チリ・アルゼンチンなど資源国は，中国への輸出依存度を高めつつある。これは，希少資源の輸出制限と合わせ，中国が，資源確保に乗り出している結果である。

(2) パワーバランスの背後にある構造

そこで，第2次パワーバランスの変化の背後にある構造が，第1次パワーバランスの時期と3つの点で異なることを指摘したい。

第1に，消費市場の規模と特性が異なる。中国やインドといった，潜在的な巨大市場が存在する。そして，先進国で普及した商品をそのまま生産・販売するのではなく，巨大市場の消費特性に対応した生産システムの再構築が必要となる。そのために，現地の市場にアクセスするために市場情報の獲得も必要となる。ここに，新興国政府の政策・規制が大きな影響力をもつようになる。第2に，第1次パワーバランスの変化の時期は，一次産品価格の上昇，シンジケート・ローンによるオイルダラーの環流に依存した開発であった。それに対して，今回は，財政政策や為替介入による外貨準備の積み増しに象徴されるように，新興国の政策の独自性が存在する。第3に，有形資産と無形資産の移転の態様が異なる。第1次パワーバランスの変化では，有形資産と無形資産の分離が明確で，無形資産の所有により実質的な支配が実行

---

[19] 文末にある付表10-2は，中国市場を3つに分類し（3元市場システム），内陸部の市場の可能性を提示している。

された。しかし，第2次パワーバランスの変化では，生産に関わる側面ではあるが，コアの無形資産の一部が新興国に移転される動きがみられる。

これらの中で，とりわけ無形資産の移転に関して注目したい。新興国市場の拡大は，現地のボリュームゾーンに合わせて商品を開発，生産，販売し，さらに，価格競争力を備えなければならないという変化を生んだ。そのため，これまで新興国には移転されていない無形資産を体化した工場が，新興国に進出し，あるいは計画されている。たとえば，家電下郷により中国の需要依存度を高めている液晶パネルでは，LG（第8世代の生産ライン），サムスン（第7.5世代），シャープ（第6世代）が現地企業との合弁を表明している[20]。これは，中国の国家戦略に叶う工場立地である。また，エアコン事業のダイキンは，すでに珠海格力電器と合弁し省エネ技術を中国へ移転している。このような事例は日本の金型産業でも同じである。

さらには，これまでアジアと日本の間に形成されていた部品貿易の構造が変化する可能性もある。つまり，アメリカ市場志向生産システムでは，バリューチェーンはアジア域内貿易で形成され，最終需要市場である第3国へ輸出するという形から，最終市場としてのアジアや南米での現地生産を進める傾向が出てくるであろう。このような行動は，部品在庫や輸送に関わるコスト削減，納期短縮が可能となる。そのため，ボリュームゾーンでの価格競争や市場対応能力を向上させる効果をもつであろう。

また，技術変化が，無形資産の移転に大きな影響をもたらした。つまり，デジタル化・ネットワーク化・モジュール化の中で，コア知識（暗黙知）以外は情報化・共有化される環境基盤が整っている。その基盤の上で，パワーバランス変化が起こっている。そのために，太陽電池にみられるように，ターンキー契約により先端技術が設備に体化された形で，一括して新興国に販売される。また，技術へのアクセスに関して，これまで，先進国市場へのアクセス・ノウハウと先進国市場に対応した製品製造技術を囲いこむことが可能であった。しかし，新興国市場指向生産システムでは，多国籍企業の生

---

[20] とりわけ，シャープはこれまでの垂直統合型のビジネスモデルを転換し，新興国市場指向の生産システムの再構築をすすめている。

産技術あるいは技術を体化した資本財が，消費地である中国やインドなどの成長潜在性の大きな諸国へ移転する「地産地消」のシステムとなっている。このことは，先進国におけるフルセット型経済の解体を経て，新興国でのフルセット型経済の再構築に繋がる可能性があるが，今後の経緯を観察する必要がある。

(3) 地域生産システムの相違

これまで，アジアの生産システムの変容を念頭において分析した。アジアとの比較で，ヨーロッパ地域の生産システムについて言及しておきたい。

G20 の構成を見ると，アジアの中国，インド，インドネシア，南米ではアルゼンチンとブラジル，さらに南アフリカ，サウジアラビア，オーストラリアなど，資源大国や市場として有望な新興国がある。このなかで，EU も参加しているが，ヨーロッパに関係のある近隣の新興国はトルコとロシアである。つまり，EU は，巨大な新興国市場に対応して生産システムを再編するにも，物理的に距離がボトルネックとなっている。EU の近傍には活力のある新興国市場が不在である。

しかし，地理的な問題よりも，より，構造的な違いが存在する。まず，域内の生産システムは，表 10-3 でも確認したように，アメリカの財輸入の構成に占める中東欧の存在感は小さい。これは，域外市場に対する輸出主導での成長を目指すのではなく，あくまでも域内との経済関係を目的として生産システムの構築を意味する。中東欧の EU 域内向け輸出が全体の 7～8 割であることから，新興国市場指向の生産システムの再構築を主体的に行う地域ではないといえる。換言すれば，国民経済としての独自の成長政策を打ち出すのではなく，当初から EU に統合されるなかで，「国内分業」の一端を担う成長路線であることを物語っている（田中：2007）。つまり，中・東欧は EU 域内市場指向的生産システムを形成している。

また，金融取引と内需でもアジア諸国と異なる[21]。中東欧諸国の中には，

---

[21] アジア諸国は，1997 年の通貨危機により，とりわけ短期資金の自由化に対して，その危険性を学習したという経験が活かされている面もある。

外資を呼び込むために金利を高めに設定した。そのために，外貨建ての借り入れが拡大し，企業とともに，住宅ローンなど家計レベルまで外資依存を高めた[22]。そして，金融危機を境に，域内の輸出先の需要がなくなり，また，域内貿易と資本流入に依存した生産システムが崩壊し，さらに，バブルの崩壊により内需までも縮小してしまった。

そして，マクロ経済バランスに大きな違いがみられる。通貨危機を経験したアジア諸国の経常収支は黒字であり，それに対して，中東欧諸国の経常収支は赤字基調である。つまり，経常収支の赤字とそれをファイナンスする資本収支の流入というマクロ経済構造（貯蓄不足・需要超過）を基盤として，EU 域内のバリューチェーンに組み込まれているのである。したがって，短期対外債務に対応できる外貨準備がないことから，資本の流出入に対して脆弱な構造である。

中東欧諸国は，一方で，ユーロ参加への収斂基準があるため政策の制約がある，しかし，他方で，ユーロ参加による金融市場へのアクセスのメリットとともに，EU 域内に形成されたバリューチェーンに組み込まれる中で，貿易を通じた成長の可能性もある。そして，金融危機後に外需主導の経済成長を遂げているドイツへの堅調な輸出（一部の国は北欧・ロシアの輸出）に支えられた経済の回復基調がみられることからも[23]，中東欧諸国は，独自の経済政策の制約をかかえつつ，域内依存型のバリューチェーンのなかで成長を模索している。

以上から，グローバル生産システムに関わる国として，独自の輸出成長戦略をとるか，それとも，当初から地域内部で一部の行程に特化する戦略を選択するかという，政策の相違が生産システムの重層的構造に影響しているこ

---

[22] IMF（2009）によれば，中東欧諸国の外貨建て債務比率は極めて高い。ラトビア 89.3%，エストニア 85.3%，ブルガリア 66.9%，ハンガリー 65.7%，リトアニア 64.0%，ルーマニア 55.5%である。これら 6 カ国は，IMF が潜在的懸念とする 50%を超えている。

[23] EU 域内では，経済の回復・成長の二極化がみられる。なかでも，ドイツは中国への輸出が顕著で，そのうち約 70%が資本財（機械・輸送機）である（Deutsch Bank Research, "German growth remains robust", February 14, 2011）。つまり，域内のバリューチェーンのなかで産出された完成財であり，中東欧諸国は，ドイツから輸出される資本財や自動車のバリューチェーンに組み込まれている。

とが理解できる。いずれにせよ，階層関係・補完関係を形成する企業は，アジア，アメリカ，ヨーロッパという3極で事業展開し，それぞれの地域で生産ネットワークを形成する。あるいは，それぞれの地域に居住する企業が，それぞれの域内市場あるいは第三国市場を指向した生産システムを形成する。このような構造のなかで，金融危機は，瞬時に全地域の生産システムを巻き込み，バリューチェーン内部のルーティーンに関わる情報を麻痺させ，各企業に数量調整を行わせた。しかし，生産システムの再構築は，決して同時ではない。新興国によって引き起こされた最終需要構造の地殻変動は，グローバル生産システムを変容させるであろう。そして，同時に，このことは，地域間の生産ネットワークの再編を導くであろう。なかでも，中長期的には，潜在的需要が大きい新興国内部でバリューチェーンを編成し，生産ネットワークを特定の地域に集積させる可能性は否定できない。

6. 展望

以上の分析には欠点がある。それは，変容の兆候をみいだしたにすぎず，中長期的な構造変化を指摘することが出来ていないことである。分析には，具体的データが乏しく，もう少し経過を見守る必要がある。しかし，あえて中長期的な構造変化の論点として，アメリカ市場に対するデカップリングについての見解を述べておきたい。

まず，これまでのようにバブルを引き起こすメカニズムを規制するのか，それとも，放置するのかという，国際合意形成と関連させて，2つの可能性がある。ひとつは，金融規制強化が行われないか，あるいは規制が有名無実化されるならば，長期的には，市場の熱狂が再現され，それに対応して生産システムの編成が行われる可能性もある。あるいは，規制強化が行われれば，市場の安定は高まるが，経済の金融化による爆発的な需要の拡大はありえない。前者の場合，アメリカ市場へのカップリングが復活する可能性がある。しかし，後者の場合でも，アメリカのイノベーションにより新たな市場が創造されるならば，持続性はともかく，生産システムはアメリカ市場に連

動して編成される。しかし，新技術の普及が早ければ，市場の主導性は失われる。

　次に，新興国の状況から，次のような展開が予想される。持続的に新興国市場が拡大すれば，ボリュームゾーン（普及価格商品帯）に対応した生産システムが構築される。これは，先進国の高付加価値市場と棲み分けられた生産システムである。したがって，中期的には，世界経済における需要構造の大転換が起こる。巨大な人口を抱えた，中国やインドなどの市場が成長し，さらに，先進国の成熟市場も回復する中で，これまで以上の規模の経済の追求と価格競争が進展するとともに，同時に，製品差別化・高付加価値化も深化することになる。換言すれば，最終需要構造の規模の拡大と市場の階層化であり，それに対応して生産システムの階層構造も変容していくであろう。したがって，貿易構造も生産システムの変容過程を反映した変化が現れるであろう。

　ただし，新興国の市場の成長は，平坦な過程ではない。たとえば，中国では一党独裁の統制システムのなかで，経済発展が機能している。しかし，このシステムはこれまでの発展のプロセスで機能しているが，ある段階になると，自由な経済活動の障害となる可能性もある。また，インドでも，制度化された社会階層の格差が根強く残っている。したがって，紆余曲折があることを十分留意する必要がある。

　しかし，長期的には，新興国市場が成熟し，先進国市場を陵駕する規模となり，アメリカ市場への連動性が，これまでより小さくなる可能性がある。この場合，ボリュームゾーンを支配した企業が成長し，バリューチェーンのガバナンスに地殻変動を与えるかもしれない。さらには，ネットワークにおける標準化や，ビジネスモデルにまで影響するであろう。ただし，その企業がアジアの新興国の企業であるかどうかは不確実である。そこには，企業による絶え間ない競争優位を求めた無形資産の蓄積，経営者によるビジネスモデル構築能力，企業が居住する政府の政策や構造改革など多様な要因の複合作用がある。とりわけ，累積的な無形資産の蓄積とビジネスモデルの展開能力は，単純に時間の経過かからは判断できないであろう。

付表10-1　アジアと中東欧の部品貿易比率と純輸出比率

アジア		韓国		台湾		マレーシア		タイ		フィリピン		中国	
		1996	2005	1996	2005	1996	2005	1996	2005	1996	2005	1996	2005
部品比率	輸出	27.7	33.4	31.1	41.8	43.7	46.2	28.8	31.1	55.0	63.3	10.0	19.2
	輸入	31.2	37.1	35.8	41.6	49.2	58.6	38.0	38.2	46.5	71.1	22.9	46.0
純輸出比率	一般部品	6	17	15	14	−8	−2	−23	−13	−10	−2	−31	−25
	輸送機部品	−7	39	20	21	−18	−22	−46	11	−5	46	−15	14

中東欧		ハンガリー		ポーランド		チェコ		スロバキア		エストニア		ルーマニア	
		1996	2005	1996	2005	1996	2004	1996	2005	1996	2005	1996	2005
部品比率	輸出	25.5	38.0	12.8	25.2	23.5	31.9	20.5	25.3	19.8	25.5	10.8	23.2
	輸入	18.0	42.0	21.4	25.2	24.3	30.6	20.8	33.2	20.3	26.9	20.3	17.6
純輸出比率	一般部品	−6	−23	−33	−20	−18	−8	−31	−18	−29	−16	−42	−29
	輸送機部品	28	21	−46	22	12	29	35	−3	−14	−4	−23	32

出所)　SITA : Statistics for international Trade Analysis.

付表10-2　2009年のPDFテレビの市場予測

市場	人口	普及台数	普及率(%)	成長率(%)	主力製品
都市市場	2億3,200万	1,250万	63	29	一級ブランド
城鎮市場	1億5,900万	390万	46	152	国内主力ブランド，区域ブランド
郷村市場	8億700万	128万	8	137	国内主力ブランド，区域ブランド，ノンブランド

出所)　日経マイクロデバイス，2009年5月。

付図10-1　製造業における対前年比の雇用減少（%）

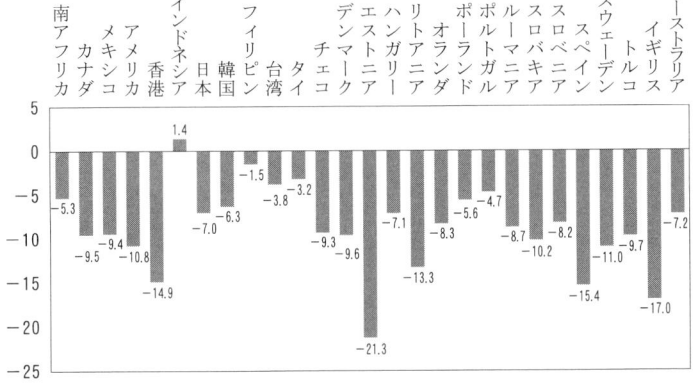

注)　2009年第2四半期時点。
出所)　ILOデータベースより作成。

第IV部
技術・組織要因と制度的要因

第11章
グローバリゼーションの促進要因

　グローバリゼーションを促進する技術・組織要因と制度的要因を確認しておこう。まず，技術・組織的要因としては，① 情報通信技術の発展と情報ネットワーク，② e コマース，③ 輸送技術と輸送ネットワーク，④ モジュール化 (modularity)，⑤ 国際 SMI・VMI によるネットワーク形成，⑥ 3 PL (third-party logistics)，がある。そして，このような技術的・組織的要因を企業活動の視点から総合してみたものが，⑦ グローバル・サプライチェーン・マネージメントである。また，グローバル・サプライチェーンの形成の中で ⑧ 企業の社会的責任が問われるようになっている。

　次に，制度的要因として，① 各国の規制緩和，② 貿易障壁の緩和，③ 通貨の交換，④ 投資インセンティブ，⑤ 関税政策による受託加工貿易制度，⑥ 知的所有権の確立などが考えられる。前者の 3 つの要因は，貿易活動や企業活動の制約を取り払うための制度であり，後者の 3 つは貿易構造や企業行動に直接影響する制度である。

　さらに，個々の要因に共通する側面として注目したいものがある。第 1 に，それぞれの要因が現れる時期（80 年代後半から 2000 年）である。第 2 に，グローバリゼーションの障害を低減する側面（取引コストの低下）と組織関係の変化（信頼関係の進展）の側面である。

1. 技術・組織的要因

(1) 情報通信技術の発展と情報ネットワーク

1980年代にはコンピュータの普及が始まり，1990年代にはインターネットが急速に利用される中で，ICT（情報通信技術：ハードウェア，ソフトウェア，ネットワーク技術）の利用による経済活動の効率化が急激に広がった。このようなICTの導入の効果は，企業内組織の効率化という視点と企業間関係の変革という2つの側面からみることができる。

まず，80年代前半は，日本企業の組織内に典型的にみられる。企業組織の生産現場の中にCADやCIMというICT技術を導入した。企業関係からみると，開発の初期段階から，金型等の下流工程企業が参加しながら，各工程を同時並行的に進めるコンカレント・エンジニアリング方式や在庫管理を徹底したJITシステム等の方式で，企業は国際競争力を向上させた。しかし，システムが最終組立工場と部品サプライヤーの連携によるモノの生産効率の上昇に主眼がおかれていた。また，企業の国際的展開に伴う情報ネットワークも企業独自の内部で閉ざされた情報ネットワークの構築でしかなく，企業間での情報の共有は容易ではなかった。

これに対し，1990年代には，企業内の事務・管理組織の効率化としてダウンサイジング（ICT機器の導入により中間管理職機能を効率化）が促進された。さらに，組織間の関係が生産者主導から購買者主導へと変化していった。なかでも，規模の経済を最大限生かした大量生産・大量消費型の構造とともに，消費者ニーズの多様化により，企業内部やサプライヤーの枠を超え，消費者ニーズを的確に捉える必要が出てきた。商品の差別化が進む中で個々の多様性を追求すればするほど情報収集も困難になり，マーケティング・パターンも多様化し，結果的にコストが増加するという矛盾を解決する必要がある。そのため，個々のサービスを高めながら，同時に「効率化」を追求する手段としてICT技術が全面的に活用された。とりわけ90年代は，コンピュータの処理能力の向上にくわえて，インターネット技術の発展によ

り世界的レベルで企業間ネットワークが，TCP/IP ベースのオープンシステムへの移行により，低いコストで統合された。くわえて，ネットワークを介して一連の生産工程に関わったプレーヤー同士の情報の共有がより容易になったことが決定的に重要である。とりわけ B 2 B (business to business) といわれる企業間ネットワークの中で国際的な調達が効率的に行われるようになったことは貿易環境を大きく変えていった。

　ICT を利用した代表的システムが CRM (Customer Relationship Management) と SCM (Supply Chain Management) である。CRM は商品の販売・保守など消費者と関わる全ての業務を管理するシステムで，消費者のニーズにきめ細かく対応し顧客の利便性と満足度を高めることを目的としている。さらに，SCM とは部品調達，製造，配送，販売といった一連の商品の供給過程（サプライチェーン）全体で最適化していくシステムである。SCM はモノのみならずサプライチェーンのリードタイムおよびキャッシュ・フローの視点も加えられ，企業が商品を市場に送り出すリードタイムの中で，製品開発，部品調達，生産，在庫管理，顧客管理等の効率化と質の向上をもたらした。

　このシステムの特徴は，関連企業が情報を標準化されたデータで共有することが大きな特徴である。具体的な情報システムとしては，図 11 - 1 に示されている[1]。在庫・仕入れ，生産，販売，会計などの業務の連携を図る経営情報システム (ERP : Enterprise Resource Planning) や POS, CRM などから発生するデータを収集し，データベースにして一元管理するとともに，その中から重要なデータを多角的に分析するシステム (BI : Business Intelligence)[2]，在庫情報や需要動向情報を各企業間で共有し，単に発注業務ばかりではなく在庫管理や生産計画まで行う情報交換・データ共有システム (EDI : Electronic Data Interchange) と呼ばれるものがある。これら

---
[1]　図 11 - 1 の中で，最終財を生産するセット・メーカーを基準にした企業関係をリンケージと定義すると，調達はバックワード・リンケージ，販売はフォワード・リンケージと定義される。詳しくは，UNCTAD (2001a) の 121 ページを参照のこと。
[2]　ビジネスインテリジェンスの技術のなかに，データマイニング，データウェアハウス，OLAP (Online Analytical Processing) がある。

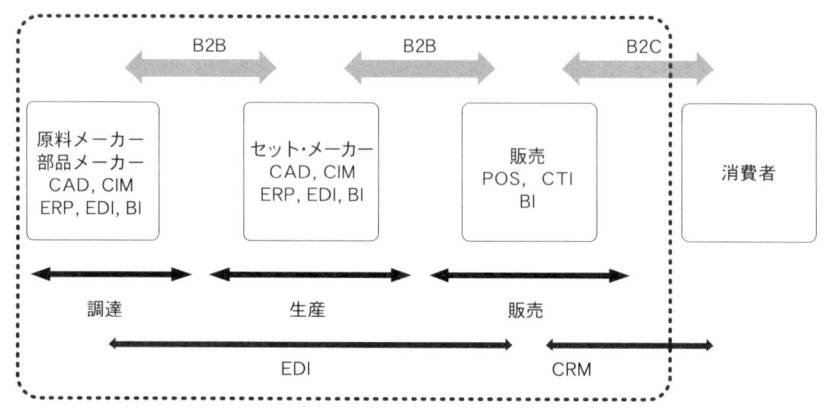

図 11-1 情報通信技術と生産の国際的分散

```
         B2B           B2B            B2C
   ←─────────→   ←─────────→   ←─────────→

   ┌─────────┐   ┌─────────┐   ┌─────────┐   ┌─────────┐
   │原料メーカー│   │セット・メーカー│ │  販売   │   │ 消費者  │
   │部品メーカー│   │ CAD, CIM │   │POS, CTI │   │         │
   │ CAD, CIM │   │ERP, EDI, BI│ │   BI    │   │         │
   │ERP, EDI, BI│ └─────────┘   └─────────┘   └─────────┘
   └─────────┘

   ←─────→     ←─────→     ←─────→
     調達         生産         販売
         ←──────────────→  ←──────→
               EDI              CRM

   ネットワークを介した情報の共有
```

のシステムは情報機器とインターネット，データウェアハウス（大量の業務データの中から，必要な項目間の関連性を分析するシステム）などの ICT 技術に支えられたもので，国際的に分散した親会社と子会社あるいは異なる企業間の連携を可能にし，個々の組織や企業レベルではなく，空間的に分散した全体を統合してリードタイムの短縮や在庫の削減を実現する。これは，生産工程の国際的分散とその国際的統合を支える技術基盤といえる。そして，このような技術的基盤は，インターネットの普及，データ処理装置の低価格化，高性能なアプリケーションソフトの普及にみられるように 90 年代に確立した[3]。

ここでインターネットの状況を確認しておこう。インターネットとは，全世界のネットワークを相互に接続した巨大なコンピュータネットワークで，標準化・オープン化された通信プロトコル TCP/IP を用いたものである。

---

[3] 1980 年代ではメインフレーム（汎用機）を利用した ERP ソフトウェアが開発されていたが，1990 年代に入りクライアントサーバー・システムでの統合型 ERP パッケージソフトウエアが現われた。最近の ERP パッケージは，モジュール化され統一されたインターフェイスで，多数のモジュールを自在に組み合わせることができる。たとえば，ドイツ SAP 社の SAP R/3 がもっとも有名で，Oracle 社の Oracle Applications, PeopleSoft 社の PeopleSoft, オランダ BAAN 社の BAAN, 富士通の GLOVIA などがある。

もともと軍関係のネットワークであった ARPANET が 1983 年に TCP/IP を採用し，それが大学間を結ぶ学術研究用のネットワークとして利用されるようになったことが始まりである。そして，TCP/IP を標準搭載した Windows95 が普及して，家庭（消費者）まで含めたネットワーク基盤ができあがり，ビジネスの世界で普及するようになった[4]。インターネットの普及は，とりもなおさず，標準化とオープンシステム化，そしてデジタル化の発展であった。図 11-2 は，米国 Network Wizards 社が集計したインターネットへの接続ホスト数を示したものであるが，この図から 90 年代の後半から急速に拡大しているのが分かる。

また，Yip & Dempster（2005）は，グローバリゼーションの推進要因としてのインターネット利用について，ヨーロッパを中心にした多国籍企業の調査を行っている。そこでは，グローバル化している企業ほどインターネットを利用していること，インターネットの利用が国際市場での展開を容易にしていること，インターネットの利用が製品およびサービスの国際標準化と同時に地域的特別仕様を同時に実現することを可能としていること等，事例をあげている。

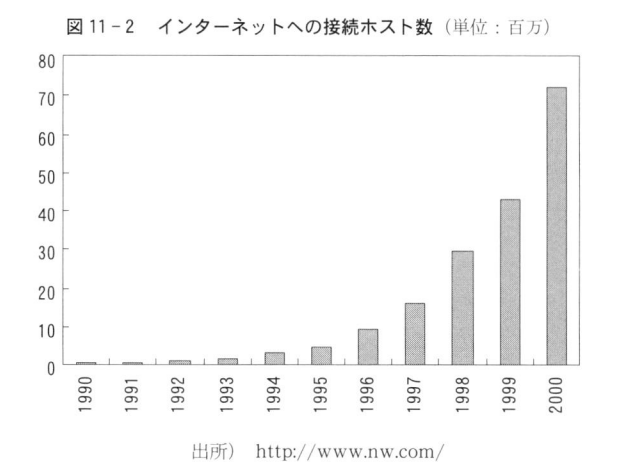

図 11-2　インターネットへの接続ホスト数（単位：百万）

出所）http://www.nw.com/

---

[4] 『日経 NETWORK』2001 年 1 月号，および，第 8 章参照のこと。

(2) eコマースの出現

インターネットを介した市場は，当初，BTO（Built to Order）といわれる小売市場（B2C）で始められた。しかし，最終消費者への小売市場に比べ規模が大きい企業間の卸売市場（B2B）でも，インターネットを介した市場が拡大している。初期の企業間電子取引市場は，複数のサプライヤーと1つの調達業者（N：1型）という取引形態のリバース・オークション（Reverse Auction）である。これは，購入者が中心となった電子データ交換（EDI）による電子調達取引であった。そして，1996年頃から，1つのサプライヤーと複数の調達業者（1：N型）という形態で，販売側が中心となってカタログなどによるネット販売やネット・オークションが出現した。そして，1999年頃から，複数のサプライヤーと複数の調達業者（N：N型）によるeマーケットプレイスが成立した。この市場形態では，販売側や購買側ではなく，中立の第3者が中心となって市場のルールを定め，その下で参加者が取引を行う[5]。

さらに，単に部材取引にとどまらず，取引先企業との設計・開発，生産，調達，販売などさまざまな企業活動において，インターネットを介した連携を強化する動きが活発化してきた。たとえば，部品メーカーと組立メーカーとの間で，設計データを交換し，製品開発を協業で進め開発の効率化を目指す動きや，在庫情報や生産計画，販売予測情報などを取引先企業と共有することで，生産や在庫を効率化する動きである。こうした単なる取引から一歩踏み込んだ企業間連携による取引をコラボレーティブ・コマースとも呼ぶ。このように，企業の協業による企業間取引によるコラボレーティブ・コマースは，情報を共有することから垂直的な階層関係に組織間リンケージが構築され，それぞれの行為主体たる組織にとってのコア・ルーティーンを明確にし，より効率的な情報伝達を可能とする。

図11-3は，eコマースを通じた価格に柔軟なスポット取引と信頼関係（長期取引）を通じた固定価格取引を図示したものである。この図の取引の多様性の意味を述べておきたい。まず，企業間取引（B2B）では，価格は

---

[5] Phillips and Meeker (2000).

図11-3 取引の多様性

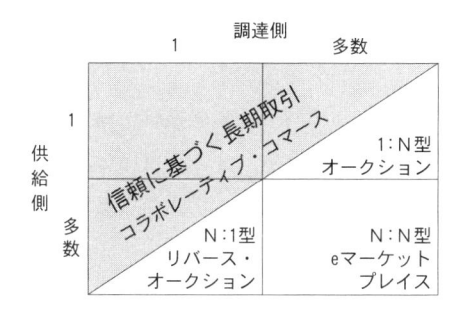

```
                    調達側
             1              多数
      ┌─────────────┬─────────────┐
   1  │ 信頼に基づく  │   1:N型      │
      │ 長期取引     │  オークション │
供給側 │ コラボレーティブ│             │
      │ ・コマース   │             │
      ├─────────────┼─────────────┤
  多数 │   N:1型     │   N:N型      │
      │  リバース・  │  eマーケット │
      │ オークション │   プレイス   │
      └─────────────┴─────────────┘
```

一般に粘着的であり，人的関係を通じた長期的関係・供給契約の中で行われる。そこでは，情報の共有により生産計画が改善し，在庫削減も可能となり，個々の組織のルーティーンが滞りなく行われるのが常態である。さらには，製品開発の期間の短縮効果や組織間の学習にシナジー効果も期待される。しかし，インターネットを通じたeコマースによるオークション，リバース・オークション，それにeマーケットプレイスの出現は，これまで金融市場や農業，鉱業，林業など1次産品商品市場に限られていた伸縮的価格取引が製造業部門の企業間取引に取り入れられることを意味する[6]。このことは，調達側，供給側に多様な価格設定オプションが可能となる。たとえば，ドイツの自動車会社のVWでは2002年に調達額の20%をオンライン上で行っている[7]。これは，単にコスト削減というものではなく，調達の効率性を上げる目的がある。

(3) 輸送技術と輸送ネットワーク

1980年を100として世界全体のGDP，輸出，国際輸送費（航空，海運，

---

[6] Beall et al. (2003) の調査によれば，米国企業の約50%強の大企業がリバース・オークションを行っているが，金額ベースでは全支出額の5%弱とまだまだ低い。また今後のオークション活用は10-15%の成長が見込め，コスト削減だけでなくプロセスの効率化が期待されている。

[7] 調達活動での人的関係がオンラインに決して代替されることはないとも主張している。VWのケース・スタディーについては，オンライン調達を利用することで，① リードタイムが削減，② 調達の複雑性を緩和，③ 調達の透明性を確保，④ 世界規模の活動を可能とするという効果がみられると，Beall et al. (2003) で述べられている。

その他）の伸びをみると，1990年ではそれぞれ137，169，131であり，2001年では174，298，273と変化している[8]。90年代は，輸出の伸び以上に輸送費の伸びが顕著であることが分かる。そして，この輸送費の伸びは，単純に輸送コストの増加であるが，同時に，輸送技術・輸送ネットワークの大きな変化があり，国際規模でのジャスト・イン・タイムによる在庫費用の圧縮による総物流コストの削減や一貫輸送システムによるサービスの向上という質の変化を伴っている。

輸送技術に関しては，コンテナ化があげられる。コンテナは，60年代後半に国際海運業に登場したもので，陸運，海運，空運という異なる輸送手段で標準化されたコンテナを使用することにより，積荷自体を積み替えることなく効率的に輸送できるシステムである。輸送技術の革新としてコンテナ船の規模をコンテナ取扱個数（TEU：twenty-foot equivalent unit）の能力でみると，1976年に2500TEUであったのが，1986年3400TEU，1996年6200 TEU，2000年6800 TEUとなっている（United Nations：2001）。それに対応して，1970年時点で船による一般貨物のうちコンテナの割合は2％であったものが，1996年には55％までに達し，また，コンテナ化による港の繋留時間の効率化は以前に比べて50％から60％向上しているといわれる[9]。同時に，1980年代後半からは，コンテナ船の大型化が進展し，パナマックス型や1994年には6万総トンを超えるポストパナマックス型（オーバーパナマックス）が投入されている[10]。コンテナ化によるコストの削減，輸送の効率化は貿易の垂直構造を形成する基礎条件の1つであると考えてよい。統計的に把握するのは困難であるが，1つの試算としてアジアに関してみると，1980年から2000年にかけてコンテナ船運行は年率20％で拡大し，さらに，コンテナの停泊施設の能力が年率8％弱で拡大している[11]。

---

[8] UNCTADのデータに依拠した。
[9] Hummels (1999) では，便宜置籍国船舶登録によるコストの節約が12％から27％あることが述べられている。
[10] パナマックスとはパナマ運河を通航できる最大船型という意味で，長さ900フィート，幅106フィート以内の大きさのことをいう。
[11] Carruthers et al. (2003) を参照のこと。

また，航空貨物に関しても，ジェット化や航空機の大型化（1978年にBoeing 747-200 freighter発注開始）により輸送の効率化が図られている[12]。輸送コストに関しても1978年から80年に急速に低下し，80年代からはコストは一定に推移している[13]。その後，1980年代半ばには自動車大手のGMが多国間の調達・配送に航空輸送を利用することを決定したように，国際的な航空貨物を利用したロジスティクスが本格的に始まる[14]。このような変化の中で，航空輸送がジャスト・イン・タイムによる生産方式を促進する役割を担うようになってきている[15]。ボーイング社のレポートでは，1991年から2001年にかけての世界の航空貨物の成長率は年平均6.3％であり，とりわけアジア域内では7.0％の伸びを示し，その内訳は大部分が部品であるといわれる。また，アジア太平洋地域では，1990年では世界の航空貨物のシェアが27.7％であったものが，2000年には33.3％になっている[16]。アジア経済危機にもかかわらず航空貨物は増加していたことは，アジア域内の部品調達の効率化を航空貨物が促進していることを裏付ける。

　ところで，これまでの海運，航空における大型化による輸送コスト削減という動きとともに，それと並行して，輸送サービス網の構造に変化がみられる。すなわち，国際的レベルでの重層的なネットワーク構築には莫大な投資規模になることから，単一の会社の投資では実現不可能である。この限界を克服する動向として，90年代に入り，欧米日の海運会社やアジア系の新興会社の間では，アライアンス（企業連合）を構築する動きが出てきた。具体的には，海運会社ではニューワールド・アライアンス，グランド・アライアンスなどがある。海運関係では，大型コンテナ船，港湾ターミナル，情報シ

---

[12] アメリカでは，これまでフォワーダーには小型航空機の運行しか認められなかったが，1978年のアメリカの航空規制緩和法（Airline Deregulation Act of 1978）による規制緩和で大型航空機の導入が可能となった。この規制緩和により，航空業界の効率化が進展し「ハブ・アンド・スポークシステムという路線形態が形成・定着した。
[13] IMF（2002a）に輸送コストの低下に関するデータが紹介されている。
[14] Air Cargo World, 1986, January.
[15] 宮下（2002）は，日本の事例で空輸と海上コンテナとのシェアの変化に注目し，90年代に入り，両サービスの補完関係から代替関係へ変化していることを指摘している。
[16] United Nations（2001）.

ステムなどの共同で効率的に使用することを目的としたものである[17]。また，航空貨物分野は，航空貨物分野でのWOWグループやスカイチーム・カーゴなどがある。この分野では，高付加価値商品である電子部品や自動車部品などで競争が激化しているため，アライアンスにより共同でサービスを開発し，運送品質の向上を図っている。さらに，システム開発面で連携し，グローバル・ネットワークを構築することで，世界的規模で高い付加価値サービスをベースとした商品開発を促進しようとしている[18]。

　この海運と航空という2つの分野のアライアンスは異なる競争環境の中で進展していることに注意する必要がある[19]。つまり，海運業は「海運自由化の原則」により非常に競争的な市場であるのに対し，航空業は「2国間協定」による制限された市場である。したがって，1994年以降急速に進展する海運業のアライアンスは規模の経済性に基づいたコスト競争力を強化する目的の「競合関係の中の共同行為」であり，1996年以降に急速に進展する航空業のアライアンスは，制限された路線を「補完関係の企業間協調」によるグローバル・ネットワークの構築を目指した行為である。したがって，海運業では，どのアライアンスに加盟してどの企業でも主要航路では同じサービスを提供することが可能となり，したがって，さらにコスト要因が重要になる。そのためアライアンスの動向は，同時に，輸送ネットワークの再編成により拠点港湾・拠点空港（ハブ）から周辺地域への中・小規模の船舶・航空機による支線輸送（スポーク部分）で結ぶ重層的な輸送サービス網の再構築を促進させている[20]。また，航空業では，JITシステムの要請とロジス

17　国土交通省平成12年『日本海運の現状』を参照のこと。
18　JALのホームページ http://www.jal.com/ja/recruit/know/business.html.を参考にした。JALはWOWグループに加盟している。
19　この指摘は，星野裕志「国際輸送産業（海運と航空）の多国籍化」2004年7月多国籍企業研究会合同研究会報告のレジュメに基づいている。これまで海運と航空はそれぞれ個別に分析されているが，星野の研究は2つの輸送業を比較分析したものである。
20　東アジアの海上コンテナ輸送をみると，ハブ港の取引よりフィーダー輸送が拡大している。たとえば，United Nation (2003) によれば，1990年から1995年，そして1995年から2000年にかけて，ハブ港である香港は年平均成長率が19.7％，7.6％，シンガポールは17.8％，7.6％，であるが，スポーク部分である上海は27.3％，29.7％，マレーシアのクランが18.0％，23.1％など著しい。さらに，東アジアにおける香港とシンガポールのコンテナの取引量のシェアは1995年の49％から，

ティクス企業との垂直的統合の中で航空貨物全体よりも速達貨物の伸びが著しい[21]。これは，輸送コストが安くなるわけではなく，配送時間の短縮による輸送費以外のコスト（在庫，人件費）を削減するために航空貨物が利用されている。

このような，輸送網の進展を伴った国際的レベルでのネットワークの構築は，生産の国際的分散に伴う資本財・部品・完成品の重層的な供給体制の基盤である。さらに，アライアンスによるネットワークが複数存在することは，物流システムを向上させる要因となる。つまり，アライアンス間の競争という構図の中で，より効率的で質の高いサービス網が形成される可能性がある。このような輸送技術の革新，企業レベルでの限界を超えたアライアンスによる輸送ネットワーク化，さらにはネットワーク間の競争の進展は，貿易の垂直化の促進要因として考えることができる。

(4) モジュール化と貿易の垂直化

モジュールシステムには，3つの基本要素がある。つまり，① 個々のモジュールそのもの，② モジュールの境界を明確にするアーキテクチャ，③ モジュール間の相互関係を規定するインターフェースである。モジュール化の研究は，コンピュータ産業におけるモジュール生産という産業アーキテクチャ上の意義に関する議論から始まった（Baldwin and Clark : 1997）。そして，インターネット産業や自動車産業に焦点を当てたもの，モジュール化が情報交換・取引のネットワーク化と関連したものなどモジュール化の適応対象が多様化している。ここで確認しておきたいことは，本書では，多様な側面でのモジュール化の影響や適応をカバーするのではなく，貿易の垂直化の促進要因としてモジュール化を考察してみたい。

アーキテクチャとは，コンピュータや自動車といった物理的生産物単位や，半導体などの生産工程単位，自動車のサプライヤーなどの企業関係という組織単位，そしてコンピュータ，自動車，金融サービスなどの産業単位そ

2001年には36%に変化している。
[21] Zhang and Zhang (2002).

れぞれの「設計情報の背後にある基本思想」と定義される[22]。モジュール化とは，アーキテクチャの1つの選択肢である。そして，このアーキテクチャのモジュール化の進展が，生産工程の分散化を促進する技術的ないしは組織的要因として，国際貿易の構造変化を誘引している。つまり，アーキテクチャのモジュール化は中間財市場に大きな変化をもたらし，中間財貿易の構造変化の誘因となっている。

　産業レベルでのモジュール化とは，製品開発・生産を遂行するための複雑のシステムをいくつかの小さな単位に分け，後でつなげる方式で，90年代に入り新たな分業の一形態として注目を浴びている[23]。たとえば，青木(2002)によれば古典的な分業形態と異なる新たな形態として①モジュール化された工程そのものが複雑なシステムであること，②モジュールの連結ルール自体が進化すること，③このモジュールの内部の革新競争があること，を上げている。したがって，青木の視点を貿易構造に応用すると，近年のグローバリゼーションの中での国際分業形態を明瞭にする定義として，国際分業におけるモジュラー化を次のように考えることができる。たとえば，アーキテクチャがモジュール化されることは，これまでの個々の企業の関係が変化するとともに企業の国際立地構造が変化する可能性がある。とりわけ，オープンなモジュール化の中では，企業の境界と工程間国際分業構造が複合的かつ重層的に変化する。たとえ工程が複雑なシステムでもモジュール化により工程が海外に分散可能となる。また，インターフェースが進化することにより，個々の企業の境界が変化し工程間国際分業も重層的に進化す

---

[22] もともとの「建築物，建築様式」「構造，構成」という意味から「ハードウェア，OS，ネットワーク，アプリケーションソフトなどの基本設計や設計思想」というようにコンピュータ産業の用語に転じ，さらに一般化して用いられている。たとえば，Ulrich (1995) は製品アーキテクチャの定義を「(1)機能要素の調整，(2)機能要素の部品への割り当，(3)部品相互間のインターフェイスの仕様」と定義している。また，藤本・武石・青島 (2001) では製品アーキテクチャとは，「どのようにして製品を構成部品や工程に分割し，そこに製品機能を配分し，それによって必要となる部品・工程間のインターフェイスをいかに設計・調整するかに関する基本的な設計構想」と定義している。

[23] モジュール化の先駆けは米IBMで1964年に始めた試みで，コンピュータのモジュール部品を作り，これを共有する機種内での互換を可能にした。研究としては，経営的視点からのモジュール化としてBaldwin and Clark (1997) がある。また，包括的なモジュール化の議論については青木昌彦・安藤晴彦編著 (2002) を参照のこと。

る。さらに，それぞれの工程を受け持った企業が立地する国民経済では，比較優位により特化が進む。

具体的に考えてみよう。コンピュータ産業あるいはアメリカ企業のシステムにみられるように，モジュール間の関係が開放的統合（オープンアーキテクチャ）であるか，あるいは日本の企業（特に自動車産業）にみられるように継続的関係による統合であるかを問わず，部品・装置・機械のモジュール・デザインを最適化し，部品・装置・機械のユニットの間のインターフェースを共有できるシステム（オープンであるか継続的関係であるかを問わない）を構築すれば，商品化して市場に出す時間を短縮するとともに，モジュール化により促進される企業間の分業関係が形成される。図11-4は国際生産体制におけるモジュール導入による変化をみたものである。生産システムにはA国とB国にそれぞれ2つの生産構成要素があると仮定し，それぞれの生産の構成要素を円形で表し，生産構成要素間のインターフェースを両矢印で示している。生産要素構成間には相互依存性，つまりインターフェースがある。左の多国籍企業内部で統合型グローバル生産システムを考えると，企業組織内部には6つのインターフェースが存在し，2国間には4つのインターフェースがある。これは，国際間での取引に複雑性をもたらし，国際的調整コストを高めることになる。それに対して，国際的な製品アーキテクチャのデザインルールが設定されているモジュール型グローバル生産システムでは，A国とB国でそれぞれ生産構成要素をモジュール化し1つにまとめ，それぞれの生産組織は異なる企業であると仮定すると，それぞれの組織内部のインターフェースは1つ，国際間のインターフェースも1つになり，複雑性を排除し，国際間の調整コストとを大きく減少させることになる。つまり，情報システムやロジスティクスなどの間接部分の外注化ばかりではなく，モジュール化の促進は，製造業の中核部分である製造プロセスの国際的調整コストを減少させる。くわえて，モジュール化されたそれぞれの工程が国際間で行われるばかりか，それぞれの工程が異なる企業によって行われる基盤を形成し，外注化の技術的基礎を与える。このようなモジュール化によるグローバルな外注化の拡大は貿易の垂直構造を促進する要

図11-4 統合型とモジュール化のグローバル生産システム

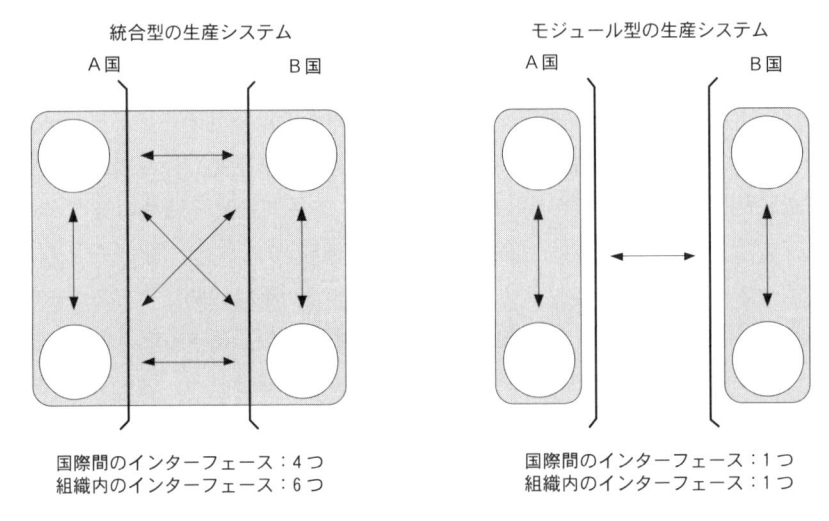

統合型の生産システム
A国　B国

国際間のインターフェース：4つ
組織内のインターフェース：6つ

モジュール型の生産システム
A国　B国

国際間のインターフェース：1つ
組織内のインターフェース：1つ

因と考えられる[24]。

(5) 国際SMI・VMIによるネットワーク形成

Vendor Managed Inventory（以下VMIという）とは，ベンダーが商品の在庫を管理し，顧客の必要に応じて納入するシステムである。当初は，小売業の販売物流のプロセスの中で発展してきたもので，アメリカの小売大手ウォルマートとGEの電球取引で始まったとされている。ここで注目するのは，むしろ部品などの調達物流（インバウンド・サプライチェーン）であり，VMIと区別してSupplier Managed Inventry（SMI）呼ばれる[25]。つまり，部品（素材）供給者が部品（素材）の在庫を管理し，製造業者の必要に応じて納入するシステムである。代表的な例として，アメリカのモトローラが1988年に導入したSchedule Sharingがある[26]。また，デルは1990年代初頭から導入している。

---

[24] 武石・藤本・具（2001）では，「製品アーキテクチャのモジュール化」，「生産のモジュール化」，「企業間システムのモジュール化」という3つのモジュラー化の区別が明確になされている。ここで示した例は，彼らの定義に従えば企業間システムのモジュール化である。

[25] Pohlen and Goldsby（2003）で，VMIとSMIの類似点と相違点が述べられている。

販売物流においては製造業に対して小売業が発言力を増しているといわれているが，調達物流においても部品納入業者に対する製造業の関係は変化している。従来型の部品調達は，購入者が発注し，それに応じて JIT 輸送を行い自社在庫の抑制を行うものであった。それに対して，SMI では製造業者内の指定倉庫にサプライヤーの管理により一定の部品在庫を確保し，部品の安定供給を行うものである。製造業者の立場からすれば，SMI には利点がある。まず，自社在庫を持つ必要がないことから在庫コストやリスクをサプライヤーに転化できる。さらに，製造業者は指定の倉庫からの調達であるためリードタイムが短縮できる。また，サプライヤーにとっては，自社在庫になるディメリットがあるものの，自らが計画した部品生産と輸送が可能となるとともに，納入業者から一定の注文を確保できることがあげられる。

さらに，在庫コストに関連した取引費用の側面とともに，SMI にはサプライヤーと製造業者のリンケージが変化する。従来型 JIT では発注・受注の情報のやりとりの関係でしかなかった。それに対し，SMI では，サプライヤーと製造業者が過去の消費実績や将来の市場予測の情報共有が必要になり，リンケージがより強まることになる。たとえば小売業とメーカーの関係に見られる CPFR（Collaborative Planning Forecasting and Replenishment）と同様な関係が，サプライヤーと製造業者の間に形成されることを意味する[27]。ここには，ルーティーンにおける両者間の信頼の形成を必要とする。とりわけ，調達物流に関連する SMI は，生産の連続性を維持するために品質やリードタイムの短縮が重要となる。そのため，より信頼に基づいたリンケージ構築が重要となる。

SMI・VMI が国境を挟んだサプライヤーと小売業・製造業の間で行われることを国際 SMI・VMI という。国際 SMI・VMI では従来の貿易条件である本船渡し系統の FOB，運賃込本船渡し系統の CIF とは異なる貿易条件で行われる。つまり，積荷の到着まで売り主の責任となる貿易条件である

---

[26] Ray and Swanson (1996) で解説されている。
[27] 小売業とメーカーが在庫削減・欠品防止のために，それぞれが情報を持ち寄って的確な需要予測と在庫補充のために共同事業を行うこと。

DDU (Delivered Duty Unpaid), DDP (Delivered Duty Paid) である。特に，DDU は輸出者が指定された目的地まで全ての費用・通関を行うもので，国際 SMI・VMI の構築に伴い注目されている。

　国際 SMI・VMI では，貿易条件を積荷の到着まで売り主の責任となる貿易条件である DDU，DDP として保税倉庫を SMI・VMI 倉庫として製造業者側の国に設けることになる[28]。この場合，必要な部品にだけ課税され，不要になった部品は非課税のまま輸出国へ返送することができる。とりわけ DDP になれば，工場へ部品納品する直前まで部品業者が在庫の所有権と保有リスクを持つこととなり，製造業者は在庫に伴うコストとリスクを低減することになる。

　ここにバリューチェーン全体を俯瞰してみると，調達物流と販売物流の双方で，情報の共有に基づいたリンケージの形成をみて取れる。そして，貿易の垂直構造を進展させるリンケージの変化とは，企業における取引費用低下というコスト視点ばかりではなく，オープン化の中での信頼関係に基づいたリンケージ形成が重要な役割を果たしている。さらに，この相互信頼関係は SMI・VMI の形成をみると決してフラットな関係ではなく，買い手主導という階層が形成されていることも理解できるであろう。

(6) サード・パーティ・ロジスティクス

　製造業の生産工程の国際的分散化に伴う貿易構造の垂直化は，製造業内部のロジスティクス業務に関わる固定費用部分の低稼働・高コスト要因を克服する外注化を請け負うサード・パーティに支えられている。

　具体的には，サード・パーティとして船舶管理としてサードパーティ・シップ・マネージメント，航空機管理業としてサード・パーティ・エアクラフト・マネージメント，ロジスティクスにおけるサード・パーティ・ロジスティクス（以下 3 PL と表記）等である。このような業務の変化の技術的基

---

[28] 日本でも 2003 年に関税法が改定され，非居住者が通関事業者を介して通関可能となった。また貿易条件に関しては INCOTERMS 2000 (International Commercial Terms) を参照のこと。

盤が情報通信技術，輸送技術，モジュール化である。そのため，純粋な技術的要因という意味では外注化は異なる事項ではある。しかし，国際的財の流れそのものを効率化する外注化は個別企業を互いに結びつける技術ノウハウがある。ここでは3つの技術的（あるいは組織的）要因を総合的に体化している3PLに注目したい[29]。

3PL (third-party logistics) は，1990年代に入り欧米で急速に普及した新しい形態の物流サービスである。3PLとは，荷主と第3者（サード・パーティ）が契約に基づきロジスティクス業務（のすべてまたは一部）を代理して行い，サプライチェーンにおけるモノの流れを最適化する業務である。この場合，第3者とはロジスティクスにおいて中間代理人として荷主と一時的または長期的な関係にある者である。また，荷主からみれば，ロジスティクスを外部の専門業者に委託することにより，経営資源を中核事業へ集中することが可能となる。

近年，3PLでは企業間の情報技術の統合化として企業間のネットワーク構築の中でさらなる効率化を追求する動きが必要とされている（Harrington：2003）。同時に，外注化を受ける3PLの巨大なロジスティクスを管理する情報通信投資が加速している[30]。情報通信技術・モジュール化に支えられたロジスティクスの外注化は貿易の垂直化による効率化・利益を実現する要因であるとともに，企業の生産工程の国際的分散化・統合の最適化のための要請でもある。具体的な活動をみると，Lieb & Miller (2002) の調査によれば，アメリカのフォーチュン500の企業が国際事業展開で3PLを利用しているのは1998年時点で，西欧地域72%，アジア地域63%，ラテンアメリカ地域53%であるという。また，Zhu, Swee and Ying (2002) は，シンガポールに拠点をおく企業が周辺アジア諸国へ生産を分散化させるのにとも

---

[29] 米国のロジスティクス運営協会（CLM）によれば，ロジスティクスとはサプライチェーンプロセスの一部である。ロジスティクスとは，産出地点から消費地点までの原材料，半製品，完成品などのモノとその関連情報の流れと保管を，効率的かつ費用対効果を最大ならしめるよう計画，立案，実行，統制する過程であると，定義される。
[30] 3PLのIT化を進めているのは，収入が1億ドル以上の企業であるといわれる。また，大規模なロジスティクスを管理する情報システムは，3PL自体が開発するには費用や能力の面で負担になるため外注化している。

なって 3 PL の利用が拡大していることを指摘している。彼らの調査によれば 1980 年に 3 PL を利用している企業は 9.1％であったのが，2000 年には 22.3％へと上昇している。

(7) グローバル・サプライチェーン・マネージメント

　グローバル・サプライチェーン・マネージメント（以下 G SCM と表記）とは，企業関係の最適化・効率化の手法であり，グローバル生産ネットワークを形成・展開する具体的原動力となっている。グローバル・サプライチェーンとは，組織構造からみれば原材料の調達から最終商品の配達までのさまざまな国際的に分散した多くの企業をあたかも 1 つの企業組織のように各諸機能を統合したものである。また，それをマネージメントするとは，異なる企業が情報を共有することで在庫を圧縮し，また，資金の流れを早め決済をスムーズに行い，結果として顧客の満足度を追求していくことである。国内レベルでの SCM と GSCM は基本的には同じである。しかし，グローバルとは多国間の関係を媒介するという側面が加わるため，国際間の異なる税制や関税制度，その他貿易障壁，為替レートなどが介在する。さらに，各国の物流ネットワークを効率的にカバーするために国際的物流ネットワークの構築が必要である。このために，国内レベルとは異なり多くの調整コストを伴う。

　80 年代後半からの SCM の進化は在庫削減の動きに典型的にみて取れる。たとえば，バリューチェーンを 2 次サプライヤー，1 次サプライヤー，OEM，メーカー，小売，消費者という段階に分けて在庫の変動を考えてみよう。チェーンを形成する独立した企業における在庫は「ブルウィップ効果」(bullwhip effect) がみられる。ブルウィップとは牡牛に使う鞭打ちのしなりを指すもので，それがチェーンにおける各段階の需要の変動に似ていることに由来する。すなわち，図 11-5 のように，最終需要の消費者の川上から 2 次サプライヤーの川下に行くにしたがって，需要の変動がブルウィップのように増幅されていくというものである。しかし，ブルウィップ効果を低減させる試みが 80 年代後半から変化してくる。たとえば，国際 SMI・VMI や

3PL の利用，つづいて ECR（Efficient Consumer Response）や ERP（Enterprise Resource Planning）の導入，さらに CPFR（Collaborative Planning Forecasting and Replenishment）の導入などである。財の国際的分散（production sharing）が進むことは，それを支える企業間の情報共有（information sharing）が深化することでもある。結果として，情報共有によるネットワークの中で在庫の変動は小さくなる。それゆえに在庫の圧縮をめぐる GSCM とは，情報の共有が密接になるネットワーク構築であり，信頼関係に基づく協調体制の構築である。

さらに，GSCM とは個々のグローバルバリューチェーン間の競争関係に大きな影響を与える管理システムである。企業には単一事業に特化している企業や複数の事業を手がけている多角化企業がある。それぞれの事業の中には主活動系と支援活動系という2つの付加価値活動があり，また，事業とは一連の価値連鎖を形成している単位である[31]。そして，多数の事業活動は，企業内部，あるいは外部の活動に依存し，それらは，1つの最終財が生産さ

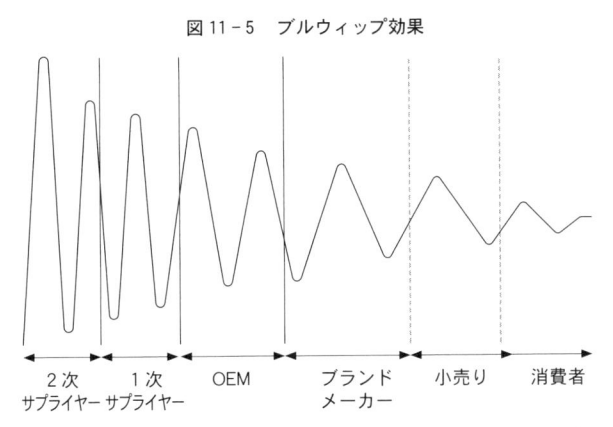

図11-5　ブルウィップ効果

2次サプライヤー　1次サプライヤー　OEM　ブランドメーカー　小売り　消費者

注）それぞれの企業が独立しており，情報の共有が少ない場合，最終需要から遠い上流ほど在庫変動が大きい。図では，実線は国境でありかつ企業境界であり，点線は同一国内の企業境界である。

---

[31] 主活動系は購買物流，製造，出荷物流，販売・マーケティング，サービス，また，支援活動系は主活動を支援する間接的活動で，調達，技術開発，人事・労務管理，全般管理である。（Porter：1985，訳 p.49 の図を参照のこと）

れ販売されるまでの垂直的連携システムであるサプライチェーンを形成している。最近の多国籍企業はR&Dやデザイン部門，製造部門，あるいはマーケティング部門など，いずれかを中核部門として特化（集中投資）する傾向にある。たとえば，インテルは技術主導型，トヨタは生産主導型，そして，リミティド・ブランド（アパレル企業）はマーケティング主導型，フェデックスはロジスティクス主導型である[32]。このような，サプライチェーンの中での特定部門への集中化は，同時に，情報通信技術，輸送技術，オープン・アーキテクチャのモジュール化，国際的レベルでロジスティクスの外注化（3PL）に支えられている。したがって，サプライチェーンの中での中核企業は，一連のバリューチェーンを統合するリーダー企業として垂直的連携活動の調整を行い，調整活動を主導することで企業間の支配関係を形成する。

また，それぞれの中核企業には垂直的支配関係や系列関係が形成される。したがって，サプライチェーンの中には，重層的な生産ネットワークが構築されていることが理解できる。たとえば，異なる分野の企業と補完しながら生産システムを構築している場合や同分野の企業が地域的に補完しサプライチェーンの一角での優位性を強化する行動に出ている。そして，マネージマント行動の相違によりバリューチェーンの相違が明確になるとともに，それにより，個別バリューチェーン間の競争優位の相違が現れる。GSCMの形成は，同業分野の企業間での競争，そして異業種および同業種の利害が一致した企業集団間の激しい競争を引き起こしていることになる。この組織管理構造が形成する国際的財取引が貿易の垂直的構造である。

(8) 企業の社会的責任

企業のコスト最適化の行動は，競争の圧力の中で，労働コストの安価な国民経済（たとえば中国など）へ加工組立工程への特化をもたらす。そして，この分業関係が累積的に進む。さらなるコスト削減圧力が，さらに低い賃金水準を持った国民経済をバリューチェーンに組み込む。貿易活動の視点から

---

[32] UNCTAD（2002b）の第5章を参照のこと。

コストの最適化を見直すと，垂直的構造とはグローバル・サプライチェーンの形成とそれにより作り出された比較優位構造と呼ぶことができるであろう。もちろん，最終財としての消費財レベルでの貿易では，コスト構造ではなく需要側の非価格要素により貿易が決定される要因は大きい。しかし，貿易の垂直構造とは，工程間での貿易構造であり，このレベルでの貿易には技術・コスト要因に規定された貿易活動の比重が大きいと考える。したがって，ここでは付加価値生産の相違が顕在化する。

さらに，サプライチェーンの中の製造・組立を行っている現場では，労働条件や人権の問題が観取される。たとえば，NGO の CorpWatch が，運動靴のブランド企業であるナイキに対して，途上国の生産現場における労働条件が劣悪であると告発した。ナイキはその問題に関して無視を続けていた。しかし，そのような態度が社会的反発を呼び，アメリカでの不買運動の原因となった。さらに，英国の NGO 人権団体である CAFOD (Catholic Agency for Overseas Development: URL http://www.cafod.org.uk/) が，米国の HP, Dell, IBM の世界的 PC メーカーを名指しでサプライチェーンにおける労働条件の改善を求めるという事態が出てきた。CAFOD は，3 社の行動規範が不充分であるとして，2004 年 1 月にマスコミやインターネットを通じて消費者に対し 3 社に改善を求めるよう呼びかけた。これがきっかけとなって，すでにサプライチェーンでの CSR への取り組みを強化しつつあった HP 社が主導し，2004 年 10 月，IBM, Dell の各社と共同で共通購買指針（Electronic Industry Code of Conduct: EICC）を発表するに至っている。このような，サプライチェーンにおける「効率性」の追求は，社会的・人道的問題を孕んで進行し，サプライチェーンにおける企業の社会的責任という反作用を呼び起こすことになった。このことは，バリューチェーンにおける階層関係の持続可能性をもたらし，結果としてグローバリゼーションの安定性に部分的ではあるが寄与している。

2. 制度的要因

(1) 規制緩和

　ロジスティクスの総合的サービスである3PLはもともとヨーロッパで始まった。しかし，今日3PLの成長はアメリカ企業がリードしている。その要因としては，アメリカ国内で進められた規制緩和があげられる。たとえば，FedExやUPSは，航空機やトラックなど複合的な輸送手段を有しているが，規制緩和以前は，航空機を所有するフレイト・フォワーダーはトラック集配サービスの業務への進出が禁止されていた。サービスの成長は，規制緩和による業際の撤廃のたまものである。このように，先にみた技術・組織的要因の中でとりわけ輸送ネットワークや情報ネットワークの形成には，各国の規制緩和という制度的要因が背景にある。

　規制緩和（市場メカニズムの拡大）を推し進めた契機は，1970年代後半のカーター政権から80年代のレーガン政権に至るアメリカでの一連の動きである。航空業界では，1978年の業界の規制緩和の調印が参入障壁を撤廃し，その後の航空貨物輸送の料金の引き下げを加速した。また，80年に鉄道輸送および自動車輸送の自由化，84年に海上輸送の自由化が実施されるに至り，全ての輸送の自由化が実現された。そして，1986年の陸上フレイト・フォワーダー規制緩和法により商業貨物に関するフォワーダー事業の規制が撤廃された。また，情報通信分野でも，同様に規制緩和が行われている。1984年にAT&Tの分割・解体が行われ，競争原理が導入されコストを反映したサービスが提供されるようになった。そして，インターネットはもともと軍事利用から始まったものであるが，1992年にアメリカのNSFが商用目的を認めたことからインターネットが急速に利用されるという大きな変化が起こった。

　このアメリカで始まった規制緩和による市場メカニズムの拡大化の動きは，同時に，各国の規制緩和の動向を刺激するとともに，アメリカの他国に対する自由化への要求という圧力を生みだし，今日の経済のグローバリゼー

ションを促進したといえる。規制緩和は，国際輸送通信分野におけるアライアンスやネットワークを形成させ，貿易の垂直化という現象を導いている1つの要因である。

(2) 貿易障壁

貿易の制度的障壁の1つである関税率削減について考えよう。表11-1は平均関税率の推移をも示したものである。ここで，低所得国と中所得国の関税率の低下が著しいことが分かる。なかでも，低所得国の関税率の引き下げが90年代に大幅に行われていることが目を引く。これは多角的な貿易交渉であるGATT・WTOによる関税障壁の制約を低下させる取り組みが，途上国を巻き込みながら行われたことを物語っている。貿易の垂直化に関わる部品貿易における関税率（表11-2）をみてみても，メキシコを例外として低下傾向であることを示している。

また，WTOの多角的システムより柔軟な貿易制度としての地域貿易協定（RTA）が貿易障壁の低下を促進させているという要因も考えられる。世界に存在するRTAは，2002年時点でGATT24条によるRTAが137件，東京ラウンド交渉の際の1979年締約国団決定（いわゆる授権条項）による途上国間のRTAが19件，GATS（サービス貿易一般協定）第5条に準拠するものが25件の合計181件である。図11-6は地域貿易協定の発行数の推移をみたものであるが，90年代に入り地域貿易協定が著しく拡大していることが確認できる。ただし，地域協定が多角的レベルで貿易障壁を低下さ

表11-1 平均関税率の推移（非加重％）

	1986	1990	1995	2000
低所得国	34.7	32.9	20.0	15.1
中所得国	24.1	20.7	14.4	12.0
高所得 OECD 未加盟国	9.3	7.6	7.2	6.9
高所得 OECD 諸国	6.0	7.9	6.3	3.6

注) グループは世界銀行の定義である。
出所) www.worldbank.org/research/trade のデータベースより作成。

表 11-2 部品における関税の推移

		SITC 759	SITC 764	SITC 772	SITC 776	SITC 784	製造業全般
日本	1990	0	0	0	0	0	1.9
	1995	0	0	0	0	0	1.7
	2000	0	0	0	0	0	1.1
韓国	1990	13	13.1	13	10.3	13	11.5
	1995	8	8.2	8	8	8.2	7.4
	1999	7.9	8	7.9	2.4	8	6.1
マレーシア	1991	4.3	24.6	14.8	3.9	24.8	10.9
	1996	0.1	6.6	7.5	0	17.3	6
	2000	n.a.	n.a.	n.a.	n.a.	n.a.	n.a.
中国	1992	25	34.7	36.2	20.4	66.8	36.9
	1996	11.8	22.8	11.1	9.1	34	18.7
	2000	9.3	16.2	10.6	7.9	27.2	13.7
アメリカ	1990	1.8	4.5	3.8	0.4	1.6	4.1
	1995	0.1	2.8	3	0.2	1.2	2.9
	2000	0	0.3	0.7	0	0.5	1.8
メキシコ	1991	8.8	14.9	12.9	10.8	n.a.	13.3
	1995	0.8	7.2	7.1	3.5	8.2	7.4
	2000	1.3	16.5	15.5	4.2	15.8	14.9
EU	1990	4.2	5	4.9	15.9	6.1	6.1
	1995	3.2	4.4	4.4	13.8	5.5	5.3
	2000	0	0.6	0.7	0.2	2.3	1.8
ハンガリー	1991	9	17.7	7.2	2.6	11.4	11.2
	1996	6.8	12.6	7.5	6.6	8.6	8.9
	2000	n.a.	n.a.	n.a.	n.a.	n.a.	n.a.

注) SITC 759 は事務用機器および自動データ処理機械の部品，SITC 764 は通信機器および部品，SITC 772 はスイッチなどの電気機器，SITC 776 はトランスミッターおよび半導体，SITC 784 は道路走行車両用部品である。
出所) Mayer (2003)。

せた要因であると断定することには異論もある（たとえば WTO (2003))，さらに，成長しているアジアにおいてはこれまで地域協定が少ないにもかかわらず貿易が拡大しているという事実もある。しかし，地域内の貿易の垂直化を促進する関税・非関税貿易障壁を低下させる枠組であることには変わりない。

さらに，特恵貿易協定（PTA）が貿易の垂直化を促しているということ

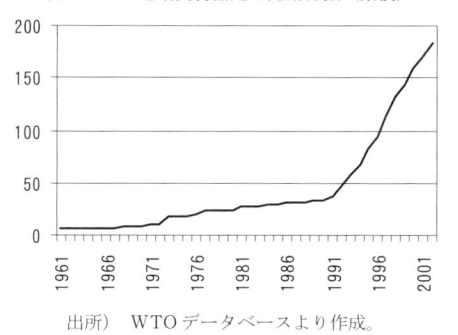

図 11-6　地域貿易協定の発効件数（累積）

出所）WTO データベースより作成。

を確認してみよう。たとえば，1988年から1996年までの繊維と衣類に関するヨーロッパの持ち帰り貿易 OPT（outward processing trade）の動向は，衣類の再輸入の国内生産に占める割合が，ドイツでは，1988年には10.8％であったのが，1996年には24.1％，オランダでは，20.4％が42.2％へと上昇している（Baldone, Sodogati and Tajoli : 2001）。しかし，ソ連の中央ヨーロッパ諸国への影響が希薄化する中で，関税自由化処置を多くの品目で行っているため，OPT 関税条項による全貿易に占める貿易促進効果は少ない。それに対して，アメリカではその割合が極めて高い。たとえば，1996年では，アメリカの輸入の約10％が PSP（production sharing provision）による適応を受けているが，EU では OPT はわずか2％である[33]。このように，域外との貿易の差別化，特に繊維関連の品目では地域レベルでの貿易の垂直化構造を形成するという側面に注意する必要がある。

(3) 通貨の交換性

貿易障壁をなくし円滑な経済活動を保証するために WTO 協定は第11条で加盟国の輸入数量制限を禁じているが，第12条に基づく国際収支の擁護，ならびに，第18条に基づく途上国の経済開発のための同制限は容認している。これと同様に，国際貿易の決済手段としての通貨の交換性は，円滑な国際貿易のために必要な条件である。こうした理由から IMF 協定第8条では，

[33] US International Trade Commission（1997）に依拠した。

① 経常取引における支払に対する制限の回避，② 差別的通貨措置の回避，③ 他国保有の自国通貨残高の交換性維持を規定している。しかし，一方で，発展途上国に対する配慮から，第 14 条であくまで経過的措置として加盟時における経常取引に対する制限を認めている。このように，IMF 協定第 14 条と WTO 協定第 12 条は事実上連動して運用されてきた経緯があることから，IMF 協定 8 条国に移行すると，WTO における数量制限資格（途上国待遇）は自動的に失われるものと解釈されてきた。

経済のグローバリゼーションの特性を示す歴史的画期であるポスト冷戦構造を考える具体的事例として，ロシア，中国などの社会主義国が，国際市場へ統合化されるための国際的制度基盤へ参加したことがあげられる。たとえば，1980 年に IMF に加盟した中国は，1996 年に政府が国際収支の赤字対策などを理由に為替取引を制限しないことを約束する IMF 協定第 8 条を受け入れ，「8 条国」に移行すると発表した[34]。このことは，世界経済の中で影響を拡大してきていた中国が，全ての貿易外取引を含む（資本移転を目的としない）経常的な国際取引のための支払や移転に対して制限を加えないこと，ならびに差別的通貨措置，多重為替相場制度などをとらない意思表示でもある。また，ロシアは 1992 年に IMF に加盟し，中国と同様に 1996 年に 8 条国へ移行している。

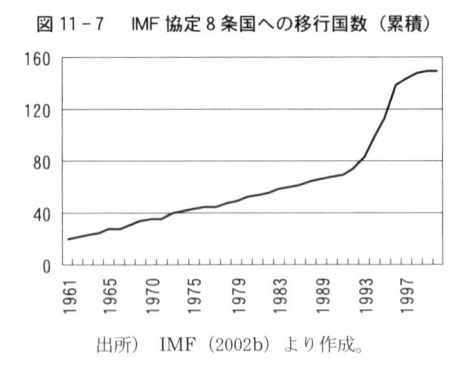

図 11-7　IMF 協定 8 条国への移行国数（累積）

出所）　IMF（2002b）より作成。

---

[34] 中国，ロシアとともに，BRICS であるインドは 1994 年，ブラジルは 1999 年に IMF 8 条国に移行している。

このような IMF 協定 8 条国の移行は，図 11-7 にみられるように，移行経済諸国も含めて 90 年急激に増加していることが確認される。ここにも，地域協定同様に，90 年代のグローバリゼーションの進展の特徴が現れている。

(4) 直接投資の促進要因

本来，直接投資に関する各国の政策は，その活動そのものを禁止するものや活動を制限する法的処置を適応していた。しかし，80 年代に入りその制限的政策は変化し，しだいに直接投資活動の制約を取り払う方向へと転換した[35]。特に，対内直接投資を積極的に受け入れるための条件を提示する措置が出されることとなった。図11-8 から分かるように，特に 90 年代に入りその傾向は加速される。UNCTAD（2001b）によれば，1991 年では直接投資に対する政策変更が 35 カ国で行われており，82 の政策が行われた。これらの政策のうち直接投資を促進するものが 80 あり，制約的措置が 2 であった。それが 2000 年には，69 カ国で 147 の投資政策の変更があり，そのうち促進策が 147，制限政策が 3 となっている。この間 10 年間の促進政策の数は増加傾向にあった。

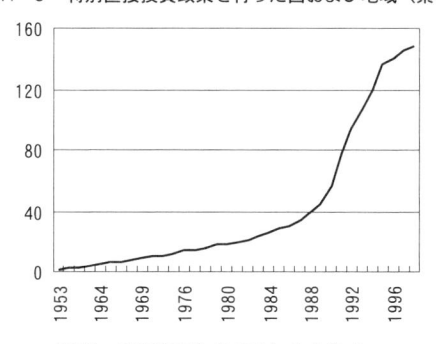

図 11-8　特別直接投資政策を行った国および地域（累積）

出所）　UNCTAD（2001b）より作成。

---

[35] 投資協定の戦略的意義にも変化がある。たとえば，アメリカでは，1970 年には投資協定は援助代替政策であった。しかし，80 年代になると，受け入れ国での子会社の経済活動の制約を削減する目的の投資推進政策と考えられるようになった。

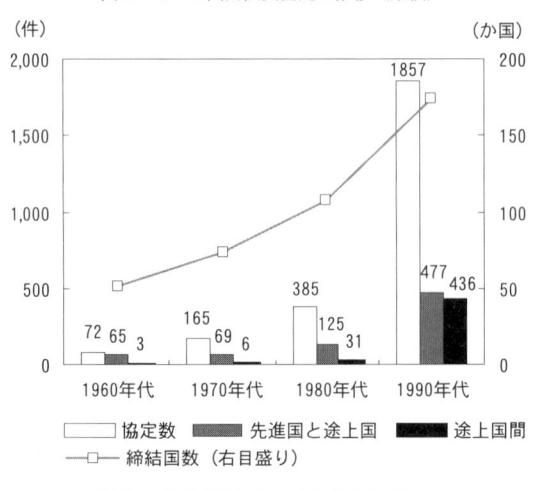

304　第Ⅳ部　技術・組織要因と制度的要因

図11-9　2国間投資協定の推移（累積）

(件)　　　　　　　　　　　　　　　　　　　　　　(か国)

1960年代: 72, 65, 3
1970年代: 165, 69, 6
1980年代: 385, 125, 31
1990年代: 1857, 477, 436

□ 協定数　　■ 先進国と途上国　　■ 途上国間
―□― 締結国数（右目盛り）

出所）　UNCTAD（2001b）より作成。

　また，各国の投資政策と並んで，2国間投資協定（BIT：Bilateral Investment Treaty）を締結する動きが加速している。図11-9は2国間投資協定調印の累積的件数を示したものである。ここから，90年代に加速していることがみて取れる。2国間投資協定では，多数国間での包括的な投資ルールの策定に比べ，実現されやすいという利点がある。また，2国間であるので小国であろうと対等の関係の中でルールを決定することがより容易であるという利点もある。そのため，多数国間での投資ルール設定よりも柔軟的かつ現実的である。また，多数国間のルールの決定を補完する観点からも，今後もより多くの国と投資を促進する協定の締結に向けて取り組んでいく必要性が叫ばれている。

　さらに，すでに締結されている多国間投資関連ルールとしては，WTOにおける貿易関連投資措置協定（TRIM協定：Agreement on Trade-Related Investment Measures）がある。TRIM協定とはモノの貿易に関連する投資措置に関する規定であり，現地調達要求や為替規制といったパフォーマンス要求が禁止されている。また，OECDにおいても，先進国間

で高度な投資ルールを策定すべく多国間投資協定交渉（MAI 交渉）が行われていたが，各国の利害対立が激しく 1998 年に交渉は途絶したままである。そのため，多国間協定の対象範囲・参加国・効力等の面で限定的なものである。

現在のところ多国間での包括的な投資ルールは存在しない。なぜなら，包括的な投資ルール策定に対しては，一部の途上国に根強い抵抗感が存在するため締結への道は困難である。これら諸国は，一方で，直接投資が自国の経済発展に不可欠な要因であることは認めているものの，他方で，自由化した場合の多国籍企業がもたらす弊害や自国の産業政策への制約を懸念している。このような状況の中で，2 国間投資協定の締結が拡大していることは，直接投資の活動を促進する一端を担っているといえる。

投資協定は多国籍企業の行動に直接影響する制度要因であるが，さらに，その他の協定が制度要因として国際企業活動に影響する。たとえば，企業の国際的活動には必ず人の国際的移動がともなう。したがって，査証相互免除協定や在留資格の認定の迅速化など，人の入国管理の規制緩和は，直接投資活動を促進する。とりわけ，国外で起業する際の入国審査の迅速化や，企業内転勤が国際的に行われる場合の在留資格の認定の規制緩和などは，企業の国際的活動を促進する。

また，国際課税の動向として，二重課税の防止も，貿易構造を促進する間接的な要因である。これは，先進国で広まったものであるが，表 11 - 3 から分るように，90 年代には途上国の導入の動きが加速している。

表 11 - 3　二重課税貿易協定の推移

	1980	1990	2000	2003
世界全体	731	1,193	2,120	2,316
先進国	683	1,039	1,582	1,691
途上国	398	720	1,312	1,426
アジア 9	88	211	387	419

出所）UNCTAD データベースより。

(5) 関税政策

　生産工程の国際的分散は，企業行動の変化により促進される。たとえば，先進国企業が，海外企業と分業関係を持つ場合，直接投資活動の他に関税政策誘導による委託貿易活動が考えられる。関税政策誘導による貿易の垂直構造の形成は，基本的に先進国と途上国の2国間関係の中で形成されるものである。そして，この政策は，「川上の生産工程」を持つ先進国側から，あるいは「川下の生産工程」を受け持つ途上国側の関税政策という2つの側面から行われている[36]。

　まず，川上の生産工程を持つ先進国側の関税政策により促進される工程間分業として委託加工貿易がある[37]。繊維産業に典型的にみられる「持ち帰り貿易」といわれるもので，日本，アメリカ，EUの先進国企業が，中国や他のアジア諸国，メキシコやカリブ諸国，東ヨーロッパやアフリカ諸国などへ原材料を輸出し，現地で委託加工されたものを再輸入する際に関税のうち原材料価格相当分の関税を軽減あるいは免除する制度である。

　アメリカでは1930年の関税法（Tariff Act of 1930）の関税条項と関連した貿易取引で，海外組立のための関税条項（OAP：offshore assembly provision）による貿易[38]，あるいは生産シェアリング（PSP：production sharing provision）による貿易と呼ばれる。PSPとは，OAP輸入の中でアメリカの関税条項806/807で[39]，その後HSコードに対応させたHSS 9802と呼ばれる条項が適応された貿易を示すものである。また，日本でも，

---

[36] 産業や業種により「川上」と「川下」という工程は異なるであろう。たとえば，繊維産業では，生地の生産までを行っている繊維工業までが「川上」で，それ以降が川下工程を担っている。一般に，川下工程は労働集約的部分と考えられる。

[37] 先進国の生産工程が海外に移転することは，産業構造の転換が一挙に行われ国内の産業基盤や雇用基盤の確保が困難となり，「産業の空洞化」という事態に見舞われる可能性がある。そこで，国産原材料の利用促進等を通じて，国内産業の活性化を図り，さらには，海外での委託加工という経営戦略の多様化により，国内メーカーの国際競争力の強化につながる効果などを目的とした関税政策がみられる。

[38] Finger (1975).

[39] 正確には関税条項806.30と807.00と呼ばれた。後に，生産シェアリング条項（PSP: Production Sharing Provisions）9802.00.60，9802.008，9802.009となる。例えば，USITC (1970)，USITC (1999) を参照のこと。

アメリカと同様な関税政策が 1969 年に創設されている。ただ，日本の政策は，対象となる品目はアメリカに比べて限られている。これは，関税暫定措置法第 8 条による加工再輸入減税制度と呼ばれ，革，繊維，履物に適用されている。そして，品目数はわずかであるが増加している。さらに，EU では関税条項が 92 年に整備され，EU と特に CEC (チェコ，ハンガリー，ポーランド) との間の分業関係の促進策が行われた[40]。すなわち，「海外委託加工貿易」 (OPT : outward processing trade)[41]，あるいは繊維貿易に関しては「持ち帰り貿易」 (outward processing traffic) 形態による関税の減税制度である[42]。くわえて，ヨーロッパでは原産地証明書 EUR-1 (ユーロワン) に基づく 2 国間協定による免税制度も併存して実施されている。アメリカ，日本，それに統合前のドイツなど，60 年代にみられるように早い時期から工程間貿易を形成する政策がみられるが，我々が対象としている貿易の垂直構造は，以下にみるように，途上国の中でもとりわけ中国の政策の変化の中で形成されている。

次に，「川下の生産工程」を受け持つ途上国側から受託加工による生産工程の国際的分散を促進する外資優遇政策とともに貿易政策がある。たとえば，メキシコでは政府による認定取得を条件に輸出品製造のための部品，原材料，機械設備を免税で輸入できるマキラドーラ (保税輸出加工区) がある。マキラドーラはアメリカへの輸出により発展するが，そこにはアメリカ関税政策である OAP/PSP との補完関係がある。さらに，ASEAN のフィリッピン・タイ・ベトナムなどのアジア諸国でもこのような関税免除による受託加工貿易を促進させている。くわえて，中国は香港と中国の関係を利用した受託加工関連貿易[43]がある。この中でも，中国企業との工程間分業の形

---

[40] 1988 年から 1996 年までの繊維と衣類に関する OPT の動向は，Baldone, et al. (2001) で分析されている。

[41] ドイツでは Lohnsystem，トルコでは Ishleme と呼ばれる。

[42] 理事会規則 Council Regulation (EEC) No 3030/93 on common rules for imports of certain textile products from third countries の第 5 項。

[43] 香港統計局による委託加工型貿易データが "trade involving outward processing in China" といわれる。データは 89 年から利用できる。

成には，1980年代後半から促進され[44]，工程間分業の多様な分類形態をみる例として興味深い。

外国企業が中国との工程間分業を形成する誘因としては，表11-4のように外資政策である合弁，独資，合作という3形態とともに，受託加工として「三来一補」や「進料加工」という加工制度がある。ここでいう「三来」とは①「来料加工」で外国企業が原材料を提供し，中国側が加工し外国企業から加工賃を受け取るもの，②「来様加工」で外国企業から仕様やサンプルの提供を受け，中国企業が自ら原材料を調達して加工し，外国企業から加工賃と原材料費を受け取るもの，③「来件装配」で外国企業が部品を提供し，中国企業が加工・組立をし，外国企業から加工賃を受け取るものという3つの委託加工形態を意味する。また，「一補」とは「補償貿易」で，外国企業が技術や機械設備を提供し，その見返りに，中国企業が生産した製品で返済を受けるものである。そして，「進料加工」とは，外国企業は来料加工のように原材料を無償で提供するのではなく，有償で提供し，中国企業が自由に生産し外国企業へ販売するものである。

中国の委託加工制度は，直接投資にはないメリットがある。委託加工では費用として支払うのは加工労賃と土地建物の賃貸料だけで，初期投資を節約

表11-4 中国の外資政策と加工貿易政策

	外資政策	貿易政策
具体的形態	合弁企業・合作企業・独資企業	来料加工・来様加工・来件装配・補償貿易・進料加工
具体策	①外資企業の経営活動に対する法律の制限が解除 ②外国投資に対する優遇	①関税の免除 ②増値税（付加価値税）の免除
企業の行動	投資を行う	加工賃を支払う
メリット	①中国内市場の獲得 ②中国の国内資源・人材の活用	資金負担やリスクが軽減

---

[44] 1984年に，中国保税区構想が加工貿易・3国間貿易を促進する目的で提起され，対外経済開放拡大・外資導入促進のために14の沿海開放都市が指定され，1985年に長江三角州，珠江三角州，閩南三角州の3つの三角州地区が沿海経済開放区に指定された。さらに2001年のWTO加盟に至り，受託貿易は加速した。

できる。さらに、委託加工を行う場合、政府との交渉や労働管理などの繁雑な業務を全て地元企業が行う。したがって、大企業ばかりではなく、中小企業も中国企業との関係で生産工程間分業による貿易の利益を享受できる[45]。改革開放政策により、受託加工貿易が拡大したが、最近では、進料加工形態の貿易が増加している。しかし、中国の加工貿易の形態の変化があるにしろ、今でも輸出の約40%は加工貿易形態であり、輸出の主要な部分を担っている。

さらに、最近、中国の貿易には他国にはみられない貿易データがあり、興味を引かれる。中国の貿易統計をみると、輸入相手国に「中国」がある。たとえば、1994年には中国の「中国」からの輸入は全輸入額のうち0.2%であったものが、2000年には3.2%、2005年には8.4%と大きくなっている[46]。本来、自国が自国から輸入するとは貿易統計上あり得ないことである。これは、中国本土で生産されたものを海外へ輸出しそのまま再輸入することにより、原産地が中国でも当該商品は輸入品扱いとなるため、その財を組み込んで生産した商品の関税や増値税の免除を受けることができるからとみられる。これは、中国の制度の上に立った輸出加工貿易モデルといえる。

(6) 知的所有権の確立

貿易障壁の撤廃、通貨の交換性、直接投資の促進など、これまで確認してきた制度基盤は、貿易の自由化を促進するものである。とりわけWTO協定と関係する貿易障壁の撤廃は市場メカニズム原理を促進するものである。これはGATT 1947から一貫した貿易自由化政策である。それに対して、知的所有権の保護は、取引の制約であり、その意味でGATTの原理とは異なるし、他の貿易促進的制度基盤とも原理が異なるものである。

---

[45] ただし、最近では、中国の受託加工貿易に対する政策転換がみられる。たとえば、労働集約型の製品輸出を抑制するために「加工貿易制限類商品目録」の品目を増やしたり、増値税還付を撤廃したりしている。

[46] HS96のデータから、中国の中国からの輸入品目をみると、84の「原子炉、ボイラー及び機械類並びにこれらの部分品」と85の「電気機器及びその部分品並びに録音機、音声再生機並びにテレビジョンの映像及び音声の記録用又は再生用の機器並びにこれらの部分品及び附属品」の2つで全体の70%を超える。HS6桁分類で確認すると、そのほとんどが部品や産業用加工品である。

知的所有権の保護は，当初は商標権を侵害する不正商品の問題として1970年代の東京ラウンドから議論されてきた。しかし，1980年代に入り，米国が自国の競争力強化の手段として知的所有権の保護をGATTで取り上げるべきと主張し，その後，ウルグアイランドでTRIPS協定が成立した。これは，著作権および関連する権利，商標，地理的表示，意匠，特許，集積回路配置，非開示情報という広範囲のものを対象とする。さらに，WTOの一括受託すべき協定として，貿易精査措置を伴う紛争解決手段を行使することが可能となっている。もちろん，WTOには制限的措置として非経済的事項に関する環境問題や人権問題をも包摂している。しかし，これらは制限的措置であるが経済的事項に関する知的所有権に比べて進展していない。それゆえに，グローバリゼーションの促進する制度基盤としてのWTOは，GATT 1947の原則を基準とすると，経済的事項の側面に限り大きく変質してきているといえる。つまり，80年代から，WTOは本来の市場原理を作用させる制度調整にくわえて，知的財産権の保護という独占的排他性を作用させるための制度調整が行使できるようになった。グローバリゼーションを促進する制度基盤として，従来の貿易自由化政策とともに，強力な知的所有権保護が併存することになる[47]。

WTOのTRIPS協定に関しては，途上国の国民経済視点や貧困層の立場からすると食料保障や公衆衛生を壊すものとしてUNDP（1999）が批判しているように，確かに問題を孕んでいる。しかし，多国籍企業の視点に立てば，グローバリゼーションの中で貿易の「自由化」と知的所有権の「保護」を行使するための紛争解決手段を持ったことになる。つまり，企業は，バリューチェーンの国際的分散化のための障壁撤廃手段と，バリューチェーンのオープン化・ネットワーク化そして信頼関係の構築を支える知的所有権保護手段を獲得した。

このような制度基盤の上で，とりわけ信頼関係に基づいた組織変化に注目したい。たとえば，半導体の設計と製造が国際的に分散した組織関係であるブランド企業とファウンドリーの関係を考えてみよう。ファウンドリー

---

[47] 間宮（2003）では，知的財産権の保護の導入をWTO体制の変容と解釈している。

とは，顧客の設計に応じて，チップ製造を受託する業者である。代表的な企業として1987年に設立された台湾のTSMC（Taiwan Semiconductor Manufacturing Company）がある。TSMCはBroadcom, Conexant, Marvell, NVIDIA, ATIなど，多様な業界の競合企業とも契約を結んでいる。そのため，顧客の知的所有権を他の顧客に情報を漏らさないという信頼関係の堅持が非常に重要となる組織関係である[48]。これは，集積回路配置の知的所有権の保護という制度的基盤の上で，国際的に分散した組織間の信頼関係が形成されている1つの典型例である。企業間で情報が共有されることは，当該企業以外は情報が出ないという信頼が形成されているとともに，知的所有権という制度に支えられている。

3．時期と特性

　個々の要因を確認する作業とともに，それぞれの要因に共通する側面として注目したいものがある。第1に，それぞれの要因が現れる時期の共通性である。本書では，グローバリゼーションを80年代後半の現象と捉えているが，その1つの検証として，グローバリゼーションを促進する要因が，80年代後半を前後として現れていることに注目する。第2に，促進要因の中の2つの特性が見い出せる。1つは，グローバリゼーションの障害を低減する側面（取引コストの低下）である。もう1つは，グローバリゼーションの進展とともに現れている組織関係の変化（信頼関係の深化）である。前者の側面は定量的に認識することが可能であるが，後者の側面は定量的に認識することは困難である。しかし，本書の第8章で確認したように，貿易構造を変化させる基本単位である組織が形成する，バリューチェーンやネットワーク形成を促進する側面として注目したい。それぞれの要因は，生産工程を国際的に分散させることを可能とし，同時に，企業組織内部のルーティーンで

---

[48]　Berger（2005）では，ファウンダリーの成功の鍵を信頼関係の構築に置いている。また，Basant（2004）では，知的所有権の厳守による信頼関係の構築が，インド企業に重要であることが述べられている。

あった工程間分業を，国際間の異なる企業組織（最小単位としては個々の生産施設）のリンケージにより担わせることを可能とした。そして，ここで強調しておきたいのは，異なる組織のルーティーンを国際的に結びつけることができる環境である[49]。

確かに，本章で確認した技術的・制度的諸要因は，組織間リンケージの取引調整コストを大幅に低下させた。そして，そのことが，生産システムの国際的分散を拡大させ，中間投入財の貿易を増加させる環境を与えた。なぜならば，取引調整コストが低下すればするほど，バリューチェーンの各段階の国際的配置は，取引調整コストよりも，ますます生産コストの相違に規定されるようになるからである。つまり，国民経済特有の技術的要因や投入要素要因，あるいは企業規模や産業集積による経済性が，生産システムの国際的分散に影響する。したがって，技術的・制度的要因が促進したグローバリゼーションとは，これまで以上に国際間の僅かな生産コストの相違をよりダイレクトに反映する生産システムを形成する過程であるといえる。

しかし，同時に，技術的・制度的要因は，それぞれの単位組織が相互に対峙する機会を拡大し，Granovetter（1985）のいう情報や規範を共有する「人間関係の埋め込み」に影響する。すなわち，国境を越えた組織単位間のリンケージ数を増幅させ，生産システムの国際的分散を支えるネットワークの基底をなす信頼関係を高める。したがって，グローバリゼーションとは，離散的調整（離散的交換）と組織内調整（企業内取引）とは異なる，組織間の関係的調整（関係的交換）を進化させる過程でもある。そして，この関係的調整としてのネットワークを基盤にして，空間的に分散されたバリューチェーン（あるいは生産システム）が統合される。とりわけ，技術的・制度的要因が促進するオープンなバリューチェーンの形成・拡張は，競争プロセ

---

[49] Jones and Kierzkowski (1990), Arndt and Kierzkowski (2001) では，国際的に分散した工程間の調整コストをサービス・リンク・コストと定義し，そのコストの構成要素が規模の経済性に規定されることをフラグメンテーション（Fragmentation）として理論化した。本書では，コストの低下を否定するものではない。しかし，中間投入財の貿易の拡大の留意点として，本書は最終財の生産に至る過程での連続性と計画性をもった貿易であることを強調している。したがって，貿易活動は，個々の企業の「ルーティーン」の集合体を支える活動であると考える。

スの中で，組織間リンケージの相互補完性を強め，バリューチェーンの階層性を深め，さらに，バリューチェーン再編の弾力性を与えるなかで，生産システムの変化と変容をもたらす契機となっている。

第V部
貿易の理論的考察

第12章
現代古典派と新古典派

　国際貿易論では，国民経済により構成される世界市場を枠組みとして分析が行われる。とりわけ，HOS（Hechsher-Ohlin-Samuelson）理論が仮定した国民経済が国際貿易論の基準（ベンチマーク）となる。そして，このベンチマークの仮定を修正することで，より現実適合的な理論分析を展開する。しかし，リカードに代表される余剰理論に基づいた古典派経済学から，サムエルソンに代表される限界理論に基づいた新古典派経済学へと経済学の主流が変化するなかで，国際貿易論のベンチマークから古典派の問題意識は払拭されていった。ここでは，国際貿易論のベンチマークとなる国民経済の構造を確認したい。

1．ベンチマーク理論

(1) 現代古典派

　以下では，貿易論のベンチマーク理論である新古典派の「新」という接頭語に対して，余剰理論に基づく古典派のアプローチに「現代」という接頭語を使用し，2つのアプローチを区別する。この区別は，Pasinetti（1981, 1993）が，「純粋交換モデル」と「純粋生産モデル」，「純粋交換経済」と「純粋労働経済」と対比した接近方法の相違に対応する[1]。そして，塩沢

---

[1]　さらに，Pasinetti（1974）では，新古典派では連立方程式体系は完全に「相互依存的」であることを容認するのに対して，現代古典派では「因果順序的」であり，経済変数の大きさが決定される論理順序を明確にするという相違があることを指摘している。

(1983) が，古典派から現代の古典派的発想につらなる接近方法をとる経済学を「現代古典派」と定義したことに依拠している。

また，現代古典派という総称についても留意したい。総称というのは，スミス，そしてリカードに始まる労働投入費用分析に端を発する余剰理論，ケネー，マルクスにはじまる経済の再生産条件の分析，そして，ケインズによって体系付けられた有効需要の理論が，スラッファ，パシネッティといった理論家に引き継がれ，包摂された体系という意味がある[2]。したがって，厳密に言えば古典派経済学に起源を持ち，セイ法則を拒否するケインズ派経済学の特徴を包摂したという意味で「現代」という接頭語を使用している[3]。

(2) リカード・モデル

国際貿易の理論分析では，世界市場を構成する国民経済の構造の相違が貿易の原因となる。たとえば，① すべての商品生産の労働投入係数と資本投入係数（生産関数）が同一，② 要素賦存比率が同一，③ 消費選好が同一であるならば，2国間で貿易は発生しない。比較優位とは，① か ② のいずれか1つの要因が国際間で異なることにより発生する。また，比較優位の貿易モデルには，2国とも，④ すべての要素は完全雇用であり，⑤ 経済的な歪がなく完全競争である。そして，⑥ 規模に関して収穫一定であることが，前提されている。このような前提は，同時に，国際貿易の原因と考えられる。つまり，貿易の原因とは ④ 以外の前提で，いずれか1つでも条件が満

---

[2] このような考え方は，多少問題があるかもしれない。たとえば，マルサスによって問題提起されたセイ法則をリカードは肯定していた。それは，新古典派の前提と同じ基盤を共有していることになる。しかし，その後，ケインズにより修正され古典派という体系を形成していったと考えることは可能であろう。たとえば，Schumpeter (1954) は，ケインズは限界理論とはまったく異なる体系であるリカードの生産理論を基礎として，その上にマルサスの理論を取り入れることから有効需要の原理を展開したと指摘している。同様に，Pasinetti (1974) はリカード理論の基礎の上でケインズ理論が構築されているという見解をとっている。

[3] ポスト・ケインズ派の1つの理論系譜であるスラッファ経済学に限定して用いる「現代古典派」という意味ではない。また，セイ法則を拒否するという視点を全面に出すならば，貨幣が経済に中立性を否定することになる。そのため，新古典派が実物的経済分析であり，現代古典派は物々交換経済モデルを否定する貨幣的生産経済分析である。セイ法則の拒否と貨幣的制度の関係については，Pasinetti (1993) の第8章を参照のこと。

たされていない状態であると考えることができる。そして，④の完全雇用とは，貿易の原因というよりも，理論的に欠くことができない条件（形式的には，各国の要素報酬率を求めるための条件）である。そして，新古典派のリカード・モデルは，①の条件が異なる場合である。ただし，資本財が存在せず，労働投入係数が異なる国民経済から世界市場が構成されている。HOSモデルでは，②が異なる国民経済が存在する世界市場を仮定している。なかでも，HOS理論の世界市場が国際貿易論のベンチマークとなり，このモデルの世界市場と現実の世界市場との乖離を示すことから貿易理論の現実経済分析への有効性を確認するというスタイルを取っている。特に1980年代初頭から，より現実に適合した貿易理論の構築が進展した。上記6つの条件のうち，①②の条件の相違を「伝統的な国際貿易論」というならば，③⑤⑥という条件が相違する世界市場に基づいた貿易理論を「新しい国際貿易論」と呼ぶ。したがって，国際貿易論は，ベンチマークそのものに対しての問題を投げ掛けるのではなく，ベンチマークの想定を変えることから，より現実適合的なモデルを展開しているといえる[4]。

現代古典派のリカード貿易モデルは，技術格差を前提とするとともに，同時に資本財を明示的に扱うモデルであるという特徴を持つ。この点で限界理論のリカード・モデルとは性格を異にする。以下では，現代古典派の視点に立ち，国際貿易論のベンチマークとなる国民経済の構造を示す。特徴は，① 価格体系の変化は，利潤率と賃金率の変化に依存する。② 数量体系は，価格体系よりも，需要の変動に依存する，という構造である。以下では，Pasinetti（1973）の「ストック」としての資本を「フロー」に還元する分析方法である垂直的統合の概念を利用して，国民経済の物量体系，価格体系を確認したい。

---

[4] ただし，不完全競争における収穫逓増に注目する一方で，効用関数の仮定が非常に特殊なものとなっている。

2. 国民経済

(1) 生産された生産要素としての資本

n 種類の生産される商品があり，たとえば j 商品を生産する部門を j 産業と呼ぶ。また，資本は，各部門から生産された商品を用いて生産が行われるという「商品による商品の生産」を対象とする。以下では t 時点での再生産をみよう。

① 列ベクトル $X(t) = [X_i(t)]$, $i = 1, 2, \cdots n$, は第 t 年に生産される n 個の商品の物的数量を表わす。

② 列ベクトル $Y(t) = [Y_i(t)]$, $i = 1, 2, \cdots n$, は経済システムの物的純生産物を表わす。同様に C は消費, J は投資にあてられる商品の総和とすると, $C(t) + J(t) = Y(t)$.

③ 列ベクトル $K(t) = [K_i(t)]$, $i = 1, 2, \cdots n$, は第 t 年の末に商品の物理的数量 $X(t)$ を得るための資本財として必要な諸商品の物的数量である。単純化のために資本ストックの稼働率は100%であると仮定する。

④ 行ベクトル $p(t) = [p_i(t)]$, $i = 1, 2, \cdots n$, は諸商品の価格を表わす。

⑤ $L(t)$ は第 t 年に必要とされる労働量を表わす。

⑥ $M(t)$ は第 t 年の総労働力，スカラー u を失業率とすると,

  $L(t) = (1-u)M(t)$,

と考える。留意したいのは，総人口 N とすると，ある国民経済では N を M にするためには教育などが必要とされ，それは一長一短にできるものではなく歴史や制度に依存する[5]。しかし，ここでは単純化のため $N=M$ と仮定する。したがって，

  $L(t) = (1-u)N(t)$,

---

[5] たとえば, Pasinetti (1993) では, 雇用の「自然」水準は完全雇用と考え, また, 総人口 N と労働人口 M が一致すると仮定し, N, M, L が完全に一致する体系を考えている。しかし, ここでは相違を明確にするため, L と M が異なることを明示している。さらに, Nurkse (1959) が指摘しているように, 国民経済間の相違を問題とするとき N と M も異なることを考慮するために区別も必要である。

である。
⑦ スカラー r は利潤率，スカラー w は賃金率，スカラー g は均質な成長率（労働人口成長率）である。
⑧ 成長率に関する断わりとして，総労働力は1年ごとに g の率で成長しているとすると，
$$L(t) = L(0)(1+g)^t,$$
と仮定できる。さらに，1人当たり平均消費性向も時間を通じて一定であると仮定し，1人当たり消費係数を c とし
$$C(t) = c\frac{L(t)}{1-u} = c(1-u)^{-1}L(0)(1+g)^t,$$
とおく。

(2) 技術体系

技術係数は時間の経過のなかで変化しないと考え以下のような定義を与える。
① 行ベクトル $l = [l_j]$, $j = 1, 2, \cdots n$, (すべての $l_j \geqq 0$) l_j は第 j 産業の商品一単位を生産するに必要な労働投入量を表わす。
② 正方行列 $A = [a_{ij}]$, $i, j = 1, 2, \cdots n$, (すべての $a_{ij} \geqq 0$) 第 j 産業の商品1単位を生産するに必要な資本財ストックである。そして，A^c と A^f は非負行列で流動資本財ストックと固定資本財ストックを表す。そのため，
$$A = A^c + A^f.$$
③ δ_j は j 産業の年間あたりの固定資本減耗率で，δ は δ_j を主対角線上にもつ対角行列である。
④ A^e は毎年実際に使い果たされる初期資本のストック部分である。それゆえに，
$$A^e = A^c + A^f\delta.$$

(3) 多部門モデルの価格体系と物量体系

垂直的統合は第1次の垂直的統合労働係数，第2次のそれ，そして第3次というように連鎖を伴う。同時に，総生産のなかには消費財と消費財を生産するための生産手段の補填に向けられるべき一連の商品群があるが，これらの一連の商品群を生産するのに必要な消費財と資本財補填のための一連の第2群の商品，そして，それらを生産するのに必要な消費財と資本財補填のための第3群の諸商品という連鎖がある。以下では無限の連鎖過程のなかで，第1次の段階を対象とする[6]。

数量体系は以下のように表せる。

$$A^e X(t) + C(t) + J(t) = A^e X(t) + Y(t) = X(t) \tag{12.1}$$

$$lX(t) = L(t) = (1-u)N \tag{12.2}$$

$$AX(t) = K(t). \tag{12.3}$$

同時にその時の価格体系は次の方程式体系で表される。

$$p = pA^e + wl + rpA \tag{12.4}$$

また，価格体系の双対としての物量体系は

$$X(t) = A^e X(t) + C(t) + gAX(t) \tag{12.5}$$

これを書き直すと

$$p(I-A^e) = wl + rpA \tag{12.6}$$

$$(I-A^e)X(t) = C(t) + gAX(t) \tag{12.7}$$

となる。I は $n \times n$ の単位行列を表わしている。そして，ここでは賃金後払いの資本利潤算定方法をとる[7]。

さて，(12.1)から(12.5)の物量体系と価格体系は

$$X(t) = (I-A^e)^{-1}Y(t) \tag{12.8}$$

$$L(t) = l(I-A^e)^{-1}Y(t) \tag{12.9}$$

---

[6] Pasinetti (1973) では逐次近似法により近似解式を求めている。

[7] 賃金を生産資本に加えて資本利潤の算定を行う「賃金先払い方法」もある。資本家からみれば，手元にある賃金のための資金に資本利潤を要求することは，先払いのほうが目的にかなうとも考えられる。2つの方法には本質的には大きな違いはないが，「賃金後払いの方法」は，生存賃金に加え，労働者がその体系の剰余の配分にあずかる可能性を含めることと，さらに，計算の結果得られる公式が簡単になるという意味がある。

$$K(t) = A(I-A^e)^{-1}Y(t) \tag{12.10}$$
$$p = wl(I-A^e)^{-1}+rpA(I-A^e)^{-1} \tag{12.11}$$
$$X(t) = (I-A^e)^{-1}C(t)+g(I-A^e)^{-1}AX(t) \tag{12.12}$$

ただし，$(I-A^e)^{-1}$ はレオンチェフの逆行列である。

ここで，以下のように考える。

$$l(I-A^e)^{-1} = v \tag{12.13}$$
$$A(I-A^e)^{-1} = H \tag{12.14}$$
$$(I-A^e)^{-1}C(t) = X^I(t) \tag{12.15}$$
$$(I-A^e)^{-1}A = G \tag{12.16}$$

v は「垂直的統合労働係数」で，商品の物量1単位得るために直接・間接的必要な労働量を統合したものであり，H は「垂直的統合生産能力単位」で，商品の物量1単位を得るのにストックとして直接・間接的に必要とされる異質的物理量である諸商品の系列を統合したもので，1つの特殊な合成商品である。また，$X^I(t)$ は v の双対であり，消費財を生産するために使われた生産手段の補填にむけられるすべての商品を扱う商品群である[8]。G は H の双対で，各商品の物的1単位の生産のために必要な資本財ストックを生産するために直接・間接的に必要なフローとしての諸商品の系列である。H はフローを生産するためのストックの行列で，G はストックを生産するためのフローの行列である。

　一般的に物理的労働量は，労働を等質とみなしているので，集計可能であると考えられる。しかし，物理的資本量の集計は慎重に考えなければならない。一般均衡論では，「仮定として」資本が等質であると集計している。それに対して，「垂直的統合生産能力単位」とは，生産されるべき最終生産物の物理的単位に関して定義される単位で，多部門から構成される経済のなかで物的単位としての資本を測る方法である。

　(12.9)(12.10)(12.11)(12.12)に(12.13)(12.14)を代入すると

$$L(t) = vY(t) \tag{12.17}$$

---

[8] ただ，経済システムが定常的であるならば，$g=0$ であり，$X^I(t) = X(t)$ となる。一般的には，$g>0$ なので，$X^{II}(t) = gGX^I$ という一連の商品群，そして $X^{III}(t) = gGX^{II}$ という連鎖が続く。

$$K(t) = HY(t) \tag{12.18}$$
$$\boldsymbol{p} = w\boldsymbol{v} + r\boldsymbol{p}\boldsymbol{H} \tag{12.19}$$
$$\boldsymbol{X}(t) = \boldsymbol{X}^I(t) + g\boldsymbol{G}\boldsymbol{X}(t) \tag{12.20}$$

とおける[9]。さらに上記の式を $\boldsymbol{p}$ と $\boldsymbol{X}(t)$ について解くと

$$\boldsymbol{p} = w\boldsymbol{v}(\boldsymbol{I} - r\boldsymbol{H})^{-1} \tag{12.21}$$
$$\boldsymbol{X}(t) = (\boldsymbol{I} - g\boldsymbol{G})^{-1}\boldsymbol{X}^I(t) \tag{12.22}$$

が求まる[10]。

(4) モデルの構造

モデルの特徴を概観しておこう。第1に，(12.4)の価格方程式体系に特徴がある。ここでは，技術係数が所与で任意に選ばれた価格を1に等しいとし，賃金率か利潤率のどちらか1つを外生的に決定すれば解が求められる。古典派では，賃金率が生存賃金であるということから，賃金率が外生的に与えられた。また，賃金率は2つの部分から構成されていると考えることも可能である。それは労働者の生存（再生産）に必要な部分と生存に必要以上の部分である。ここでは，賃金率のうち生存に必要な部分はすでに技術係数行列に含まれており，賃金率は生存水準以上の「剰余賃金」と考える。したがって，利潤率が外生的に与えられると，剰余賃金率が決定され，同時に相対価格も決定される。

第2に，(12.4)(12.11)(12.19)と展開された価格方程式で，$r = 0$ という場合，相対価格は各商品1単位に直接・間接的に投入された労働量に等しくなり，労働価値が成立する。

第3に，雇用条件を確認しよう。労働の需要量と供給量が一致するので，(12.17)から

$$(1-u)N(t) = \boldsymbol{v}Y(t)$$

とおける。この式で，失業者は，右辺が左辺より小さい場合は拡大し，逆に

---

[9] 価格体系で賃金率ゼロの世界の経済学的な含意として，労働者の生存のための賃金（生存賃金）を構成する財はすでに技術係数行列に含まれていると考える。そのため $w = 0$ とは生存賃金以上の剰余賃金がゼロであることを意味する。

[10] $\boldsymbol{G}$ と $\boldsymbol{H}$ は全く同一の固有値をもつ。

右辺が左辺より大きい場合は減少することが確認できる。さらには生産が拡大すると，完全雇用になる可能性もある。つまり，雇用は需要に規定される。

第4に，(12.21)(12.22)から分かるように，一般均衡論とは異なるモデルの特徴を表している。分析されるすべての生産要素を「フロー」として認識した n 個の論理的単位を用いることにより，価格は垂直的に統合された価値ベクトル $\boldsymbol{v}$ に依存し，数量は需要 $\boldsymbol{X}^I(t)$ に依存する。そして，価格体系の変化は数量体系から独立に決定され，それは利潤率と賃金率の変化に依存する。さらに，数量体系は価格体系から独立して，需要の変動に依存する。また，この双対関係式から，スカラーである賃金率 w は分離される乗数項であり，技術係数 $\boldsymbol{H}$ に対して同一に作用する。しかし，利潤率や成長率は技術係数から分離することはできない。したがって，技術選択は技術係数と利潤率や成長率に依存するが，賃金率や支出係数からは独立している。この双対体系は，経済体系の再生産条件を示す。

第5に成長率が確認できる。賃金率自体が価格体系のニューメレーとして用いられ（$w=1$），(12.19)(12.20)を変形すると

$$\boldsymbol{p}-\boldsymbol{v} = rp\boldsymbol{H} \tag{12.23}$$

$$\boldsymbol{X}(t)-\boldsymbol{X}^I(t) = g\boldsymbol{GX}(t) \tag{12.24}$$

となり，支配労働量と投下労働量の差が利潤率として表現され，生産量と消費量の差が成長率として表される。

(5) 2部門モデル

定常状態を考え $g=0$ とし，2部門モデルを考えてみよう。第1部門は資本財を生産し，第2部門は消費財を生産する。資本財部門は自らの部門と，消費財部門のために資本財を生産している。そして，簡素化のために流動資本を省略し，以下のような投入係数を考える。

$$\boldsymbol{A}^c = \begin{bmatrix} a_1^c & a_2^c \\ 0 & 0 \end{bmatrix} \quad \boldsymbol{A}^f = \begin{bmatrix} a_1^f & a_2^f \\ 0 & 0 \end{bmatrix} \quad \boldsymbol{\delta} = \begin{bmatrix} \delta_1 & 0 \\ 0 & \delta_2 \end{bmatrix}$$

$$A^e = \begin{bmatrix} a_1^c+\delta_1 a_1^f & a_2^c+\delta_2 a_2^f \\ 0 & 0 \end{bmatrix} \quad A = \begin{bmatrix} a_1^c+a_1^f & a_2^c+a_2^f \\ 0 & 0 \end{bmatrix}$$

このような投入係数のもとで導出される「垂直的統合労働係数」と「垂直的統合生産能力単位」を
それぞれ

$$v = \begin{bmatrix} v_1 & v_2 \end{bmatrix} \quad H = \begin{bmatrix} h_1 & h_2 \\ 0 & 0 \end{bmatrix}$$

とおく。そして，資本ストック量K，投資量y_1，消費量y_2，消費財（第2財）をニューメレールとして資本財（第1財）の相対価格をpとすると

$$\begin{bmatrix} v_1 & v_2 \end{bmatrix} \begin{bmatrix} y_1 \\ y_2 \end{bmatrix} = L$$

$$\begin{bmatrix} h_1 & h_2 \\ 0 & 0 \end{bmatrix} \begin{bmatrix} y_1 \\ y_2 \end{bmatrix} = \begin{bmatrix} K \\ 0 \end{bmatrix}$$

$$\begin{bmatrix} p & 1 \end{bmatrix} = \begin{bmatrix} v_1 & v_2 \end{bmatrix} w + \begin{bmatrix} p & 1 \end{bmatrix} \begin{bmatrix} h_1 & h_2 \\ 0 & 0 \end{bmatrix} r$$

これを解くと物量体系と価格体系は以下のようになる

$$v_1 y_1 + v_2 y_2 = L \tag{12.25}$$
$$h_1 y_1 + h_2 y_2 = K \tag{12.26}$$
$$p = v_1 w + h_1 p r \tag{12.27}$$
$$1 = v_2 w + h_2 p r \tag{12.28}$$

となる。(11.27)(11.28)からpを消去すると

$$r = \frac{1-v_2 w}{h_1 + w(v_1 h_2 - v_2 h_1)} \tag{12.29}$$

となり，利潤率は賃金率の関数となっている。$dr/dw < 0$ であることから，最大利潤率は $w=0$ のとき $1/h_1$ である。

さらに，消費者は賃金をすべて消費財の購入に充て，資本家は利潤をすべて投資に充て貯蓄はしないと仮定すると

$$wL = y_2 \tag{12.30}$$

$$rK = y_1 \tag{12.31}$$

(12.30)から分かるように，L は生産過程に労働を供給する家計であり，それは同時に最終財（消費財）の需要者でもある。また，賃金率とは労働者の1人当たり消費財の価格である。

(6) 価値と価格

2部門モデルで価値と価格の関係を確認しておこう。まず，相対価値と相対価格が一致する場合をみよう。(12.27)(12.28)式を変形すると

$$p = \frac{v_1}{v_2 + (v_1 h_2 - v_2 h_1)r}$$

となり，価値と価格が一致する特殊なケースは，

$$v_1 h_2 - v_2 h_1 = 0$$

の場合か，または

$$r = 0$$

の場合となる。つまり，資本主義社会では有機的構成が等しい場合，または，利潤率がゼロの場合である。

次に，垂直的統合労働係数の意味を確認しよう。v を計算すると

$$[v_1 \quad v_2] = \left[\frac{l_1}{1 - a_1^c - \delta_1 a_1^f} \quad \frac{l_1(a_2^c + \delta_2 a_2^f)}{1 - a_1^c - \delta_1 a_1^f} + l_2 \right]$$

となり，

$$v_1 = (a_1^c + \delta_1 a_1^f)v_1 + l_1$$
$$v_2 = (a_2^c + \delta_2 a_2^f)v_1 + l_2$$

と書き直せる。両方程式において資本財はすべて流動資本財であると仮定すると[11]，

$$v_1 = a_1^c v_1 + l_1 \tag{12.32}$$
$$v_2 = a_2^c v_1 + l_2$$

となる。これは，置塩 (1977) が用いている2部門の価値決定方程式である。形式的に見れば，価値方程式とは，流動資本財を想定した垂直的統合労

---

11 単純化の方法として，フォン・ノイマンモデルのように固定資本と流動資本が同一の回転率，

働係数を基準にした相対価値である。

さらに，労働価値が意味するものを確認するために，利潤の存在条件を考えてみよう。(12.30)より1人当たり消費財の消費額としての賃金が分かる。

$$\frac{y_2}{L} = w$$

すると，両部門に利潤が存在するためには

$$p > a_1^c p + l_1 w \tag{12.33}$$
$$1 > a_2^c p + l_2 w \tag{12.34}$$

である。そして，(12.33)(12.34)から相対価格 p は次の範囲にある。

$$\frac{1 - l_2 w}{a_2^c} > p > \frac{l_1 w}{1 - a_1^c}$$

この式からは p は以下の範囲に存在することで利潤が存在する。これを用いて書き直すと[12]，

$$\frac{v_1}{v_2}\left(1 + \frac{\alpha}{(1+\alpha)\gamma}\right) > p > \frac{v_1}{v_2}\left(1 - \frac{\alpha}{1+\alpha}\right)$$

$$\text{ただし } \alpha = \frac{1 - wv_2}{wv_2}, \ \gamma = \frac{a_2^c v_1}{l_2}.$$

したがって，相対価値 v_1/v_2 は，実際の利潤を伴う相対価格 p と一致するのは有機的構成が等しい場合か，利潤率がゼロの場合だけであり，相対価値は利潤を保証する相対価格の近似接近である。

近似接近としての労働価値をどのように評価するかには意見の相違がある。まず，確認できることは，労働をニューメレールとして商品財の費用を評価するものとして，労働価値というよりも費用価値と評価するという考え方がある。これは，とりわけ資本財の評価においては重要な視点である。また，相対価格体系は労働価値による相対価値と上記の α で示される搾取率により一定の範囲を規定されるものであり，価値が価格に対する規定要因で

たとえば全ての資本財の生存期間を1とするという単純化の方法もある。
[12] 置塩・中谷（1992）に依拠している。なお，α はマルクス価値論での搾取率であり，γ は消費財部門の有機的構成である。

あるという見解がある。しかし，Morishima (1973) によって論証されているように，価格が価値を規定することが示されている。そのため，相対価格と相対価値は限られた条件のもとで一致するものでしかなく，相対価格体系で経済を分析すべきであるという見解がある。本書では，パシネッティにより定義された垂直的統合労働係数は重要な指標であると考える。つまり，ケインズやJ・ロビンソンも資本の集計因子として労働単位を扱っているように，物理的資本測定における集計因子として投入労働要素を評価すべきであると考える。

3．外生変数の意味

(1) 自由度1の体系

　方程式体系である（12-4）式では，賃金率か利潤率のどちらか1つを外生的に決定することで解が求められる。換言すれば，このような閉鎖体系としての国民経済は，経済を完結させるために連立方程式の未知数を外生的に1つ定めなければならない「1の自由度をもった経済」である。新古典派では，体系内部で未知数が決定される。ここに理論構造の形式的相違が現れる。

　自由度1の体系では，たとえば利潤率が外生的に与えられると，賃金と価格が決定される。このような一連の価格の組み合わせの決定は，所与の技術体系のもとで生産手段の補填と一定の利潤率のもとでの剰余の支払いを可能とする条件を満たす。この条件は，与えられた技術体系のなかで生産物の配分と生産過程の反復を可能とすることを示す。したがって，完全雇用状態での需要と供給の均衡状態を示すものでもない。

　経済体系の中ですべて変数を内生化して考える思考方法からすると自由度1の体系は不備である。しかし，最近では空間集積の論理がすべて経済システムの内生変数から説明するのではなく，歴史的・偶発的なものにより形成すると考えるように，経済現象がすべて市場メカニズムにより動かされているというよりも，市場以外の制度要因が経済システムに影響を与えていると

考えることが可能である。

(2) 外生的賃金率

リカードに代表される古典派経済学では，賃金率が生存賃金率として与えられていた。これは，当時の労働者の状態を観察することからもたらされた条件でもあった。また，スラッファやパシネティの体系では利潤率を所与（外生変数ではない）として，経済体系に導入される。このことは，生存賃金はすでに体系に組み込まれるなかで，生存賃金を超えて余剰の配分を労働者がどれだけ得ているかということを示すとともに，利潤率を規定する要因を，生産体系外部の要因（利子率）に求めたからであった。形式的にみれば，利潤率あるいは賃金率のどちらを独立に決定するかという選択の問題にみえるが，背後には，分析対象に応じた経済的意味づけがなされて賃金率や利潤率が導入されることになる。

世界経済では，賃金率が外生的に与えられる自由度1の体系はどのような意味をもつのか，その点に焦点を当てたのが Emmanuel（1969）であった。彼は資本移動が完全に自由で，実質賃金に国際格差が存在するという様式化された事実を取り上げる。そして，南（周辺）の国の賃金が「経済外的な方法によって固定されている」という「制度的な現象」を外生的賃金として捉えた。このような論理の枠組みの設定は，賃金が労働の限界生産力により内生的に決定され，資本移動が存在しないと仮定するHOS理論の批判を意味した。また，新古典派の想定に対するエマニュエルの仮定に対しては，根岸（1984）も一定の評価を与えている。

日本でもルイスやエマニュエルに触発された本山（1982）や本多（1986）の研究がある。彼らは，南の国の低賃金が国際分業に組み込まれている構造を分析に取り入れるのに，自由度1の体系が有効であると考えている。たとえば，本山（1982）では，南の国では賃金水準が自給部門の穀物生産性によって決定されるという仮定を導入し，そのことで労働者が生存水準ぎりぎりの状態におかれているという状況を描いている。外生的賃金決定には，限界生産性による賃金決定とは異なり，多様な部門の生産性水準，農村がおか

れている社会状況，制度的要因などの複合的な要因が背後にあることが強調される。また，本多（1986）は，自由度1の体系の外生的賃金決定の意義を「狭義の『経済理論』」の領域から歴史分析，社会構造分析の領域に注意を向けるものと評価している。

このように，分析対象としての世界経済の様式化された事実としての歴史的・制度的要因を理論モデルに組み込むことを可能にする開かれた体系として，自由度1の意義を評価することは可能であろう。ひるがえって，歴史的要因や制度要因を組み込んだ賃金を独立変数とする世界市場構造とはどのようなものなのであろうか。それは，同質の国民経済の関係ではなく，国民経済間の格差が存在する世界市場である。そして，この賃金格差を，制度に規定された格差という意味で，「制度的与件としての格差」と定義できる。そこには，2つの世界経済構造が考えられる。

1つの分析視点は，エマニュエルや本山，本多が提示する制度的与件としての格差である。たとえば，本山（1982）は次のように主張する。「世界市場には比較優位の原則＝合理性からはずれた貿易形態がある。しかし，その不合理性が過去の歴史的強制の産物であるとすれば，この不合理性のゆえに，第3世界の労働力がいかに浪費させられているかを直視した理論も当然あってよい」，そして，世界市場とは「選択の余地なく国際分業が強制されたという歴史的事実」という主張である。ひとたび歴史・制度的要因に規定されるなかで形成された世界市場構造では，途上国にとって自国の政策や意思とは離れて，貿易は格差を固定させる。あるいは最悪の場合は格差を拡大させるものと考えられている。しかし，このように考える世界市場の構造は，ある時期には様式化された事実と受け止めることができるかもしれないが，近年のアジアの成長と消費の拡大を考えると，一定の賃金率の幅の中での最低水準である生存賃金率に固定させる制度的要因をあまりにも強調することは，現実と齟齬がでてくるであろう。

もう1つの分析視点は，国民経済が制度的に与件としての格差を競争手段として利用する視点である。つまり，相対的に劣悪な自国の社会条件や労働条件を利用して輸出品の費用を低く抑えることによる競争力，すなわち不当

廉売を行うソーシャル・ダンピング（Social Dumping）がそれである[13]。このような行為を行う国民経済は内部の分配関係は非常に歪んでいるが，貿易を通じた市場確保と経済成長がみられる。そのため，ある時点での経済秩序を壊すような不均等な成長が現れている世界市場が観察される[14]。たとえば，日本や韓国などは，資本蓄積を促進させるのに適した国内の分配関係を維持し，貿易を通じた需要拡大により成長した。そして，このような国の成長が既存の経済秩序の中で貿易摩擦を生むことになった。また，最近では中国において，戸籍制度などの政策による都市と農村の分断制度に基づいた低賃金・労働集約的輸出構造という成長モデルがある。

　賃金率には幅があり，最低は労働者の生存賃金率であり，最大は利潤率がゼロの状態である。したがって，生存賃金ぎりぎりに決定され，そのような状態から抜け出せないような状態を世界市場の構造的特徴ととらえるか，あるいは生存賃金をこえる余剰賃金を獲得し，消費を拡大させ成長している途上国の不均等発展を構造的特徴として捉えるかによって，制度与件としての賃金率の状態が異なる。現実には賃金決定が競争的な市場機構により生存賃金に押しやる力を排除する制度として労働組合や最低賃金法などがあり，国ごとに異なるが両端の間のどこかで賃金が決定される。また「不公正」という視点から貿易構造を判断し，先進国から途上国の労働者の状態に干渉する動向もある。さらに，余剰賃金部分の発生は，制度的賃金決定機構の根底にある国民経済ごとの生産力の上昇が作用しているという状況が近年の途上国の成長の中で考えることができる。どのような側面の世界市場像を分析するにしろ，制度的与件が現実の世界市場構造の具体像を反映する分析枠組みを与えてくれるであろう。

---

[13] 自国の為替相場を不当に引き下げて，輸出商品に国際競争力をつけて輸出増大をはかる為替ダンピング（Exchange Dumping）もある。
[14] Amsden（1981）では経済の発展段階のなかで分配関係が非常に不平等な段階があり，その時期に成長の可能性をもとめて飛躍的に資本蓄積をしていることを分析している。

第13章

世界市場

　現代古典派モデルに基づき，世界市場の枠組みを検討する。以下では3つの留意点を確認する。すなわち，① 生産過程から出る産出フローに対する資本財ストックの比率である「資本産出高比率」と経常価格表現の資本ストックに対する物理的数量で表わされた労働フローの比率である「資本労働比率」とを世界市場空間では明確に区別する必要があること，② 交易条件の決定（国際的相対価格の決定）が需要条件から独立して行えるか，そして，③ 資本財が貿易される世界市場である，という3つの点である。

1．「資本」の比較

(1) 資本の測定

　古典派経済学では，資本の測定には物理的資本に投入された労働時間や一般的価値尺度である金で測定するという議論がなされてきた。それに対して，主流派経済学には，「生存基金としての資本」，「異質資本財の一組の量としての資本」，「1つの価値量としての抽象的資本」という3つの資本概念が存在する[1]。また，統計的な集計量として把握され，たとえば，資本財の現行価格により集計するという方法や分離された集計関数のもとでディビジ

---

[1] Kurz and Salvadori（1995）は，「(i) ジェボンズやベーム・バヴェルクにより展開された生存基金としての資本，(ii) ワルラスにより精緻化された異質資本財の一組の量としての資本，そして (iii) ヴィクセル，J.B. クラーク，マーシャルにより提起された1つの価値量としての資本」（pp.432-443）と指摘している。

ア指数系列を集計するという方法がとられる[2]。さらには，生産関数の選択肢として，コブ＝ダグラス型生産関数，CES 生産関数，そしてトランス・ログ生産関数などがある[3]。

たとえば，コブ・ダグラス型の生産関数にみられるように，資本財は労働と同等の性質で投入される生産要素として扱われる。そして，資本財すべてが同質の財の物理的集合体として，異質資本財を同質に資本財として還元するという何かしらのプロセス，あるいはゼリーのように自由に形を変えることのできる同質的資本財を考えている[4]。

物理的資本量の計測問題を考えてみたい。たとえば，資本の測定に関して，Pasinetti（1981）では，資本の計測に関して4つの数量概念を定義する。つまり，① 物的機械としての資本財，② 経常価格で測った資本財，③ 垂直的統合部門の設備能力を単位として測った資本財，④ 労働の物理的な量で測った資本財である（pp.177-179）。第1の数量は，単一の物量単位で表現することはできず，トラック2台，クレーン3台というように，多数の資本財のリストでしか表現できない。第2の数量単位は，経済分析の一般的方法で用いられる価格により単一の数量として表現される。しかし，技術水準が一定であるとしても，所得分配の変化により相対価格が変化し，集約された資本量自体も変化するため，分配関係から独立した集計量ではない。第3は，最終生産物を1単位得るために，経済システム全体で，ストックとして直接・間接に必要な諸商品の異質的物量の系列を統合した合成商品を垂直的に統合された生産能力単位と定義し，その単位を基礎に計測したものである[5]。そして，第4は，計測単位を資本財に体化された労働で表現したもので，その第1次近似として，ケインズが賃金単位と定義したように，資本財の経常価値を賃金率で割る方法がある。このように異なる物的資本を1つの

---

[2] たとえば，黒田（1989）の pp.109-110, 149-153 を参照。
[3] 黒田（1989）の pp.161-166 を参照。
[4] 学説史からみると，異なる物的資本財の同質的量への還元は，Clark（1899）の資本概念に基盤をもつ抽象化のプロセスである。このプロセスにより，競争的均衡条件のもとで資本の限界生産力が資本利子率であるという命題が導出される。
[5] Pasinetti（1973）を参照のこと。

指標に集計するとしても多様な方法があり，抽象的にまとめられた資本量があると前提する前に，集計量としての資本とは何か考える必要がある。

(2) レオンチェフ・パラドックスと資本

「賦存量としての資本」という視点に基づく HOS 理論の実証として，貿易における生産要素含有量の計測を最初に行ったのがレオンチェフである。Leontief (1953) は，アメリカの貿易に関して，100 万ドル分の輸出財を生産するのに必要な資本と労働の大きさと輸入競争財 100 万ドルを国内で生産するのに必要な資本と労働の大きさを比較して表 13-1 のような結果を提示した。資本・労働比率をみると，輸出財の方が労働集約的であるという結果が出ている。これは HOS 理論とは矛盾する結果であることからレオンチェフ・パラドックスと呼ばれる。この数字の意味するものを考えてみたい[6]。

表 13-1　輸出財と輸入財との資本・労働比率

	資本（ドル，1947 年基準）	労働（人／年）	資本・労働比率
輸出財	2,550,780	182.313	13,991
輸入財	3,091,399	170.004	18,184

出所）Leontief (1953)。

これまで，このパラドックスに関する様々な説明がなされてきた。たとえば，貿易制限があることや労働の熟練度の相違を考慮してないことがレオンチェフ・パラドックスを引き起こしたと考える論者もある。さらに，貿易不均衡下で計測された数字であり，貿易収支均衡を仮定して計測する必要があること，あるいは，生産要素が資本と労働の 2 つであるという仮定が適切でないという反論もある[7]。しかし，ここで考えたいのは資本の計測問題である。この問題を考えるにあたって，「資本集約度」と「機械化度」という 2 つの指標を取り上げよう。「資本集約度」とは労働者に対する経常価格（体

---

[6] Baldwin (1971) でも，レオンチェフと同じ結果を得ている。
[7] レオンチェフ・パラドックスに関する様々な取り組みは，Deardorff (1984) あるいは Wong (1995) の第 3 章を参考のこと。

化労働）で評価した資本の比率であり，「機械化度」とは労働者に対する物的機械の比率である（Pasinetti 1981: pp.177-180）。

すでに，第12章の第2節(5)で考察した定常状態 $g=0$ の2部門の単純化されたモデルを考えてみよう。第1部門は資本財を生産すると考え，第2部門は消費財を生産すると考える。そして，投資財は労働のみから生産され，資本財部門は消費財部門のために資本財を生産している。ここでは資本財はすべて固定設備と考え，流動資本を無視したケースを考えよう。また，消費財部門の固定資本減耗率は δ と考える。技術係数は以下のようにおく。

$$\boldsymbol{A}^c = \begin{bmatrix} 0 & 0 \\ 0 & 0 \end{bmatrix} \quad \boldsymbol{A}^f = \begin{bmatrix} 0 & 1 \\ 0 & 0 \end{bmatrix} \quad \boldsymbol{A}^e = \begin{bmatrix} 0 & \delta \\ 0 & 0 \end{bmatrix}$$

ここで，労働投入係数と消費係数を

$$\boldsymbol{l} = (l_1 \quad l_2) \quad \boldsymbol{C} = \begin{bmatrix} C_1 \\ C_2 \end{bmatrix} = \begin{bmatrix} c_1 \\ c_2 \end{bmatrix}(1-u)^{-1}L$$

とおくと，

$$\begin{aligned} \boldsymbol{v} &= [v_1 \quad v_2] = [l_1 \quad \delta l_1 + l_2] \\ \boldsymbol{p} &= [p_1 \quad p_2] = [l_1 \quad (r+\delta)l_1 + l_2]w \\ \boldsymbol{X}(t) &= \begin{bmatrix} x_1 \\ x_2 \end{bmatrix} = \begin{bmatrix} c_1 + \delta c_2 \\ c_2 \end{bmatrix}(1-u)^{-1}L \end{aligned} \tag{13.1}$$

以上から，資本財が消費財の生産にのみ必要とする経済の資本産出高比率（資本集約度）は

$$k = \frac{p_1 K}{p_2 x_2}$$

初期資本ストックは $\boldsymbol{A}\boldsymbol{X}(t) = \boldsymbol{K}(t)$ より $K = x_2$ なので，

$$k = \frac{p_1}{p_2} = \frac{l_1 w}{[(r+\delta)l_1 + l_2]w} = \frac{l_1}{(r+\delta)l_1 + l_2}$$

となる。それに対して，消費財部門および社会全体の資本労働比率（機械化度）はそれぞれ

$$\chi = \frac{p_1 K}{l_2 x_2} = \frac{l_1}{l_2} w \tag{13.2}$$

$$\Lambda = \frac{p_1 K}{(1-u)^{-1} L} = l_1 c_2 w \tag{13.3}$$

とおける。

　「資本集約度」つまり「資本産出高比率」とは，各期間の生産過程から出る産出フローに対する資本財ストックの比率であり，両者は賃金率が入った経常価格（賃金率のニューメレール）で表現されているが，賃金率は相殺され，利潤率が外生的にどのように決定されても物理的労働量の比率として計上される。それに対して，「機械化度」つまり「資本労働比率」は，経常価格表現の資本ストックに対する物理的数量であらわされた労働フローの比率であり，経常価格表現の資本ストックにのみ賃金率が含まれる（Pasinetti 1981: pp.180-183）。ここで，資本財に対化された労働量の変化と賃金率の変化に注目すると，体化労働の変化は「資本集約度」と「機械化度」に影響するが，賃金率の変化は「機械化度」にのみ影響する[8]。

　Pasinetti（1981）は国民経済間で「資本集約度」と「機械化度」という指標の比較を用いて HOS 理論の批判を行った。物理的な機械を賦存量として考える HOS 理論では，前提として資本は国際的に移動しない。それに対して，生産された生産要素としての資本財は，国際的に取引可能な商品でもある。このことは，次のような世界市場空間を想定することを意味する。物理的機械は，国際的にある意味では自由に取引され，その結果，労働者と機械の物理的量の比較は，その時点の国際経済では単純に技術的に与えられる。それに対して，「資本集約度」は国際的には異なる。たとえば，ある国が資本財を輸入するならば，その資本財に体化した労働は，輸入した資本財と交換に輸出した財に体化された労働である。したがって，資本財輸出国の資本財へ体化された労働と資本財輸入国で資本財と交換に輸出された財へ体化された労働量は異なる可能性が高い。賦存量としての資本という定義に基づくなら，国際経済における経済空間の相違は「機械化度」の相違が重要である。しかし，生産された生産要素としての資本の定義に基づくならば，国

---

[8] Pasinetti（1981）第 5 章「資本産出高比率と資本労働比率の動学的動き」を参照のこと（pp.97-104）。

際経済における「機械化度」は同一の可能性が高く, 重要なのは「資本集約度」の相違である。

レオンチェフの計測における資本とは, 賦存量としての資本を想定したもので, 資本 (K) は経常価格による計測であり労働 (L) は労働の物理的量であることから, 資本集約的という定義に関して「機械化度」つまり資本労働比率の指標を用いていることになる。この指標は, すでに定義したように価格のニューメレール (たとえば賃金率) に依存する指標である。そのため, 輸出財よりも物理的労働量が多く投入されている輸入財の資本ストックの経常価格表現は, アメリカの賃金率が高いため, 「機械化度」(輸出財の経常価格表現に対する物理的労働者数の比率) よりも大きくなるのは当然といえる[9]。したがって, レオンチェフの結果は, 輸出財よりも多くの体化された労働の多い (「資本集約度」の高い) 財を輸入することが, アメリカにとって合理的であるということを論証しているものと考えてよい。そして, 表12-1の意味することは, 貿易財に体化された物理的労働量の比較を通じた相対価格により貿易が決定されるという, 比較生産費の原点であるリカード・モデルを反映した計測結果であると考えられる[10]。

HOSモデルでは生産要素である労働と資本は国際的に移動しないという条件のもとで, モデルが展開される。この場合, 貿易とは消費財の貿易が対象となり, 資本財の貿易は考慮の外に置かれる。なぜならば, 資本財とは生産要素であり, 国民経済内部に賦存している一定の物理的量であり, 生産され貿易可能な資本財とは異なるからである。また, HOSモデルで資本財が移動すると, これは, 財の貿易ではなく生産要素の国際移動の分析となる。資本移動とは, 形態的には貨幣資本の移動 (あるいは購買力の移転) であるが, このような貨幣資本の移動は長期においては工場, その中で必要な設備・機械などの資本財の国際移動を誘発すると考える[11]。換言すれば, 自国

---

[9] アメリカの賃金率が高いのは, 現代古典派に基づくならばアメリカの労働生産性が全般的に高いことの別表現であると考える。
[10] そのため, Pasinetti (1981) はレオンチェフ・パラドックスとは「実際にパラドックスなどではなく, 当然予想された結果にすぎないことは明らかである」と主張する (p.187)。
[11] たとえば, 伊藤・大山 (1985) の第5章参照のこと。

から外国への貨幣資本移動は，自国では実物資本の蓄積のための資金の減少であり，外国では資本蓄積の資金の増加を意味し，長期的視点からは貨幣資本の移動とは実物資本ストックの移動を意味する。

現代古典派では，資本要素とは労働や土地のような賦存資源ではなく，生産された生産手段であるとともに，貿易される商品でもある。したがって，新古典派的生産関数に依拠したHOSモデルとは異なる貿易構造を描くことになる。つまり，HOSモデルでは，資本財は輸出されず，生産財の移動は要素移動と定義される。これに対して，現代古典派に基づくリカード・モデルでは，労働が国民経済に粘着的であるため，国民経済内部に移動が制限される[12]。しかし，その国の技術が体化した生産財は商品として貿易され，このことがまた，国際貿易の構造を変化させることとなる。

(3) 利潤率の決定と技術選択

自由度1の体系で利潤率を与件として扱う場合の世界市場構造を考えてみよう。それは，利子率との因果関係の認識が必要であり，それゆえに制度に規定された世界市場構造を意味する。また，外生的に与えられた利潤率の相違が技術選択にどのように影響するかについて考える必要がある。くわえて，利潤率に規定される賃金率の相違が存在する世界市場の構造を考えてみよう。

まず，第1に，利子率の存在が現実経済にどのように作用するかを確認しよう。それは生産経済に貨幣的制度特徴を付与する。貨幣的制度は，所得分配と所得支出の間に乖離をもたらし，セイ法則を失効させる機能をもつ。したがって，制度問題として，所得の増加は潜在的需要増加にすぎず，それを有効需要とするための誘導が必要となる。つまり，所得の創出のための外生的に決定される利子率という政策変数である。たとえば，Sraffa (1960) では，利潤率をただ所与と考えるのではなく経済体系の外で利潤率の決定メカニズム機構が想定されている。つまり，通貨当局（生産経済に付与された貨幣的制度）が利子率を設定し，その貨幣利子率との関係から利潤率を考え

---

[12] この概念は石田 (1999b) に述べられてある。

る。また，Keynes（1937）は次のような因果関係で，産出と雇用水準決定を考える。つまり，完全雇用水準に見合う産出量という特殊な数量体系が常に実現されることは非現実的で，それぞれの国の通貨当局の特異な政策に対応して産出量と雇用水準が決定されるという調整メカニズムである[13]。つまり，利子率の決定に独自の制度機構に求めることは，政策主体側の政策行動が，相対価格体系と分配の決定に関わることを容認するモデルとなる。したがって，各国の慣行的利子率（貨幣制度機構，そして，借り手と貸し手の交渉関係により決定される貨幣利子率）は，各国の資本の限界効率を決定する経済体系の重心であり，国民経済ごとの異なった相対価格体系と独自の所得構造と雇用水準を決定する[14]。そのため，国民経済の再生産と雇用水準の安定のために政策的意図の相互作用が世界市場で働くことになる。

次に，利潤率と技術選択の問題に注目したい。新古典派では，利潤率と資本労働比率の間には，一定の法則が示されている。一般に，利潤率と資本労働比率の間には単調な負の関係が存在する。そのため，技術選択は資本と労働の割合の選択問題となる。したがって，先進国と途上国では資本労働比率は，前者が後者より大きく，先進国は途上国に比べて利潤率が低いと考える。あるいは，国際貿易論のテキストでは，より正確を記して「要素集約度の逆転がない」と仮定し，資本集約度と貿易パターンの一定の関係が必ず成立する国民経済を仮定し，その国民経済が構成する（特別な）世界市場で貿易を分析する。

現代古典派では，技術の選択問題は，資本と労働の代替的割合の選択ではない。利潤率は，技術選択において，賃金率と異なる影響を与える。そのため，投資財は労働のみから生産され，資本財部門は消費財部門のために資本財を生産しているという仮定ではなく，より一般的な資本財の生産に資本財が必要な場合を考察しよう。単純化のために，消費財部門のための生産設備能力で表した資本財1単位と資本財部門のための生産設備能力で表した資本

---

[13] Ranchetti（2001）によれば，このようなケインズの発想には，『貨幣論』に対するスラッファの批判が大きな貢献をしているという。

[14] 利子率が重心であるということは，論理として利子率→利潤率→賃金率という因果関係を意味する。

財1単位の比率を τ とし，減耗率は同じであると仮定し，以下のような技術係数を考えたい．

$$A^c = \begin{bmatrix} 0 & 0 \\ 0 & 0 \end{bmatrix} \quad A^f = \begin{bmatrix} \tau & 1 \\ 0 & 0 \end{bmatrix} \quad A^e = \begin{bmatrix} \tau\delta & \delta \\ 0 & 0 \end{bmatrix}$$

これより，価格を計算すると，

$$\begin{aligned} p_1 &= \left[\left(\frac{1}{1-\tau\delta-r\delta}\right)l_1\right]w \\ p_2 &= \left[\left(\frac{(r+\delta)}{1-\tau\delta-r\delta}\right)l_1+l_2\right]w \end{aligned} \quad (13.4)$$

となる．資本財の生産に資本財が必要な場合の価格に関する情報からも，(13.1) と同様に，賃金率は技術係数に対する乗数項であるのに対して，利潤率は技術係数から分離することはできない．換言すれば，賃金率の変化は技術選択に影響を与えないが，利潤率の変化は，技術の選択に影響する[15]．ただ，利潤率の変化から影響されない技術選択は，資本集約度がすべての代替的生産方法に関して同一な場合である．さらに，利潤率の変化と資本と労働の代替的な割合の選択（技術選択）の方向性との一定の関係は認められない[16]．より高い利潤率の場合でも，より労働集約的技術を採用するという「資本逆行（capital reversing）」が起こる場合がある．これは，1960 年代のサムエルソンに代表される新古典派とロビンソンに代表されるポスト・ケインズ派との「資本論争」で明らかにされたものである[17]．

したがって資本財を導入した技術選択の問題を，純粋労働経済のリカード・モデルと対比して考えると，2 つの異なる国際貿易論のベンチマークが考えられる．一方で，資本財が導入された 2 要素モデルである HOS モデルでは「要素集約度の逆転がない」と仮定した上で，資本と労働の代替の問題であると考える．そして，新古典派では，2×2（2 財 2 要素）フレームワークである HSO モデルを基準に，モデルの拡張の方法として財（部門）

---

[15] Pasinetti (1981) の第 9 章 11 節．
[16] 単位価格から，任意の 2 つの資本財によって必要とされるコストの差の利潤率に関する導関数を取ると，利潤率の変化に関して一定の方向性は認められない．
[17] Harcourt (1972) 参照のこと．

の数より要素の数が少ないモデルとしてリカード・モデルを考える[18]。ベンチマークであるHOSモデルでは，技術は価格の変数であり，技術は代替が可能である。しかし，リカード・モデルは，技術係数が一意に決まる「非代替定理」が成立するモデルである[19]。それゆえに，限界理論を基礎にしたリカード・モデルは，生産要素の数が特殊であるとともに，投入の非代替性を前提とする特殊なモデルと考える。それに対して，現代古典派では，余剰理論を基礎にした純粋労働経済のリカード・モデルであろうと，資本財を導入したリカード・モデルであろうと，技術選択問題は，賃金率から独立した問題である[20]。そして，資本財を導入したモデルでは，技術選択は利潤率に依存する。その上で，上記したように価格は，物的労働投入量全体に賃金率を乗じたものとして把握される。それゆえ，生産技術の選択の問題は物的労働量の投入量（コスト）の問題として考えられるため，純粋労働経済であろうと資本財を導入したリカード・モデルであろうと技術選択は労働投入量（最小費用）に依存する[21]。

最後に，利子率→利潤率→賃金率という因果関係でみられる賃金率の問題を考えてみよう。このような関係でみる賃金率は，前章でみた制度条件に規定された格差とは異なる論点を提示する。すでに，技術選択は利潤率から独立して行えないことを確認したが，技術選択は賃金率から独立している。このことは，たとえば，先進国と途上国で利潤率が同一で，賃金率が先進国のほうが高い場合，途上国は先進国に比べて労働集約的な技術選択を行うという考えを否定する。つまり，利潤率が同一ならば，たとえ賃金率が異なっていても途上国も先進国と同じ技術を選択する可能性を持つ。ここで，賃金率

---

[18] 逆の場合が特殊要素モデルである。
[19] 技術選択に関してはPasinetti（1977）の第4章が適切な分析をしている。
[20] 余剰理論に基づくリカード・モデルとは，スラッファ・レオンチェフ型の生産関数を持った体系であり，資本財を導入したモデルでも技術は固定されている，これに対して，資本財を導入したHOSモデルでは，技術の代替性が重要である。
[21] 価格決定に際し技術選択の問題には，3つの視点が存在する。① 線形計画法に立って，労働量の最小利用を行う技術決定方法，② 結合生産物において複数の生産方法を採用する方法，そして，③ 標準的生産方法という3つの方法がある。しかし，どの方法を採るにせよ，利潤率が存在するなかでの技術の採用が分析される。

の国際的相違という意味を考えてみたい。

新古典派のベンチマークモデルでは，代替的な生産技術が仮定され，投入要素ごとの限界生産物が求められる。そして，要素の限界生産物は，資本労働比率のみに依存する。それに対して，現代古典派では，選択された技術体系のもとでの労働生産性が賃金率の国際間格差をもたらす。前章の(12.4)の価格式をみれば，利潤率は無名数であり，賃金率は名数である。そのため，賃金率を比較するには，要素交易条件，あるいは賃金率を同一の通貨単位で示すために為替レートが必要になる。そして，賃金率の比較可能な条件が与えられるならば，利子率→利潤率→賃金率という因果関係から出てくる賃金格差は，国民経済間にある技術体系の相違と関連する[22]。

たとえば，単純化して先進国と途上国の2国の資本・産出高比率は同一であり，先進国の賃金は途上国の5倍あると仮定しよう。このような2国間の空間比較での賃金格差を実物タームで考えると，先進国のすべての消費財の生産性が途上国の5倍に等しいことを意味する。技術体系とは，先進国の労働者がすべての賃金を消費に支出した場合に購買できる消費財の量を，途上国よりもちょうど5倍の量を生産できる技術体系であることを意味する。

以上から，資本財を導入したモデルが示す国際経済は2つの異なる状況を示すことになる。新古典派の国際貿易論は，利用可能な代替的技術が存在する経済のなかで，2国間の生産関数が同一で，要素賦存比率の相違が世界市場を規定する。それに対して，現代古典派では，資本財を含めた技術体系が規定する生産性の相違が世界市場を規定することになる。

---

[22] たとえば，ケインズの『貨幣論』では，経常投資が貯蓄に等しいとしたならば，物価水準の相違は「能率収入率」に規定されるという論理設定をおこなっている（Keynese: 1971）。さらに，ケインズ理論のミクロ経済学的基礎を展開したパシネッティは，利子率と利潤率の論理を明確にするとともに，国際的に比較可能な「マクロ経済学的な概念としての賃金率」を提起している（Pasinetti: 1981）。

2. 交易条件の決定

(1) 交易条件と需要

　2つの国民経済の構造を確認した。そこでは価格決定構造が異なっている。現代古典派では，賃金と利潤の分配関係は価格決定に先行して決定され，また，財価格は生産条件に依存した。そこでは，需要条件は価格決定に影響を及ぼさず，生産量を規定する。これに対して，新古典派では分配とは生産要素の需給により規定され，財の価格決定と同様に交換条件により決定される。このような生産モデルと交換モデルの違いは，生産要素の規定条件の相違に反映される。それでは，国民経済間の交易条件の決定は，分配および価格決定を「生産側の問題」とする体系と「交換側の問題」とする体系から，どのように考えられるのであろうか。

　すでに多くの論者が指摘するように，リカードとJ・S・ミルの間に交易条件の決定構造の相違が2つの国民経済体系の相違を反映する。リカードは，「イギリスのラシャ1単位とポルトガルのワイン1単位」が交換されるというように，交易条件が1になるとして外生的に与えた。それに対して，J・S・ミルは内生的に決定する論理として，「生産費説に先行する原理」として需要と供給の原理に立ち返ることを主張し，その国際的適応として相互需要の原理を導入し交易条件を決定した。ミルにみられる交易条件の決定方法は，現代の貿易理論に連なる流れを形成し，同時に，古典派的価格決定構造からの決別であった。

　ミル以降の相互需要に基づく交易条件決定には，2国2財モデルとして次のような世界市場を仮定している。つまり，2国の経済規模は同一であり，しかも，需要構造も類似している経済である。この仮定のなかで，両国の交易条件が決定され，比較優位関係から完全特化する構造が描かれる。現代古典派では，国内の相対価格体系は需要から独立に決定されている。世界市場での相対価格を決定する交易条件決定は，同様に，需要から独立に決定されるのであろうか。さらに，新古典派的交易条件決定と異なる論理があるので

あろうか。先行研究によれば，現代古典派からの交易条件の決定にはいくつかの試みがある。

(2) グレアムの交易条件決定

第1に，Graham（1932, 1948）の交易条件決定論がある。わが国では，野口（1987）や佐藤（1994）が国際貿易論の本流ではないグレアムの交易条件論を評価している[23]。グレアムは細かな数字例を挙げながら，モデルを説明しているが，その要点は，以下のようなものである[24]。① ミルの交易条件決定論のような完全特化状態は特殊な状態であり，世界市場では一般的に部分特化が一般的であること，② 部分特化された財は各国共通に生産され，各国の生産費体系を結びつける「連結財」である，③ 与えられた世界市場全体の需要量が世界市場での資源配分を決定し，部分特化した各国の供給量が調整し，部分特化する財（連結財）を明確にする。したがって，④ 世界市場では，連結財によって結びつけられた機会費用が世界市場の相対価格体系を規定する。

このような，グレアムの交易条件決定のメカニズムは，世界市場レベルでの需要状態が与えられなければ，部分特化による連結財の存在が判明しない。したがって，需要条件から独立した交易条件の決定ではない。しかし，相互需要説とは異なり，あくまでも機会費用という生産条件に規定された交易条件決定構造をもつ。したがって，グレアムの交易条件決定メカニズムは，ミルの交易条件決定論とは異なる連結競争モデルである非新古典派的交易条件決定論と評価される。

しかし，グレアムの論理にはセイ法則が前提されている。つまり，グレアムの交易条件決定論とは，貨幣は名目的な存在であり，物々交換が行われるバーター経済，あるいは，ケインズのいう物的労働量タームの生産クーポンが使用されている経済と仮定している。グレアムの交易条件の決定機構で

---

[23] 佐藤（1994）は，交易条件論に関する包括的研究と位置づけられる。交易条件論として国際貿易を組み立てる事に関して，非常に示唆に富んだものである。
[24] グレアムの交易条件決定の論理の詳細な検討は，野口（1987）や佐藤（1994）を参照のこと。

は，完全特化が特殊な状況で，不完全特化が一般的であると考えている。しかし，一般的構造である不完全特化のもとで決定される交易条件は，ケインズのいう特殊な経済状況である完全雇用のもとで決定されるものである。貿易の一般的構造を主張する根拠が，マクロ経済の特殊な状況に依拠しているといえる。すなわち，貿易分析が対象とする世界市場では，利用可能な労働者は必ず雇用され，したがって，完全雇用と対応する総生産量が実現している構造である。この構造から逸脱することは，純粋な論理的思考を妨げるものであると考えるのも1つの見方である。交易条件は，完全雇用条件が満たされなければ成立しない構造をもっているため，国際貿易論で反セイ法則を排除するという方法がとられる。つまり，国際貿易論の交易条件決定の起点は，雇用の需要条件であるといえよう。

(3) 根岸理論

第2に根岸（1981）の交易条件決定論を検討しよう。彼は，「交易条件が需要から独立に決定されるというリカードの想定を正当化するためには，国際貿易の古典派理論の近代的解釈に欠けている，賃金，利潤，生産要素の供給と国際移動，輸出入業者の役割に関する古典派理論を考慮にいれなければならない」(p.86) と考える。そして，根岸の交易条件論の起点は賃金である。すなわち，自由度1の体系の中で，賃金率を所与と考える。ここでいう賃金率は，労働力を再生産するのに必要な賃金財バスケットとしての自然賃金である。また，「労働の供給は変数であり，実物的に所与である自然賃金に貨幣賃金が一致するように調整される」と考える。そこで，各国の賃金財バスケットを与え，それと同じ構成の合成商品を生産する体系をみることで利潤率を確定する。貿易前は，労働力の再生産に必要な物理的消費財の量は同一であるが，消費財の相対価格は異なっている。そして，それぞれの消費財の価格が比較生産費にしたがって貿易が開始されると，2国の価格が同一になり，したがって，両国の実質賃金も同一になる。

根岸の2国2財モデルによれば，貿易後の財の価格と費用関係は以下のようになる。

$$p_1 = (1+r_e)100(c_1p_1+c_2p_2) \tag{13.5}$$
$$p_2 = (1+r_p)80(c_1p_1+c_2p_2) \tag{13.6}$$
$$p_1 \leqq (1+r_p)90(c_1p_1+c_2p_2) \tag{13.7}$$
$$p_2 \leqq (1+r_e)120(c_1p_1+c_2p_2) \tag{13.8}$$

ただし，r_e はイギリスの利潤率，r_p はポルトガルの利潤率であり，$c_1p_1+c_2p_2$ は貿易後の実質賃金（w）である。ここで（13.5）（13.6）の等式が有意味な解をもつための条件は，$R_e = 1/(1+r_e)$, $R_p = 1/(1+r_p)$ とおいて，

$$R_eR_p - 100c_1R_p - 80c_2R_e = 0 \tag{13.9}$$

である。

ここで，国際資本移動とリスク・プレミアムを仮定する。リスク・プレミアムの換算比率を $a(<1)$ とし，

$$R_p = aR_e \tag{13.10}$$

とおくと，

$$80/120 < a < 90/100 \tag{13.11}$$

というように，リスク・プレミアムが（13.11）式で満たされるならば，(13.5)〜(13.8) 式が成立し，利潤率と交易条件が決定される。したがって，リスク・プレミアムがこの条件のなかで与えられれば，交易条件は需要条件から独立に決定される。リカードの交易条件1の場合は，$a = 0.8$ である（根岸，1981: p.91）。

根岸によるリカード貿易論の交易条件は，確かに需要条件から独立して決定される。しかし，交易条件の決定の論理としてよりも，国際貿易論のベンチマークとしてのリカード理論の理解が問題となろう。すでに確認したように，世界市場を構成する国民経済間には賃金格差がある。そして，賃金格差をもたらす要因は，制度的要因と技術水準（生産性）要因であった。根岸の論理の起点となる賃金率，つまり，各国の労働の再生産に必要な物理的な賃金財バスケットの割合と量が同一である複数の国民経済を想定するか，それとも，技術体系に規定された1人当たり国民所得水準の格差や制度の分配関係への関与の仕方の相違が存在する国民経済を想定するか，ということの間には世界市場の構造認識に大きな相違がある。

(4) 要素交易条件としての賃金平価

第3に，もう1つの賃金率に焦点をあてた交易条件決定論がある。あるいは，要素交易条件の決定論という方が的確であろう。これは，前章の(12.4)の価格体系を示す方程式から分かるように，賃金率は単位労働時間あたりの賃金額であり当該国の通貨単位で表示されるのに対し，利潤率は通貨単位の表現に依存しない。したがって，国民的賃金率の国際比較として要素交易条件が決定されれば，比較優位構造が賃金率の国際的換算を経て絶対優位構造として現れることに目を向けたもので，Pasinetti (1981) で取られている方法である。要素交易条件の決定の核心は，物理的消費財に規定された実質賃金率，あるいは1人あたり物的生産の増加を表す変化率である。佐々木 (2002) は，賃金単位が国民的ニューメレールと考え，賃金財に体化された労働量の比較による要素交易条件の決定を「賃金平価」と呼んでいる。そして，国民的賃金率を構成する要素の消費財の必要労働量が確定され，そして，それを基準に「垂直的超統合労働係数」(Pasinetti 1981: p.118) によりウエイト付けされた加重平均生産性上昇率に対応した消費財バスケットの必要労働量の減少を結びつけた合成商品が基準になる。したがって，要素交易条件は，初期時点では，消費財バスケットの必要労働量の比較であり，それを基準としたある時点では，加重平均生産性上昇率の比較により求められる。

このような要素交易条件を，より単純化したのが，Lewis (1954) モデルやそれに依拠した本山 (1982) の1部門モデルである。そこでは，食料部門の生産性が2国間の賃金水準を規定し，そこから要素交易条件を求める。食料部門の生産性水準に焦点をあてることは，賃金水準を制度に規定された生存賃金であるとみなす問題意識の表われである。しかし，食料部門（たとえば小麦生産部門）という単一生産部門の生産性水準ということを強調することは，労働者が従事している当該生産部門の生産性水準が賃金を規定することと把握されるに等しい。それに対して，現実の経済では，とりわけ発展水準の高い諸国の労働者が生活を維持するために消費する財は，労働者が従事している部門（あるいは企業）の外部に多くを依存する。賃金財とは，その

部門（食料部門）以外からも受け取る財のバスケットの物的量であり，その量はバスケットを構成する財の全ての物的生産性（労働者が受け取る財の平均量）に依存する。したがって，単純な2部門モデルで賃金水準を考える場合でさえも，2部門のうちの1つの部門を食料生産部門というよりも消費財部門と一般的に定義し，国民的賃金財生産性水準という把握の仕方の方が現実適合的であろう。

このような国民的賃金水準を規定する消費財部門の平均生産性水準という概念で，賃金財部門をあえて論理的に想定する事は，単に形式的なものではなく，限界的賃金水準概念と明確に区別するという意図が背後にある。新古典派（均衡論のアプローチ）の賃金率決定は，ヒックスの『賃金論』に典型的にみられるように，労働者が従事している単一部門ないしは企業の物的限界生産性により求められる。労働要素に対する報酬としての賃金率（限界生産性）は，労働者が従事している生産現場での物的概念であり，さらに，労働要素が自由財ではないこと（完全雇用）を前提とすることで，単一部門（あるいは企業）レベルでの物的生産へ注目する。さらに，このような考え方は，労働者が消費する財の大部分を生産している場合には非常に意味のある視点であろう。しかし，現実の経済で，労働者が生活を維持するために消費する財は，労働者が従事している部門（あるいは企業）の外部に多くを依存する。また，労働市場は完全雇用でないのが一般的である。つまり，平均量としての賃金財バスケットの決定を主張することは，完全雇用条件は必要なく，労働者の賃金率が他の生産部門に非常に依存しているということを意味する。

以上，3つの交易条件決定論を概観したが，交易条件を決定するための与件を何にもとめるかによって，国際貿易論のベンチマークが異なってくる。グレアムやそれに依拠した佐藤（1994）の要素交易条件は，労働の需要条件としての完全雇用が与件である。根岸やPasinettiのモデルは需要条件から独立している点では共通しているが，賃金率の比較の方法が異なっていた。根岸は国際経済における貨幣賃金率の均衡作用を焦点としたのにたいし，Pasinetti等の方法は，賃金財の体化労働量の比較を焦点にしている。

以上のように，現代古典派貿易論の中では十分に議論されてこなかった交易条件決定論ではあるが，課題への取り組みがなかったわけではない。本書では，交易条件決定論を課題とせず，垂直的統合過程を焦点に据えることと，さらに，純粋労働経済における貿易を考えることであり，以下では交易条件は外生的に与えられると仮定している。

3．資本財貿易

(1) 貿易前の2国（自国と外国）

資本財部門と消費財部門から成立している経済を仮定しよう。この経済は，置塩（1977: pp.1-63）や Morishima and Seaton（1961）の方法のもっとも単純なモデルとして，表13-2のような両部門の投入の構造を想定する。$a_i (i = 1, 2)$ は資本財の物理的投入量であり，l_i は i 財を生産するのに必要な直接的労働投入量である。また，i 財に体化された総労働量を v_i とする。分配関係はここでは考慮せず，労働要素からなる純粋労働価値論の世界を想定する[25]。このようにして，一要素モデルであるリカードモデルに，資本財を組み入れることができる。つまり，異なる種類の労働の同質労働への還元可能性が証明されることにより[26]，リカードモデルは単純な一要素モデルではなく，資本と労働という要素を含んだモデルと理解できる。

表13-2 投入構造

	資本財	労　働
第1財（資本財）	a_1	l_1
第2財（消費財）	a_2	l_2

---

[25] 技術進歩と資本蓄積は相互に関連した経済現象である。この2つのプロセスを考察する方法として，論理的には技術進歩を伴わない資本蓄積を分析した後に技術進歩を考察するという考え方，ないしは資本蓄積を伴わない技術進歩の過程にまず焦点を置くという2つの方法がある。以下では，資本財への投資と維持という過程に伴う資本蓄積の問題をひとまず考えずに，技術（あるいは知識の問題）を考えるために純粋労働経済を考察する。

[26] イギリス古典派の流れのなかで，労働の還元について論理的な展開を行ったのがマルクスであろう。さらに，資本の計測問題でケインズやJ.ロビンソンが言及し，また，森嶋や置塩が厳密な証明を行っている。

結合生産もない代替的技術工程も存在しない古典派システムを想定した含意を確認したい。まず，技術選択に関して，現実の利用可能な技術体系のなかで，経済的に意味があるのは現実に稼動している技術である。さらに，空間的に異なる2つの経済では，所要の生産技術の選択は，HOS理論が典型的に示すようにそれぞれの国の資本と労働要素の相対的要素賦存量による資本と労働の代替的割合の問題ではなく，その時点での国際的に利用可能な（稼動している）技術である。

さて，労働投入量による国内相対価格の計測は，前章の(12.32)のようにおくことができる。この労働投入量による相対価格の決定は，物理的資本測定における集計因子として労働投入量をみることに焦点が当てられている。また，資本財を流動資本として，あるいは，固定資本と流動資本が同一の回転率で資本財の生存期間を1とするという単純化を行っていることも断っておきたい。

自国が資本財輸出国で外国が消費財輸出国である2国貿易を考えよう。この場合，消費財輸出国の消費財生産には，自国の生産財が使用され，また，自国の消費財は外国から輸入する。ただし，外国がすべての生産財を輸入するかどうかは不確定であり，また，自国もすべての消費財を外国に依存するかは不確定であるとする。ただし，特殊なケースとして，両国が完全特化することも可能性である。

自国と外国の貿易前の資本財と消費財の生産に必要な投入労働量は

$$v_1 = a_1 v_1 + l_1 \tag{13.12}$$

$$v_2 = a_2 v_1 + l_2 \tag{13.13}$$

$$v_1^* = a_1^* v_1^* + l_1^* \tag{13.14}$$

$$v_2^* = a_2^* v_1^* + l_2^* \tag{13.15}$$

(*は外国を示す)

とおける。貿易を行う前にはそれぞれの国が社会を営むための消費財を生産しており，消費財は労働者の賃金財であることを意味する。さらに，自国と外国の貿易の条件として

$$\frac{v_1}{v_2} < t < \frac{v_1^*}{v_2^*}$$

(t は交易条件)

とする。この条件は，賃金財である消費財をニューメレールとして資本財を計測すると，自国の方が単位当たり労働（労働に対応して受け取る賃金財当たり）の投入量が低いことを表している[27]。

(2) 貿易後の自国

2国が貿易をすると，貿易後の投入労働量をそれぞれ π_1, π_2, 消費財1単位を入手するのに必要な労働量を v_2' とすると，自国では

$$\pi_1 = a_1 v_1 + l_1 \tag{13.16}$$

$$\pi_2 = (1-\alpha)v_2 + \alpha v_2' \tag{13.17}$$

$$\alpha = \frac{m_2}{y_2 + m_2} \tag{13.18}$$

とおける。

まず，自国での資本財1単位の投入労働力は，貿易とは無関係に与えられる。そのため，(13.12) 式と (13.16) 式の右辺は同じである。このように貿易とは独立に決定されるという仮定は，単純化のためにとられたものであるが，一般的には，貿易により影響を受ける可能性がある[28]。次に，自国の消費財の単位あたり労働投入量は，貿易に影響される。つまり，(13.18) 式で与えられているように，y_2 は自国の消費財の生産量であり m_2 は自国の消費財の輸入量である（y_2 がゼロに近づくほど消費財の輸入依存度が大きくなることを意味する）。貿易後の自国の消費財の単位当たり投入労働量は，自国で生産される消費財1単位の労働投入量と自国で生産した資本財を輸出し

---

[27] 機械化度を求めるならば，a_1/l_1, a_2/l_2 と表現できる。そして，資本財の生産の方が限界理論でいう資本集約的ならば $a_1/l_1 > a_2/l_2$ と表すことができる。そして，もし，相対価格が $p_1/p_2 < p_1^*/p_2^*$ ならば，自国は資本集約的な資本財を多く生産するように技術選択が働く。

[28] たとえば，資本財が2種類以上あり2国がいずれかの資本財を輸出する状況では，貿易とは独立に資本財の単位当たり労働投入量を求めることはできない。ここでは，2財モデルで生産財が一種類しかないという単純な仮定が，モデルの設定を可能としている。

それと交換に得た輸入消費財の単位当たり労働投入量の加重平均となる[29]。

さらに，ここで，交易条件 t は外性的に与えられているとすると，消費財1単位の輸入に必要な生産財に投入された労働量は自国で生産された生産財1単位に投入された労働量に交易条件 t の逆数を掛けたものであるため(13.17) は次のように書き換えられる。

$$\pi_2 = (1-\alpha)v_2 + \alpha\frac{v_1}{t} \tag{13.17'}$$

(13.17') は交易条件の変化と貿易の特化度に依存することがわかる。そこで，(13.17') を t で偏微分すると

$$\frac{\partial \pi_2}{\partial t} = -\alpha v_1 t^{-2} < 0$$

また，(13.17') を α で偏微分すると，貿易が成立しているので $\frac{v_1}{v_2} < t$ となるため

$$\frac{\partial \pi_2}{\partial \alpha} = -v_2 + \frac{v_1}{t} < 0$$

となる。つまり，一方では，貿易の特化度に変化がなく交易条件が有利になれば消費財の単位当たり労働量は低下し，他方では，交易条件を一定とすれば，輸入依存度が増加すれば単位当たり投入労働量は低下する。そして，貿易の利益として，貿易前の v_2 と貿易後の π_2 を比較すると，自国では，(13.13) と (13.17') と $\frac{v_1}{v_2} < t$ という条件から

$$v_2 - \pi_2 = \alpha\left(v_2 - \frac{v_1}{t}\right) > 0$$

となり，貿易による労働の節約がある。

(3) 貿易後の外国の投入労働

消費財輸出国である外国の場合を考えてみよう。貿易成立後の外国での資本財と消費財の単位当たり労働投入量を π_1^*, π_2^* とする。留意すべき点は，

---

[29] 自国が小国であるならば，完全特化するであろうが，ここでは，不完全特化の場合を想定している。また，この仮定は，すでに片野 (1961) で導入されており，投下労働量の比較に関しては，片野 (1961) に依拠している。

自国と異なり，資本財単位当たり労働投入量は貿易から独立して決定できないことである。

　貿易成立後は，国内の資本財生産には輸入生産財が組み込まれているので，その場合の単位当たり資本財の投入労働量をμ_1^*と考える。また，交易条件が与えられているので，外国が資本財1単位輸入するのに必要な輸出する消費財の投入労働は$t\pi_2^*$である。くわえて，y_1^*は自国の消費財の生産量でありm_1^*は自国の消費財の輸入量であるとすると[30]，貿易後に外国の資本財1単位に投入された労働量π_1^*は

$$\pi_1^* = (1-\beta)\mu_1^* + \beta t\pi_2^* \tag{13.19}$$

$$\text{ただし } \beta = \frac{m_1^*}{y_1^* + m_1^*}$$

となる。次に，貿易を開始することにより外国自体が生産している資本財1単位の投入労働量は，貿易の後で成立する資本財1単位の投入労働量π_1に基づくことになるため，資本財の生産の技術係数が変化しないとするならば，

$$\mu_1^* = a_1^* \pi_1^* + l_1^* \tag{13.20}$$

となる。したがって，(13.19) (13.20) より

$$\pi_1^* = (1-\beta)(a_1^* \pi_1^* + l_1^*) + \beta t\pi_2^* \tag{13.19'}$$

と書き換えることができる。さらに，貿易後の消費財生産に必要な単位当たり労働投入量π_2^*は

$$\pi_2^* = a_2^* \pi_1^* + l_2^* \tag{13.21}$$

とおける[31]。そこで，(13.19') と (13.21) より π_1^*, π_2^* をもとめると

---

[30] このモデルでは貨幣は導入されておらず，したがって，貿易収支が不均衡を可能とする条件はない。つまり，前提として貿易収支は均衡すると考える。貿易収支が均衡しているならば，$m_2 = m_1^*$ となる。ただし，ここでは，需要状態がどのようなものであるかを問題としておらず，交易条件の決定と貿易収支の均衡や不均衡の存立条件については改めて取り上げる必要がある。

[31] さて，ここで注意しなければならないのは，消費財1単位に必要な生産財の量は，消費財1単位と貿易により交換される生産財の量より小さくなければ，生産財を輸入する経済的意味がない。そのため，

$$\frac{1}{t} > a_2^*$$

でなければならない。この条件については，置塩（1977: p.68）に基づいている。

$$\pi_1{}^* = \frac{(1-\beta)l_1{}^* + \beta t l_2{}^*}{1-(1-\beta)a_1{}^* + \beta t a_2{}^*} \tag{13.22}$$

$$\pi_2{}^* = \frac{(1-\beta)a_2{}^* l_1{}^* + \{1-(1-\beta)a_1{}^*\}l_2{}^*}{1-(1-\beta)a_1{}^* - \beta t a_2{}^*} \tag{13.23}$$

となる。(13.22)(13.23)から判るように，外国の資本財と消費財の単位当たり投入労働量は，交易条件と輸出特化の程度により異なってくる。そこで，具体的に交易条件と特化の影響を確認してみよう。

最初に，貿易の特化（β）を一定として交易条件の変化による単位当たり投入労働の変化をみるならば，

$$\frac{\partial \pi_1{}^*}{\partial t} = \frac{\beta \pi_2{}^*}{1-(1-\beta)a_1{}^* - \beta t a_2{}^*}$$

という結果が導き出される。これが意味するものは，資本財の単位当たり労働投入量は外国貿易に依存し，交易条件が有利化すれば，単位当たり労働投入量は低下するという関係である。

次に，tを固定しておいて，貿易特化（あるいは資本財の輸入依存度）の変化が資本財単位当たり労働投入量へ与える影響をみてみたい。(13.22)をβで偏微分すると

$$\frac{\partial \pi_1{}^*}{\partial \beta} = \frac{(ta_2{}^*-1)l_1{}^* + (1-a_1{}^*)t l_2{}^*}{\{1-(1-\beta)a_1{}^* + \beta t a_2{}^*\}^2} \tag{13.24}$$

(13.14)(13.15)より

$$l_1{}^* = (1-a_1{}^*)v_1{}^*$$
$$l_2{}^* = v_2{}^* - a_1{}^* v_1{}^*$$

なので(13.22)は以下のように書きかえられ，さらに貿易の成立条件として$t < v_1{}^*/v_2{}^*$が与えられているので，

$$\frac{\partial \pi_1{}^*}{\partial \beta} = \frac{(1-a_1{}^*)(tv_2{}^* - v_1{}^*)}{\{1-(1-\beta)a_1{}^* + \beta t a_2{}^*\}^2} < 0$$

となり，負であることが確認できる。つまり，資本財の輸入依存度が上昇すれば単位当たり労働投入量は低下することになる。

同様に，貿易後の消費財単位当たり労働投入量の変化をみるために，

(13.23) を t と β でそれぞれ偏微分すると，

$$\frac{\partial \pi_2{}^*}{\partial t} > 0$$

$$\frac{\partial \pi_2{}^*}{\partial \beta} < 0$$

となり，消費財と同様の結果が得られる。くわえて，貿易の利益として，貿易前と貿易後の $v_1{}^*$ と $\pi_1{}^*$ の比較をすると，$t < v_1{}^*/v_2{}^*$ という条件より，

$$v_1{}^* - \pi_1{}^* = \frac{\beta(v_1{}^* - tv_2{}^*)}{\{1-(1-\beta)a_1{}^* + \beta t a_2{}^*\}} > 0$$

となり，貿易後には労働の節約効果が働く。

以上の結果をまとめると表13-3のようになる。ここからわかるように，貿易の効果は労働節約的であり，技術進歩による労働節約的効果と同じ効果をもたらすといえる。たとえるならば，技術進歩は，一国内部の異なる時間の技術係数の変化であるのに対して，貿易の効果は，同一時点における異なる空間で行われる生産の効果である。

表13-3 貿易の効果

	資本財	消費財
自国	投入労働の変化なし	交易条件 (t) と輸入依存度 (α) がそれぞれ，あるいは同時に上昇すれば労働投入量は低下する
外国	交易条件 (t) が低下あるいは輸入依存度 (β) が上昇するとき，または交易条件が低下し同時に輸入依存度が上昇するとき投入労働量は低下する	交易条件 (t) が低下あるいは輸入依存度 (β) が上昇するとき，または交易条件が低下し同時に輸入依存度が上昇するとき投入労働量は低下する

第14章
純粋労働経済における貿易と成長

　前章では，静態的（あるいは1回限りの）貿易効果として労働の節約効果という側面を分析した。本章では，同じ古典派貿易論の枠組みを用いて，実質所得の増加，生産性上昇効果の国民経済への帰属という貿易の利益を取り上げる。

　本章は，「労働のみによる商品の生産」という純粋労働経済の構造変化モデル分析（Pasinetti: 1993）に基づいている。このモデルは，1要素モデルとしての一般均衡論（限界理論）に基づいた純粋労働経済とは異質なモデルである。つまり，利用可能な労働総量から独立した相対価格と相対数量の解が与えられる体系である。純粋労働経済の特徴は，唯一の生産要素が労働であり，資本財は存在しない。そのため，利潤が存在せず，賃金率が1人当たり国民所得になるという抽象化された経済システムである。また，投下労働と支配労働の不一致の問題を回避し，古典派経済学のいう「自然価格」を表すことができる。さらに，生産特化・分業の効果を労働要素により純粋にみることができるメリットがある。

　また，一般に，技術進歩と資本蓄積は相互に関連した経済現象である。この2つのプロセスを考察する方法として，技術進歩を伴わない資本蓄積を分析した後に技術進歩を考察するという考え方と資本蓄積を伴わない技術進歩の過程に焦点を置くという2つの方法がある。以下では，資本財への投資と維持という資本蓄積の問題は考えない方法を採る。そして，純粋労働経済における唯一の技術進歩のよりどころは人間の学習であると考える。

以下では，2国2部門モデルにより，ゼロ時点（$t=0$）から成長している閉鎖経済と開放経済の比較を行うことから貿易の効果を検討する。i 部門（$i=1, 2$）の t 時点でのパラメータとして，労働投入係数を $l_i(t)$，1人当たり消費係数を $c_i(t)$ とし，それらはすべて正であると考える。そして，$Q_i(t)$ を生産される商品部門の物的数量，$p_i(t)$ を価格，$w(t)$ を賃金率，$L(t)$ を総労働量と考える。総労働量に関しては，厳密には総人口 $N(t)$ と労働人口 $M(t)$，雇用者 $L(t)$ そして失業者 $U(t)$ とすると，一般的には $N(t)$，$M(t)$，$L(t)$ が一致することはない。しかし，まず，モデルでの単位商品当たりの労働係数と1人当たり消費係数を取り扱いやすくするために $N(t) = M(t) = L(t)$ と仮定している。そして，最後にこの仮定をはずし，$N(t) = M(t) = L(t) + U(t)$ と考えることにする。また，パラメータである労働者数，労働投入係数，消費割合の変化に注目して，まず単純な成長のモデルを考え，次に生産性の不均等なモデルを考える。そして，最後に需要構造の変化を考える。

1．均斉成長と貿易利益の可能性

(1) 閉鎖経済

数量と価格を以下のように与えられる。

$$Q_i(t) = c_i(t)L(t) \tag{14.1}$$

$$p_i(t) = l_i(t)w(t) \tag{14.2}$$

　　　ただし，$i=1, 2$

そして，総人口と労働人口そして雇用者の数が同一で

$$N(t) = M(t) = L(t) \tag{14.3}$$

と仮定し，また

$$N(t) = N(0)e^{gt} \tag{14.4}$$

とし，労働力人口が g という年平均成長率で増加している均斉成長の経済を考える。したがって，ゼロ時点から成長している閉鎖経済の相対数量体系は以下のように表すことができる。

$$\begin{pmatrix} 1 & 0 & -c_1(t) \\ 0 & 1 & -c_2(t) \\ -l_1(t) & -l_2(t) & 1 \end{pmatrix} \begin{pmatrix} Q_1(t) \\ Q_2(t) \\ L(t) \end{pmatrix} = \begin{pmatrix} 0 \\ 0 \\ 0 \end{pmatrix} \tag{14.5}$$

また，相対価格体系は次のようになる。

$$\begin{pmatrix} 1 & 0 & -l_1(t) \\ 0 & 1 & -l_2(t) \\ -c_1(t) & -c_2(t) & 1 \end{pmatrix} \begin{pmatrix} p_1(t) \\ p_2(t) \\ w(t) \end{pmatrix} = \begin{pmatrix} 0 \\ 0 \\ 0 \end{pmatrix} \tag{14.6}$$

(14.5)(14.6)において非自明解（均衡解）が存在するための必要条件はそれぞれ，

$$\begin{vmatrix} 1 & 0 & -c_1(t) \\ 0 & 1 & -c_2(t) \\ -l_1(t) & -l_2(t) & 1 \end{vmatrix} = 0 \tag{14.7}$$

$$\begin{vmatrix} 1 & 0 & -l_1(t) \\ 0 & 1 & -l_2(t) \\ -c_1(t) & -c_2(t) & 1 \end{vmatrix} = 0 \tag{14.8}$$

である。(14.7)(14.8)は同一の式で表され

$$c_1(t)l_1(t) + c_2(t)l_2(t) = 1 \tag{14.9}$$

となる。したがって，(14.5)(14.9)および(14.6)(14.9)という一連の方程式体系は，自由度1である方程式体系である。そこで，前者は総労働量が所与として

$$L(t) = \overline{L}(t) \tag{14.10}$$

後者は賃金率が所与として

$$w(t) = \overline{w}(t) \tag{14.11}$$

と考えるなら，方程式体系が確定される。

　ここで，(14.5)(14.6)の必要条件である(14.9)の経済的含意を確認しておきたい[1]。物量体系における(14.9)の意味は，$c_1(t)l_1(t)$ と $c_2(t)l_2(t)$ がそれぞれの部門の生産過程における総雇用の比率を示し，当面

---
[1] Pasinetti (1993) pp.20-23 に依拠している。

$N(t) = M(t) = L(t)$ という仮定から労働者が完全雇用されている状態を意味する。また，価格体系における (14.9) の意味は，労働者（家計）の支出がすべて消費に回され，賃金率が1人当たり平均所得と一致することである。さらに，$c_1(t)l_1(t)$ と $c_2(t)l_2(t)$ はそれぞれ第1部門と第2部門への消費支出の割合を示すことによって，潜在的国民所得の比率を示す。したがって，(14.9) の式は，完全雇用を達成するための有効需要の状態を示している。ただし，

$$c_1(t)l_1(t) + c_2(t)l_2(t) < 1 \tag{14.12}$$

という有効需要不足による失業者が存在する場合や，

$$c_1(t)l_1(t) + c_2(t)l_2(t) > 1 \tag{14.13}$$

という物量体系の制約を超過した有効需要と価格体系の上昇圧力（インフレ圧力）の存在する場合でも，均衡解が存在はしないが，(14.1) は成立する[2]。ここで，消費量を $C_i(t)$ とすると，閉鎖経済では

$$\begin{aligned} l_1(t)Q_1(t) &= l_1(t)C_1(t) = \delta(t)L(t) \\ l_2(t)Q_2(t) &= l_2(t)C_2(t) = [1-\delta(t)]L(t) \end{aligned} \tag{14.14}$$

$\delta(t)$ と $1-\delta(t)$ は，国民所得がすべて支出されている状態で，第1部門と第2部門への消費支出の割合を表したものである。つまり，閉鎖経済での1人当たり消費係数は

$$c_1(t) = \frac{\delta(t)}{l_1(t)} \tag{14.15}$$

$$c_2(t) = \frac{1-\delta(t)}{l_2(t)} \tag{14.16}$$

に置き換えられる。そして，第2部門の商品をニューメレールとしたときの相対価格と，成長している経済における第1部門と第2部門の産出量を労働タームでみると以下のようになる。

---

[2] 限界理論では，失業者が存在することは賃金率が0ということで，労働者が生存できず経済が存続できない。したがって有効需要が必ず1でなければならない。このモデルでは労働総量から独立な相対価格と相対数量の解が求められる。

$$P_1(t) = \frac{l_1(t)}{l_2(t)} \tag{14.17}$$

$$Q_1(t) = \frac{\delta(t)L(0)e^{gt}}{l_1(t)} \tag{14.18}$$

$$Q_2(t) = \frac{[1-\delta(t)]L(0)e^{gt}}{l_2(t)} \tag{14.19}$$

ここで，賃金率が外生的に与えられていることを，初期時点（0時点）の価格で測ったものと考え，また第2部門をニューメレールとして閉鎖経済の実質賃金率 w_{au} と考えると

$$\bar{w}_{au}(t) = \frac{l_1(0)}{l_2(0)}\frac{\delta(t)}{l_1(t)} + \frac{1-\delta(t)}{l_2(t)} \tag{14.20}$$

とおける。ここでは，労働者が従事している当該生産部門（企業）の単一の物的限界生産性ではなく，その部門（企業）以外からも受け取る財のバスケットの物的量であり，その量はバスケットを構成する財の全ての物的生産性（労働者が受け取る財の平均量）に依存する。労働者1人が受け取る平均量としての賃金財のバスケットの物理的量と考える賃金率は，きわめてマクロ的な概念であり，労働者の賃金率が他の生産部門に非常に依存しているということを示す。経済全体からみればそれは1人当たり所得水準であり，この1人当たり所得水準は，労働者が生活している国民経済の消費財需要の決定要因である。平均的物理量としての賃金率の背後には，必ずしも労働者が完全雇用であることは必要ではなく，消費財需要とは雇用されている全労働者の賃金財の合計でしかない[3]。

---

[3] 賃金率に留意しておきたいことがある。新古典派の賃金率は労働者が従事している単一部門ないしは企業の物的限界生産性により内生的に決定される。労働要素に対する報酬としての賃金率（限界生産性）は，労働者が従事している生産現場での物量的概念である（このことは，同時に，全ての生産要素は完全雇用されているという必要条件のなかで，限界物理量が決定されることを意味する）。それに対して，ここでは，労働者1人が受け取る平均量としての賃金財のバスケットの物理的量と考える。

また，マクロ経済的側面から賃金を考えてみよう（Pasinetti 1993: pp.129-32）。一般的には，労働の総需要関数は右下がりで，総供給関数は右上がりとなり，両者の交点で賃金率が決定される。換言すれば，賃金率の弾力的な変化により完全雇用が保証される。このような労働市場とは，他の財市場とまったく変わりなく市場の一般的清算機能を持ったものと考えている。しかし，ケインズ

ところで，1人当たりの物的生産量を $q_i(t)$ とすると，(14.18)(14.19)を労働量で割ることによって

$$q_1(t) = \frac{\delta(t)}{l_1(t)} \tag{14.21}$$

$$q_2(t) = \frac{1-\delta(t)}{l_2(t)} \tag{14.22}$$

となる。つまり，1人当たり物的生産量が不変であり，均斉成長の経済であるという意味が確認できる。

(2) 開放経済における物量体系と価格体系

今度は，ゼロ時点から貿易を開始した1人当たり物的生産量が不変な均斉成長の開放経済を考察したい。以下では，第1部門を輸出し，第2部門を輸入するものと仮定する。第1部門と第2部門との交易条件を $\tau(t)$ とし，外国には＊をつけて表すと，貿易が成立する条件として，

$$\frac{l_1(t)}{l_2(t)} < \tau(t) < \frac{l_1^*(t)}{l_2^*(t)} \tag{14.23}$$

を考える。

Psinetti (1993) のモデルに即していうならば，自然利子率は賃金上昇率と常に等しいなら異時点間の所得分配（正確には物的労働量に比例した異時点間所得分配を保証すること）は起こりえないが，貨幣的生産経済の制度属性を考慮すると，セイ法則を保証するメカニズムは存在しない。市場利子率

が『一般理論』で「平行の公理」とみなした需要価格と供給価格とが均等という考え方の否定の根拠としての「古典派の第二公準」を放棄し，さらに，ここでは労働の総需要関数に関してもその根拠を否定する。なぜならば，賃金率が財のバスケットであるとともに需要を規定するものであると考えると，賃金率が下がると労働の総需要が上昇することはありえない。つまり，賃金率が下がることは，総需要が低下することを意味するため，決して右下がりの総需要関数は存在しえない。また，供給関数を確認すると，ケインズが『一般理論』で問題を投げかけたように，現実には非自発的失業が存在し，賃金率が低下したなら自らの意思で労働を放棄するのではない。したがって，その逆の場合でも，賃金率が高くなれば，一般的に仕事に時間を費やすより，余暇に時間を費やす意欲が強くなるため，労働行為の意欲は減退するであろう。したがって，右上がりの総供給曲線を想定しない。労働市場では賃金率の変動が完全雇用を保証するような機構は存在しない。換言すれば，市場で決定される賃金率とは，需要と供給を均衡させるものではない。

は自然利子率と異なる水準に決定される。常に自然利子率に向かう傾向が存在しない社会では，貨幣的生産経済における完全雇用と経済諸資源（もちろん金融的資源も含む）の完全利用はあり得ない[4]。このことは，国際市場における国際財市場の裁定取引に完全対応した交易条件の決定は非常に特殊である。一般には国際資産市場における裁定取引に規定されて交易条件（為替レート）が決定される場合や，政策的に誘導された固定レートで交易条件が決定される場合があることを意味する。

セイ法則を完全に受け入れるのであれば，賃金単位を国民経済のニューメレールと考え，さらに賃金率を基準にした平価により交易条件が決定できる。本論の立場からは，国際資産市場の裁定取引の影響を含むものとして交易条件は外生的に与えられる。そのため，交易条件がどこに決定されるかという論理を必要とせず，ただ貿易が成立する条件を満たせばよい。そこで，第2部門の商品輸入価格 $p'_2(t)$ を第1部門の輸出商品の労働係数で表すと[5]，

$$p'_2(t) = \frac{l_1(t)}{\tau(t)}w \tag{14.24}$$

とおける。

また，第1部門の労働者1人当たり輸出量を $x(t)$，第2部門の1人当たり輸入量を第2部門の商品を輸入するための第1部門の輸出量で表すと，$\tau(t)x(t)$ となるので，

$$q_2(t) + \tau(t)x(t) = c_2(t) \tag{14.25}$$

とおける。そこで，

$$\frac{\tau(t)x(t)}{c_2(t)} = m(t) \tag{14.26}$$

---

[4] ただし，自然利子率と市場利子率の乖離に関して社会的許容範囲があり，また，許容範囲にとどめるための中央銀行の政策介入がある。ケインズはこのような考え方を『一般理論』のなかで述べている。つまり，調整機構の中心が自然利子率ではなく，貨幣利子率であると主張したこと，そして，利子率は自動調節的ではなく慣行的現象であり，「期待される正常水準をめぐる変動にさらされる」と考えている（Keynes, 1971; pp.203-204）。

[5] 投下労働量タームで表現すると輸入商品である第2部門の商品1単位を輸入するのに必要な輸出部門である第1部門に必要な投下労働量といえる。

$$\frac{q_2(t)}{c_2(t)} = 1 - m(t) \tag{14.27}$$

ただし，$0 < m \leq 1$

と考えると，第1部門の商品価格は

$$p_1(t) = l_1(t) w(t) \tag{14.28}$$

であり，第2部門の商品の価格は，ここでは輸入と国内生産の加重平均価格として

$$p_2(t) = \left[\frac{m(t) l_1(t)}{\tau(t)} + \{1 - m(t)\} l_2(t) \right] \overline{w}(t) \tag{14.29}$$

とおくことができると考える[6]。すると，相対物量体系は

$$\begin{pmatrix} 1 & 0 & -[c_1(t) + x(t)] \\ 0 & 1 & -[1 - m(t)] c_2(t) \\ -l_1(t) & -l_2(t) & 1 \end{pmatrix} \begin{pmatrix} Q_1(t) \\ Q_2(t) \\ \overline{L}(t) \end{pmatrix} = \begin{pmatrix} 0 \\ 0 \\ 0 \end{pmatrix} \tag{14.30}$$

となる。また，相対価格体系は，

$$\begin{pmatrix} 1 & 0 & -l_1(t) \\ 0 & 1 & -\left[\frac{m(t) l_1(t)}{\tau(t)} + \{1 - m(t)\} l_2(t) \right] \\ -c_1(t) & -c_2(t) & 1 \end{pmatrix} \begin{pmatrix} p_1(t) \\ p_2(t) \\ \overline{w}(t) \end{pmatrix} = \begin{pmatrix} 0 \\ 0 \\ 0 \end{pmatrix} \tag{14.31}$$

---

[6] 一般的に，貿易開始後の第2部門の商品1単位の価格は，交易条件と特化の程度に依存することが分かる。しかし，第2部門の価格を加重平均として求めるという手続きは，部門内部の価格決定という観点からすると完全特化（$m(t) = 1$）という小国モデルを仮定する場合と不完全特化（$0 < m(t) < 1$）を仮定する場合では異なる。特に，リカードモデルでは，不完全特化ということは，まれなケースで，交易条件がどちらかの国の相対価格に等しい場合に起こるもので，一般的には完全特化モデルである。このことは，価格の調整と数量の調整が同時に行われ，需要の制約はないと仮定できることから出てくる結論である。本章では，特定生産物の生産総量は需要総量に規定されると考える。つまり，t 時点で価格が相対的に高い，低いという比較優位構造は，需要の成長のパターンの速度に変化を与える要因でしかない。総需要の変化自体は，国民所得の成長に依存する。したがって，不完全特化状態とは，自国の輸出需要が，完全特化となるまで拡大することがない場合と考える。

しかし，価格決定に際し，生産方法の選択をどのように考えるかということでは，問題を残す。つまり，①線形計画法に立って，労働量の最小利用を行う決定方法（森嶋の方法），②結合生産物において複数の生産方法を採用する方法（Sraffaの方法），そして，③標準的生産方法（置塩の方法）という3つの方法がある。このような技術選択という観点からみると，上記の方法は，標準的

とおける．さらに，両体系の非自明解が存在するための必要十分条件は

$$\begin{vmatrix} 1 & 0 & -[c_1(t)+x(t)] \\ 0 & 1 & -[1-m(t)]c_2(t) \\ -l_1(t) & -l_2(t) & 1 \end{vmatrix} = 0 \qquad (14.32)$$

$$\begin{vmatrix} 1 & 0 & -l_1(t) \\ 0 & 1 & -\left[\dfrac{m(t)l_1(t)}{\tau(t)}+\{1-m(t)\}l_2(t)\right] \\ -c_1(t) & -c_2(t) & 1 \end{vmatrix} = 0 \quad (14.33)$$

である．つまり，(14.32)より完全雇用条件として

$$[c_1(t)+x(t)]l_1(t)+[c_2(t)\{1-m(t)\}]l_2(t) = 1 \qquad (14.34)$$

(14.33)より有効需要条件として国民所得が完全に支出されていると考えて

$$c_1(t)l_1(t)+c_2(t)[\dfrac{m(t)l_1(t)}{\tau(t)}+\{1-m(t)\}l_2(t)] = 1 \qquad (14.35)$$

が求められる．そして，貿易後も第1部門と第2部門の商品の消費割合は一定であること，つまり閉鎖経済と同一の消費割合であり，

$$c_1(t)l_1(t) = \delta(t) \qquad (14.36)$$

$$c_2(t)[\dfrac{m(t)l_1(t)}{\tau(t)}+\{1-m(t)\}l_2(t)] = 1-\delta(t) \qquad (14.37)$$

と仮定すると，(14.26)より(14.37)は

$$x(t)[l_1(t)-\tau(t)l_2(t)]+c_2(t)l_2(t) = 1-\delta(t) \qquad (14.37')$$

と書き直すことができる[7]．したがって，開放経済における1人当たり消費係数を労働タームでみると，

$$c_1(t) = \dfrac{\delta(t)}{l_1(t)} \qquad (14.38)$$

生産方法の採用という決定に近いといえる．
[7] 閉鎖経済と消費の割合が同じであるという表現は適切ではなく，開放経済と同じ消費割合で閉鎖経済が成長していた場合を仮定していると表現した方が正確であろう．つまり，仮定として閉鎖経済の時間の経過のなかでの成長と比較するために便宜的に同一の消費割合であると考えているにすぎない．実際は，閉鎖経済と開放経済では消費割合が異なる可能性が高いであろう．さらに，完全雇用の必要条件を確認しているが，実際には，完全雇用が実現できるかどうかは需要条件に依存する．

$$c_2(t) = \frac{\tau(t)[1-\delta(t)]}{d(t)} \tag{14.39}$$

ただし $d(t) = m(t)l_1(t) + \tau(t)[1-m(t)]l_2(t)$

となる。また，(14.37') より (14.39) は

$$c_2(t) = \frac{1-\delta(t)+x(t)[\tau(t)l_2(t)-l_1(t)]}{l_2(t)} \tag{14.39'}$$

になる。すると，第2部門をニューメレールとすると開放経済の実質賃金率は

$$w_{op}(t) = \frac{\tau(0)l_1(0)}{d(0)}\frac{\delta(t)}{l_1(t)} + \frac{\tau(t)[1-\delta(t)]}{d(t)} \tag{14.40}$$

となる。

ここで，外生的に与えられた交易条件が時間の経過とともに百分率 ε で変化していると考えて

$$\tau(t) = \tau(0)e^{\varepsilon t} \tag{14.41}$$

とおく。つまり，輸入品価格に対する輸出品価格の比率の改善（あるいは輸出商品の所与の物的数量にたいする輸入商品の物的数量の変化）である。すると，開放経済における賃金率は(14.40)の右辺の第2項目の式を (14.39') を用いて書き直すと

$$\bar{w}_{op}(t) = \frac{\tau(0)l_1(0)}{d(0)}\frac{\delta(t)}{l_1(t)} + \frac{1-\delta(t)+x(t)[\tau(0)e^{\varepsilon t}l_2(t)-l_1(t)]}{l_2(t)}$$

$$\tag{14.42}$$

とおける。以下では，完全特化における開放体系の価格関係および物量関係を求め，貿易による賃金率の上昇（＝貿易による労働者1人当たり国民所得増加）を確認したい。

(3) 完全特化

完全特化している場合として，

$$m(t) = 1 \tag{14.43}$$

を考えよう。すると，第1部門と第2部門の消費係数は (14.15) (14.16) よ

りそれぞれ以下のようになる．

$$c_1(t) = \frac{\delta(t)}{l_1(t)}$$

$$c_2(t) = \frac{\tau(0)[1-\delta(t)]e^{\varepsilon t}}{l_1(t)}$$

国内消費量 $c_i(t)$ を，輸出量 $X(t)$ とおくと，貿易後では，相対価格と物量体系を労働タームで表すと以下のようになる．

$$P(t) = \tau(0) \cdot e^{\varepsilon t} \tag{14.44}$$

$$Q_1(t) = \frac{L(0)e^{gt}}{l_1(t)} \tag{14.45}$$

$$c_1(t) = \frac{\delta(t)L(0)e^{gt}}{l_1(t)} \tag{14.46}$$

$$c_2(t) = \frac{\tau(0)[1-\delta(t)]L(0)e^{(\varepsilon+g)t}}{l_1(t)} \tag{14.47}$$

$$X(t) = Q_1(t) - C_1(t) = \frac{[1-\delta(t)]L(0)e^{gt}}{l_1(t)} \tag{14.48}$$

さらに，賃金率は

$$\bar{w}_{op}(t) = \frac{\tau(0)}{l_1(t)}[\delta(t) - [1-\delta(t)]e^{\varepsilon t}] \tag{14.49}$$

とおける．そこで，貿易の効果（利益）として1人当たり賃金率（つまり1人当たり平均所得）の変化をみるため(14.49)と(14.20)の差を考えると，

$$\begin{aligned}&\bar{w}_{op}(t) - \bar{w}_{au}(t) \\ &= \frac{[\tau(0) - l_1(0)/l_2(0)]\delta(t) + [\tau(t) - l_1(t)/l_2(t)][1-\delta(t)]}{l_1(t)}\end{aligned}$$

$$\tag{14.50}$$

となる．比較生産費の条件(14.23)より貿易の利益として実質所得水準の上昇が確認できる．貿易の利益は，所得水準の上昇であるが，それに付随して考えられる利益がある．閉鎖経済に比べて，貿易により所得が増加することは，生産可能な財の量を拡大させることであり，したがって，生産拡大のた

めの学習機会を提供する。とりわけ，所得上昇の可能性の低い途上国にとっては，生産量の拡大の余地が大きく，生産拡大のための学習機会を創出する。このことは，途上国にとり，貿易により提供された大きな効果である。また，本章の二国二財モデルの想定を超えることであり断定はできないが，生産可能な財の範囲を拡大させる学習機会を提供する。

さらに，交易条件の変化をみると，

$$\tau(t) - l_1(t)/l_2(t) = \tau(0)e^{\varepsilon t} - l_1(t)/l_2(t) > 0 \tag{14.51}$$

であり，交易条件が改善すれば実質所得は上昇する。逆に交易条件が悪化すれば所得水準は低下する。このことは，交易条件が実物経済のなかでどのように決定されるかという貨幣ベール観に基づいた論理ではなく，ケインズのように貨幣的要因を常に市場のなかで考えるという含意がある。つまり，交易条件を規定する ε の変化率には貨幣的要因としての為替レートの変化率が反映したものと考えることができる。

2. 準均斉成長と貿易の利益の可能性

時間の経過とともに第1部門と第2部門の労働生産性の変化が異なる準均斉成長という場合に注目したい。そこで，労働係数は指数関数に従って減少すると仮定しよう。つまり，

$$l_i(t) = l_i(0)e^{-p_i t}, \quad i = 1, 2, \tag{14.52}$$

である。それぞれの部門の労働係数変化は独立している。また，2つの部門の消費割合は当初の割合に固定されていると仮定する。

(1) 閉鎖経済

閉鎖体系における完全雇用条件と有効需要条件は

$$c_1(t)l_1(0)e^{-p_1 t} + c_2(t)l_2(0)e^{-p_2 t} = 1. \tag{14.53}$$

そして，2つの部門の商品消費割合は当初の割合に固定されているので

$$\begin{aligned}\delta &= c_1(t)l_1(0)e^{-p_1 t} \\ 1-\delta &= c_2(t)l_1(0)e^{-p_2 t}\end{aligned} \tag{14.54}$$

となる．そのため，1人当たり消費係数は

$$c_1(0)e^{\gamma_1 t} = \frac{\delta}{l_1(0)e^{-p_1 t}} \tag{14.55}$$

$$c_2(0)e^{\gamma_2 t} = \frac{1-\delta}{l_2(0)e^{-p_2 t}} \tag{14.56}$$

とおける．つまり，

$$p_i = \gamma_i, \quad i = 1, 2, \tag{14.57}$$

である．しかし，第1部門と第2部門は独立なので，一般的には

$$\begin{aligned} p_i \neq p_k, & \quad i, k = 1, 2, (i \neq k), \\ \gamma_i \neq \gamma_k, & \quad i, k = 1, 2, (i \neq k), \end{aligned} \tag{14.58}$$

である．部門ごとに成長率が異なっても，個々の生産部門では，生産性上昇率が対応する生産物の1人当たり需要の成長率と完全に一致する．それゆえ，相対価格と相対数量は時間の経過とともに変化する．これは，(14.53)式が

$$\begin{aligned} c_1(0)l_1(0)e^{(\gamma_1-p_1)t} &+ c_2(0)l_2(0)e^{(\gamma_2-p_2)t} \\ &= c_1(0)l_1(0) + c_2(0)l_2(0) = 1 \end{aligned} \tag{14.53'}$$

ということであり，ゼロ時点で満たされた条件は時間の経過の中でずっと満たされることを意味する．このような条件の下での閉鎖経済での相対価格と数量，実質賃金率は以下のようになる．

$$P(t) = \frac{l_1(0)}{l_2(0)} e^{(p_2-p_1)t} \tag{14.59}$$

$$Q_1(t) = C_1(t) = \frac{\delta L(0)}{l_1(0)} e^{(g+p_1)t} \tag{14.60}$$

$$Q_2(t) = C_2(t) = \frac{[1-\delta]L(0)}{l_2(0)} e^{(g+p_2)t} \tag{14.61}$$

$$\bar{w}_{au}(t) = \frac{\delta e^{p_1 t}[1-\delta]e^{p_2 t}}{l_2(0)} \tag{14.62}$$

準均斉成長の特徴は，まず(14.59)から(14.61)でみられるように，価格体系は部門間の生産性上昇率格差に依存し，物量体系は生産性上昇率と労働人口成長率に依存することが分かる．さらに(14.62)から，賃金水準の上昇は

個別の部門の労働生産性ではなく，消費量の割合で加重平均した生産性上昇率という経済体系全体の技術進歩に依存していることが確認できる。賃金率は個々の生産現場での生産性の変化で決定されるのではなく，社会全体の各部門での生産性水準の変化に影響される。

(2) 開放経済

均斉成長と同様に比較優位条件は(14.23)である。交易条件 τ も，均斉成長モデルと同様に(14.41)とおく。すると，開放経済での数量体系は以下のようになる。

$$Q_1(t) = \left[\frac{\delta e^{p_1 t}}{l_1(0)} + x(t)\right] L(0) e^{gt} \tag{14.63}$$

$$Q_2(t) = \frac{\tau(0)[1-\delta][1-m(t)]L(0)e^{(\varepsilon+p_1+g)t}}{l_1(0)} \tag{14.64}$$

$$C_1(t) = \frac{\delta L(0) e^{(g+p_1)t}}{l_1(0)} \tag{14.65}$$

$$C_2(t) = \frac{\tau(0)[1-\delta]L(0)e^{(\varepsilon+g)t}}{m(t)l_1(0)e^{-p_1 t}+\tau(0)[1-m(t)]l_1(0)e^{-p_2 t}} \tag{14.66}$$

$$X(t) = \frac{m(t)[1-\delta]L(0)e^{(p_1+g)t}}{l_1(0)} \tag{14.67}$$

また，実質賃金率は以下のようになる

$$\begin{aligned}\bar{w}_{op}(t) &= \frac{\tau(0)\delta e^{p_1 t}}{d(0)} \\ &+ \frac{\tau(0)[1-\delta]e^{\varepsilon t}}{m(t)l_1(0)e^{-p_1 t}+\tau(0)[1-m(t)]l_2(0)e^{-p_2 t}}\end{aligned} \tag{14.68}$$

(3) 完全特化の場合

$m=1$ の場合の賃金率をみると

$$\bar{w}_{op}(t) = \frac{\tau(0)\delta e^{p_1 t}}{l_1(0)} + \frac{\tau(0)[1-\delta]e^{(\varepsilon+p_1)t}}{l_1(0)} \tag{14.69}$$

であり，閉鎖経済との比較をすると，

$$\bar{w}_{op}(t)+\bar{w}_{au}(t)=\frac{[1-\alpha][\tau(0)e^{(p_1+\varepsilon)t}-l_1(0)/l_2(0)e^{p_2 t}]}{l_1(0)} \quad (14.70)$$

が求められる。そこで，まず上記の式 (14.70) で，

$$\varepsilon=0$$

である場合を考えよう。このことは，商品の物理的量とそれに投入されている労働量（物量体系と価格体系）の区別を明確にすることである。この場合，実質賃金率の変化は第1部門と第2部門との労働生産性上昇率格差である

$$\rho_1>\rho_2 \quad (14.71)$$

に依存することになる。もし，輸出部門である第1部門の労働生産性上昇率が輸入部門である第2部門より非常に大きければ貿易により賃金率（1人当たり所得水準）は上昇する。つまり，同一の物的商品量を輸入するのに必要な輸出品は，より少ない労働投入量で生産可能になることが利益の源泉であることが明確にされる[8]。

このような生産性上昇率格差による賃金率の上昇と固定された初期の交易条件 ε_0 と関連づけると，ε 自体の変化が生産性上昇率格差に依存するという関係に考え直すことができる。あるいは，この場合は，要素交易条件の変化の原因と言った方が正確であろう。たとえば，当初の ε_0 が初期の部門の生産性格差を意味すると考えて

$$\varepsilon_0=\overline{\rho_1}-\overline{\rho_2} \quad (14.72)$$

とおくと式は次のように書き直せる。

$$\rho_1+\varepsilon_0>\rho_2 \quad \rho_1-\overline{\rho_1}>\rho_2-\overline{\rho_2} \quad (14.73)$$

つまり，交易条件は2つの部門の労働生産性の上昇率格差に依存するという関係を表している[9]。

---

[8] Pasinetti (1981) は，商品の物理的量と労働投入量の区別を明確にして，「1国が国際貿易を通して外国から獲得するのは，輸出される生産物の集合体に体化されたある量の物的労働と交換に得られる物的生産物のある集合である。このことから，輸出財の物的集合の増加を獲得する通常の主要な方法は，輸出財の各物的単位に体化された労働量の減少によるものである」(p.263) と指摘している。

[9] Pasinetti (1981) が，「交易条件の変化は，それぞれの国で輸出に特化した産業の生産性上昇の上昇速度とほかの産業との生産性の上昇速度との相対関係に依存する」(p.266) と指摘している

次に交易条件の変化があるとして

$$\varepsilon \neq 0$$

の場合を考えてみよう。すると，賃金率の上昇は

$$\rho_1 + \varepsilon > \rho_2 \tag{14.74}$$

の不等式の左辺と右辺の大きさに依存する。ε は生産性の上昇率格差とは異なる要因により動く場合である。例としてこのモデルでは貨幣を導入していない物々交換の世界であるが，実際の貿易では為替レートの政策的な変更により「意図した」交易条件の変化（近隣窮乏化政策）がある。また，逆に交易条件が悪化して ε がマイナスである場合を考えてみよう。この場合，いくら輸入部門にたいする輸出部門の生産性上昇率格差が大きくても交易条件の変化により第 1 部門の生産性上昇率の効果が相殺されてしまう可能性がある。

3. 雇用と需要

(1) 貿易と雇用調整

今までは完全雇用を仮定していた。つまり，閉鎖体系での有効需要と完全雇用条件は (14.9) より

$$c_1(t)l_1(t) + c_2(t)l_2(t) = 1$$

であり，開放経済での完全雇用条件として (14.34) より

$$[c_1(t) + x(t)]l_1(t) + [c_2(t)\{1 - m(t)\}]l_2(t) = 1$$

開放経済での有効需要条件として (14.35) より

$$c_1(t)l_1(t) + c_2(t)\left[\frac{m(t)l_1(t)}{\tau(t)} + \{1 - m(t)\}l_2(t)\right] = 1$$

であった。このような開放経済は，輸入の拡大による第 2 部門から排出された失業者が第 1 部門に瞬時に再雇用されることを仮定していることを意味した。ここでは，これまでの完全雇用の仮定をはずし，輸出部門が雇用を十分に吸収することができずに，失業者が存在している状況を考えたい。そこ

─────────
ことである。

で，総人口 $N(t)$ と労働人口 $M(t)$ が与えられており，雇用者 $L(t)$ そして失業者 $U(t)$ とし，

$$N(t) = M(t) = L(t) + U(t) \tag{14.75}$$

と仮定する。開放経済での失業率を $u(t)$ とし考えると，

$$L(t) = [1-u(t)]N(t) \quad 0 \leq u(t) < 1 \tag{14.76}$$

とおける。すると，これまでみた消費係数 $c_i(t)$ は総人口（＝労働人口）と関係するもので，労働係数 $l_i(t)$，輸出係数 $x_i(t)$ は雇用者数と関係するものである。したがって，ここで，労働人口1人当たり消費係数と労働係数を両立させるために，開放経済での雇用条件は

$$\left[\frac{c_1}{1-u(t)} + x(t)\right]l_1(t) + \left[\frac{c_2}{1-u(t)}\{1-m(t)\}\right]l_2(t) = 1 \tag{14.77}$$

有効需要条件は

$$\frac{1}{1-u(t)}\left[c_1(t)l_1(t) + c_2(t)\left[\frac{m(t)l_1(t)}{\tau(t)} + \{1-m(t)\}l_2(t)\right]\right] = 1 \tag{14.78}$$

となる。

このように考えると，貿易による国内産業の構造変化による雇用調整の問題が失業として現れていることを表現していることになる。このような開放経済の条件式が意味するものは，貿易による賃金率の上昇という利益に対して，貿易の不利益と定義できる[10]。

一般に貿易論では (14.2) のような仮定を排除し，完全雇用を仮定する。その分析手法上の含意は，失業が存在することは，労働力商品の希少性はなく，自由財であるため，賃金率はゼロになる。そのため，完全雇用の仮定が必要であり，労働の限界生産性を賃金率と考えることができるようになる。しかし，現実の経済では失業者の存在可能性は高い。そして，失業者が存在

---

[10] 貿易論では貿易拡大に伴う資源の再配分は瞬時に行われると仮定され（本章でもいままでこの仮定をおいていた），したがって調整コストを伴わないと考えている。例外として，特殊要素理論では，部分的に資源再配分における生産要素の粘着性を仮定している。また，産業内貿易論でも，産業間貿易と産業内貿易の間の資源再配分の調整コストの比較を行っている。しかし，生産要素の調整コストのうち失業については明示的ではない。

しても賃金率がゼロとなる経済とは，労働の生命維持が不可能となり，生産の本源的要素は存在しなくなることを意味する。

(2) 輸出需要の制約と国内消費の変化

一般の貿易理論では，セイ法則が成立し，労働移動にともなう失業という貿易による構造調整の問題はないと考えられている。しかし，経済が輸出需要の拡大に制約があると考えるならば，開放経済の成長は制約を受けることになる。また，貿易収支が均衡していると考えるなかで需要制約を前提にすると，開放経済体系の労働者の雇用量は与えられたものと考えることはできず，したがって開放体系は閉じられた体系ではなくなる。

ここで，輸出需要と国内の生産物の消費需要の変化を考えるために，労働係数はゼロ時点で固定され，また，交易条件も一定でゼロ時点に固定されていると考えよう。輸出需要の変化は

$$x(t) = x(0)e^{\lambda t} \tag{14.79}$$

と考え，第1部門の消費係数の変化を

$$c_1(t) = c_1(0)e^{\gamma_1 t} \tag{14.80}$$

であると仮定する。また，(14.3) (14.4) より

$$m(t)c_2(t) = \tau(0)x(0)[1-u(t)]e^{\lambda t} \tag{14.81}$$

という条件を前提にする。つまり，第2部門の消費係数は第1部門の消費係数に依存すると考える。また，雇用条件，有効需要条件より失業率は

$$u(t) = 1 - \frac{c_1(0)l_1(t)e^{\gamma_1 t}}{1 - \left[\dfrac{\tau(0)}{\tau(t)} \cdot l_1(t) + \dfrac{1-m(t)}{m(t)}\tau(0)l_2(0)\right]x(0)e^{\lambda t}} \tag{14.82}$$

と表すことができる。(14.8) が示すものは，失業率は消費係数の変化 γ_1 と輸出係数の変化 λ に依存することを示している。特に，両者が同時に拡大するときに失業率は最も減少する。

本章は純粋労働経済による成長と貿易を考えた。ここでは，有効需要条件が明確にされ，完全雇用でも不完全雇用でも価格体系と数量体系が存在する経済モデルを示した。このような経済モデルに基づき，本章では以下の3つのことを確認した。

第1に，貿易の利益として賃金率（1人当たり所得水準）が上昇する。さらに，交易条件が改善すれば実質所得は改善する。ただ，ここでの交易条件の改善は自国にとって有利に働くが，相手国にとっては逆の動きを示し，交易条件の悪化を招くことを意味する。したがって，交易条件の変化は貿易相手国との関係ではゼロサムである。

第2に，輸出部門である第1部門の生産性上昇率が輸入部門である第2部門より非常に大きければ貿易により賃金率は上昇する。ここでは，生産性上昇とは，同一の物的商品量を輸入するのにより少ない労働投入量で可能になることが利益の源泉であることが明確にされた。したがって，交易条件は2部門の労働生産性の上昇率格差に依存し，生産性上昇による利益は国民経済内部にとどまると考えることがきる。しかし，交易条件と生産性格差の両方の動きを同時に考えるとき，いくら輸入部門にたいする輸出部門の生産性上昇率格差が大きくても交易条件の変化により第1部門の生産性上昇率の効果が相殺されてしまう可能性が考えられる。

第3に，貿易による雇用調整が存在するならば，賃金水準上昇という貿易の拡大による利益に対して，貿易の拡大の不利益が存在することを確認した。また，失業率は，貿易の拡大と国内消費の拡大に依存する関係が明示された。

このような視点の経済的含意は，一般的に，比較劣位部門に対する比較優位部門の生産性上昇率格差の大きな国が順調に輸出を伸ばすならば，非常に成長（所得の拡大）を享受し，逆に，輸出部門の生産性上昇率が低く，また，輸出需要が制約されている国は，所得の拡大が低く，また，失業の拡大を招くということである。とくに，これまで古典派的貿易論では，途上国の交易条件の不利化や不等労働量交換を分析し，低開発の原因を分析する事に

主眼がおかれていた。しかし，このような視点は修正が必要である。つまり，輸出部門が拡大し，成長しているのはアジアの経済である。このような輸出部門の拡大は，直接投資などの要因を媒介としている。しかし，どのような理由にせよ，アジア諸国は，輸出部門の相対生産性上昇と平均生産性上昇という貿易と成長の好循環により国際分業の利益を享受していることを確認すべきである。

むすび

　本書では，貿易構造分析，生産システムの構造分析，グローバリゼーションの促進要因分析，貿易の理論的考察を展開してきた。ここで，本書の「むすび」として，これらの論点のなかで中核になる視点である「メゾの視点としての生産システムと国際貿易」について確認し，さらに，より考察を深めるための論点として「生産システムに対応する金融システムの分析」の必要性，という2つの点を述べておきたい。

1. メゾの視点としての生産システムと貿易

　本書の中核にある分析視点を端的に言うなら，メゾの視点としての生産システム分析の明確化と生産システムに関連した貿易の分析である。そこで，以下のように，メゾの視点であるということの意義を確認して本書の結びとしたい。

　生産システムとは，企業の施設を最小単位とし，施設単位が形成する企業組織，そして，企業単位が形成するバリューチェーン，さらに，企業組織間の調整様式であるネットワークを包摂するものである。さらに，生産システムとは，ミクロとマクロの中間であるメゾ分析である。メゾとは何かと考える場合，現実には割り切れない多様な事例もあるだろうが，ここで，論理的思考方法として，生産システム分析がミクロとマクロの中間的視点であるという理論的含意を明らかにしておきたい。そこで，一方で，マクロ分析と生産システム分析では，どのような点が共通であり，また，どのような点で異なるかを明らかにするとともに，他方で，ミクロ的視点からみて生産システム分析と貿易との関係はどのようなものであるかを考えてみたい。

バリューチェーンやネットワークを包摂したグローバル生産システムとは，グローバル化した産業連関である。したがって，メゾの分析視点としての生産システム分析とマクロの分析視点としての産業連関分析の根底にある「富の概念」は共通である[1]。すなわち，限界理論分析のような所用のストックとしての富を対象とするのではなく，両者は，生産活動により生産された富を対象とする[2]。換言すれば，生産システム分析と産業連関分析では，所与のストックの最適配分ではなく，フローにおける純生産とその「配分」に注目する。そのため，生産システム分析においても，交換の効率性に焦点をあてるばかりではなく，生産過程の連鎖の構造に焦点を当てることになる。ただし，生産システム分析では，ストックの一部分がフローに転化した過程の分析は非常に曖昧で，資本財の物的・価値的側面の補填関係は不明瞭であるという欠点もある。生産システム分析では，資本財はすでに設置されたという仮定のなかで，固定資本減耗などのマクロ経済の視点をとらず，もっぱら中間投入財やサービスの継続的取引に注目している。

　このような欠点はあるものの，しかし，生産システム分析は以下の点で，マクロの産業連関分析とは異なる独自の視点を提示する。まず，第1に，産業連関は物的および価値的側面からみた投入産出関係を対象としているのに対して，産業連関分析のように実際に計測できないが，重要な側面である，知識ストックと情報フローに焦点を当てるという点で異なる。生産システム分析では，企業の知識ストックの相違，バリューチェーンやネットワークにおける企業間の情報共有の程度の相違が，企業間（バリューチェーンやネットワークの）構造を規定する要因として扱われる。このような情報や知識という視点は，ケネー，マルクスからレオンチェフやスラッファに至る産業連関に関わる経済学の分析視点では，対象とされなかった点でもある。第2に，企業関係が形成するパワーバランスや階層構造を分析対象とするということに独自の観点がある。そのなかには，もちろんガバナンス形態も含まれ

---

[1] ここでいう産業連関分析とは，ケネーの経済表やマルクスの再生産分析からレオンチェフの産業連関表やスラッファの商品による商品の生産にいたる系譜の分析の総称と考えている。ただし，個々の分析には時代的制約や分析視点が異なるが，富の理解としては共通したものがある。

[2] Pasinetti (1981) の第1章の「純粋生産モデル」と「純粋交換モデル」との対比を参照のこと。

る。このような，企業間（バリューチェーンやネットワークの）構造は，知識ストックや情報フローの視点と密接に関わる。第3に，重層的な協調関係と競争関係を分析する点で異なる。分析単位は産業ではなく，企業，バリューチェーンであり，企業間やバリューチェーン内部，そして，バリューチェーン間の関係に注目するということがメゾの視点である[3]。第4に，生産システム分析では，純生産（付加価値）とともに，価値獲得と価値創造の乖離を対象とする。それは，限界理論のように所与のストックの「配分」の効率性ではなく，産業連関分析のように純生産物・純付加価値が形成されるフロー分析であるが，その上に，純付加価値形成過程のなかで価値獲得と価値創造過程を分けて考察することに特徴がある。

ところで，生産システム分析では，経営学とミクロ経済学の2つの学問視点を利用し，メゾの領域を複眼的に分析するという特徴をもつ独自の領域であることも確認する必要がある。

まず，第1に，確認しておかなければいけないことは，経営学のアプローチを加味している点である。経営学では，ミクロ経済学ではブラックボックスのような扱いをうけていた企業に対して批判し，企業の内側を明確にしてきた。その先駆者が，Penrose（1995）であろう。彼女は，企業を物的および人的資源の集合体であり，また管理組織であると定義した。そして，彼女の企業論は経営学にとどまらず経済学においても問題意識を共有することになる。ここでの生産システム分析でも，経営学と多くの問題意識を共有する。確かに，ケイパビリティ，知識や情報に注目すること，そして，ガバナンスを対象とするということ，さらに，バリューチェーン（あるいはサプライチェーン）とネットワークを重視することは，経営学が大きく関心を持っている領域と共通である。しかし，上記したように，生産システムに包摂されたバリューチェーンやネットワークは，企業内部から見た外の関係とした分析対象ではなく，鳥瞰的企業組織間の関係であるとともに，富の形成過程という経済学的な分析概念の上に展開されるものであることは強調されるべ

---

[3] 市場と企業以外の調整領域に関する先駆的研究は，Richardson（1972）であろう。

きであろう。さらに，経済学の学説を振り返ってみると，ヴェブレンのように，物的ストックより知識ストックを重視する視点，動学的産業連関構造における知識や学習に光を当てたパシネッティの視点，ルーティーンという組織固有の暗黙知に注目したネルソンやウインターの視点のように，情報や知識は経営学の独自の領域ではないことも確認できる。

さらに，第2に，生産システム分析は，ミクロ経済学の応用である国際貿易分析と密接な関連がある。そして，ある一面では，生産システムは国際貿易分析を包摂している。つまり，国際貿易活動の全体というよりも，その一部である中間財や資本財の貿易に比重をおいた貿易分析である。最終消費財の取引とは，消費者に対して一回限りの取引であるのに対して，中間財の貿易は連続性・継続性を必要とする取引である。したがって，中間財や資本財の国際貿易は，空間的に分離し多数の国境を跨いだグローバル生産システムを統合する経済活動であるといえる。それゆえに，ミクロ経済学理論の伝統的貿易分析視点でとられたような，所与の資源の再配分活動として貿易活動を把握するのではなく，商品による商品の生産を媒介する経済活動として理論的に把握する必要がある。換言すれば，生産システムの一部を形成する国際貿易分析は，資源配分の効率性と効用水準の拡大という視点よりも，生産の連続性を維持するための経済活動の分析であり，さらに，貿易活動が生産活動に与える効果を対象とした分析であると考える[4]。

くわえて，貿易分析には，制約がともなうことを注意しなければならない。本書でも確認したように，分析はあくまでも国民経済単位からみた2国間の貿易分析を集約したものである。そして，本書で具体的に分析したのは，日本，韓国，台湾，中国を中心とした二国間貿易分析であり，そこから，用途別貿易構造と双方向貿易の構造が明らかとなった。この結果はそのまま，企業間の関係からみた生産システムにおける貿易構造の全体像を示すものではない。つまり，特定のバリューチェーンをみると，多数の国で生産された素材や部品などが貿易された結果，最終財として組み立てられ，最終

---

[4] Shiozawa (2007) は，生産の投入産出活動と関連する貿易に焦点をあてた優れた業績である。

消費される。そして，このような国際的に分散した生産プロセスを統合する貿易には，企業内貿易と企業間貿易が重層的に関係している。個別企業内の貿易データやバリューチェーンを構成する企業関係のデータを入手することはきわめて困難であることから，生産システムにおける貿易構造の全体像がどのようになっているかをデータで観察することは困難である。貿易分析で確認できるのは，多数のバリューチェーンが形成する貿易構造の結果を，二国間の断面図として把握し直したものにすぎない。そして，二国間で集計した結果が，部品貿易の拡大であり，垂直的双方向貿易の拡大である。さらには，一方での輸出財の多様化と他方での輸出財の集約化である。逆にこの結果から，生産システムのグローバリゼーションが類推されるのである。

　ここから，次のような「まとめ」が言える。生産システムのグローバリゼーションとは，先進国内部のバリューチェーン（商品を生産する生産工程間の付加価値連鎖）が解体され，国際的に分散したバリューチェーンの編成である。あるいは，すでに形成された多国籍企業内部のバリューチェーンが再編成されることである。それは，量的変化と形態変化の2面から捉えられる。このうち量的側面とは，国境を越えて形成されるリンケージ数が増加することであり，その結果，いままで国内取引であった中間投入財が貿易されることである。すでに確認した部品貿易の拡大は，このような変化が背景にある。また，形態的側面の変化とは，これも確認したように，産業内貿易の拡大である。そこには，繊維産業のように生地（素材）を輸出し，それを縫製した服（消費財）が輸入されるような工程間の貿易という産業内貿易や，同じ用途をもった部品が双方向に貿易される産業内貿易もある。さらに，双方向貿易には，その部品の品質が異なる場合を垂直的双方向貿易，同じ品質ならば水平的双方向貿易がある。とりわけ，グローバリゼーションのなかで垂直的双方向貿易が拡大傾向にある。そして，結果として，一方では中国のように消費財，資本財，部品など輸出財を多様化する国と，他方では日本のように消費財輸出が収縮し，部品や資本財に集約する国がみられた。

　くわえて，国民経済単位間にある構造の相違（貿易論では技術や要素賦存）は貿易を規定する要因であるが，生産工程の国際的分散化を促進する要

因ではない。言い換えれば，国民経済間の構造の相違は潜在的な貿易構造を規定する要因であり，実際の貿易構造の変化を引き起こすのは生産システムを形成する企業の行動である。それは，バリューチェーンを主導するブランド企業（たとえば東芝やパナソニック）が，コスト効率性の観点（短期的視点）から，現時点での比較優位の基づく貿易構造を選択する場合もあるし，長期的な視点から将来の新たな比較優位構造の変化に寄与する技術移転・知識移転を行う場合もある。さらに，実際に構築したバリューチェーンが，経済効率的に最適でない可能性もある。たとえば，将来の有望な市場を確保するために，当初は海外での生産コストが高く情報の共有が困難であってもバリューチェーンを形成する場合がある。これは，短期的効率性の視点からみればあり得ない行動である。

2．生産システムと金融システム：残された課題

本書では，経常収支の不均衡のファイナンスが生産システムのグローバリゼーションや貿易のグローバリゼーションの構造をもたらしたこと，経済の金融化が企業の脱垂直化・外注化を促したこと，そして，サブプライム・ローン問題による金融システムの崩壊を前後として，先進国市場指向生産システムとともに新興国指向生産システムという生産システムが現われていることを示した。しかし，生産システムの生成・変化・変容の分析に関わる金融システムの影響を部分的に注目したにすぎない。金融システムの構造とはどのようなものかを分析し，さらに，ここで分析した生産システムとどのような相互関係があるのかを分析する必要がある。換言すれば，メゾの視点としての金融システム分析，さらに，メゾの視点としての生産システムと金融システムの相互関係分析における独自の視点は何であるかを提示できるであろうかという検討が必要であろう。

たとえば，生産システムにおける個々の企業が形成するネットワークに対比して，金融システムにおけるネットワークとは何であろうか。それは，国民経済を単位とした居住者ベースの国際収支表で表れる，経常収支と資本収

支の補完関係(あるいは過剰消費と過剰投資の国際関係)が形成するネットベースの国際不均衡という,本書で確認した視点では把握できない。むしろ,国際資金取引統計に表れる,銀行部門(あるいは非銀行部門)の個々の取引主体が形成する金融システムにおける銀行間の国際不均衡に,ネットワークという企業関係が垣間みられるであろう。

　サブプライム問題が発生する直前までのグローバルな銀行活動をみると,信用連鎖という銀行組織間ネットワークと多様な貸し出しルートと投資先の形成が注目される。つまり,銀行間ネットワークの中で,個々の銀行組織は,グローバルに借り入れを行い債務規模を拡大させた。そして,その借り入れ資金を元に,間接的には独立会社化した投資ビークルやヘッジファンドへの貸し付けを通した投資,そして自らも証券化商品へ投資を拡大させた。このような行動を,とりわけ欧州の銀行が過度に進め,借方と貸方の銀行のバランスシートを拡大させた。

　世界的な資金循環をみると,経常収支黒字国の途上国の外貨準備に典型的に見られる公的部門の余剰資金は,まず,米国や欧州で運用資金として投資された。そして,住宅バブルや消費拡大を促す資金,さらには,再び途上国への投資資金として使われた。このような資金循環に介在していたのが銀行である。とりわけ,サブプライム問題以前のドル建て短期資金調達における銀行間市場の拡大は,相互依存関係としてのネットワーク機能を強化させた。また,銀行が融資し,それを証券化した商品として組成転売するが,その商品は他の銀行やその傘下にあるSIV(特別目的会社)が保有することで,銀行間で証券化市場をささえるという相互関係が存在した。さらに,それぞれのSIVが発行するABCPを銀行が相互に購入するという構造もみられる。つまり,銀行とSIV(あるいはConduit)で構成される銀行グループの相互依存関係と非銀行金融仲介としての「影の銀行」のネットワークが形成されていた[5]。

　サブプライム問題に端を発した金融危機で,経常収支黒字国である途上国

---

[5] 影の銀行によるネットワークの形成については,Dozsar et al. (2010) を参照のこと。

が投資資金を引き上げたことは，銀行間市場におけるドル建て短期資金調達を行っていた欧州銀行部門に流動性不足をもたらし，銀行間のネットワーク機能を麻痺させた。同時に，銀行が，他のグループのABCPの購入を拒否すれば，逆に，その銀行グループ自体のABCPが購入してもらえないという，負の連鎖が起きた。

　ここで，銀行の機能に注目すると，グローバリゼーションの過程の中で機能の変化がみられる。活動主体としての銀行は，貸出・有価証券投資・銀行間資金融通などの「資金仲介機能」，短期の資金調達を長期の資産に運用（レバレッジ取引による多数の資産への運用）という「資産変換機能」，貸出・運用における情報収集し蓄積するという「情報管理機能」などの，多様な経済的機能を持つ。このような機能を持つ銀行を媒介とした金融ネットワークの形成は，より高い利回りを求めた活動（search for yield）を拡大し，金融資産を膨張させた。とりわけ，特徴的なのは，資金仲介・資産変換機能と情報管理機能の正反対の動きである。一方で，SIV創設やヘッジファンドへの貸し出しを通じた間接的投資ばかりではなく，銀行自らもリスク資産（証券化商品）への投資を拡大する中で，資金仲介・資産変換機能を極大化し，他方で，組成転売によりリスク資産を保有しないことが，貸し手として必要な事前審査・事後監査を後退させ，同時に，証券化商品の複雑なプロセスが，投資家としてのリスク管理を困難とし，その機能を外部各付け機関へ外注化したことが，組織に必要な情報管理機能を希薄化させた[6]。

　このような状況で，金融システムと生産システムの相互関係の一例としては，次のようなものが考えられる。生産システムより金融システムの経済全体における比重が大きくなるという経済の金融化の傾向は，すでに確認したように，一方では，株主価値最大化の傾向が生産の外注化を促し，生産システムのグローバリゼーションを促進し，そのことがEMS企業の成長・寡占化を促した。しかし，他方で，大株主として金融機関の力が強くなり，短期

---

[6] このような正反対の動きのなかで，たとえば，生産システムにおける企業の脱垂直化に対応したような変化が金融機関でも観察されている。Jacobies (2005) によれば，金融システムにおける金融機関の補完関係の変化がみられることが指摘されている。

的な利益追求の傾向を強めることになる。このことは，生産システムにおける専門経営者集団による長期的視野に立った経営戦略よりも，投資会社・格付け機関の経営評価が生産システムに短期的視野に立った経営を助長することとなった。このような傾向のなかで，果たして生産システムにおける，個々の企業組織の技術革新や知識の蓄積が促進されるのであろうか。

　また，石油や小麦などのコモディティ市場の金融化（financialization of commodity market）に留意したい（UNCTAD：2011）。これは，コモディティが投資対象の金融商品となり，同時に，その価格が他の金融資産との連動性を強めていることを意味する。そして，経済危機後の金融緩和状況下で，一方で，レバレッジや満期ミスマッチのリスク拡大を抑制させ，他方で，リスク・アピタイトを満たすために，新興国への投資とともに，コモディティ投資へと，再びリスク領域を拡大させている。コモディティ市場の金融化は，実需から乖離した原材料価格高騰をもたらし，生産システムへの不安定要因を高める可能性がある。

　くわえて，インデックス投資家のポジション拡大と参照すべきインデックスの同一化による新興国の株価連動，そして，新興国の外貨準備増による米国国債への投資拡大がみられる。そのため，一連の関係連鎖が形成されていることも注目したい。つまり，金融危機後の世界的金融緩和状況の下では，コモディティ市場の金融化，新興国資産への投資拡大というリスク領域の拡大が，コモディティ価格と株式・債券価格を連動させ，同時に，新興国の資産価格を連動させるという関係連鎖。また，新興国への資金流入による通貨価値増加圧力を押さえるための為替介入が外貨準備の増加を招き，それが米国国債需要を拡大させ，結果として，米国の長期金利低下圧力となり，さらなる金融緩和環境を形成するという一連の関係連鎖。したがって，金融システムの関係連鎖のどこかで問題が発生するならば，それが生産システムへ負の影響を及ぼすという構造が再び醸成されていると考えられる。

　このような金融システムと生産システムの相互関係は，今後考察されるべき領域として，課題が残されたままであり，今後の研究として進めていくべきと考える。

参考文献

Abed-el-Rahman, K. (1991) "Firms' competitive and national comparative advantages as joint determinants of trade composition", *Weltwirtschaftliches Archiv*, 127(1), pp.83-97.

Aiginger, K. (1997) "The use of unit values to discriminate between price and quality competition", *Cambridge Journal of Economics*, 21(5), pp.571-592.

Aiginger, K. (2001) "Europe's position in quality competition", *European Commission Enterprise Papers*, 4.

Amable, B. (2004) *The Diversity of Modern Capitalism*, Oxford University Press, Oxford (山田鋭夫・原田裕治他訳『5つの資本主義―グローバリズム時代における社会経済システムの多様性』藤原書店, 2005 年).

Amsden, A. (1981) "An international comparison of the rate of surplus value in manufacturing industry", *Cambridge Journal of Economics*, 5(3), pp.229-49.

Aquino, A. (1978) "Intra-industry trade and inter-industry specialization as concurrent sources of international trade in manufactures", *Weltwirtschaftliches Archiv*, 114(2), pp.275-296.

Arrighi, G. (1994) *The Long Twentieth Century-Money, Power, and the Origins of Our Times*, Verso, London (土佐弘之 (監修), 柄谷利恵子・境井孝行・永田尚見訳『長い20世紀―資本, 権力, そして現代の系譜』作品社, 2009 年).

Arndt, S. W. and Kierzkowski, H. eds. (2001) *Fragmentation: New Production Patterns in the World Economy*, Oxford University Press, Oxford.

Auboin, M. (2009) "Boosting the Availability of Trade Finance in the Current Crisis: Background Analysis for a Substantial G20 Package", *Centre for Economic Policy Research Policy Insight*, 35.

Bair, J. (2005) "Global capitalism and commodity chains: looking back, going forward", *Competition and Change*, 9(2), pp.163-180.

Bairo, P. and Kozul-Wroght, R. (1996) "Globalization myths: some historical reflections on integration, industrialization and growth in the world economy", *UNCTAD Discussion Papers*, 113.

Balassa, B. (1963) "European integration: problems and issues", *American Economic Review*, 53(2), pp.175-184.

Balassa, B. (1965) "Trade liberalization and revealed comparative advantage", *Manchester School of Economics and Social Studies*, 33(2), pp.92-123.

Balassa, B. (1966) "Tariff reductions and trade in manufactures among industrial countries", *American Economic Review*, 56(3), pp. 466-73.

Baldone, S., Sdogati, F. and Tajoli, L. (2001) "Patterns and determinants of international fragmentation of production: evidence from outward processing trade between the EU and central eastern European countries", *Weltwirtschaftliches Archiv*, 137(1), pp.80-104.

Baldwin, C. and Clark, K. (1997) "Managing in an age of modularity", *Harvard Business Review*, 75(5), pp.84-93.

Baldwin, C. and Clark, K. (2000) *Design Rules: Vol.1. The Power of Modularity*, MIT Press, Cambridge(安藤晴彦訳『デザイン・ルール──モジュール化パワー』東洋経済新報社,2004年).

Baldwin, R. E. (1971) "Determinants of commodity structure of U.S. trade", *American Economic Review*, 61(1), pp.126-146.

Baldwin R. E. and Martin, P. (1999) "Two waves of globalisation: superficial similarities, fundamental differences", *National Bureau of Economic Research Working Paper 6904*, Cambridge Mass.

Bale, M. D. (1977) "United States concessions in the Kennedy Round and short-run labour adjustment costs: Further evidence", *Journal of International Economics*, 7, pp.145-148.

Ballance, R. H., Forstner, H. and Sawyer, W. C. (1992) "An empirical examination of the role of vertical product differentiation in North-South trade", *Weltwirtschaftliches Archiv*, 128(2), pp.330-338.

Bartlett, C. A. and Goshal, S. (1989) *Managing across Borders: The Transnational Solution*, Harvard Business School Press, Boston(吉原英樹監訳『地球市場時代の企業戦略』日本経済新聞社,1990年).

Basant, R. (2004) "Intellectual property and innovation: Changing perspectives in the Indian IT industry", *Vikalpa*, 29(4), pp.69-82.

Bowman, C. and Ambrosini, V. (2000) "Value creation versus value capture: Towards a coherent definition of value in strategy", *British Journal of Management*, 11(1), pp.1-15.

Beall, S., Carter, C., Carter, P. L., Germer, T., Hendrick, T., Jap, S., Kaufmann, L., Maciejewski, D., Monczka, R. and Petersen, K. (2003) *The Role of Reverse Auctions in Strategic Sourcing*, CAPS Research.

Berger, S. (2005) *How We Compete: What Companies Around the World Are Doing to Make it in Today's Global Economy*, Doubleday, New York(楡井浩一訳『MITチームの調査研究によるグローバル企業の成功戦略』草思社,2006年).

Bergstrand, J. H. (1983) "Measurement and determinants of intra-industry international trade", in Tharakan, P. K. M. ed., *Intra-Industry Trade: Empirical and Methodological Aspects*, North-Holland, Amsterdam.

Bergmann, M., Mangaleswaran, R. and Mercer, G. A. (2004) "Global sourcing in the auto industry", *McKinsey Quarterly*, Special Edition, pp.42-51.

Bresnahan, T. and Greenstein, S. (1999) "Technological competition and the structure of the computer industry", *Journal of Industrial Economics*, 47(1), pp.1-40.

Borga, M. and Mann, M. N. (2003) "US international services: cross-border trade in 2002 and sales through affiliates in 2001", *Survey of Current Business*, October, pp.39-66.

Borrus, M. (1995) "Left for dead: Asian production networks and the revival of U.S", in Naughton, B. ed., *The China Circle: Economics and Electronics in the PRC, Taiwan, and Hong Kong*, Brookings Institution, Washington, DC.

Borrus, M. and Zysman, J. (1997) "Wintelism and the changing terms of global

competition: prototype of the future?", *BRIE Working Papers*, 96B.
Boyer R (2000) "Is a finance-led growth regime a viable alternative to Fordism? A preliminary analysis", *Economy and Society*, 29(1), pp.111-145
Bowman, C. and Amboina, V. (2000) "Value creation versus value capture: Towards a coherent definition of value in strategy", *British Journal of Management*, 11(1), pp.1-15.
Buckley, P. J. and Casson, M. C. (1976) *The Future of the Multinational Enterprise*, Homes and Meier, London.
Bureau of Economic Analysis (2003) "An ownership-based framework of the U.S. current account, 1989-2001", *Survey of Current Business*, January, pp.17-19.
Cadot, O., Carrère, C., and Strauss-Kahn, V. (2007) "Export diversification: What's behind the hump?", *Discussion Paper No. 6590, CEPR*,
Cairncross, A. K. (1962) *Factors in Economic Development*, Allen and Unwin, London.
Carruthers, R., Bajpai, J. N. and Hummels, D. (2003) "Trade and logistics: An East Asian perspective", in Krumm, K. and Kharas, H. eds., *East Asia Integrates: A Trade Policy Agenda for Shared Growth*, World Bank, Washington, DC.
Casson, M. C. (2000) *Economics of International Business; A New Research Agenda*, Edward Elgar, Cheltenham (江夏健一・桑名義晴・大東和健司監訳『国際ビジネス・エコノミックス』文眞堂, 2005年).
Caves, R. E. (1987) *Multinational Enterprise and Economic Analysis*, Cambridge University Press, Cambridge.
Cheh, J. H. (1974) "United States concessions in the Kennedy Round and shortrun labor adjustment costs", *Journal of International Economics*, 4, pp.323-340.
Clark, D. P. (1993) "Recent determinants of intra-industry trade", *Weltwirtschaftliches Archiv*, 129(2), pp.332-344.
Clark, J. B. (1899) *The Distribution of Wealth: A Theory of Wages, Interest and Profits*, Verlag Wirtschaft und Finanzen, Düsseldorf.
Dahlman, C. J. (1979) "The problem of externality", *Journal of Law and Economics*, 22, pp.141-612.
Daly, H. (1999) "Globalization versus internationalization", *Ecological Economics*, 31(1), pp.31-37.
Dedrick, J., Kraemer, K. and Linden, G. (2007) *Capturing Value in a Global Innovation Network: A Comparison of Radical and Incremental Innovation*, Personal Computing Industry Center, University of California, Irvine.
Deardorff, A. V. (1982) "The general validity of the Heckscher-Ohlin theorem", *American Economic Review*, 72, pp.683-694.
Deardorff, A. V. (2001) "Fragmentation in simple trade models", *North American Journal of Economics and Finance*, 12(2), pp.121-137.
Dicken, P., Kelly, P. F., Olds, K. and Yeung, H. W. (2001) "Chains and networks, territories and scales: towards a relational framework for analysing the global economy", *Global Networks*, 1(2), pp.89-112.
Dikhanov, Y. (2005) *Trends in global income distribution, 1970-2000, and scenarios for 2015*, Human Development Report Office Occasional Paper.
Dixit, A. K. and Stiglitz, J. E. (1977) "Monopolistic competition and optimum product diversity", *American Economic Review*, 67(3), pp.297-308.

Dixit, A. K. and Grossman, G. M. (1982) "Trade and protection with multistage production", *Review of Economic Studies*, 49(4), pp.583-594.
Dobb, M. (1973) *Theories of Value and Distribution since Adam Smith: Ideology and Economic Theory*, Cambridge University Press, Cambridge (岸本重陳訳『価値と分配の理論』新評論, 1976年).
Dooley, M., Folkerts-Landau, D. and Garber, P. (2003) "An essay on the revived bretton woods system", *NBER Working Paper*, 9971.
Dooley, M., Folkerts-Landau, D. and Garber, P. (2005) "International financial stability", *Deutsche Bank Global Market Research*.
Doremus, P., Keller, W., Pauly, L. and Reich, S. (1998) *The Myth of the Global Corporation*, Princeton University, Princeton.
Dunning, J. H. (1979) "Explaining changing patterns of international production: In defense of the eclectic theory," *Oxford Bulletin of Economics and Statistics*, 41(4), pp.269-95.
Dunning, J. H. (1988) "The eclectic paradigm of international production", *Journal of International Business Studies*, 19(1), pp.1-31.
Dunning, J. H. (1992) *Multinational Enterprises and the Global Economy*, Addison-Wesley, Wokingham.
Dunning, J. H. (2000) "The eclectic paradigm of international production: a personal perspective", in Pitels, C. N. and Sugden, R. eds., *The Nature of the Transnational Firm*, Routledge, London.
Edelman, D. C. (1999) "Patterns of deconstruction: Layer mastery," *BCG-Perspectives*, No. 375.
Emmanuel, A. (1969) *Unequal Exchange*, Monthly Review Press, New York (English translation, 1972).
Emmanuel, A., Amin, S., Bettelheim, C. and Palloix, C. (1971) *Imperialismo y comercio international*, Pasado y Presente, Córdoba (原田金一郎訳『新国際価値論争』柘植書房新社, 1981年).
Ernst, D. (2001) "Global production networks and industrial upgrading-A knowledge-centered approach", *East-West Center Working Papers*, Economics Series, 25.
Ernst, D. (2002) "Global production networks and changing geography of innovation system implications for developing countries", *Economics of Innovation and New Technology*, 11(6), pp.497-523.
Ernst, D. (2005) "The new mobility of knowledge: Digital information systems and global flagship networks," in Latham, R. and Sassen, S. eds., *Digital Formations. IT and New Architectures in the Global Realm*, Princeton University Press, Princeton.
Ernst, D. and Kim, L. (2002) "Global productions networks, knowledge diffusion, and local capability formation", *Research Policy*, 31(8・9), pp.1417-1429.
European Commission (1997) "Annual Economic Report for 1997", *European Economy*, No.63.
Eurostat (1996) *External Trade in High-tech Products*, Office for Official Publication of the European Communities, Luxembourg.
Evans, H. D. (1989) *Comparative Advantage and Growth*, St. Martin's Press, New York.
Evans, P. V. (1979) *Dependent Development: The Alliance of Multinational, State, and Local*

Capital in Brazil, Princeton University Press, Princeton.

Falvey R. E. (1981) "Commercial policy and intra-industry trade", *Journal of International Economics*, 11(4), pp.495-511.

Falvey, R. E. (1994) "The theory of international Trade", in Greenaway, D. and Winters, L. A. eds. (1994) *Surveys in International Trade*, Blackwell, Oxford.

Feenstra, R. C. (1998) "Integration of trade and disintegration of production in the global economy," *Journal of Economic Perspectives*, 12(4), pp.31-50.

Finger, J. M. (1975) "Tariff provisions for offshore assembly and the export earnings of developing countries", *Economic Journal*, 85(338), pp.365-372.

Fontagne, L. and Freudenberg, M. (1997) "Intra-industry trade: Methodological issues reconsidered", *CEPII Working Paper*, 1997-01.

Fontagné, L. and Freudenberg, M. (2002) "Long-term trends in intra-industry trade", in Lloyd, P. J. and Lee, H. eds., *Frontiers of Research in Intra-Industry Trade*, Palgrave Macmillan, Basingstoke.

Fontagne, L., Freudenberg, M., Gordo, E., Martin, C. and Peridy, N. (1997) "Trade pattern inside the single market", *Report for the European Commission*, Brussels.

Fontagne, L., Freudenberg, M. and Péridy, N. (1997) "Trade patterns inside the single market", *CEPII Working Paper*, 1997-07.

Fontagne, L., Freudenberg, M. and Unal-Kesenci, D. (1997) *Statistical Analysis of EC Trade in Intermediate Products*, Office for Official Publication of the European Communities, Luxembourg.

Frankel, J. (2000) "Globalization of the economy", in Nye, J. and Donahue, D. eds. (2000).

Foss, J. N. (1993) "Theories of the firm: Contractual and competence perspectives", *Journal of Evolutionary Economics*, 3(2), pp.127-144.

Foss, J. N. (1997) "The classical theory of production and the capabilities view of the firm", *Journal of Economic Studies*, 24(5), pp.307-323.

Foss, J. N. (1998) "The competence-based approach: Veblenian ideas in the modern theory of the firm", *Cambridge Journal of Economics*, 22(4), pp.479-496.

Froud, J., Haslam, C., Johal, S. and Williams, K. (2002) "Cars after financialisation: case study in financial under-performance, constraints and consequences", *Competition and Change*, 6(1), 13-41

Gagnon, M. A. (2007) "Capital, power and knowledge according to Thorstein Veblen: reinterpreting the knowledge-based economy", *Journal of Economic Issues*, 41(2), pp.593-600.

Gandolfo, G. (1998) *International Trade Theory and Policy*, Springer, Berlin.

Gawer, A. and Cusumano, M. (2002) *Platform Leadership: How Intel, Microsoft, and Cisco Drive Industry Innovation*, Harvard Business School Press, Boston.

Gereffi, G. (1994) "The organisation of buyer-driven global commodity chains: how US retailers shape overseas production network", in Gereffi, G. and Korzeniewicz, M. eds., *Commodity Chains and Global Development*, Praeger, Westport.

Gereffi, G. (2001) "Beyond the producer-driven/buyer-driven dichotomy: the evolution of global value chains in the internet era", *IDS Bulletin*, 32(3), pp.30-40.

Gereffi, G., Humphrey, J. and Sturgeon, T. (2005) "The governance of global value chains", *Review of International Political Economy*, 12(1), pp.78-104.

Glyn, A. (2006) *Capitalism Unleashed, Finance, Globalization, and Welfare*, Oxford University Press, Oxford.

Gibbon, P. (2002) "At the cutting edge?: Financialisation and UK clothing retailers' global sourcing patterns and practices", *Competition and Change* 6(3), pp.289-308.

Goldberg, V. P. (1976) "Regulation and administered contracts", *Bell Journal of Economics*, 7(2), pp.426-448.

Goldberg, V. P. (1977) "Competitive bidding and the production of precontract information" *Bell Journal of Economics*, 8(1), pp.250-261.

Gordon, D. (1988) "The global economy: New edifice or crumbling foundations?", *New Left Review*, 168, pp.24-64.

Goshal, S. and Bartlett, C. A. (1990) "The multinational corporation as an inter-organizational network", *Academy of Management Review*, 15(4), pp.603-625.

Grahm, F (1932) "The theory of international values", *Quarterly Journal of Economics*, 46(4), pp.581-616.

Graham, F. (1948) *The Theory of International Values*, Princeton University Press, Princeton.

Granovetter, M. (1985) "Economic action and social structure: the problem of embeddedness", *American Journal of Sociology*, 91(3), pp.481-510 (渡辺深訳「経済行為と社会構造」『転職：ネットワークとキャリアの分析』ミネルヴァ書房，1998年).

Greenaway, D., Hine, R. and Milner, C. (1994) "Country-specific factors and the pattern of horizontal and vertical intra-industry trade in the UK", *Weltwirtschaftliches Archiv*, 130(1), pp.77-100.

Greenaway, D., Hine, R. and Milner, C. (1995) "Vertical and horizontal intra-industry trade: a cross industry analysis for the United Kingdom", *The Economic Journal*, 105(433), pp.1505-1518.

Greenaway, D. and Winters, L. A. eds. (1994) *Surveys in International Trade*, Blackwell, Oxford.

Grubel, H. G. and Lloyd, P. J. (1975) *Intra-Industry Trade: The Theory and Measurement of International Trade in Differentiated Products*, Macmillan, London.

Haldane, A. G. (2009) "Rethinking the financial network", Speech delivered to the Financial Student Association, Amsterdam, April.
(http://www.bankofengland.co.uk/publications/speeches/2009/speech386.pdf)

Hanson, G. H., Mataloni, R. J. Jr. and Slaughter, M. J. (2001a) "Expansion strategies of U.S. multinational firms", *NBER Working Papers*, 8433.

Hanson, G. H., Mataloni, R. J. Jr. and Slaughter, M. J. (2001b) "Vertical production networks in multinational firms", *NBER Working Papers*, 9723.

Harcourt, G. C. (1972) *Some Cambridge Controversies in the Theory of Capital*, Cambridge University Press, Cambridge (神谷伝造訳『ケムブリジ資本論争』日本経済評論社，1980年).

Harrington, L. H. (2003) "Building a better 3PL relationship", *Transportation and Distribution*, 44(6), pp.49-52.

Harvey, D. (1989) *The Condition of Postmodernity: An Enquiry into the Origins of Cultural Change*, Basil Blackwell, Oxford.

Hedlung, S. (1986) "The hypermodern MNC - a heterarchy?", *Human Resource Management*,

25(1), pp.9-35.
Held, D. and McGrew, A. (2002) Globalization/Anti-Globalization, Polity Pres, Cambridge.
Held, D. and McGrew, A. eds. (2003) *The Global Transformations Reader*, 2nd Rev, Polity Pres, Cambridge.
Held, D., McGrew, A., Goldblatt, D. and Perraton, J. (1999) *Global Transformations, Politics, Economics, and Culture*, Polity Pres, Cambridge.
Helleiner, G. K. (1973) "Manufactured exports from less developed countries and multinational firms", *Economic Journal*, 83(329), pp.21-47.
Helpman, E. and Krugman, P. R. (1985) *Market Structure and Foreign Trade*, MIT Press, Cambridge.
Helpman, E. and Krugman, P. R. (1989) *Trade Policy and Market Structure*, MIT Press, Cambridge.
Hicks, J. R. (1965) *Capital and Growth*, Oxford University Press, Oxford (安井琢磨・福岡正夫訳『資本と成長Ⅰ, Ⅱ』岩波書店, 1970 年).
Hirsch, S., Kalish, S. and Katznelson, S. (1988) "Effects of knowledge and service intensities on domestic and export performance", *Weltwirtschaftliches Archiv*, 124(2), pp. 230-41.
Hirschman, A. O. (1958) *The Strategy of Economic Development*, Yale University Press, New Haven (麻田四郎訳『経済発展の戦略』巌松堂出版, 1961 年).
Hirst, P., and Thompson, G. (1999) *Globalization in Question: The International Economy and the Possibilities of Governance*, 2nd ed., Polity Pres, Cambridge.
Hodgson, G. M. (1988) *Economics and Institutions: A Manifesto for a Modern Institutional Economics*, Polity Press, Cambridge (八木紀一郎他訳『現代制度派経済学宣言』名古屋大学出版会, 1997 年).
Hoffman, K. and Kaplinsky, R. (1988) *Driving Force: The Global Restructuring of Technology, Labor, and Investments in the Automobile and Components Industries*, Westview Press, Boulder.
Hummels, D. (1999) "Have international transportation costs declined?" (http://www.aerohabitat.eu/uploads/media/11-01-2006_-_D_Hummels__Transportation_cost_declines.pdf).
Hummels, D (2001) "Toward a geography of trade costs", *Working Paper*, Purdue University.
Hummels, D., Ishii, J. and Yi, Kei-Mu (2001) "The nature and growth of vertical specialization in world trade", *Journal of International Economics*, 54(1), pp.75-96.
Hymer, S. H. (1968) "The large multinational 'corporation': an analysis of some motives for international integration of business", *Revue Economique*, 6, translated from the French by Vacherot, N. with an introduction by Casson, M. in Casson, M. ed. (1990) *Multinational Corporations*, Edward Elgar, Aldershot.
Hymer, S. H. (1976, originally written in 1960) *The International Operations of National Firms: a Study of Foreign Direct Investment*, Ph.D. dissertation, Massachusetts Institute of Technology, MIT Press, Cambridge.
Ietto-Gillies, G. (1992) *International Production: Trends, Theories, Effects*, Polity Press, Cambridge.
IMF (2000) "Globalization: Treat or Opportunity," *IMF Issues Brief*, April 12,

http://www.imf.org/external/np/exr/ib/2000/041200to.htm
IMF (2001) *World Economic Outlook*, October, Washington, DC.
IMF (2002a) *World Economic Outlook*, September, Washington, DC.
IMF (2002b) *Annual Report*, Washington, DC.
IMF (2009) *Global Financial Stability Report*, April, Washington, DC.
Irwin, D. (1996) "The United States in a new world economy? A century's perspective", *American Economic Review*, 86(2), pp.41-46.
James, J. (2000) "Do consumers in developing countries gain or lose from globalization?", *Journal of Economic Issues*, 34(3), pp.537-551.
Jacobides, M. G. (2005)" Industry change through vertical dis-integration: How and why markets emerged in mortgage banking", *Academy of Management Journal*, 48(3), pp. 465-498.
Jones, G. (2005) *Multinationals and Global Capitalism*, Oxford University Press, Oxford. (安室憲一・梅野巨利訳『国際経営講義―多国籍企業とグローバル資本主義』, 有斐閣, 2007年)。
Jones, R. W. and Kierzkowski, H. (1990) "The role of services in production and international trade: A theoretical framework", in Jones, R. W. and Krueger, A. O. eds., *The Political Economy of International Trade*, Basil Blackwell, Oxford.
Jessop, B. (1999) "The changing governance of welfare: recent trends in its primary functions, scale, and modes of coordination", *Social Policy and Administration*, 33(4), pp.348-359.
Kaldor, N. (1935) "Market imperfection and excess capacity", *Economica*, 2(5), Reprinted in *Essays on Value and Distribution* (1960), Gerald Duckworth, London.
Karsenty, G. (2000) "Assessing trade in services by mode of supply", in Sauvé, P. and Stern, R. M. eds. (2000)
Kindleberger, C. P. (1969) *Six Lectures on Direct Investment*, Yale University Press, New Haven.
Keynes, J. M. (1930) *A Treatise on Money 1 The Pure Theory of Money*, in The Collected Writings of John Maynard Keynes Vol.V, Macmillan, London (小泉明・長澤惟恭訳『貨幣論Ⅰ:貨幣の純粋理論』(ケインズ全集第5巻) 東洋経済新報社, 1979年)。
Keynes, J. M. (1937a) *The General Theory of Employment Interest and Money*, in The Collected Writings of John Maynard Keynes, vol.VII, (塩野谷祐一訳『雇用, 利子および貨幣の一般理論』(ケインズ全集第7巻) 東洋経済新報社, 1983年). Macmillan, London.
Keynes, J. M. (1937b) "The general theory of employment", *Quarterly Journal of Economics*, 51(2), pp.209-223.
Kobrin, S. (1987) "Testing the bargaining hypothesis in the manufacturing sector in developing countries", *International Organization*, 41(4), pp.609-638.
Kojima, K. (1987) "Agreed specialisation and cross direct investment", *Hitotsubashi Journal of Economics*, 28, pp. 87-105.
Kogut, B. (1991) "Country capabilities and the permeability of borders", *Strategic Management Journal*, 12, pp.33-47.
Kogut, B. and Zander, U. (1992) "Knowledge of the firm, combinative capabilities, and the replication of technology", *Organization Science*, 3(3), pp. 383-397.
Kogut, B. and Zander, U. (1993) "Knowledge of the firm and the evolutionary theory of

the multinational corporation", *Journal of International Business Studies*, 24, pp.625-645.
Kose, M. A., Prasad, E. S. and Terrones, M.E. (2005) "How do trade and financial integration affect the relationship between growth and volatility?", *IMF Working Paper*, 05/19.
Krippner, G. R. (2005) "The financialization of the American economy", *Socio-Economic Review*, 3(2), pp.173-208.
Krugman, P. (1995) "Growing world trade: causes and consequences", *Brookings Papers on Economic Activity*, 1, pp.327-362.
Kurz, H. D. and Salvadori, N. (1995) *Theory of Production*, Cambridge University Press, Cambridge.
Lafay, G. (1992) "The measurement of revealed comparative advantages," in Dagenais, M. G. and Muet, P. A. eds., *International Trade Modeling*, Chapman and Hall, London.
Lancaster, K. (1980) "Intra-industry trade under perfect monopolistic competition", *Journal of International Economics*, 10(2), pp.151-175.
Lane, P. R. and Milesi-Ferretti, G. M. (2006) "The external wealth of nations, mark II: Revised and extended estimates of foreign assets and liabilities, 1970-2004", *IMF Discussion Paper*, 06/69.
Langlois, R. N. and Robertson, P. L. (1992) "Networks and innovation in a modular system: Lessons from the microcomputer and stereo component industries", *Research Policy*, 21(4), pp.297-313.
Langlos, R. N., and Robertson, P. L. (1995) *Firms, Markets and Economic Change: A dynamic theory of business institutions*, Routledge, London and New York.
Leavitt, H. J.(1951) "Some effects of certain communication patterns of group performance", *Journal of Abnormal and Social Psychology*, 46(1), pp.38-50.
Leavitt, H. J.(1962) "Unhuman organizations", *Harvard Business Review*, 40(4), pp.90-98.
Leonard-Barton, D. (1992) "Core capabilities and core rigidities: A paradox in managing new product development", *Strategic Management Journal*, 13(8), pp.111-125.
Leontief, W. W. (1953) "Domestic production and foreign trade: American capital position re-examined", Reprinted in Caves, R. E. and Johnson, H. G. eds. (1968) Reading in International Economics, George Allen and Unwin, London.
Levy, D. L. and Prakash, A. (2003) "Bargains old and new: multinationals in international governance", *Business and Politics*, 5(2), pp.131-151.
Lewis, W. A. (1954) "Economic development with unlimited supplies of labor", *The Manchester School*, 22(2), pp.139-191.
Lieb, R. and Miller, J. (2002) "The use of third-party logistics services by large US manufacturers, the 2000 survey", *International Journal of Logistics*, 5(1), pp.1-12.
Limao, N. and Venables, A. J. (2001) "Infrastructure, geographical disadvantage and transport costs", *World Bank Economic Review*, 15(3), pp.451-479.
Linden, G., Kraemer, K., and Dedric, J. (2007) "Who captures value in a global innovation system?", Personal Computing Industry Center.
Linden, G., Kraemer, K. and Dedric, J. (2009) "Who captures value in a global innovation network? The case of Apple's iPod." *Communications of the ACM*, 52(3), pp.140-144.
Linder, S. (1961) *An Essay on Trade and Transformation*, John Wiley and Sons, New York

（小島清・山沢逸平訳『国際貿易の新理論』ダイヤモンド社，1964 年）．
Lloyd, P. J. and Lee, H.-H. (2002) *Frontiers of Research in Intra-Industry Trade*, Palgrave-Macmillan, London.
Lundberg, L. (1992) "The structure of Swedish international trade and specialization: "old" and "new" explanations", *Weltwirtschaftliches Archiv*, 128(2), pp. 266-287.
Macneil, I. R. (1978) "Contracts: Adjustment of long-term economic relations under classical, neoclassical, and relational contract law", *Northwestern University Law Review*, 72(6), pp.854-905.
Magretta, J. (1998) "Global, and entrepreneurial: supply chain management, Hong Kong style: an interview with Victor Fung, by Victor Fung", *Harvard Business Review*, 76(5), pp.102-114.
Mann, C. L. (1999) *Is the US Trade Deficit Sustainable?*, Institute for International Economics, Washington, DC.
Markusen, J. R. (2002) *Multinational Firms and the Theory of International Trade*, MIT press, Cambridge.
Mathews, J. (2002) *Dragon Multinational: A New Model for Global Growth*, Oxford University Press, Oxford.
Mayer, J. (2003) "Export dynamism and market access", *Discussion Paper*, 2003/42, UNU/WIDER, Helsinki.
McKelvey, M., Alm, H. and Riccaboni, M. (2003) "Does co-location matter for formal knowledge collaboration in the Swedish biotechnology-pharmaceutical sector", *Research Policy*, 32(3), pp.483-501.
Michalet, C. (1980) "International sub-contracting: a state-of-the-art," Germidis, D. ed., *International Subcontracting*, OECD, Paris.
Miles, R. E., Snow, C. C., Mathews, J. A., Miles, G., Coleman, H. J. (1997), "Organizing in the knowledge age: anticipating the cellular form", *Academy of Management Executive*, 11(4), pp.7-24.
Morishima, M. (1973) *Marx's Economics*, Cambridge University Press, Cambridge（高須賀義博訳『マルクスの経済学』東洋経済新報社，1974 年）．
Morishima, M. (1992) *Capital and Credit*, Cambridge University Press, Cambridge（安富歩訳『新しい一般均衡理論』創文社，1994 年）．
Morishima, M and Catephores, G. (1978) *Value, Exploitation and Growth*, McGraw-Hill, New York（高須賀義博・池尾和人訳『価値・搾取・成長』創文社，1980 年）．
Morishima, M. and Seton, F. (1961) "Aggregation in leontief matrices and the labor theory of value", *Econometrica*, 29(2), pp.203-220.
Moxon, R. W. (1975) "The motivation for investment in offshore plants: the case of the U.S. electronics industry," *Journal of International Business Studies*, 6(1), pp.51-66.
National Science Board (2004) *Science and Engineering Indicators 2004*, Arlington, VA.
Nelson, R. R. (1991) "Why do firms differ, and how does it matter?", *Strategic Management Journal*, 14, pp.61-74.
Nelson, R. R. and Winter, S. G. (1982) *An Evolutionary Theory of Economic Change*, Harvard University Press, Cambridge（南篤・田中辰雄・後藤晃訳『経済変動の理論』慶應義塾大学出版会，2007 年）．
Ng, F. and Yeats, A. (1999) "Production sharing in East Asia: Who does what for whom

and why?", *World Bank Working Paper*, 2197.
Nonaka, I. (1994) "A dynamic theory of organizational knowledge creation", *Organization Science*, 5(1), pp.14-37
Nurkse, R. (1959) *Patterns of Trade and Development*, Almqvist and Wicksell, Stockholm (大畑弥七訳『外国貿易と経済発展』ダイヤモンド社, 1960 年).
Nye, J. and Donahue, D. eds. (2000) *Governance in a Globalizing World*, Brookings Institution Press, Washington, DC (嶋本恵美訳『グローバル化で世界はどう変わるか』英治出版, 2004 年).
Obstfeld, M. (2004) "External adjustment," *Weltwirtschaftliches Archiv*, 140(4), pp.541-568.
OECD (1977) *Towards Full Employment and Price Stability*, Paris. (小宮隆太郎・赤尾信敏訳『世界インフレと失業の克服──OECDマクラッケン・レポート』, 日本経済新聞社, 1978 年)
OECD (2001) *Science, Technology and Industry Scoreboard Towards a Knowledge-based Economy*, Paris.
OECD (2002) *Economic Outlook NO.71*, Paris.
OECD (2004) "ICTs and economic growth in developing countries", *DAC Journal*, 5(4), pp.7-40.
OECD (2007) *Measuring Globalisation: Activities of Multinationals, Volume 1: Manufacturing, 2000-2004*, Paris.
OECD (2008) *Measuring Globalisation: Activities of Multinationals, Volume 2: Services, 2000-2004*, Paris.
Ohlin, B. (1967) *Interregional and International Trade*, Harvard University Press, Cambridge (木村保重訳『貿易理論』ダイヤモンド社, 1970 年).
Oman, C. (1984) *The New Forms of International Investment in Developing Countries*, OECD, Paris.
OTA (1993) *Multinationals and the National Interest: Playing by Different Rules*, GPO, Washington, DC.
Pasinetti, L. L. (1973) "The notion of vertical integration in economic analysis", *Metroeconomica*, 25(1), pp.1-29 (パシネッティ編, 中野守・宇野立身訳『生産と分配の理論』日本経済評論社, 1988 年に所収).
Pasinetti, L. L. (1974) *Growth and Income Distribution: Essays in Economic Theory*, Cambridge University Press, Cambridge (宮崎耕一訳『経済成長と所得分配』岩波書店, 1985 年).
Pasinetti, L. L. (1981) *Structural Change and Economic Growth*, Cambridge University Press, Cambridge (大塚勇一郎・渡会勝義訳『構造変化と経済成長, 1983 年』日本評論社).
Pasinetti, L. L. (1993) *Structural Economic Dynamics*, Cambridge University Press, Cambridge (佐々木隆生監訳『構造変化の経済動学』日本経済評論社, 1998 年).
Penrose, E. T. (1956) "Foreign investment and the growth of the Firm", *Economic Journal*, 66. pp.220-235.
Penrose, E. T.(1995) *The Theory of the Growth of the Firm, Third Edition*, (末松玄六訳『会社成長の理論』(第二版) ダイヤモンド社, 1980 年).
Phillips, C. and Meeker, M. (2000) *The B2B Internet Report*, Morgan Stanley Denan Witter and Co.
(http://www.morganstanley.com/ nstitutional/techresearch/pdfs/b2bp1a.pdf).
Pohlen, T. and Goldsby, J. (2003) "VMI and SMI programs : How economic value added

can help sell the change", *International Journal of Physical Distribution and Logistics Management*, 33(7), pp.565-581.

Pozsar, Z., Adrian, T., Ashcraft, A. and Boesky, H. (2010) "Shadow banking," *Federal Reserve Bank of New York Staff Reports*, No.458.

Porter, M. (1985) *Competitive Advantage*, Free Press, London (土岐坤・中辻萬治・小野寺武夫訳『競争優位の戦略』ダイヤモンド社, 1985年).

Powell, W. (1990) "Neither market nor hierarchy: Network forms of organization", *Research in Organizational Behavior*, 12, pp.295-336.

Prahalad, K. and Hamel, G. (1990) "The core competence of the corporation", *Harvard Business Review*, 68(3), pp.79-93.

Price, V. C. (2001) "Some causes and consequences of fragmentation", in Arndt, S. W. and Kierzkowski, H. eds. (2001).

PricewaterhouseCoopers (2004) *Electronics Manufacturing: EMS at a Crossroads*, Pricewaterhouse Coopers Technology Center (http://www.pwc.com/techforecast/pdfs/EMS_Web.pdf).

Ranchetti, F. (2001) "On the relationship between Sraffa and Keynes", in Cozzi, T. and Marchionatti, R. eds., *Piero Staffa's Political Economy: A Centenary Estimate*, Routledge, London and New York.

Ray, K. and Swanson, C. (1996) "Supplier-managed inventory: schedule sharing", *Hospital Material Management Quarterly*, 17(4), pp.48-53.

Reich, S. (1998) "What is globalization? Four possible answers", *Helen Kellogg Institute Working Paper*, 261.

Richardson, G. B. (1972) "The organisation of industry", *Economic Journal*, 82 (327), p.883-896.

Robertson, R. (1992) *Globalization: Social Theory and Global Culture*, Sage, London.

Robinson, J. (1969) *The Accumulation of Capital*, 3rd.ed., Macmillan, London (杉山清訳『資本蓄積論（大版）』みすず書房, 1977年).

Roper, S. and Dunford, M. (2003) "Theorizing regional economic performance and the changing territorial division of labour", *Regional Studies*, 37(8), pp.829-854.

Rugman, A. M. (1987) "Multinational and trade in services: a transaction cost approach", *Weltwirtschaftliches Archiv*, 123(4), pp.651-667.

Rugman, A. M (2005) *The Regional Multinationals, MNEs and "Global" Strategic Management*, Cambridge University Press, Cambridge.

Rugman, A. M. & D'Cruz, J. R. (1997) "The theory of the flagship firm", *European Management Journal*, 15(4), 403-412.

Rugman, A. M. and Verbeke, A. (2002) *Regional Multinationals and Triad Strategy* (http://www.aueb.gr/deos/EIBA2002.files/PAPERS/C164.pdf), mimeo.

Saggi, K. (2002) "Trade, foreign direct investment, and international technology transfer: A survey", *The World Bank Research Observer*, 17(2), pp.191-235.

Samuelson, P. A. (1951) "Abstract of a theorem concerning substitutability in open leontief models", in Koopmans, T. C. ed. (1951) *Activity Analysis of Production and Allocation*, John Wiley & Sons, New York.

Samuelson, P. (2001) "A Ricardo-Sraffa paradigm comparing gains from trade in Inputs and finished goods", *Journal of Economic Literature*, 39(4), pp.1204-1214.

Shiozawa, Y. (2007) "A new construction of Ricardian trade theory: A many-country, many-commodity with Intermediate goods and choice of techniques", *Evolutionary and Institutional Economics Review*, 3(2), pp.141-187.
Schumpeter, J. A. (1954) *History of Economic Analysis*, Oxford University Press, New York (東畑精一訳『経済分析の歴史』岩波書店, 1955 年).
Schweizer, L. (2005) "Concept and evolution of business models", *Journal of General Management*, 31 (2), pp.37-56.
Scholte, J. (2005) *Globalization: A Critical Introduction, 2nd ed*, Palgrave, London.
Shaked, A. and Sutton, J. (1984) "Natural oligopolies and international trade", In: H. Kierzkowski, Editor, *Monopolistic Competition and International Trade*, Oxford University Press, Oxford, pp.34-50.
Sharpston, M. (1975) "International sub-contracting", *Oxford Economic Papers*, New Series, 27(1), pp.94-135.
Speakman, R. E., Kamauff, J. W. and Myhr, N. (1998). "An empirical investigation into supply chain management: a perspective on partnerships", *Supply Chain Management*, 3(2), pp.53-67.
Sraffa, P. (1960) *Production of Commodities by Means of Commodities*, Cambridge University Press, Cambridge (菱山泉・山下博訳『商品による商品の生産』有斐閣, 1962 年).
Stopford, J. M. and Strange, S. (1991) *Rival States, Rival Firms*, Cambridge University Press, Cambridge.
Strange, S. (1996) *The Retreat of the State: The Diffusion of Power in the World Economy*, Cambridge University Press, Cambridge.
Stiglitz, J. (1987) "The causes and consequences of the dependence of quality of price", *Journal of Economic Literature*, 25(1), pp.1-48.
Sturgeon, T. J. (2000a) "How do we define value chains and production networks", *MIT IPC Globalization Working Paper*, 00-010.
Sturgeon, T. J. (2000b) "Turn-key production networks: A new american model of industrial organization?", *BRIE Working Paper*, 92A.
Sturgeon, T. J. and Lee, J. (2001) "Industry co-evolution and the rise of a shared supply-base for electronics manufacturing", *MIT IPC Globalization Working Paper*, 01-002.
Sauvé, P. and Stern, R. (eds) (2000) *GATS 2000: New Directions in Services Trade Liberalisation*, Brookings Institution Press, Washington, DC.
Ulrich, K. (1995) "The role of product architecture in the manufacturing firm", *Research Policy*, 24(3), pp.419-440.
Ulrich, K. and Eppinger, S.D. (2000) *Product Design and Development*, McGraw-Hill, New York.
UNCTAD (1995) *World Investment Report*, United Nations, New York and Geneva.
UNCTAD (1998) *World Investment Report*, United Nations, New York and Geneva.
UNCTAD (2001a) *World Investment Report*, United Nations, New York and Geneva.
UNCTAD (2001b) *Bilateral Investment Treaties 1959-1999*, United Nations, New York and Geneva.
UNCTAD (2002a) *Trade and Development Report*, United Nations, New York and Geneva.
UNCTAD (2002b) *World Investment Report*, United Nations, New York and Geneva.

UNCTAD (2004) *World Investment Report*, United Nations, New York and Geneva.
UNCTAD (2011) *Price Formation in Financialized Commodity Markets : The Role of Information*, New York and Geneva.
UNCTC (1987) *Transnational Corporations and Technology Transfer: Effects and Policy Issues*, UN Centre on Transnational Corporations, New York.
UNIDO (2004) *Industrial Development Report 2004: Industrialization, Environment, and the Millennium Development Goals in Sub-Saharan Africa: The New Frontier in the Fight Against Poverty*, Vienna.
UNDP (1999) *Human Development Report*, Oxford University Press, New York.
United Nations (1989) *Classification by Broad Economic Categories, Defined in terms of SITC*, New York.
United Nations (2001) *Review of Transport in the ESCAP Region 1996-2001*, New York.
United Nations (2002a) *Manual on Statistics of International Trade in Services*, New York.
United Nations (2002b) *Classification by broad economic categories : Defined in terms of the Standard International Trade Classification, Revision 3, and the Harmonized Commodity Description and Coding System*, New York.
United Nations (2003) *Review of Developments in Transport in the ESCAP Region*, New York.
US International Trade Commission (1997) *Production Sharing: Use of U.S. Components and Materials in Foreign Assembly of Operations, 1993-1996*, Washington, DC.
US International Trade Commission (1999) *Production Sharing: Use of U.S. Components and Materials in Foreign Assembly of Operations, 1995-1998*, Washington, DC.
USPTA (2002) *A TECHNOLOGY ASSESSMENT AND FORECAST REPORT* (http://www.uspto.gov/web/offices/ac/ido/o¥¥/eip/taf/apat.pdf).
USPTO (2007) *A TECHNOLOGY ASSESSMENT AND FORECAST REPORT* (http://www.uspto.gov/web/offices/ac/ido/oeip/taf/apat.pdf)
USTC (1970) *Economic Factors Affecting the Use of Items 807.00 and 806.30 of the Tariff Schedules of the United States*, Washington, DC.
Uzzi, B. (1997) "Social structure and competition in interfirm networks: the paradox of embeddedness", *Administrative Science Quarterly*, 42(1), pp.35-67.
Veblen, T. (1908) "On the nature of capital", *Quarterly Journal of Economics*, 22(4), pp.517-542.
Verdoon, P. J. (1960) "The intra-block trade of Benelux", in Robinson, E.A.G. ed., *Economic Consequences of the Size of Nations*, Macmillan, London.
Vernon, R. (1966) "International investment and international trade in the product cycle", *Quarterly Journal of Economics*, 2, pp.190-207.
Von Hippel, E (1988) *The Sources of Innovation*, Oxford University Press, New York.
Vona, S. (1991) "On the measurement of intra-industry trade: some further thoughts", *Weltwirtschaftliches Archiv*, 127(4), pp.678-700.
Watanabe, S. (1972) "International subcontracting, employment and skill promotion", *International Labour Review*, 105(5), pp.425-450.
Williams, K. (2000) "From shareholder value to present-day capitalism", *Economy and Society*, 29(1), pp.1-12.
Williamson, O. E. (1985) *The Economic Institutions of Capitalism*, The Free Press-

Macmillan, New York.
Williamson, O. E. (1991) "Comparative Economic Organization: The Analysis of Discrete Structural Alternatives", *Administrative Science Quarterly,* 36(2), pp.266-296.
Wolff, E. N. (2003) "What's behind the rise in profitability in the US in the 1980s and 1990s?," *Cambridge Journal of Economics,* 27(4), pp.479-499.
Wong, K. (1995) *International Trade in Goods and Factor Mobility,* MIT Press, Cambridge (下村耕嗣・太田博史・大川昌幸・小田正雄訳『現代国際貿易論Ⅰ』多賀出版, 1999 年).
World Bank (1999) World Development Indicators on CD-ROM, Wahington DC.
World Bank (2000) World Development Indicators on CD-ROM. Wahington DC.
World Bank (2002) *World Development Indicators,* Washington, DC.
World Bank (2003) *Global Economic Prospects and the Developing Countries,* Washington, DC.
WTO (1996) *Annual Report,* Geneva.
WTO (2003) *World Trade Report,* Geneva.
Yates, P. L. (1959) *Forty Years of Foreign Trade,* Allen & Unwin, London.
Yip, G. and Dempster, A. (2005) "Using the internet to enhance global strategy", *European Management Journal,* 23(1), pp.1-13.
Zhang, A. and Zhang, Y. (2002) "Issues on liberalization of air cargo services in international aviation", *Journal of Air Transport Management,* 8(5), pp.275-287.
Zhu, J., Lean, H. L, and Ying, S. K. (2002) "The third-party logistics services and globalization of manufacturing", *International Planning Studies,* 7(1), pp. 89-104.

青木昌彦・安藤晴彦編著 (2002)『モジュール化』東洋経済新報社.
青木昌彦 (2002)「産業アーキテクチャのモジュール化」青木昌彦・安藤晴彦編著 (2002) 所収.
吾郷健二 (2008)『コーヒーとバナナの世界経済：「地獄の道」への競争』中川書店.
石田 修 (1992)「レーガン政策と 90 年代のアメリカ経済」, 木下悦二, 田中素香編著『ポスト冷戦の世界経済』文眞堂.
石田 修 (1999a)「国際経済における空間―貿易論における空間再考」納富信留・溝口孝司編『空間へのパースペクティブ』九州大学出版会.
石田 修 (1999b)「国際市場の構造」『経済学研究（九州大学)』第 66 巻第 4 号.
石田 修 (2000a)「国際貿易と資本財―限界理論と余剰理論の対比の中で」『経済学研究（九州大学)』第 67 巻第 3 号.
石田 修 (2000b)「比較生産費の再検討」伊東弘文・細江守紀編『現代経済の課題と分析』九州大学出版会.
石田 修 (2001)「アジアの分業構造の変化と中間財・資本財貿易」矢田俊文・川波洋一・辻雅男・石田修編『グローバル下の地域構造』九州大学出版会.
石田 修 (2002)「日本の産業内貿易・垂直差別化貿易の構造」石田修・深川博史編『国際経済のグローバル化と多様化』九州大学出版会.
石田 修 (2003)「日本の産業内貿易の構造」『経済学研究（九州大学)』第 69 巻第 1・2 号.
石田 修 (2004)「経済のグローバル化と貿易の垂直構造」『経済学研究（九州大学)』第 70 巻第 4・5 号.
伊藤元重・大山道広 (1985)『国際貿易』岩波書店.
稲垣公夫 (2001)『EMS 戦略』ダイヤモンド社.
置塩信雄 (1957)『再生産の理論』創文社.

置塩信雄（1977）『マルクス経済学』筑摩書房。
置塩信雄・中谷武（1992）「相対価格の許容範囲」『大阪経大論集』第43巻第1号。
片野彦二（1961）『生産と分配に関する貿易効果の分析』神戸大学経済経営研究所研究叢書。
北真収（2001）「日本企業の工場部門改革の参考になるのか」『開発金融研究所報』第5号。
木下悦二（1981）『現代資本主義の世界体制』岩波書店。
木下悦二（1987）「近代経済学と貿易決定メカニズム」『現代貿易理論の解明』大月書店。
木下悦二（2006）「世界生産ネットワークをめぐる諸理論について（上）（下）」『世界経済評論』7月号，8月号。
木村達也（2003）「わが国の加工組立型製造業におけるスマイルカーブ化現象―検証と対応」富士通総研経済研究所『FRI研究レポート』No.167。
木村達也（2006）「わが国の加工組立型製造業におけるスマイルカーブ化の再検証」富士通総研経済研究所『研究レポート』No.261。
黒田昌裕（1989）『一般均衡の数量分析』岩波書店。
経済産業省（2002）『海外事業活動基本（動向）調査』ぎょうせい。
経済産業省・厚生労働省・文部科学省編（2003）『製造基盤白書』ぎょうせい。
国際協力銀行開発金融研究所（2002）「IT化のマクロ経済的インパクト」JBICI Research Paper No.20。
小島清（1989）『海外直接投資のマクロ分析』文眞堂。
小島清（1992）「多国籍企業の内部化と協調」『駿河台経済論集』2(1) 1-30。
小島清（2003）『雁行型経済発展論 第1巻. 日本経済・アジア経済・世界経済』文眞堂。
菰田文男（1987）『国際技術移転の理論』有斐閣。
佐々木隆生（2002）「開放された純粋労働経済体系とマクロ経済均衡」『経済と経営（札幌大学）』第32巻第4号。
佐藤秀夫（1994）『国際分業＝外国貿易の基本理論』創風社。
塩沢由典（1990）『市場の秩序学』筑摩書房。
塩沢由典（1983）『近代経済学の反省』日本経済新聞社。
杉本昭七（1986）『多国籍企業はどこへ導くか』同文舘。
関下稔（1979）「現代アメリカ部品貿易の一断面：U.S. TARIFF SCHEDULES807.00と806.30に関する研究」」『山口経済学雑誌』29巻5・6号，pp.33-86。
関下稔（1983）「70年代のアメリカの部品＝中間財貿易―TSUS907.00と806.30に関する研究再論―」『立命館経営学』21巻5号，pp.1-35。
関下稔（1986）「『国際下請生産』の概念と展開」『現代世界経済論』有斐閣。
関下稔（2002）『現代多国籍企業のグローバル構造』文眞堂。
武石彰・藤本隆宏・具承桓（2001）「自動車産業におけるモジュール化：製品・生産・調達システムの複合ヒエラルキー」藤本隆宏・武石彰・青島矢一編（2001）所収。
立本博文（2007）「PCのバス・アーキテクチャの変遷とプラットフォームリーダの変化について」『赤門マネジメント・レビュー』6(7)。
田中素香（2007）『拡大するユーロ経済圏』日本経済新聞社。
寺町信雄（2009）「日中間の貿易構造の特徴：1996年-2005年」『経済学研究（北海道大学）』第58巻第4号。
根岸隆（1984）「近代経済学と国際的不等価交換論」根岸隆・山口重克編（1984）所収。
根岸隆・山口重克編（1984）『2つの経済学―対立から対話へ』東京大学出版会。
根岸隆（1985）『ワルラス経済学入門』岩波書店。
野口旭（1987）「グレアムの古典派国際貿易論批判」『経済学論集（東京大学）』第53巻第2号。

藤本隆宏（2003）「『日本型プロセス産業』」可能性に関する試論」*MMRC Discussion Papers*, 1.
藤本隆宏・武石彰・青島矢一編（2001）『ビジネスアーキテクチャ』有斐閣。
本多健吉（1986）『資本主義と南北問題』新評論。
松村文武（1985）『現代アメリカ国際収支の研究—アメリカンネットワークの検証—』東洋経済新報社。
松村文武（2002）「Accounts Payable – Trade Balance（貿易買掛金残高）としての米国債務—アメリカ国際収支研究の回顧と展望—」『経済論集』大東文化大学経済学会，第80号。
間宮勇（2003）「知的財産権の保護とWTO体制の変容」小寺彰編著『転換期のWTO—非貿易関心事項の分析』東洋経済新報社。
宮沢健一（1987）『産業の経済学』東洋経済新報社。
宮下國生（2002）『日本物流業のグローバル競争』千倉書房。
本山美彦（1982）『貿易論序説』有斐閣。
本山美彦（1984）「不等価交換論と国際価値論」根岸隆・山口重克編（1984）所収。

事項索引

A-Z

B2B　279
BEC 分類　44, 48, 94
CIF/FOB　121
　――比率　92
CRM　279
EDI　279
EDMS　214
EMS　17, 32, 169, 212
ERP　279
e コマース　282
FMS　253
HS 分類　44
IMF 協定 8 条国　302
ODM　17, 32, 169, 213
OLI アプローチ　235
SCM　253, 279
SITC 分類　44
SIV　383
SMI　290
SPE　17
TRIPS 協定　196
VMI　253, 290
WTO　196

ア行

アーキテクチャ　6
アジア域内の貿易構造　80
アメリカ市場指向生産システム　250
暗黙知　206
委託加工制度　308
一次的階層構造　196
インターミディエーション　167
オフショア・アウトソーシング　49
オープン化　173, 193, 206, 216, 231

カ行

海外組立　34
　――条項　227
　――のための関税条項（OAP）　34
外生的賃金率　330
階層関係　191
階層構造　196
買い手主導グローバル商品連鎖　217
外部化による（垂直）貿易　226, 235
　――構造　39
開放的統合　176, 193
学習機会　368
影の銀行　383
加工再輸入減税制度　34
価値創造活動と価値獲得活動　198
価値と価格　327
価値連鎖　38
家電下郷　266
ガバナンス　216
　――変化　173
貨幣的要因　368
関係的交換　165, 181
雁行形態論　21
関税暫定措置法第 8 条　227
関税政策　306
完全雇用　360
機械化度　335, 337, 338
旗艦企業　207
企業内貿易　226
企業の社会的責任　11, 296
規制緩和　298
競争力　52
均斉成長　358
金融化　202, 203
金融システム　382
金融のグローバリゼーション　12
近隣窮乏化政策　372

404　事項索引

グリーンフィールド投資　71
グレアムの交易条件決定　345
クロスナショナル生産ネットワーク　37, 230
クロスボーダーM＆A投資　71
グローバリゼーション　3, 5, 9, 381
　　——の2面性　183
グローバル価値連鎖　230
グローバル・サプライチェーン・マネージメント　294
グローバル商品連鎖　216, 230
グローバル生産システム　180, 204
グローバル生産ネットワーク　37, 207, 230
グローバル・バリューチェーン　216
経済単位　7
ケネディラウンド　227
現代古典派　317
交易条件　362
　　——の変化　368
効率概念　169, 171
国際化とグローバリゼーション　224
国際下請生産　34, 226
国際生産システム　204
国際生産ネットワーク　207, 231
国際投資の新形態　36, 228
国際貿易分析　380
国内バリューチェーンの解体　222
固定価格　165
　　——市場　181
コモディティ化　59

サ行

差異化財市場　59, 121
財単価の比較　119
最適配分　378
3PL（サード・パーティ・ロジスティクス）　17, 169, 213, 292
サービス・リンク・コスト　312
サブプライム問題　250, 383
産業内貿易　58
　　——指数　55
産業連関分析　378
市場の階層化　127, 130
市場利子率　362, 363
施設単位　160

自然利子率　363
失業　373, 374
資本財貿易　350
資本産出高比率　337
資本集約度　335, 337, 338
資本の測定　333
資本労働比率　337
資本論争　341
集権的ネットワーク　176, 193
重層的貿易の垂直構造　238
自由度1の体系　329
柔軟性　187
重複度　56, 58, 124
準均斉成長　368
純粋交換経済　317
純粋労働経済　317, 357
純生産とその「配分」　378
商品連鎖　38
情報　161, 179
　　——共有の程度　378
　　——通信技術　278
　　——フロー　379
新興国指向生産システム　250
伸縮的価格　165
　　——取引　181
信頼関係　165, 179
垂直差別化貿易　24, 57, 90, 95
垂直的生産システム　207
垂直的統合　212
　　——労働係数　323
垂直統合型バリューチェーン　209
垂直分解　39
水平差別化貿易　24, 57, 90
水平的統合　212
数量調整　262
ストックの側面　182
スマイルカーブ　66
生産工程の国際的分散　23
生産システム　33, 162
　　——分析　377, 378
生産者主導グローバル商品連鎖　216
生産フラグメンテーション　230
製造受託企業　212
生存賃金率　332

事項索引　405

製品アーキテクチャ　193
セイ法則　362, 374
設備投資ストック　182
セルラー形態　215
セルラー組織　214
相対貿易規模　52, 73, 256
双方向貿易　56, 58
ソシオグラム　174

タ行

第1次パワーバランスの変化　251
第2次パワーバランスの変化　251
多元性　5
多次元性　5
多中心構造　172
脱垂直・オープン型バリューチェーン　209
脱垂直化　39, 173, 194, 206, 216, 231
脱統合　207
単価　56
　　——比率　124
単中心構造　172
知識　161, 179
　　——ストック　182, 379
知的所有権の確立　309
チャンドラー型　168
中間市場　59, 121
直接投資　49, 70
賃金率　361
通貨の交換性　301
ディスインターミディエーション　167
デジタル化　206
投資の新形態　251
富の概念　378
ドラゴン多国籍企業　169

ナ行

内部化による垂直貿易　226
内部化による貿易　235
　　——構造　38
2国間完結型工程間分業　226
2国間投資協定　304
二重課税貿易協定　305
ネットワーク　33, 162
　　——化　173, 206
　　——型貿易構造　39, 239
　　——化と情報ネットワーク化　195
　　——の形態　174
　　——の視点でのガバナンス　219
　　——のネットワーク　176
能力概念　169, 171
ノード　175

ハ行

ハイテク製品　49
ハイテク貿易　84, 108
バリューチェーン　33, 162
　　——間の競争　185
　　——のオープン化　206
　　——のグローバリゼーション　208
　　——分析　166
パワーバランス　264
ヒエラルキー　172
　　——型貿易構造　39
比較優位指数　53
非物質的生産関係　183, 184
標準化財市場　59, 121
評判　179(注)
ファンドリー　32
不確実性　206
副次的階層構造　196
物質的生産関係　183, 184
部品貿易比率　54
フラグメンテーション　37, 312
プラットフォーム・リーダー　197
ブランド企業　205
ブルウィップ効果　254, 262, 294
フローの側面　182
分権的ネットワーク　176, 193
閉鎖的統合　176, 193
ヘテラルキー　172
変化　249
変容　249
貿易障壁　299
貿易のグローバリゼーション　10
貿易の高度化　127, 134
貿易の垂直化　48, 61, 63, 64, 225
貿易の垂直構造　29, 48, 61, 77, 233
貿易の利益　28, 367

補完関係　185
ポスト・ケインズ派　341

マ行

マキラドーラ　35, 228, 307
マークアップ　201
無形資産　39, 182, 201, 267, 268
メゾの視点　377
モジュール化　287

ヤ行

有形資産　182, 201
有効需要　360
輸出入単価比率　58, 122
輸送技術　284
輸送ネットワーク　286
用途別財構成　99

ラ行

リカード・モデル　318
離散的交換　164
リンケージ　30, 160
────連鎖　161
ルーティーン　28
レイヤー・プレイヤー　218
レイヤー・マスター　218
レオンチェフ・パラドックス　335
労働生産性上昇率格差　371

人名索引

Arndt, S. W. 37, 231注, 312注
Balassa, B. 53
Baldwin, C. 193, 288注
Bartlett, C. A. 169, 172, 174, 180, 181
Berger, S. 167注, 311注
Borrus, M. 37注, 207, 211注
Clark, K. 193, 288注
Dunning, J. H. 182, 235
Emmanuel, A. 330
Ernst, D. 7注, 37注, 184, 207
Evans, H. D. 204注, 265
Fontagné, L. ii, 55, 59注
Foss, J. N. 182注
Gereffi, G. 37注, 38, 166, 216, 217
Goldberg, V. P. 165
Goshal, S. 169, 172, 174, 180, 181
Granovetter, M. 179注, 312
Grubel, H. G. 25, 55, 58
Harcourt, G. C. 341注
Hedlung, S. 172
Helleiner, G. K. 26注, 55
Helpman, E. 44
Hicks, J. R. 29
Hirschman, A. O. 164注
Hodgson, G. M. 169注
Hymer, S. H. 169, 211, 226, 235
Jones, G. 8, 172
Jones, R. W. 37, 231注, 312注
Kindleberger, C. P. 265
Kierzkowski, H. 37, 231注, 312注
Keynes, J. M. 340, 343, 363
Kogut, B. 6注, 161, 186
Krugman, P. R. 44
Langlois, R. N. 174注, 206
Leontief, W. W. 335
Lewis, W. A. 348
Linder, S. 26
Lloyd, P. J. 26, 55, 58

Macneil, I. R. 165
Markusen, J. R. 235
Mathews, J. 169, 188
Morishima, M. iv, 29, 181注, 329, 350
Nelson, R. R. 161, 170注
Nonaka, I. 161
Nurkse, R. 25
Oman, C. 36, 211, 228, 251
Pasinetti, L. i, iv, 29, 234注, 317, 318, 319, 334, 337, 357, 378
Porter, M. 164注
Penrose, E. T. 211, 379
Richardson, G. B. 32, 379注
Rugman, A. M. 9, 205, 256
Samuelson, P. A. 204注
Schumpeter, J. A. 318注
Shiozawa, Y. 380
Sraffa, P. 339
Stiglitz, J. E. 56注
Sturgeon, T. J. 38, 213注, 217
Veblen, T. 182, 201
Vernon, R. 26
Williamson, O. E. 178注
Winter, S. G. 161, 170注
Zander, U. 161, 186
Zysman, J. 37注, 207
青木昌彦 288
藤本隆宏 288注
本多健吉 330, 331
片野彦二 253注
木下悦二 37注
小島清 21注
松村文武 18注
本山美彦 330, 331, 348
根岸隆 345, 346
置塩信雄 iv, 327, 328注, 350, 354
佐々木隆生 348
佐藤秀夫 345

関下稔　226
塩沢由典　317
田中素香　269

著者紹介

石田　修（いしだ　おさむ）

1957年　生まれ
1982年　九州大学経済学部卒業
1986年　九州大学大学院博士後期課程修了
1986年　鹿児島大学法文学部助教授
1992年　九州大学経済学部助教授
1993年から1995年ケンブリッジ大学経済学部客員研究員
現　在　九州大学大学院経済学研究院准教授

グローバリゼーションと貿易構造

2011年9月20日　第1版第1刷発行	検印省略

著者　石　田　　　修
発行者　前　野　　　弘
発行所　株式会社　文　眞　堂
　　　　東京都新宿区早稲田鶴巻町533

電話　03（3202）8480
FAX　03（3203）2638
http://www.bunshin-do.co.jp
郵便番号(162-0041)振替00120-2-96437

印刷・モリモト印刷　製本・イマキ製本
© 2011
定価はカバー裏に表示してあります
ISBN978-4-8309-4715-5　C3033